奥田靖雄著作集 5

国語教育編

むぎ書房

序文

　すぐれた言語学者・奥田靖雄先生の著作集『国語教育編』が公刊されることとなった。奥田先生の言語研究は，具体的な実践活動（特に国語教育）と呼応していたといえるだろう。その実像をこの『国語教育編』で理解できるのではないだろうか。あらためて，奥田先生の偉大さを痛感させられる。

　この『国語教育編』に掲載した論文群は，ひろい意味での奥田先生の言語研究の基本的な姿勢を展開させてみたものとおもわれる。事実としては，これらの論文群にさきがけて，奥田先生は，すでに，『正しい日本文の書き方』（春秋社 1953 年）を公刊している。同書は，内容のうえでは，一種の現代日本語の文法書と評価すべきものであって，実用的な言語活動と関係づけての奥田先生の言語研究の典型例の一つといえるだろう。時間的な経緯としては，同書の刊行を契機として，国語教育についての論文群が執筆されることになったということになる。つまり，奥田先生は，当初から，言語研究を具体的な実践活動と呼応させていたのである。そういう非凡な言語学者だったのである。

　ところで，奥田先生は，1962 年度から 1970 年度まで，「日教組・全国教研」での国語教育分科会の講師をつとめている。そこでの奥田先生の指導・助言などは，それぞれ「全国教研の報告から」（刊行年は，1963 年〜1971 年）として執筆されていて，この『国語教育編』に再録されている。これらの論述についても，教育現場の教師たちへの奥田先生の具体的な指導・助言として注目していただきたい。なお，後日，わたくしをふくめて，全国教研で指導をうけた者たちの執筆による『国語・文学の教育』（日本教職員組合編。一ツ橋書房 1978 年）が刊行された。同書は，全国教研での奥田先生の教育理論を具現化させたものとして，ぜひ参照してみてほしいものである。

　せんえつながら，わたくしの思いをのべさせていただいた。あらためて，具体的な実践活動（特に国語教育）を視野にふくめての非凡な言語学者・奥田靖雄先生のすばらしさをおもいめぐらしたところである。

2016 年 6 月 30 日　　鈴木　康之

奥田靖雄著作集 5

国語教育編

凡　例

1．『奥田靖雄著作集』は，言語学編，文学教育編，国語教育編からなる。
2．本巻，『奥田靖雄著作集5　国語教育編』は，国語教育，国語・国字運動にかかわる，主要な論文のすべてを収録した。
3．『読み方教育の理論』，『国語教育の理論』，『国語科の基礎』に再録された論文は，これらの単行本を底本とした。初出誌との異同については，本文に＊印をつけ，巻末の補注であきらかにした。なお，「文法指導の方法論」では，初出誌と講義プリントを対照し，校訂をおこなった。
4．あきらかな誤植は訂正したが，編集委員会の検討を要した箇所については，本文に＊印をつけ，巻末の補注で説明をくわえた。

『奥田靖雄著作集5　国語教育編』　もくじ

序文　　iii

第1部　国語国字運動から民間教育研究運動へ

1. 国語愛と国語教育　　7
2. 文法の指導　　17
3. 民族解放と日本語―漢語の問題をめぐって―　　27
4. 東北のコトバ　　49
5. ヨミ・カキを教えること―国語教育での階級性の問題―　　54
6. 民族解放と日本のコトバ　　69
7. 国語教育におけるローマ字　　86
8. すぐれた日本語のにない手に　　90
9. 標準語について　　99
10. 国語科の研究はどこまで深められたか　　118
11. 文法指導の方法論　　126
12. 小学校1年における文字指導について　　135
13. 小学校低学年用日本語指導教科書『にっぽんご』について　　149
14. 『にっぽんご5』の刊行にあたって　　151
15. 『漢字・にっぽんご7』の発行にあたって　　153
16. 『小学生のための日本語』第1章への解説（草稿）　　158
17. 『続・山びこ学校』への解説　　169
18. この巻を読んで　　178

第2部　教育課程自主編成運動の展開

19. 第12次全国教研の報告から　　185
20. 第13次全国教研の報告から　　195
21. 第14次全国教研の報告から　　209
22. 第15次全国教研の報告から　　225
23. 第16次全国教研の報告から　　248

24	第17次全国教研の報告から	256
25	第18次全国教研の報告から	261
26	第19次全国教研の報告から	267
27	第20次全国教研の報告から	275
28	分科会の課題・国語教育（第15次全国教研）	280
29	分科会の課題・国語教育（第16次全国教研）	284
30	日本語指導	288
31	国語教育の方法	296
32	第1分科会・国語教育（第19次全国教研報告）	301
33	教科書はどう変わるか・国語—修身教育の中心舞台として・精神主義と技術主義の抱き合わせ—	305
34	言語観と指導要領	307

第3部　組織論・運動論

35	新潟国語教育研究会／1月13・14日　新発田市	317
36	国語教育（教科研第1回全国大会分科会の討議要点）	318
37	教科研運動をすすめるにあたって考えたいこと	321
38	国語教育分科会ですること	323
39	国語教育研究のあたらしい段階	325
40	信頼と不信頼	327
41	低学年教育のこと	330
42	廃刊にあたって	331
43	わが歴史	334

補注	337
掲載論文初出一覧	350
あとがき	356
索引	358

第 1 部　国語国字運動から民間教育研究運動へ

国語愛と国語教育

まえがき

　国語科学習指導要領は，技術主義によって，つらぬかれているが，この技術主義は，《**ことばの本質は，つかわれることにある**》という**きめてかかり**から，ながれてくる。つまり，指導要領は，できあいの日本語をまえにおいて，それをうまく（効果的に）つかえばよい，というような立場にたっている。（できあいの日本語ということばを生徒が自然におぼえた日本語，というようにとれば，指導要傾にちかい）。できあいの日本語が，すでに生徒のあたまのなかにあって，それをつかうことが，ことばの本質であるならば，生徒に日本語をおしえることをやめて，技術として，**つかいかた**をおしえればよい。こうした立場が，指導要領のなかに，技術主義をみちびきいれる。

　ことばも，そだてあげることをわすれて，ひたすらつかえば，へるし，すりきれ，みだれる。だから，指導要領は，日本語にたいして，なげやりな態度をとっている。なぜ，こうした態度をとるか。この点をとらえねば，いまの国語教育の**おちどを**，ねこそぎに，さらけだすことはできない。また，それをのりこえて，さきにすすむこともできない。このために，わたしは，まず，わたしたちの国語愛の立場について，かたろう。

国語愛

　すぎさっていく千年のあいだ，日本人は，日本語のたすけをかりて，ゆたかなくらしをきずき，きょうのすがたにたどりついた。そして，これからも，日本人は，日本語のたすけをかりて，ますますゆたかな**くらし**をうちたててゆくだろう。日本人と日本語との**つながり**は，きりはなせない。だから，わたしたちは，いまの日本語が，どんなにまずいものであっても，それにたいするふかい愛情を，もたないわけにはいかない。指導要領も，ことばのうえでは，国語愛をうたっている。だが，国語愛をこえたかくさけんだところで，ひたすら日本語をつかう立場にたって，日本語をそだてる心づかいをわすれているならば，日本語はひからびてしまう。それでは，ほんとうの国語愛にはならない。

　ことばは，考えの着物であるとともに，考えられたものをつたえる道具である。だから，ことばは，考えが発展するにしたがって，たえず発展する。だが，ことばは，つか

われる一方で、そだてあげられないならば、発展する考えにふさわしく、発展することができない。そこには、むりがおきて、ことばはよこしまな道をすすむ。結果として、ことばは、思想をつたえる道具として、自分のつとめをはたすことができない。考えは、自分ににあいの着物がみいだされないので、自分をたかめることができない。たしかに、ことばと考えとの**なかたがい**は、ことばを発展させる**ちから**であるが、この**なかたがい**は、ことばがつかわれるとき、こまかい心づかいで、そのつど、かたづけられねばならない。

　もしも、日本語のなかに、考えとことばとの**なかたがい**が、うまく解決されないで、やまずみになったら、日本人のあいだでは、思想はつたえられず、考えはたちどまる。たとえば、日本語では、おおくの単語が、漢字でつくられているが、そこでは、ことばと考えとの**なかたがい**が、日本語によって、かたづけられていない。わたしたちは、**考えるを考える、考えを思考あるいは思惟、考えられたものを思想、考えだしを発想、考えつきを着想、考えぬきを熟考、考えなおしを再考**という。このたとえでわかるように、漢語では、ことばと考えとの**つながり**が、うまくとりむすばれていない。だから、漢語は、みんなにわかってもらえないし、それの**なかみ**である考えは、たしかでない。つまり、漢字による単語つくりは、日本人の考えとことばとのあたりまえな発展の**きまり**から、とびはなれている。その結果、日本人のあいだにおける思想のつたえあい、また日本人の考えのたかまりは、ことばの**がわ**から、おさえつけられている。では、なぜ、こうした**ありさま**がおきたのか。それは、日本人には、日本語をそだてあげようとする**きもち**が、うすかったからである。

　そうであるならば、わたしたちは、日本語をつかうとき、ひとときも、日本語をそだてあげようとする心がまえを、わすれることができない。だから、わたしたちの日本語にたいする態度は、ひとくちにいえば、国語愛なのであるが、この国語愛には、日本語をそだてあげるという**おこない**が、いつも、つきまとう。指導要領が、日本語をつかう立場にたつならば、わたしたちは、日本語をそだてる立場にたつ。

いまの日本語

　ここまで、のべたことを、いまの日本語にあてはめてみよう。

　いま、日本人は、めぐまれた**くらし**をいとなむために、アメリカの支配をとりのぞかねばならない。アメリカ人は、日本人をびんぼうにおとしいれ、おまけに戦争にかりたてようとしている。このおこないは、にくらしい。一日もはやく、アメリカ人に、かえ

ってもらいたい。だが，アメリカ人にたいするこうした心がまえは，すべての日本人にそなわっていない。なぜなら，アメリカ人をにくらしくおもう日本人の心は，かならずしも，気づいたすがたで，あるいはたかい思想として，あらわれていないから。けれども，日本人は，みんな，ひびのくらしのなかで，みたり，きいたり，よんだりして，アメリカ人をにくらしく感じている。だから，感じているだけで，気づいていない人を，気づくようにすることは，みじめな日本をすくうために，大切なしごとである。国民は，ひびの生活実践のなかで，反アメリカ的な感情をつかんでいるのだから，この感情を，わたしたちは，国民解放の思想へとたかめねばならない。

　もちろん，こうしたしごとは，ことばのうえのことではない。それは，実際のたたかいである。だが，思想とか気づき（意識）とかいわれるものが，ことばなしでは，ありえない，ということはかわらない。つまり，ことばで考えることによって，思想がうまれる。考えとしてのことばは，感じとったものを，気づくようにする**はたらき**をもっている。日本人は，日本語の**なかだち**で気づき，日本語のすがたで思想をもっている。そうであるならば，国民がひとりのこらず気づき，たかい思想をもって解放のたたかいにのりだすために，日本語はなくてはならない武器である。わたしたちの国語愛が，祖国解放のたたかいと，ぴったりむすびついているところに，いまの日本語の特別のやくめがある。国語の先生は，このような日本語を生徒におしえる。

国民ことばのつくりだし

　では，いまの日本語は，国民解放のたたかいをすすめるうえで，すぐれた武器であるか。わたしは，そうとは，おもわない。なぜなら，日本語は，国民ことばとして，しあがっていない。

　それはなぜか。日本人は，国民統一の必要を，いまほどつよく感じたことは，歴史のうえで，かつてなかった。そのため，日本語を，国民の思想をいれる**うつわ**として，そだてあげようとする努力は，国民のあいだから，わきあがらなかった。また，明治からこのかた，天皇の国語政策と国語教育とは，帝国主義者の**このみ**にしたがって，日本語がすぐれた国民ことばになることをさまたげた。

　だが，いまとなってみて，日本人は自分の運命を自分できりひらかねばならないとき，支配者の国語政策からはなれて，国民ことばのつくりだしに，みずからのりださねばならなくなる。わたしたちの国語愛では，さしせまって，解放のたたかいの武器である国民ことばのつくりだしが，その**なかみ**としてあらわれる。

では，国民ことばのつくりだしとは，具体的には，なにをさしているのか。まず，おおざっぱにいえば，それは，すでに国民のなかにある**ことば**で，たかい思想をいいあらわすことのできる**ことば**をつくりだすことである。

単語について

国民ことばのつくりだしについては，わたしは，単語にかぎって，具体的にのべよう。

ちかごろ，平和擁護ということばが，さかんに，つかわれている。この擁護という漢字は，むつかしい。だから，この大切なことばが，日本人のうち，どれだけの人にわかってもらえるか，考えてみる必要がある。平和運動家も，このことを考えている。だから，《擁護》は《ヨーゴ》とかながきにあらためられた。だが，こうしたしかたは，《ヨーゴ》という単語が，国民のあいだにねづいていないのだから，おざなり主義にすぎない。それは，日本語をやさしくするために，じずらのうえで漢字をなくせばよい，というつまらない考えである。わたしたちが，ほんとうにこの運動を国民のあいだにひろめようとのぞむならば，このことばは，《平和まもり》とあらためられるべきである。《まもり》は，《まもる》のひとつの**かたち**として，だれにでも，わかってもらえる共通の日本語である。だから，国民の考えに，じかにむすびついている。ところが，《擁護》は，《まもり》にうつされて，はじめて意味をもつひときれの**しるし**にすぎない。

《まもり》が《擁護》でしめされると，つづいて《擁護する》という動詞があらわれ，《まもる》という日本語をくいころそうとする。このようにして，《まなぶ》は《勉強する》に，《おしえる》は《教授する》におきかえられ，漢字でつくられた単語は，大切な基本単語にいたるまで，おかしはじめる。

まず，日本語を愛する人は，このようなありさまから，日本語をまもらねばならない。さしあたって，日本語は，このありさまでは，思想をつたえる道具として，**ちからを**しめすことができないから。また，ながいめでみても，このありさまは，日本語の歴史的な発展のうえで，よこしまな道である。

ところで，戦争まえの天皇の国語教育が，漢字教育をほどこすことによって，このありさま（漢語による基本単語のくいころし）をつくりだしたとすれば，わたしたちの国語教育は，このありさまから日本語をすくいだすしごとを，ひきうけねばならない。そこで，わたしたちの国語教育では，生徒に基本単語をまなびとらせることが，なによりも大切なしごとになる。漢字教育は，このなかで，おこなうべきである。また，国語教育としての古典教育は，こうした立場にたつとき，ふさわしいばしょをみつける。なぜ

なら，古典は基本単語を，たくみにつかいこなした，よい手本をしめしてくれるから。

　さて，《擁護》を《まもり》にあらためることでさえ，**なれ**あるいは感じにとらわれて，たやすくはできない。だが，このばあいは，すでに国民のなかにある単語によって，漢語がとりかえられるにすぎない。ところが，とりかえの単語が，すでに国民のなかにあるならば，問題はおきない。たとえば，《継承》は《うけつぎ》に，《過言》は《いいすぎ》に，《展望》は《みわたし》に，いますぐにでも，あらためられる。しかし，《遺産》とか《思想》とか《意識》とかいう単語では，とりかえのことばは，そうかんたんには，みつからない。このような単語のうち，日本語としてねづいて，将来も日本語としていきのこるものもある。また，将来は，あたらしい条件のもとに，日本語によってとりかえられるものもある。いま，こうしたことを，ひとつひとつの単語について，あたまのなかで判断することは，むだなほねおりである。大切なことは，いますぐにでも，あらためることのできるものを，あらためることである。これが，国民のことばに，もっとも忠実な態度である。それは，日本語をそだてあげるための，あたらしい条件をつくりだす。

　つづいて，わたしたちにとって，大切なことは，《うけつぎ》，《いいすぎ》，《みわたし》とかいう国民によってつくりだされた単語が，どうしたしかたで，基本単語によってつくられているか，ということを，**きまり**として，まなびとることである。そして，実際のしごとのうえで，どうしてもあらためなければならない漢語にぶつかったとき，わたしたちは，この**きまり**にしたがって，基本単語をかさねあわせ，あたらしい単語をつくりださねばならない。漢語にもない，まったくあたらしい単語をつくるときも，おなじである。したがって，日本語による漢語のとりかえは，ひたすら漢字をなくなす，というつまらないしごとではない。それは，日本語に単語つくりの**ちから**をあたえるしごとであり，日本語のそだてあげである。

　これが，単語の世界での国民ことばのつくりだしである。解放のたたかいは，いま，このしごとをもとめている。一般的にいえば，いまの日本では，解放のたたかいが，たしかでうつくしい日本語をもとめている。

　さて，こうしてみれば，わたしたちの国語教育も，生徒に基本単語をおしえるとともに，日本語の単語が，どうしたしかたでくみたてられているか，ということを，**きまり**として，おしえねばならない。このとき，はじめて，生徒は，いまの日本語のよい理解者になり，あすの日本語をつくりだす**ちから**をそなえる。ここでも，古典教育は国語教

育として，おおきくうかびあがる。なぜなら，古典は，単語つくりのよい**たとえ**をしめしてくれる。

立場のちがい

ここまで，わたしは，わたしたちの立場が国語愛であって，それのなかみが日本語のそだてあげである，ということをかたった。それにあわせて，国語教育も，日本語のそだてあげの立場にたたねばならない。だが，アメリカと日本との帝国主義者にとっては，そだてあげの国語教育は，このましくない。なぜなら，あすの日本語がみごとになることは，国民の思想のたかまりを用意する。

この**このましくない**きもちを正直にうつしだしているのが，指導要領である。指導要領が，生徒はいまの日本語をせいぜいうまくつかえばよい，とするのは，いまの植民地日本をたもちつづけたいとおもう帝国主義者の**わるだくみ**にもとづいている。そして，技術主義は，この**わるだくみ**のじかのあらわれである。このばあい，注意しなければいけないことは，技術主義はアメリカ帝国主義のものである，ということである。したがって，日本帝国主義が**ちから**をとりもどせば，とりもどすほど，技術主義は漢字教育と文学教育とに，つまり天皇の国語教育に，自分のばしょをゆずるだろう。

日本語をおしえる国語教育へ

さきにのべたように，指導要領によれば，生徒にとって，日本語はできあいのものである。そして，この**できあい**がつかわれることに，ことばの本質があるのだから，つかわれる活動《きき・はなし・よみ・かき》が，国語教育のじかの材料になる。こうした考えでは，国語教育は日本語をおしえることをやめて，それの**つかいかた**の教育になるのは，あたりまえである。

だが，みすぼらしい日本語のもちぬしに，ことばの**つかいかた**を，技術としておしえるまえに，まず，日本語そのものをおしえねばならない。そうであるならば，国語教育は日本語をおしえる時間であって，そこでとりあつかわれる材料は日本語である。

ところが，指導要領では，日本語の**つかわれかた**が，国語教育の材料になる。だから，**つかわれかた**《きき・はなし・よみ・かき》は，それぞれ，ひとりだちする言語活動としてあらわれる。国語教育をぶちこわしにもってゆく指導要領のたくらみは，このなかにかくされている。たとえば，わたしたちは，文字《イ》をおしえることによって，共通日本語のただしい発音《イ》をおしえねばならないが，**はなしかた**ははなす活動をとおして**かきかた**はかく活動をとおして，というしかたでは，こうした初歩的なことでさ

え，ないがしろにされ，時間のむだづかいが，かならずおきる。

では，言語活動は，よっつあるか。これは，まちがっている。すくなくとも，指導要領の機械的なわけかたは，まちがっている。言語活動は，**ことば**そのものであり，それは，わたしたちの**はなす**という活動のそとには，どこにもない。《きき》は，うけみの《**はなし**》であって，ふたつは，うらおもてをなしている。《よみ》は，文字が，いちど，音声にうつされることによって，じかに**はなし**にうつる。《かき》は**はなし**そのものである。したがって，言語活動は，もともと，ひとつである。それは，ただ，みせかけの**あらわれ**としては，《きき・はなし・よみ・かき》である。このみせかけの**あらわれ**のなかには，いつも，わたしたちの言語活動，つまり**はなし**が，すじとして，とおっている。これが日本語である。いいかえれば，つかう立場にたてば，言語活動はよっつであるが，つくる立場にたてば，それはひとつである。

わたしたちは，なによりもまず，国語教育のなかで，ひとつの言語活動をおしえねばならない。なぜなら，生徒はできあいの日本語をもちあわせていないから。そうであるならば，国語教育は，《きき・はなし・よみ・かき》などのみせかけの**あらわれ**に，じかに，とらわれる必要はどこにもない。**あらわれ**とむすびついて，国語教育が心をつかわねばならないことは，生徒に日本語をおしえるにあたって，生徒が日本語をまなびとるにあたって，どうしたしかたであらわれる言語活動がすぐれているか，ということである。

言語活動は，それが文字の**なかだち**をとおすか，とおさないか，ということで，まず，ふたつの**あらわれ**にわかれる。つまり，《よみ・かき》は《きき・はなし》が文字によって**なかだち**されているということで，はだかの《きき・はなし》から区別される。そこでさしあたって，なかだちされたものをえらぶべきか，それとも，はだかのものをえらぶべきか，ということが，国語教育にとって大切なことになる。

きき・はなし教育

さて，このように問題をさしだせば，《きき・はなし》のすがたにあるはだかの日本語を，そのままで，おしえる材料として，とりあげることが，どんなにつまらない**しかた**であるか，はっきりする。

なぜなら，《きき・はなし》のすがたであらわれるはだかの**ことば**は，すぐに，あとかたなく，きえてなくなる。また，だれにしても，自分の**はなし**をふりかえってみることはできない。ことばは現実の気づきとしてはたらいているが，そういうものを，人は

気づくことができない。だから，紙のうえにかかれたとき，はじめて，きえてなくならないものになり，自分のそとにあるものとしてとらえられる。かかれたことばは，**ふりかえり**をゆるす。

したがって，ことばが紙のうえにうつされたとき，人間はそれをしり，おしえたり，まなんだりするようになった。文字のそとで，ことばをおしえたり，まなんだりする方法は，教育というよりも，むしろ，**はなし**そのものである。

国語教育は，もともと，生徒に気づかせて日本語をまなびとらせることである。だから，気づいてまなびとることのできる**あらわれ**《よみ・かき》が，国語教育の中心材料になるのは，あたりまえである。ところが，国語教育が，《きき・はなし》としてあらわれる**はだか**の日本語を，おしえる材料としてとりあげても，それは**ふりかえり**をゆるさないのであるから，日本語をおしえる教育としては，なりたたない。

よみ・かき教育

《よみ・かき》は文字によって**なかだち**された《きき・はなし》であって，この**なかだち**がことばへの**ふりかえり**をゆるすが，こうしたことは，なお，いくつかの《よみ・かき》教育の**すぐれ**をうみだす。まず，《よみ》についていえば，国語教育は，**はなしことば**にたいする**かきことば**のすぐれを，いかしてつかえる。つまり，**かきことば**は，**はなしことば**の気まぐれをきりすてていて，そこには，ことばにとって**いのち**である部分，あるいはうつくしいものだけがとりあげられている。だから，生徒にあたえられる読本は，そのままで，すぐれた**はなしことば**の手本になる。国語教育は，《よみ》教育をとおしてのみ，生徒をりっぱなはなし手にしあげる。

わたしは，この点に，文学者がはたらかねばならない**はたけ**がある，とみている。というのは，すぐれた文学作品のみが，すぐれた日本語の手本を，さしだすからである。文学が国語教育とむすびつくのは，まず，この点においてである。したがって，文学教育は，文学が国語教育に材料をあたえる，というもっともひかえめな立場から出発すべきである。

第二に，《かき》についていえば，国語教育は，生徒があらゆる**ばしょ**でまなびとった日本語を，《かき》のなかで，注意ぶかくつかわせねばならない。というのは，《かき》は，自分のことばにたいするきびしい批判であり，くりかえしくりかえしはなすことによって，自分のはなしをすぐれたものにしようとする努力であるから。この努力の**つみかさね**が，ほんとうにすぐれたはなし手をつくりだす。

さて、第三の《よみ・かき》教育の**つよみ**は、《よみ・かき》をとおしてのみ、日本語についての知識をさずけることができる、ということである。

日本語についての知識

さて、国語教育が、日本語についての知識をさずけることをわすれて、くりかえしくりかえし《よみ・かき》をおしえるならば、それは、やはり経験主義である。したがって、この意味では、文学教育とかつづりかた教育とかいわれる**しかた**での国語教育は、経験主義である。しかし、《よみ・かき》教育は、こうした**よわさ**をもっているが、自分自身のうちに、この**よわさ**をのりこえる**ちから**をもっている。というのは、《よみ・かき》の世界で、はじめて、日本語についての知識を生徒にさずけることができるからである。

では、ことばの知識とはなにか。それは、おおきく、ふたつにわけられる。ひとつは、単語についてのものであり、もうひとつは、文法についてのものである。単語については、すでにのべた。文法とはなにかといえば、それは、単語の**かわりかた**と**ならべかた**との**きまり**である。このような文法の知識が、なぜ大切か、わたしは、ここでは、くわしくかたることができないが、ひとつの**たとえ**をしておこう。

《近松の描く「人間性の価値」は、まさにこのようなものであり、かかる現実に対する「抵抗」、「超克」の途は知らなかったのである。》

すぐれた文学研究者ですら、このようなあいまいな文章をかいている。こうした文章を日本人が平気でかくのは、学校が生徒に文法をおしえないからである。

では、このような知識（単語論と文法論）は、日本語とむすびついて、わたしたちのてもとにあるだろうか。残念ながら、ないといわねばならない。だが、このありさまを、日本語が論理的な**くみたて**をもたないということで、日本語自身のつみになすりつけてはいけない。どこの国のことばにしても、はじめから、論理的であったわけではない。このありさまは、天皇の国語政策と国語教育との**おみやげ**である。そして、指導要領も、日本語の知識をもとめない。それは、天皇の国語教育と指導要領とが、日本語をそだてあげようとしないことで、おなじ立場にたっているからである。しかし、国語愛の立場では、どうしても、これが必要である。なぜなら、知識はあすの日本語の**みちしるべ**であって、それなくしては、あすの日本語をつくりだすことはできないから。したがって、生徒に知識をおしえないでは、生徒にすぐれた日本語のにない手になってもらえないから。

また，ある人は，日本語についての知識を体系づけるしごとは，学者の商売である，といっている。これも，まちがっている。役所づとめの言語学者や国語学者に，国語教育にやくだつ，したがって日本語のつくりだしにやくだつ文法書や**じびき**をつくってくれ，とたのむ方がまちがっている。役所の言語学者は，侵略戦争にそなえてか，朝鮮語や蒙古語を勉強している。国語学者は，ちかごろは，指導要領に忠実に，言語技術を勉強している。国語の先生自身が，教育実践をとおして，単語論と文法論とを体系づけねばならない。それは，教室とむすびついていれば，幼稚であれば，あるほど，とうとい。わたしたちは，このしごとをなしとげることによって，一日もはやく，いまの文学教育やつづりかた教育のうちに，すじがねをとおさねばならない。これが，国語愛の立場にたつ国語教育をうちたててゆく道である。

文法の指導

1. 文法教育のネライ

　文法教育は子どもに日本語の文法的クミタテのキマリをおしえます。たとえば，文法教育は，イイキリ文の動詞のカタチにはつぎのようなものがあると，子どもにおしえます。

　　のべたてるカタチ
　　　　すぎさらない　　　　かく　　　　　かきます
　　　　すぎさる　　　　　　かいた　　　　かきました
　　おしはかるカタチ
　　　　すぎさらない　　　　かくだろう　　かくでしょう
　　　　すぎさる　　　　　　かいただろう　かいたでしょう
　　つもり，さそうカタチ　　かこう　　　　かきましょう
　　いいつけるカタチ　　　　かけ　　　　　かきなさい

　それとともに，ひとつひとつのカタチが，ハナシテのどんなキモチで，「かく」というウゴキをいいあらわしているか，説明します。さらに，「きこう，はなそう，よもう」は「かこう」とおなじキモチで，それぞれのウゴキをいいあらわしているなどと，説明します。こうすることによって，子どもは，イイキリ文の動詞のカタチのなかにひそんでいる一般的なキマリを，おぼえこみます。

　このキマリをしることが，日本語をまなびとるにあたって，どんなに子どもの苦労をやわらげるか，方言でしゃべっている子どもたちが，たくさんいることを考えあわせてみれば，じゅうぶん納得できます。子どもは，このキマリにてらしあわせて，イイキリ文の動詞のカタチを理解すればよいのですから，そのつど的なクリカエシのムダがはぶけます。

　しかし，このキマリをおしえることのタイセツサは，どちらかといえば，それがつぎのハナシ，カク活動をみちびく，ということにあります。このキマリにそむいた日本語はただしくないのですから，子どもはそれをまもって，はなし，かこうとします。たとえば，このキマリをしっている子どもは，つぎのような文章をかかなくなるでしょう。

「ぼくの家の生活はあんぜんするわけだし、どう業しゃどうしも、なかよくたすけ合うこともできましょう」（『綴方風土記』第２巻，114ページ，以下同じ）

もしも，このような文章をまちがってかいたとしても，オシハカリのキモチをいいあらわすために，ツモリ，サソイのカタチをつかう，このことのオカシサを子どもはすばやく感じとって，それがキマリにそむいていることをみとめるでしょう。

一般的にいえば，文法をおしえると，子どもは，あれやこれやのイイマワシのヨシアシについて，文法的なタチバから判断するチカラをもってきます。だから，文法教育をやれば，子どもはただしい日本語のツカイテになって，日本語はりっぱなものになります。

日本人は日本語のニナイテであって，日本の子どもはアスの日本語のツクリダシテです。それで，子どもにアスのりっぱな日本語をつくってもらいたいというノゾミ，子どもにこういうことができるという信頼，もしもこれがもてないなら，文法教育などやめてしまって，先生は子どもにゆたかな言語経験だけをあたえればよいのです。けっこう，それだけで，子どもはなんとか日本語をつかえるようになります。そこでは，子どもは日本語について考えないのですから，くりかえしのムダがありますが，それを先生と子どもとの苦労がうめあわせればよいでしょう。

だが，先生と子どもとがいくらホネをおっても，言語経験をあたえるだけでは，せいぜいうまくいって，子どもはイマの日本語をみにつけるだけにおわります。みにつけた日本語をりっぱなものにそだてあげるチカラは，子どもにつきません。子どもは，経験的にまなびとったものを経験的につかうほか，ミチをしりません。

実際には，こんな国語教育では，日本語はみだれてきます。子どもはいいかげんにまなびとった日本語を，ふりかえってもみないで，やたらにつかう，こんなアリサマがかならずおこるからです。実例で説明します。

「青磁色の湖水がすんで、ヒヤリと足がきれそうだ」（227ページ）

つぎのようになおしたら、この文章はよくなります。

「青磁色の湖水がすんでいて、……」

ここでは，湖水が「すむ」ウゴキではなくて，「すんでいる」アリサマをしめさなければなりません。もしも，この子どもが文法をならっていたら，こういうことに気づいて，かきなおしたでしょう。だが，もっぱら経験的にまなんだ子どもには，この文章がすこしへんだと感じるぐらいはしても，まちがいだとは気づきません。

かりに，みんながみんな，このようなマチガイをおかすとしたら，「すむ」と「すんでいる」とのツカイワケ，一般的には基本動詞とスガタ動詞とのツカイワケはなくなります。コトバのなかで文法的クミタテは一番ねばりづよい部分ですから，そこまで考えこむ必要はありませんが，一時的にしてもこのツカイワケがよわまることは，日本人の考えをあやふやにしますから，たいへんです。もしも，ほんとうにこのツカイワケがよわまると，日本語はみだれたことになります。

ところで，このようなミダレをまえもってふせいでくれるのは，文法教育のほかにないでしょう。だから，先生は子どもにつぎのような文法のキマリをどうしてもおしえなければならないのです。

(1) 基本動詞《かく》のナカドメのカタチ《かいて》にタスケ動詞《いる》がくっつけられて，スガタ動詞《かいている》がつくられる。《かいてる》は，これのみじかいカタチ。

(2) 《かいている》は，《かく》というウゴキがつづいているスガタをいいあらわす。

(3) 《すんでいる》とか《のっている》とかいうスガタ動詞では，ウゴキはおわってしまって，このウゴキからでてきたアリサマがしめされる。

(4) 《かく》のスガタ動詞には，《かいている》のほかに，《かいてある，かいておく，かいてしまう，かいてみる，かいてもらう》など，いろいろある。

さしあたって，このようなキマリはミダレをふせぐためにおしえられるのですが，こうすることによって，子どものいいあらわすチカラがどれだけたかまるか，このことについてはかたる必要はないとおもいます。子どもは子どもなりに，自分の考えをぴったりいいあらわすために，キマリをまもりながら，あたらしいスガタ動詞をつくりだすでしょう。

これだけの説明では，文法教育をやらなかったら，なぜ日本語はみだれてくるか，あまりはっきりしませんから，もうひとつだけ実例をひきあいにだします。

　「春から冬にかけて，いろいろなくろうをつづけ，やさしくいたわって，そだててきたりんごを，いなかのひとが，頭にかぶった白いふろしきを秋風になびかせながら，もいでいるひとたち一人一人の顔にわらいがうかんで，とても幸福そうです」(171 ページ)

この文章では，かざる文章とかざられる単語とのツナガリがなっていません。ここで問題になることは，このようなマチガイを小学生がおかさない，ということにあります。マチガイはおとなっぽいのです。だから，この子どもは，小学生のころにはおかさなか

ったマチガイを，中学生になってから（ながい文章をかくようになってから）おかしはじめている，と考えられます。こういうことは，どうしておこるのでしょうか。

　この文章は，文法教育をやらなかったら，日本語がみだれてくるし，もうすでにみだれていることを，はっきりものがたっています。この子どもの考えのタカマリとコトバのタカマリとは，平行してのびていないのですが，それがこのようなマチガイ文のうまれるモトになっています。考えとコトバとのユキチガイが，単語をやたらにならべたてるという結果をまねいて，この子どもの日本語をみだれさせているのです。

　一般的にいえば，経験的に日本語をまなびとった人は，日本語のキマリをしらないのですから，あたらしい考えをアリキタリのコトバ，あるいはキマリにそむいたヨコシマなコトバでしか，いいあらわすことができません。あたらしい考えにふさわしい，あたらしい日本語をつくりだすチカラにかけています。ここから考えとコトバとのユキチガイがおこって，日本語はみだれてきます。日本語のミダレは，日本人の思想のツタエアイ，考えのタカマリをコトバのガワからおさえつけるでしょう。

　さて，このようにみれば，文法教育のネライは，日本語のミダレをふせいで，アスのりっぱな日本語をつくりだすことである，といえます。

2. 文法教育のシカタ

　つづいて，子どもにどういうシカタで文法をおしえたらよいか，この問題にうつります。日本では，ただしいイミにおける文法教育がうちたてられていないのですから，うちたてるミチをさぐるということで，この問題はたいせつです。

　文法教育は，キマリをしるという知的な活動をナカダチにして，子どもにただしい日本語をつかわせます。そこで，キマリをおしえるのにあたって，先生はつぎの問題を考えなければなりません。

　(1) キマリを，ぶっきらぼうに子どもにおしえても，子どもは，なぜこんなものをおぼえなければならないのか，理解できないでしょう。それで，キマリをしることのアリガタミを子どもにのみこますために，どうしたらよいか，先生は考えてみなければなりません。

　(2) 子どもは，日本語にキマリがあることさえしりません。それで，日本語にキマリがあるということを，子どもはどういう条件のもとでしることができるか（考えのなかにもちこむことができるか）先生は考えてみなければなりません。

ふたつはおなじような問題ですが，ひとまず，わけて考えます。(1) とむすびついては，子どもの心のなかに，ただしい日本語をつかいたいというキモチは，どんなときにあらわれてくるか，しらべてみたらよいのです。このキモチがわきあがってくるときに，キマリをしろうとするヨクはでてきます。

ところで，このキモチがわきあがってくるのには，いろんなバアイがあるでしょうが，もっともするどいカタチであらわれてくるのは，子どもがまちがったコトバヅカイをしたときです。つまり，コトバが考えのツタエアイをうまくすすめないので，他人に注意されたときです。だから，子どものマチガイ文を子どものまえにさしだして，この文章はここがまちがっているから，こういうふうにいいなおさなければならないと，日本語のキマリにてらしあわせて説明してやるのが，キマリをしることのアリガタミを子どもにしらせるもっともよいシカタです。キマリをおぼえて，これをまもれば，二度とまちがった日本語をつかわないですむからです。したがって，文法教育は，ハナシ・カキの教育とむすびついて，国語教育のなかにしみこんでゆかなければならない，ということになります。

しかし，日本語にキマリがあることを，子どもはどういう条件のもとでしることができるか，この問題について考えてみますと，文法教育は，どちらかといえば，ハナシ教育からはなれて，カキ教育（つづりかた）とむすびつかなければなりません。なぜなら，キマリをしるという知的な活動は，カキ・コトバのうえで，はじめてなりたつからです（したがって，自分の文章がまちがっているか，いないか，という判断も）。

子どもは，ハナシの世界にとどまっているあいだ，日本語にキマリがあることを感じても，気づくことができません。もともと，コトバというものは，ハナシテにとって主観的なものです。だから，カミのうえにうつさないと，それをながめることはできません。ながめないでは，キマリがあることに気づくことはできません。

もちろん，ハナシにおける子どものマチガイをなおしてやらなければなりません。それとむすびついて，文法教育もできます。また，それをしなければなりません。だが，黒板に一度かいて，子どもにながめさせるというテツヅキをふまなければならないのです。そして，このことは決定的なイミをもっているのですが，先生自身も，子どものはなす文章のマチガイを感じとることはできても，とりだすことはできません（すくなくとも体系的に）。先生自身も子どものかいた文章をながめないと，子どものマチガイ文をみつけだすことはできないのです。このようにみれば，文法教育はツヅリカタ教育と

じかにむすびついて，国語教育のなかにはいっていったほうが，はるかに実際的だといえます。

では，ツヅリカタ教育とむすびついて，どういうふうに文法教育をすすめたらよいでしょうか。このように問題をだせば，もうのべる必要はないとおもいますが，念のために説明します。

先生がたは，子どもの作文をよんで，マチガイ文をなおしています。でも，子どものマチガイ文を，そのつど，なおしてやるだけでは，キキメがうすいでしょう。それで，先生がたは，おおくの子どもがおなじカタのマチガイ文をかいたら，そのうちのひとつを子どものまえにさしだして，このようなときには，このようにかいたらよいと，おしえるでしょう。このとき，なぜこうかかなければならないか，リクツを説明すれば，これで文法教育はなりたったことになります。たとえば，なん人かの子どもがつぎのようなマチガイ文をかいたとします。

(イ)「だから，ぼくたちにはいちばんたいせつなのです」(268ページ)

(ロ)「ガソリン車は山と工場とをつなぐ大じな仕事です」(202ページ)

(イ)では，なにがたいせつなのか，わかりません(文章のヌシになるコトバがない)。(ロ)では，ガソリン車が仕事なのではなく，ガソリン車が仕事をしているのですから，文章ののべる部分がかけています。そこで，子どもたちは，文章をかくために必要なつぎのキマリをしらないことが，あきらかなのですから，これをおしえなければならないことになります。

(1) 文章のなかには，ヌシ・コトバ(主語)とノベ・コトバ(述語)とがなければならない。

(2) ヌシ・コトバとノベ・コトバとのあいだには，ツナガリがなければならない。ノベ・コトバがヌシ・コトバのアリサマやウゴキをしめす。

(3) あとさきの事情で，ヌシ・コトバとノベ・コトバとのどれかがヨミテにわかっているなら，わかっているものをはぶいてもよい。

おそらく，このような基本的なキマリは，すべての学年をとおして，おしえられるべきでしょう。たとえば，つぎのような例文をつかえば，ツナガリとはどんなものであるか，1，2年生でも理解できるのではないでしょうか。

△リンゴはリンゴです。(ただしくない)

△リンゴはクダモノです。(ただしい)

△リンゴは鉄です。(ただしくない)

　このようなキマリを、このキマリをまもらないことからうまれたマチガイ文とてらしあわせて、おしえたら、子どもは文法というナマエをしるまえに、文法をしるアリガタミをのみこむでしょう。

　わたしの考えでは、このような教育が、文法の指導です。ところで、こういうふうにみれば、先生がたは、すでに文法教育をやっている、ということになります。それで、もうすこしさきにすすみましょう。

　子どもは、文章のいろんなところで、まちがいます。ところが、ふしぎなことに、マチガイにはあるカタがあって、カキテにとって偶然であるマチガイも、よそめでみれば、なにか理由をもっています。つまり、ひとりの子どもがおかしたあるマチガイは、かならず二度三度くりかえされるし、おなじマチガイは、ほかの子どもによってもくりかえされます。そこで、子どもが規則的にマチガイをおかすところは、日本語をまなびとるにあたって、一番むずかしいところであると、考えられます。ここをとりたてて、しっかりおしえこまなければなりません。ある順序にしたがって、このむずかしいところを計画的におしえてゆくようになると、文法教育は体系的なものになります。

3. 文法書について

　では、体系的な文法教育の問題にうつります。たいていの先生がたは体系的な文法教育の必要をしっていながら、いざどうするかというところで、たちどまってしまいます。体系的におしえるためには、体系的な文法書がいります。解釈文法はミセサキにヤマほどつまれていますが、ただしい文章をかくための文法書はどこにもありませんから、テのほどこしようがないのです。

　そこで、国語学者が国語教育にやくだつ文法書をつくってくれるまでは、いつのことかわからないが、とにかくまとうと、先生がたは考えます。だが、このような考えはまちがっています。わたしは、先生がたが自分で自分の文法書をつくるべきだと考えています。いそがしい先生にむかって、むごたらしいことをいう人だと、おもわれますが、そうしないでは、まず永久に国語教育にやくだつ文法書はできません。教育実践からはなれている国語学者が教育にやくだつ文法書をつくるなど、常識的にも考えられないではありませんか。はっきりいってしまえば、いまの国語学者は、前科学的な解釈文法（ふるい日本語をよむためにだけやくだつ文法書、したがってウシロムキの文法書）を

後生大事にまもるため，あくせくしています。

　わたしもむごたらしいことをいったのですから，ある程度の責任をおわなければなりません。それで，文法書のツクリカタについて，これからすこしばかりしゃべります。

　まず，子どもの作文のなかからマチガイ文をさがしだして，それをたんねんにカードにかきこむ，こういう仕事をわたしは先生にすすめます。先生がたがかならず子どもの作文をよまなければならないのですから，この仕事はカタテマにできます。3～400枚のマチガイ文は，半年ぐらいであつまるでしょう。もしも，二，三人の先生が申しあわせてやれば，おなじ時間で1,000枚のマチガイ文をあつめることができます。集中的に，組織的に努力をそそげば，おなじカズのマチガイ文を1ヵ月であつめることもできます。

　さらに，マチガイ文をただしい文章になおしてみて，どこがまちがっているか，しらべてください。すると，先生がたは，マチガイのなかにカタ（日本語の否定的なキマリ）をみつけだすとともに，こうかかなければならないという日本語の肯定的なキマリをみつけだすでしょう。このキマリをある順序にしたがって分類しますと，ただしい文章をかくための文法書ができあがります。どんなに貧弱なものであっても，みせかけだけの解釈文法とちがって，国語教育にすぐにやくだつのですから，日本一です。この文法書をつかって文法をおしえれば文法教育は体系的なものになります。

　もしも，だれかがこのような文法書をつくってくれたとしても，先生はこの仕事をやめるわけにはいきません。なぜなら，土地のコトバのチガイ，学年のチガイ，さらに個性のチガイが，子どものマチガイカタをことなるものにしているからです。

　つづいて，マチガイ文のエラビダシカタについて，すこしばかりはなします。まず，よんでみて，イミがわからない文章をえらびだしてください。そのつぎに，イミがわかっても，どうもへんな感じがする文章をえらびだしてください。へんな感じがする文章は，たいていマチガイ文です。このばあい，ヒトリギメにならないように，先生がたが相談しあって，まちがった文章かただしい文章か，きめるシカタをすすめます。

　おしまいに，マチガイ文の分類のシカタについてはなします。どんなマチガイ文がとびだすか，わからないのですから，はじめからきめてかかってはいけないのですが，わたしの経験と先生がたの経験とは，おおきくくいちがわないとおもいます。

　文法とは単語を文章のなかにつづるためのキマリです。このキマリは，おおきくわけると，つぎのようになります。

(1) 単語のカワリカタのキマリ（カタチ論）

(2) 単語のナラビカタのキマリ（ナラビ論）

単語が文章のなかにはいるためには，まず，自分のヤクメにしたがって，ひとつのカタチ（単語の存在形式）をとります。つまり，ひとつの単語は他の単語とつながるために，自分自身のスガタをかえるのです。だから，ただしい文章をつづるときには，まず，単語のハタラキにあわせて，単語にカタチをあたえなければなりません。この単語のカタチヅケカタにキマリがあります。このキマリをまもらないとマチガイ文ができあがります。たとえば，つぎの文章は，こうしたマチガイをおかしています。

 (イ)「田は二毛作をすこしやっています」(32ページ)《田は→田では》

 (ロ)「妹は，こわい，こわいといってやりました」(4ページ)《こわいといって→こわいといいながら》

 (ハ)「ぼくは，はじめは，おっかないようだったが，なれると，なんでもなかった」(8ページ)《おっかないようだったが→おっかなかったが》

そこで，おおまかに，単語のカタチヅケカタのマチガイをつぎのようにわけることができます。

カタチ論（形態論）

 (1) 名詞をカタチづけるテニオハのつかいマチガイ

 (2) 動詞のカタチヅケカタのマチガイ

 (3) 形容詞のカタチヅケカタのマチガイ

 (4) そのほか

さらに，カタチづけられた単語は，文章のなかにはいるとき，自分のヤクメにしたがってならびます。そこで，ただしい文章をかくためには，文章にとって必要ないくつかの単語を，ある順序にしたがって，ならべなければなりません。これにもキマリがあります。このキマリをまもらないで，やたらに単語をならべると，マチガイ文ができあがります。つぎの文章は，それの例です。

 (イ)「……きせるを歯でぎりぎりとかじって，気みじかにのんでいた」(135ページ)《気みじかにタバコをのんでいた》

 (ロ)「製糸工場ではあつまったまゆを工場で生糸にするのと，町内の糸屋へおろしたりするのです」(18ページ)《工場でヲトル》

 (ハ)「前の方に先生がついていたので，それでもあんしんしてみんなと帰りました」(66ページ)《それでもヲトル》

（イ）では，オギナイ・コトバがおちています。（ロ）では，場所をしめすオギナイ・コトバがありすぎます。（ハ）ではヨケイモノをさしこんだために，主文章と副文章とのツナガリがこわされています。このような単語のナラベカタのマチガイをひとまとめにして，ナラビ論とでもなづけておきましょう。ナラビ論は，おおまかにつぎのように分類されます。

ナラビ論（文章論）
 (1) ヌシ・コトバとノベ・コトバとのツナガリ
 (2) カザリ・コトバとオギナイ・コトバとのサシコミカタ
 (3) 文章と文章とのツナガリ
 (4) そのほか

わたしの分類のシカタは，マニアワセのものです。先生がたは，ゆたかなマチガイ文をあつめることができますから，もっとこまかい分類ができあがるでしょう。

たしかに，このようなヤリカタは経験的です。だから，あるところまでくると，ゆきづまるとも考えられます。たとえば，「はなせば，はなしたら，はなすなら」などの動詞のカタチのツカイワケタなど，文法書がくわしくなれば，問題になってきます。さきほど，わたしは国語学者にむかってワルクチをいいましたが，このときこそ国語学者にチカラゾエをたのむべきです。先生がたが経験的なものを理論にたかめる，これはのぞましいのですが，たすけあってすすむのは時間の経済です。学者のなかにも，先生のトイにこたえようとする良心的な人もいるはずです。国語学者は，なにを研究したらよいのか，なんのために研究するのか，わからないでいます。ちょっとぐらいのカケゴエではおきることのない，ふかいネムリにおちいっています。具体的なカタチで問題をさしだせば，学者は元気づくでしょう。いまは，国語の先生が国語学者をひきずっていかなければならないときなのです。

（民主主義科学者協会言語部会員）

民族解放と日本語
―― 漢語の問題をめぐって ――

まえがき

　ちかごろ，日本語についての問題が，日本人のタチバにたっているヒトたちから，わきあがっています。解放のタタカイが民族へのかたいムスビツキをもとめていて，それが日本語での思想（かんがえられたモノ）のツタエアイによってすすめられるのですから，日本語へのココロヅカイがたかまるのは，あたりまえです。わたしも，日本人のハシクレとして，日本語のアリカタにココロをくばっています。それで，いろんなヒトの意見にミミをかたむけて，解放のタタカイのなかで日本語はどうあるべきか，サグリをいれてみようとおもいます。

　この原稿では，日本語の単語としてガンになっている漢語だけをあつかいます。だからといって，文法的クミタテについて，おおきな問題がないということではありません。文法の問題については，トキをあらためて，かきます。

日本語の発展のキマリ

　民族解放と日本語，このツナガリをだれよりもさきにつかまえて，日本語への愛情を日本人にうったえたヒトは，タカクラ・テルさんです（『理論』季刊16号にのっている「言語問題の本質」，51年5月）。むずかしい漢語をやめて，わかりやすい民衆のコトバで民族のコトバをつくりあげなければならないと，タカクラさんはただしくカンジトッていますが，かれのバアイも，カンジトリの理論ヅケがあやふやです。

　理論ヅケがあやふやであるために，タカクラさんは，カキカタのうえで，アヤマリをおかしています。たとえば，タカクラさんは，つぎのように，漢語をカナでかきあらわしていますが，これでは文章はやさしくなりません。

　　非難　ひなん　　　直接　ちょくせつ　　　確立　かくりつ
　　一切　いっさい　　暴露　ばくろ　　　　　複雑　ふくざつ

　あべこべに，むずかしくなっています。なぜなら，オトを漢字になおしてみて，はじめてイミがわかるからです。こうしたヤリ方は，漢語をのこしておいて，漢字だけをな

くなせばよいと，かんがえるオザナリ主義です。このごろ，このような大衆化がはやっていますが，これは，結果からみれば，字ヅラのうえで漢字をなくなして漢語をむりやりに日本語のなかにおしこもうとするココロミです。このような漢語では，かならず，つぎのような日本語にあらためて，カナガキすべきです。

　　非難　けなしつけ　　　直接　じかに　　　確立　うちたて
　　一切　すべて　　　　　暴露　あばきだし　　複雑　こみいり

　タカクラさんのこのアヤマリは，じかには漢字と漢語とのキリハナシからうまれたのですが，それは，やはり，かれのまちがった発展の理論とむすびついています。

　わかりきったことですが，一般的に，モノの発展はナカミとカタチとのナカタガイによっておこります。だから，コトバでは，イミとオトとのナカタガイが発展のテコになっています。いいかえれば，たかまるカンガエとすでにあるコトバとのクイチガイが，コトバをまえにおしやるのです。このバアイ，ナカタガイをときほどくために，コトバにはコトバなりのシカタがあって，それが内的な発展のキマリをなしています。

　ところが，タカクラさんは，この内的な発展のキマリをみないで，もっぱら単純化と合理化とによって，コトバの発展をときあかしています。イェスペルセンのつまらない理論をかりてきたわけです。漢語についていえば，タカクラさんは，ヤマト・コトバと漢語とのツナガリを，日本語の内的な発展のキマリにてらしあわせてみませんでした。もしも，このテツヅキをふんでいたら，漢語は民族語としてのネウチをもたないと，タカクラさんははっきりいいきって，漢字とともに漢語をきりすてようとしたでしょう。漢字のオイダシと漢語のオイダシとをきりはなさなかったにちがいありません。

　スターリンのオシエによれば，単語が，すべてあつまって，ひとつのコトバのジビキをくみたてていますが，そのなかには，

　（イ）ヒトエ単語（単純語）と

　（ロ）ヒトエ単語によってくみあわされたアワセ単語とがあります（「マルクス主義と言語学の諸問題」の23頁[*]）。スターリンは，ジビキがゆたかになってゆくミチスジを，ジビキの論理的なクミタテとしてとらえています。このオシエを日本語にあてはめてみますと，つぎのようになります。

　　ヒトエ単語　ほん　はこ

　　アワセ単語　ほん＝ばこ

　そこで，まえもって国民のなかにある基本単語をくみあわせて，あたらしい単語をつ

くりだすシカタ，これがコトバの内的な発展のキマリにかなったモノであると，いえます。事実，国民はいつもこのようなシカタで単語をつくっています。たとえば，つぎのように（シタ*にならんでいる単語は，ヒトエ単語になりきったものです）。

  み＝わたす み＝さげる   くだもの（木のモノ） ついたち（月が立つ）
  み＝あげる み＝つめる   けだもの（毛のモノ） こころみ（心を見る）

そうしますと，漢語は，日本語のジビキのなかで，どこに自分のバをもっているでしょうか。一般的に漢語は日本語のなかにネをもっていないのですから，カリイレ単語とおなじ性質をもっています。カリイレ単語で日本語をゆたかにするシカタは，よほどのワケがないかぎりは，ゆるせません。

しかし，漢語は，かならずしもカリイレ単語ではありません。おおくのバアイ，漢語は日本語の記号にすぎないのです。くわしくいえば，漢語は漢字によってささえられていて，その漢字が日本語の単語（とくにヒトエの）の記号（メジルシ）としてあらわれているのですから，漢語は日本語のジビキのなかで一人マエのバをもっているのです。たとえば，《仮定》の《仮》が日本語の単語《かりに》の記号であって，《定》がおなじように《きめる》の記号なのですから，これらの漢字でくみたてられた《仮定》は，《かりにきめる》という日本語のミガワリになって，日本語のジビキのなかにはいりこむことができるのです。そうでないと，仮定と過程と家庭とは，くべつされようがありません。コトバではオトがイミになっています。漢語では字がコトバになっています。*

こうしてみますと，漢語はそれ自身でイミをもっているコトバではなくして，コトバを代表する記号であるといえます。漢語は記号論者にツゴウのよいヨリドコロをあたえますが，おしいことには，オトなしの観念などは，どこにもありません。漢語が記号であることをうらづけているのは，日本語のジビキです。たとえば，《幸福》という漢語をひいてみれば，《しあわせ》とかいてあります。《同情》という漢語をひいてみれば，《おもいやり》とかいてあります。

だから，わたしたちがヨミ・カキするとき，日本語から漢語へのウツシカエ，漢語から日本語へのウツシカエ，このようなつまらないホネオリがしいられるのです。それにしても，このような記号アソビは，漢字をしっているヒトだけにゆるされます。漢字をしらないおおくの国民にとっては，漢語はマジリケのないオト，あるいは線にすぎません。漢語が民族語としてのネウチをもたないのは，それが日本語ではないからです。せいぜい，オモイヤリをもってみたところで，漢語はキマリにそむいた日本語です。いず

れにしても，あるべき必然性にかけています。いくらヒマがかかろうと，漢語とのしつこいタタカイをくりかえさなければならないワケは，ここにあります。

　わたしたちが《仮定》のイミを理解できるのは，この漢語が《かりにきめる》という日本語を代表しているからです。それで，この漢語のオイダシは，漢字のカゲにかくれている日本語をオモテにだせばよいのです。こうすることによって，漢字とともに漢語を日本語からおいだすことができます。一般的に，漢語のオイダシは，漢字の訓をいかすシカタですすまなければなりません。漢字漢語が日本語のなかにくいこんできたミチスジを，さかさにたどらなければならないのです。だから，基本単語として日本語のなかにとけこんだ漢語をのぞいて，漢語のカナガキ，つまり漢字の音ヨミによって漢字をかたづけるシカタをとるべきではないのです。それは，民族語になることのできない漢語をそのままネづかせることになります。さしあたっては，思想のツタエアイをさまたげます。

　そのかわり，国民にゼヒトモよんでもらわなければならないスリモノでは，漢語にフリガナをつけたらよいでしょう。しかも，このバアイ，フリガナを音ヨミから訓ヨミにうつしかえて，漢字漢語をおいだすためのシタヂをつくらなければなりません。国民がふさわしいとみとめた訓ヨミのフリガナ，これが漢語にとってかわるアシタの日本語です。

　これは明治の作家があゆんだミチですが，わたしたちは，民族語をそだてあげるために，もう一度，このミチをたどるべきではないでしょうか。どうしてこのようなテツヅキが必要であるかといえば，漢語がいくら日本語ではないといっても，おきかえられる日本語をつくりださないでは，ひとつの漢語でも，きりすてることはできないからです。つまり，日本人がながいあいだかかって漢語のなかにもりこんだ知識を，すこしでもへらしてはいけないからです。フリガナは漢語から日本語へのワタリになって，アイダをうめてくれるでしょう。また，このようなテツヅキをとれば，民族のヒロガリのうえで，漢語をおいだすシゴトがすすめられるのですから，ヒトリヨガリやオシツケなどはおこりません。フリガナのツケカタに，いろんなシカタがあるでしょうが，わたしはカッコにつつんで，シタにおいています。たとえば，搾取（しぼりとり）。

コトバのワカリヤスサとタシカサ

　はからずも，漢語が民族語としてのネウチをもたないと，永積安明さんが文学史の研

究からかんじとっています。永積さんはつぎのようにかいています。

>　「記紀」・「万葉」・「源氏」・「平家」をはじめ，西鶴や芭蕉による諸作品の系列が，古代および中世期という時代にあって，たたかいとった文学的に新しいものは，その開花がたとえ全円的でなかったにしろ，それがほかならぬ日本語によって書きとめられてきたということで，日本語によって文学しようとするものにとって，かけがえのない遺産であるといえないだろうか。（『文学』52 年 3 月号にのっている「文学的遺産のうけつぎについて」）

　永積さんは，すぐれた古典文学がすべて漢語とのタタカイのなかでつくられていると，いっています。そして，なぜ漢語が民族語としてのネウチをもたないか，このトイにこたえるために，二葉亭四迷のカンガエをヒキアイにだして，漢語が国民のコトバとしていきていないと，いっています。

　たしかに，漢語は，国民がヒビのクラシのなかでつかうコトバとして，いきていません。国民のコトバとしてくいこんでいる漢語は，かくことのできない基本単語だけにかぎられていて，国民はこれを日本語のなかにもちこむことによって，日本語をゆたかにしています。

　国民は日本語の伝統をまもりつづけています。国民はこの伝統的な日本語を，あたらしい条件にあわせて，よりよいモノにのばしています。国民は，いつの時代でも，日本語のマモリテであるとともに，それのツクリダシテなのです。だから，なにか日本語でいいあらわそうとするとき，かならず国民のコトバにまなばなければなりません。単語についていえば，このココロガケをもたないと，文章は漢語でうずめられて，国民にはよまれないものになります。

　こうしてみれば，「万葉」から「源氏」や「平家」をへて，「浮雲」にいたるまで，日本文学の歴史は，国民のコトバを文学作品のなかにもちこもうとする努力のツミカサネであるとも，かんがえられます。だが，国民のクラシからかけはなれたとき，日本語の伝統をうけつぐことはできません。そしてまた，先代の努力のツミカサネにまなばなければ，日本語の伝統をうけつぐことはできません。永積さんが，『文学』のなかで，コトバについてのべていることは，およそ，このようなものです。

　永積さんがおしえてくれるモノは，わたしたちにとっては，文学のワクをのりこえて，たいせつなイミをもっています。国民のコトバでコトガラをいいあらわそうとのぞ

むなら，先代の努力のツミカサネをうけついでなされなければならないのですが，この
ことが永積さんによってあきらかにされたからです。ひとくちに《国民のコトバをみに
つける》といわれますが，これは一代や二代のシゴトとしては，あまりにもおおきいの
です。国民とはなしあわなければならないヒトは，「浮雲」や「平凡」など，すぐれた
文学作品をゼヒトモよまなければなりません。ここでも，経験だけでは，どうにもなら
ないのです。

　ところが，安部公房さんは，永積さんのこの論文をくさしているようです（『文学』
52年6月号にのっている「文学理論の確立のために」）。そして，安部さんもコトバの
問題にふれています。かれはつぎのようにかいています。

　　　言葉とは，それが伝達の道具として使用されるとき，必ず一定の文法構造をもつ。そして
　　それは意識の形式となる。つまり，日本人にとっては，日本語の文法構造がその意識の発想の
　　形式なのであり，民族語はその内部に長くそして深い歴史をもち，われわれの思考は必然的に
　　そうした意味での伝統の上に立っているのである。この意味で，われわれが古典を学び，そこ
　　から民族の発想の根元を科学的にしらべ，さらにその上に立って発展の方向を見極めることが
　　大事なのであり，そのためにこそ古典が大きな意味をもちうるのである。

　おそらく，だれがよんでも，この文章はのみこめないでしょう。この文章のワカラナ
サは，安部さんが日本語の伝統をふんまえてかかなかったことから，おこっていますが，そういうことは，また，安部さんに永積さんの意見がのみこめなかったこととむすびついています。《日本語の文法構造がその意識の発想の形式なのであり》というようなイイマワシを，日本人のだれがつかっているでしょうか。《日本語の文法的クミタテがカンガエダシカタ（あるいはキズキカタ）なのであり》とでもいいかえたら，日本人がヒビのクラシのなかでつかうコトバにちかづきます。そして，こうすることによって，安部さんのカンガエは，わかりやすくなるとともに，たしかになります。ここで，なぜわたしたちが伝統的な日本語，つまり国民的なコトバでしゃべらなければならないか，このことのワケがはっきりします。わかりやすくて，たしかなコトバとは，国民がヒビのクラシのなかでつかっているコトバです。漢語ではないのです。

　わたしたちのカンガエはいつもコトバのスガタをとっているのですが，このカンガエ
は感性的な経験によってみたされないとき，からっぽなモノになります。イミのないコ

トバだけがのこるのです。だから，コトバは，感性的な経験とむすびつかないとき，からっぽなモノになるとも，いえます。からっぽなコトバが，わかりやすくて，たしかであるはずはありません。そして，からっぽなコトバとは，《意識》とか《発想》とかいう漢語です。漢語は文字によってうらづけられていて，じかにオコナイによってはうらづけられていません。ここで，安部さんは《発想》という漢語をいいかげんにつかっていますが，安部さんがいいかげんなのではなく，《発想》という漢語がいいかげんなので，こういうことがおこっているのです。

ところが，《かんがえる》とか《だす》とかいう国民的なコトバは，なん千回，なん万回とくりかえされる日本人のカンガエル活動，ダス活動とじかにむすびついていますから，だれがこのコトバをつかっても，マチガイはおこりません。だれがきいても，このコトバのイミをはきちがえないで，のみこみます。ここから，国民的なコトバのワカリヤスサとタシカサとがでてくるのです。もしも，安部さんが《発想》という漢語のかわりに《かんがえだし》というコトバをつかっていたら，こんなあやふやな文章をかかないですんだし，いいたいことはみんなに理解してもらえたのです。

とかく，学者はコトバのワカリヤスサとタシカサとをくべつしたがるのですが，これがマチガイであることは，もうあきらかです。漢語はむずかしいが，イミ（概念）をたしかにきめつけるといって，漢語をつかいたがるヒトがいますが，漢語のタシカサは主観的なものですから，このようなヒトは，おおくは，主観主義者です。たとえば，漢語のマモリガミサマみたいな時枝誠記さんは《主体的意識に於いて認定せられたる単位としての単語》というイイマワシをこのんでつかいますが，このコトバをあたりまえの日本語にいいかえると，《単位としての単語は，自分がきづくことによって，みとめたモノである》ということになりますから，《おれがこうおもうからこうなのだ》ということになって，時枝さんの言語学はおよそ学問らしくなくなります。主観主義者にとっては，漢語をつかうことによって，自分のカンガエがあいまいになればなるほど，ゴマカシがきいて，ツゴウがよいのです。おまけに，つまらないカンガエがものものしくなって，ヨミテをおどかすとくれば，ますます漢語はありがたいモノになります。

もうひとつ例をあげます。経済学者は《いちば》のことを《市場》といいます。こうすることによって抽象的な概念をいいあらわしていると，経済学者はおもいこんでいますが，おしいことには，《市場》が抽象的であるだけ，《いちば》も抽象的です。だからこそ，《うお・いちば》とか《あおもの・いちば》とかいうコトバがあるのです。経済

学は,《市場》という漢語をつかうことによって, なまなましい経験からとおのきます。つまり,《いちば》の概念がぼやけて,《市場》のなかにもちこまれるのです。国民にとっては, このことによって経済学が理解しにくいモノになります。

民族解放のための科学は, このようなコトバのうえでのゴマカシをもとめません。記号アソビは国民の思想のツタエアイをさまたげています。いますぐにでも, おいだすことのできる漢語が, たくさんあるのですから, 漢語オイダシのシゴトをただちにはじめるべきです。国民的科学とは, 術語の体系から漢語をおいだす学問であるといっても, けっしてイイスギではありません。国民のコトバで術語をつくりあげる, このシゴトは, コトガラの本質をもっとも具体的なスガタでとらえたとき, なしとげられます。だから, このシゴトをなしとげることによって, 学問はわかりやすくて, たしかにいいあらわされるだけではなく, より一層たかいモノにのびていきます。

さて, ヒキアイにだした文章から理解できるかぎりでは, 安部さんは, コトバの問題を文法的クミタテの問題にうつしかえます。さらに, この文法的クミタテの問題をカンガエカタ, あるいはキヅキカタの問題にうつしかえます。そして, おしまいには, 安部さんは, 日本語が論理的でないと, いいはじめます(『人民文学』52年10月号にのっている座談会でのかれのハナシ)。これでは, 日本語の問題は, うかびあがってきません。文法の問題にしても, つぎのようにかんがえたほうがはるかに実践的であって, 科学的なのです。

《それは直観的な科学性を欠いたものであるかぎり, ……》

この文章をつぎのような文章にかえるのが, 文法の問題であると。

《それが科学性を欠いた, 直観的なものであるかぎり, ……》

安部さんの文章では,《直観的な科学性》というふうに, ヨミテがのみこんだとしても, マチガイにはなりません。

安部さんにとっては, 国民文学が問題の中心なのだから, それがどんな日本語でかかれなければならないか, この問題にスナオな態度でのぞんだほうが, よいのではないでしょうか。

コトバのイキのヨサ

どういう日本語でかかなければならないか, この問題とまじめにとりくんだヒトは, 木下順二さんでした。木下さんは, 標準語といわれるイマの日本語では戯曲がかけない

と，いっています。そして，こういうことはなぜおこるのか，この問題を自分のまえにたてて，標準語のナリタチをあきらかにしようとしました。

リクツはべつとして，標準語では戯曲がかけないという木下さんのカンジトリを，わたしたちは，だまってきかなければなりません。かれは，もっとも信用できる作家ですから。そして，かれのカンジトリは，それだけで，戯曲のワクをのりこえて，たいへんな問題をなげだしています。つまり，木下さんのシゴトは，タミのカタリツタエを民族の文学にたかめていくことですが，それがイマの標準語ではできないなら，おなじように民族解放の思想はイマの標準語ではつたえられないと，わたしたちはかんがえなければならないのです。

作家は，いきているか，しんでいるかという事実にもとづいて，コトバをえらびます。政治家は，わかってもらえるか，もらえないかという事実にもとづいて，コトバをえらびます。このふたつのモノサシは，おたがいにゆきちがうようですが，そうではありません。なぜなら，みんなにわかってもらえるコトバは，ヒビのクラシのなかでつかわれているモノであって，こういうコトバだけが，いきたコトバですから。だから，木下さんが《標準語はしんでいる》というなら，標準語での思想のツタエアイはうまくすすまないと，かんがえてもよいのです。このことをうらづけるように，石母田正さんは，自分のコトバが東京の三河島のヒトたちにわかってもらえなかったと，いっています。（『言語問題と民族問題』理論社，22頁）[*]。

ところで，いきたコトバとは，どんなコトバでしょうか。それは，感情によってイロどられたコトバです。コトバはいつも論理的なものですが，それがつかわれるとき，かならず，あるモノはあたたかい感情のなかに，あるモノはつめたい感情のなかにひたされます。つまり，コトバは語感をもっているわけです。ところが，しんだコトバは，この語感をもっていません。だから，それはヨミテの感情をよびおこすことができません。漢語はこのようなコトバです。漢語ズクメの文章をよむと，スナをかんでいるようなアジケないオモイがするのは，このためです。これは，どうみても，小説や戯曲のコトバにはなりません。

ここで，いままでしゃべってきたことを，まとめてみますと，つぎのようになります。すなわち，コトバは**ワカリヤスサ**と**タシカサ**と**イキのヨサ**とのみっつのモノサシではかられますが，このみっつのモノサシは，ミカタのチガイからうまれてくるモノで，つきつめれば，ヒビのクラシのなかでつかわれているかいないか，つまり国民的なモノ

であるかないか，このひとつのモノサシにおきかえられます。国民的なコトバ，これは，いつも日本語の発展のキマリにふさわしいツクリをもっています。

　さて，さきにのべたように，木下さんは，標準語がイキのヨサにかけていると，いっています。木下さんは標準語を教科書のコトバにたとえていますから，わたしもそうしますが，すこしばかり説明をくわえておきます。標準語は，クニが規範的なモノとしてさだめたコトバです。だが，日本では，規範的なコトバがさだめられたことはありません。それで，標準語は日本にはないともいえます。もしも，クニが標準語をさだめていたら，《くすり》と《薬品》とがふたつならんで，おなじイミをもった標準語としてつかわれるようなことは，おこりません。しかし，標準語が日本にはないといいきってしまうのも，よくありません。なぜなら，このコトバではなし・かけと，政府は国民におしつけているからです。政府が国民におしつけるコトバ，これは教科書のコトバで代表されますが，これが標準語であるとみても，さしつかえないのです。そうみるべきでしょう。

　ところで，いくら政府がチカラをもっているからといって，かってにコトバをつくって，これではなし・かけと，国民におしつけることはできません。また，せまい地方だけでつかわれている方言を標準語にしたてて，これではなし・かけと，おしつけることもできません。それで，標準語は，かならず，共通語をモトにしてさだめられなければならないのです。だから，標準語は規格化された共通語であるとも，いえます。日本の標準語も共通語をモトにしてつくられています。

　しかし，標準語がまったく忠実に共通語をうつしだしているなら，標準語がしんでいるということは，おこりません。なぜなら，共通語は，土台になるヒトツの方言を，あらゆる方言に共通な要素でかためることによって，つくりだされたモノなのですから。だから，共通語は，共通的な要素として，すべての方言のなかに現実にいきているのです。共通語は，民族のヒロガリのうえで，いきている国民的なコトバなのです。わたしたちが東京語を共通語としてあつかうのは，それが，共通語ツクリダシの土台になったということだけではなく，共通的な要素によってみたされているということで，方言よりもはるかにすぐれているからです。そうすることによって，東京語は，東京のソトではとおらない方言的なニオイをあらいおとしているからです。

　では，なぜイマの標準語はしんでいるのでしょうか。それは，標準語のなかに共通語的なモノ（いきているコトバ）と共通語的でないモノ（しんでいるコトバ）とがまじり

あっているからです。標準語が，すみからすみまで，国民のコトバである共通語によってうずめられていないからです。このことをときあかすために，ことさら，証拠はいりません。おおくの漢語が標準語ではあるが，共通語ではないことを，おもいだせばよいのです。

　共通語は国民によってつくりだされたモノですが，標準語はクニによってさだめられたモノです。民族語をめぐる階級的な利害は，まず，標準語のなかにもちこまれます。

　だが，木下さんはここまでメをむけていません。そして，標準語をまるっきりしんだコトバとしてあつかっています。いいかえれば，標準語と共通語とのツナガリをみとめないのです。それどころか，木下さんは，日本に共通語があることさえ，みとめません。

　標準語があじけないモノであると，かんじとった木下さんの作家的な経験がたいせつであるということは，まえにのべました。よくすることがたいせつだという一般的な理論から，標準語をよくしなければならないと，コトバのうえでいくらさけんだところで，オコナイのなかでかんじとらなければ，サケビゴエはネンブツにおわります。だが，かんじとられたモノは，かならずしも，ただしく理論づけられません。

日本語をくいころす漢語のハタラキ

　木下さんは標準語のツマラナサをつぎのようにリクツづけています。つまり，イマの標準語は東京方言にちょっとばかりテがくわえられたもので，それのナリタチはコトバとしての歴史的な必然性にかけていると。かれはつぎのようにかいています。

　　日本では，（ヨーロッパのような）そういう方言のまじりあう過程がなく，ことに江戸時代，各地相互の交通がたたれたままの三百年間，各地の方言はそれぞれ独自に発達した。それを明治にはいっていきなり東京弁の少しなおしたものを標準語にして全国的に使わせようとしてみても，それは「言葉自体の歴史的必然性に欠け」，ただ少々無理な御処置というものだろう。

（朝日新聞，27年8月6日の夕刊）

　これは木下さんのオモイチガイです。東京方言はいまではホトンドしんでしまっていて，東京でしゃべられているコトバは，江戸時代のはじめから，諸方言のマジリアイによって，ゆっくりとつくりだされてきた共通日本語です。だから，東京語が標準語にな

るのには，なるだけのワケがあって，それには歴史的な必然性があります。イマの標準語がわるいコトバであるなら，それが東京語によってできあがっていないからです。イマの標準語が歴史的な必然性にかけているといえるなら，むしろこういうイミです。二葉亭のコトバがいまでもいきいきしているのは，かれが東京語でかいたからですが，かれのコトバは標準語というよりも，むしろ俗語としてあつかわれています。ここに問題があるのです。

　さらに，木下さんは，こういうつまらない標準語をひとまずすてて，あたらしい共通語ツクリダシをやらなければならないと，いっています。そして，このあたらしい共通語にもとづいて，あたらしい標準語をさだめなければならないと，いっています。かれはつぎのようにかいています。

　　……全国各地で現在方言をつかって毎日をおくっている人びと——その数は標準語なるものをしゃべっている人びとより圧倒的に多いはずだ——は，決して標準語に対してひけ目を感じないのがよろしかろうと，ぼくは思う。ただし，それは方言をそのまま保存するという意味では決してない。必然性のない標準語によって，生き生きとした方言が駆逐されるテはないと思うからだ。そして，その上で，いかにして全国に通用する共通語をだんだんにつくり出して行くかということが出て来なければならぬ。その場合に初めて標準語が基本になるというのが順序なのであるまいか。（まえとおなじ）

　標準語のなかで，いきている部分としんでいる部分とをくべつしたうえで，しんでいる部分をおいだすために，どんなコトバでうめあわせたらよいか，わたしたちはたしかにかんがえてみる必要があります。そのあとで，必然性のない標準語によっていきいきとした方言がおいはらわれるテはないというなら，木下さんの意見は，じゅうぶん納得できます。たとえば，百姓さんは《幼穂形成》のことを《ほばらみ》といっていますが，《ほばらみ》が《幼穂形成》によっておいはらわれるテは，どこにもないのです。そして，《ほばらみ》のようなりっぱなコトバをひろいあつめて，標準語のなかにもちこむために，テツヅキとして共通語ツクリダシが必要であるというなら，木下さんの意見はじゅうぶん納得できます。このようにかんがえてみないと，共通語をはじめからつくりなおさなければならないということになって，いままで日本人が共通語ツクリダシについやしてきた努力をミズにながすことになります。

標準語のなかで，共通語的でないモノが漢語であることは，まえにのべました。漢語をおいだして，そのあとを日本語でうめあわすシゴト，これは，共通語をつくりだして，標準語のなかにもちこむシゴトです。なぜなら，漢語にとってかわる日本語は共通語でなければならないし，それは方言のなかでいきている共通的な要素でつくりだされなければならないからです。それで，漢語をおいだすための条件として，あたらしい共通語ツクリダシが，さきにすすんでいなければなりません。

　あたらしい共通語ツクリダシは，日本人が民族のなかにとけこんでいくミチのうえで，おこなわれます。解放のタタカイは，このシゴトをやってのけるでしょう。タタカイがひろく国民をとらえはじめると，国民は自分のコトバで自分の思想をいいあらわします。

　ところが，木下さんは，じかには，漢語の問題にふれていません。だが，木下さんにとっても，やはり漢語が問題であると，いえます。漢語は標準語のなかの共通語的なモノをくいころしているからです。つまり，漢語は規範的なコトバとしてのエラサをもって，共通語をくいころしているからです。だから，木下さんのメには，漢語でくわれているドアイの一番ひどい東京語が共通語にみえないのも，あたりまえだといえます。

　まえにのべたように，漢語は，歴史的なタチバからみても，国民的なタチバからみても，コトバの記号にすぎませんが，この記号は，ハナシ・コトバのなかでつかわれると，いきてきます。そして，漢語は記号であるあいだ日本語をきずつけませんが，いきてくると，日本語をくいころしはじめます。たとえば，クスリのかわりに漢語《薬品》があらわれて，それがハナシのなかでたびたびつかわれると，コトバとしていきてきます。あべこべに，《くすり》という日本語はつかわれるカズがへって，よわくなります。このようなつまらない事実をみるだけでよいのです。コトバは，つかわれなければ，よわまってゆきます。《さだめ》が《運命》にくわれた例などは，こんなバアイでしょう。だが，実際には，このような単純なオキカエでは，日本語は，そうたやすく漢語にまいりません。

　おおくのバアイ，漢語による日本語のクイコロシは，日本語の単語のイミをあるワクのなかにおしこめるシカタであらわれます。つまり，漢語は，日本語の単語がウチヒロガリにのびてゆく可能性をもぎとるのです。たとえば，《ぬし》いう単語は，《もちぬし》というアワセ単語のなかにみられるように，ウゴキの主体をしめすモノでもあったのですから，標準語が主語とか主体とかいうイミのコトバとして，この単語をひろいあげた

らよいのですが，そうしないで，漢語をつかいますと，この単語はコイビトというイミにとじこめられます。ところが，標準語には《こいびと》というりっぱなコトバがあるのですから，《ぬし》という単語はいりません。それで，それはクルワ・コトバにおちぶれてしまいます。クルワにしても標準語のハタラキカケをうけないのではないのですから，《ぬし》という単語は，そのうちしんでしまいます。しんだ単語にはそれぞれのコロサレカタがありますが，一般的にはこんなものです。いいかえれば，たかまるカンガエとすでにあるコトバとのナカタガイがおこったときに，それをときほぐくためのテダテとして漢語がくいこんできていて，それがモトで日本語の単語の発展はおさえつけられて，くさってゆくのです。

　また，漢語は，日本語の単語がソトヒロガリにのびてゆくのをさまたげるとともに，すでにできあがっているアワセ単語をくいころしています。たとえば，《かんがえる》という単語は，つぎのようにソトヒロガリにのびてゆかなければならないのですが，漢語があるために，そうすることができません。

　　　かんがえ＝だし　　　発想
　　　かんがえ＝つき　　　着想
　　　かんがえ＝なおし　　再考

《かんがえだし》のバを《発想》がとりあげるのは，それだけでは単純なオキカエなのですが，おなじようなバアイがたくさんあって，動詞の連用形を名詞としてツカイモノにならなくしているところに，おおきな問題があります。また，ふたつの動詞の連用形をくみあわせて，ひとつの名詞がつくれるのですが，それをこばんでいるところに，おおきな問題があります。これは，もはや，ひとつひとつの単語のクイコロシではなく，キマリとしての単語のツクリカタのクイコロシになっています。日本語には単語ツクリのチカラがないと，いわれていますが，それはモトモト日本語になかったのではなく，漢語がはびこったために，なくなったのです。日本語の単語ツクリのキマリは，まだまだ方言のなかでいきています。コドモのツヅリカタのなかで，このキマリにかなったアワセ単語，あるいはエダワカレ単語（派生語）が，いきいきとしたスガタでとびだしてくるではありませんか。国民が忠実に日本語をまもってくれているので，日本語をすくうシゴトは，これからでもおそくないのです。

　漢語をつかえば，それだけ日本語がよわまるという事実をわすれて，漢語をつかうのは，いまとなってみれば，国民的なオコナイではありません。

さて，このようなクイコロシのミチスジがどんどんすすんで，日本語の単語のカズがへっているのは，東京語です。東京語はもっともつよく標準語のわるいハタラキカケをうけたのです。それで，木下さんは東京語や標準語にアイソウをつかしたのですが，ちょっとばかりリクツづけにオモイチガイがありました。だが，それはかれにとってはなんでもないことです。イマの標準語にケチをつけて，これではどうにもならないから，共通語ツクリダシをやらなければならないと，木下さんはとくのですが，これは実践的にはまったくただしいのです。

標準語のナリタチ

木下さんが標準語についての意見をかいたあと，いまの標準語をみとめないなら，たいへんなことになるということで，批判がいろんな人からでてきました。おおくの批判は，木下さんがどうしてこういうことをいいはじめたか，ただしくとらえていません（たとえば，小場瀬卓三さんのモノ）。だが，石母田正さんの木下さんにむけた批判は，このテンではちがっています（『言語問題と民族問題』のなかのかれの論文「言葉の問題についての感想」）。木下さんのホネオリをのみこんだうえで，石母田さんは木下さんの意見に反対しています。また，ほかのヒトたちは，標準語はあるぞと，やたらにいいはっていますが，石母田さんはこのことを理論的に証明しようとしています。だから，石母田さんの論文は，標準語のナリタチを科学的にときあかそうとしたことで，記念すべきモノです。

しかし，かれの標準語の理論も，つまるところ，一般論の日本語へのオシアテであって，日本における標準語のナリタチをただしくつかんでいません。石母田さんの意見は，あるイミで代表的なモノですから，ここではかれの意見だけをとりあげましょう。石母田さんはつぎのようにいっています。

> 東京方言を修正して「標準語」がつくられてきた過程は「言葉自体の歴史的必然性に欠けている」ものであり，その「標準語」が教育制度その他の制度を通じて全国的に，なかば強制的に普及される過程，東京方言が「標準語」として日本を支配し，方言を駆ちくする過程は，たしかに学兄のいわれるように，「政治的」なものであります。しかし，いくら天皇制の国家とはいえ条件のないところに「政治」だけでつくりあげることはできません。それには江戸言葉が封建時代に確立していた地盤と近代日本において東京がしめている経済的社会的優位という

条件があったわけですし，他面では東京方言が全国の標準語になることは，日本の近代的ブルジョア的経済の確立のために必要なことでした。どこでも通用する日本語というものは，全国どこでも通用する貨幣と同じように資本主義社会には必須の条件の一つです。

石母田さんのこれだけのコトバのなかに，いくつかの問題があります。たとえば，木下さんのカンガエにしたがって，石母田さんも《東京方言を修正して「標準語」がつくられてきた過程は「言葉自体の歴史的必然性に欠けている」ものである》とみていますが，必然性のないモノが必然性のあるモノにおきかえられるのはあたりまえで，木下さんの意見に反対する必要はありません。標準語に必然性がないということは，それが方言を共通語にたかめてゆくチカラをもたないということです。だから，こうした標準語がさだめられると，つよい方言はしつこくのこってゆきます。よわい方言は，自分を共通語のなかにもちこむことなくして，ころされてしまいます。石母田さんは，日本で方言がつよくのこっている理由として，政府が標準語をうえからおしつけたからだといっていますが，オシツケであっても，標準語がコトバとしての必然性をもっているなら，方言は，ながいメでみれば，けっして標準語にさからわないでしょう。いまの標準語がコトバとしての必然性をもたないなら，わたしたちは，この標準語にたいして，どこまでもたたかわなければなりません。必然性のある標準語ととりかえなければならないのです。

このことはよいとして，一番たいせつな問題にうつりましょう。日本の近代的ブルジョア経済の確立のために，どこにでも通用する標準語が必要であると，石母田さんはいっていますが，これは半分の真実しかつたえていません。なぜなら，石母田さんは封建制のネづよいノコリカスをみていないからです。ジヌシたちが封建制をたもとうとするかぎりでは，全国的に通用する標準語はいらないはずです。

まちがいなく，ブルジョア経済の発展は，民族の共通語をつくりあげます。それだけではなく，ブルジョアは，ブルジョア経済をクニのすみずみまでひろめるために，すでにある程度できあがっている共通語をモトにして，標準語をさだめようとします。つまり，政治をとおして，方言を共通語にうつしかえようとするのです。ところが，あべこべに，イナカでいとなまれるジヌシ経済は，民族の共通語のツクリダシにとってカベになっています。それだけではなく，小作人をせまい世界にとじこめて，ウシウマのようにこきつかうジヌシにとっては，共通語の世界をつくりあげて，このなかに小作人をつ

れこむなど，とんでもないハナシです。だから，ジヌシにとっては，政治が標準語をさだめて，共通語をつくりだすことは，このましくありません。

てっとりばやく，新聞を例にとりあげてみましょう。ブルジョアにしてみれば，一枚でもおおく新聞をうらなければなりません。それで，だれにでもよんでもらえるように，記事は共通語でかかれていなければなりません。ところが，ジヌシにしてみれば，どんなつまらないブルジョア新聞でも，小作人によんでもらいたくはないのです。コメの相場をしるだけで，ジヌシが小作人からとりあげたコメでどれだけもうけているか，小作人のビンボウの原因（オコリ）がどこにあるか，たちどころにはっきりします。だから，新聞が学問のない小作人にでもすぐよめる共通語でかかれるということは，ジヌシにとってはおそろしいことです。《しらしむべからず》の原則がこわれてしまいます。とにかく，ムラのソトでおこなわれるデキゴトをしるということは，小作人にとっては，どういうシカタであっても，土地へのシバリツケからのがれるために必要なマエオキ条件です。

ところで，日本のブルジョア経済がハラのなかで封建制をあたためていることは，だれでもしっています。そして，このような経済的な土台のうえにブルジョア＝ジヌシ政府ができあがっていることも，わかりきったことです。この政府がイマの標準語をさだめたのです。だから，ブルジョア＝ジヌシ政府が標準語をめぐるセナカアワセの意見をどういうふうにかたづけたか，このことをかんがえないで，標準語が共通語を母体にしているとみるのはあまりにも公式的なのです。

ブルジョア＝ジヌシ政府は，いつでも日本人のテキでした。いまもそうです。わたしたちは，すくなくとも，テキのやることをうたがってみなければなりません。

明治維新によってうちたてられた天皇＝藩閥政府は，ジヌシ経済をはきすてないで，これをのこして，これからすいあげたカネでブルジョア経済をそだてあげています。ブルジョア経済がどんなカタチでそだとうと，ジヌシ経済はブルジョア経済にとってはジャマモノです。だから，ブルジョアはジヌシのオヤダマである天皇＝藩閥政府にタタカイをいどんでいます（明治のハジメの自由民権運動）。ブルジョアは，このタタカイでとにかく政権にありつくことができましたが，天皇＝藩閥政府のイキのネをとめることはしないで，それとグルになってしまいました。それで，天皇制をアタマにいただくブルジョア＝ジヌシ政府ができあがったのですが，これによってクニの民主化（封建制のオイダシ）はブルジョアによってはおこなわれなくなって，このオオシゴトは労働者と

農民とのテにうつされました。このような政治的な事情が、標準語のサダメをきめつけます。

　すぐれた民族の共通語、これは封建制をうちたおすためのタタカイのなかに国民をひきずりこむ武器です。ところが、ジヌシとナレアイになったブルジョアにとっては、これがいらなくなったのです。それで、共通語をもって標準語をさだめるシゴトはにえきらないものにおわって、このシゴトのシアゲは労働者と農民とのテにゆだねられてしまいました。いまの標準語のなかに共通語的なモノと共通語的でないモノ（漢語）とがまじっているのは、このナレアイの結果です。漢語が日本人の思想のツタエアイをさまたげていて、日本人の民族へのムスビツキをよわめているのですから、解放のタタカイは、標準語から漢語をおいだして、そのあとを共通語でうめるシゴト、これをゼヒトモやらなければなりません。

国字・国語運動の歴史

　国語・国字運動の歴史をみれば、いまの標準語のナリタチがはっきりします。明治政府は口語体ではなくして、漢文クズシの文語体で法律やそのほかの文書をかいています（たとえば、軍人勅諭、欽定憲法、教育勅語など）。これには、そのとき、口語体の文章がまだ整理されていなかったという事情もありますが、この漢文クズシの文章が、そのあとの標準語のカタをきめてしまいました。徳川時代のカキ・コトバのナガレをうけついだわけです。（この漢文クズシの文語体を標準語とよぶのはまちがいです。なぜなら、このようなカキ・コトバは、どうみても、日本人のコトバをみちびく規範にはなれないからです。日本人のコトバをまぜくりかえすだけです。だが、ここではこのカキ・コトバを標準語とよんでおきましょう。）この標準語のなかにどうして共通語をもちこむか、これが国語・国字運動の歴史をつづっているのです。このバアイ、国語運動は言文一致の運動としてあらわれて、この標準語をウチガワからくずそうとしますが、国字運動はこれをソトガワからくずそうとします。

　標準語を民族のコトバでうめようとする努力は、明治維新をあとさきして、まず、漢字制限論、カナ文字論、ローマ字論など、国字運動としてあらわれています。これがそのトキの進歩的なブルジョアのカンガエを代表していることは、うたがいありません。おおかれすくなかれ、自由民権運動ともむすびついていました。そして、これらの国字運動の代表者たちは、文字をあらためるまえに、カキ・コトバとハナシ・コトバとをひ

とつにしなければならない，このことをしっていました。この国字運動は二十年代のハジメまでつづいて，シタビになっています。

ところで，この明治のマエ半分の国字運動は，文字改革のうえでは，なんのミノリももたらさなかったのですが，言文一致の運動をうみだしています。これがすばらしいミノリだといえます。言文一致の運動は，明治の二十年代のはじめに，二葉亭や山田美妙斎の努力によって成功しました。二葉亭は，いたるところで，漢語を国民のコトバにおきかえています。かれによって，はじめて民族の共通語がたしかめられました。民族語から漢語をおいだすシゴト，これは明治の四十年代のハジメまでつづいています（夏目漱石や島崎藤村などもくわわって）。文法については，べつのオリにふれますが，四十年までのすぐれた作品は，日本語の文法的クミタテを忠実にまもっています。

この言文一致の運動とはべつに，明治の二十年*のオワリから，あたらしい国字運動がおこっています。つまり，上田万年のもっともかがやかしい時代がひらけてきたわけです。このあたらしい国字運動は明治の41年までつづいていますから，明治のアト半分の国字運動といえます。アト半分の国字運動は，マエ半分のそれの経験からうまれたものです。それとともに，二十年代の言文一致の運動のミノリを土台にしています。明治のアト半分では，ブルジョアはすでに政権にありついていますので，モノをいうチカラをもっています。政府は，国字についてのブルジョアの意見をふりかえってみないわけにはいきません。それで，国字をめぐるジヌシとブルジョアとのタタカイは，政府の機関を舞台にして，おおやけにおこなわれています。

この時代の国字運動をしるために，ちょっとばかり，上田万年のカンガエをひろってみましょう（『国語のため』第一と第二，第一は明治28年に，第二は明治33年にでています）。上田万年は《国語は国民の慈母なり》というカンガエを《国語は帝室の藩屏なり》というコトバでつんで，さしだしています。おたがいにゆるすことのできない命題（文）が，ならんでおかれているところに，そのころのブルジョアとブルジョア思想家とのヨワサ，ミニクサがさらけだされています。それでも，この《国語は国民の慈母なり》という命題は，あとになって，朝鮮語ネダヤシ政策の理論家，時枝誠記さんのジャマになっています（『日本語』昭和17年8月号にのっているかれの論文*をみてください）。条約改正をまえにして，上田万年は，この命題をさげて，民族の独立のために国語の統一をといているのです。また，かれは，実業がさかえるために，統一された国語が必要であることも，しっていました。つまり，上田万年は，日清戦争でひともう

けしたブルジョアの，コトバについてのカンガエを絶対主義のコロモでつつんで，さしだしているのです。

　上田万年は，まず，国語の統一のために，標準語をさだめなければならないと，いっています。もちろん，この標準語になるべきコトバは東京語です。そして，標準語ではカキ・コトバとハナシ・コトバとがひとつにならなければならない，ひとつになったトキにほんとうの日本語ができあがると，いっています。ここから，かれの実践がうまれてきます。つまり，口語体の文章をひろめる，漢字を制限する，新カナヅカイをとる，このミッツの実践のミチがでてくるのです。

　さらに，上田万年は，自分のカンガエをどうして実現させるかということで，国語教育のなかにアシをつっこんでいます。かれは，三十年代に，小学校の教科書のなかで言文一致，漢字制限，新カナヅカイを実現させています。小学校の教科書のコトバを口語体にかえることだけは完全に成功しました。そうすることは，おそらく近代的な統一国家の教育が必要とした最小限のものでしょう。ところが，漢字と新カナヅカイとは，明治41年に貴族院で反対にあって，ほうむりさられました。上田万年のこのシクジリは，明治のアト半分の国字運動にオワリをあたえました。ここで，ブルジョアとブルジョア思想家とは，反動ジヌシにデハナをくじかれて，標準語を民族語でうめるシゴトをなげすてたのです。ちょうど，このころに，二葉亭を中心にする言文一致の運動もおわっています。ブルジョアとブルジョア思想家とは，このころには，完全にくさってきているのです。進歩的なブルジョアのガワからのあらゆる国語・国字運動は，四十年代のはじめに完全にマクをとじたのです。

　ところで，明治の国語・国字運動がのこしていったモノはなんでしょうか，シメククリをつけておきましょう。ヒトクチでいえば，それは，標準語を漢文クズシの文語体から漢文クズシの口語体にあらためたこと，これだけです。このことによって，たしかに，標準語はすぐれたものになりました。わたしたちは，明治の国語・国字運動に感謝しなければならないのです。だが，標準語を共通語でうめるシゴト（言文一致）は，おわったわけではありません。たいせつな単語が漢語であるかぎり，言文一致はしあがったとはいえません。わたしたちは，さきにすすまなければならなかったのです。いいかえれば，小説のなかで実行した言文一致を，哲学や評論のコトバ，政治や経済のコトバ，そのほかの学術論文のコトバにいたるまでに，おしひろげるべきだったのです。もしも，ブルジョアがジヌシのまえにひざまづかなかったら，一方では二葉亭のコトバを

標準語のなかにとりあげて，他方では，漢字制限をおこないながら，このシゴトをなしとげたでしょう。

　なるほど，大正にはいってからも，言文一致の運動はつづけられました。だが，これは普及活動です。新聞や雑誌など，いたるところで漢文クズシの文語体は漢文クズシの口語体にうつしかえられました。そして，この漢文クズシの口語体をうごかないモノにしあげてしまいました。とくに作家についていえば，志賀直哉や武者小路実篤など，二葉亭が日本語におきかえた単語をふたたび漢語におきかえています。かれらが漢語をつかうまいとすれば，日本語をしらないのですから，イイマワシはみすぼらしくなります。これは国民からはなれて，くさってゆく作家のたどるミチです。文法の問題をふくめて，大正の作家は，明治の作家がのこしていった日本語をみすぼらしいモノにうつしてしまいました。また，国字運動もつづけられました。だが，それは新聞の印刷とむすびついた能率運動になりさがっています。大正のブルジョアとブルジョア思想家には，標準語を共通語でうめようとする熱意は，どこにもみうけられません。

　ところで，ただいま標準語といわれるコトバ，これは，まちがいなしに，明治のアト半分でつくられて，大正の時代にひろめられた漢文クズシの口語体です。ブルジョアが共通語で標準語をつくろうとするキモチをすてたときに，標準語の共通語化はとまってしまったのですが，そうすることによって，反動化したブルジョアとジヌシにとって，ほどよい標準語ができあがったのです。これがイマの標準語です。だから，いまの標準語はブルジョア＝ジヌシ政府のつくりだしたモノであると，いってもさしつかえないのです。二，三日まえの『朝日新聞』から，いまの標準語の見本をひきだしてみましょう。

> 災害対策および冷害対策費に大蔵省が予定する財源のほとんどを食われる事態を放置すれば，給与問題，米価問題など本年度内に第二次補正を必要とする支出の財源に窮するおそれがあることなどである。

　この文章を漢文クズシの口語体とよぶのは，ちょっとひどいですから，和漢混合文とよびましょう。「平家」などを和漢混合文とよんでいますが，そこまでさかのぼらなくても，毎日毎日の新聞のコトバが，りっぱな和漢混合文でかかれています。こういうのがイマの標準語であるなら，標準語は国民のコトバとツナガリをもたないといっても，まちがいにはなりません。なるほど，いまの標準語には，ほどほどに共通語がはいって

います。それは，おもに基本単語です。これだけしっておれば，労働者にも兵士にもなれます。そして，いまの標準語では，たかい思想をいいあらわす単語は，すべて漢語です。ブルジョアとジヌシとのカンガエによれば，このような単語をしる必要は，農民や労働者にはありません。

　たしかに，いまの標準語は資本論をいれました。だが，それはツンデオク・ホンです。石母田さんも，標準語のタスケをかりて，進歩的な思想のモチヌシになりました。ところが，石母田さんのしゃべるコトバは，もう三河島のヒトたちにわかってもらえません。標準語のマズサのおかげで，オトナの93.8％が，ホンや新聞からしめだされています。こういうアリサマが漢語のためにおこっていることは，わかりきったことなのですから，漢語でうずまっているイマの標準語を，お世辞にでも，進歩的だとはいえません。

　漢語を標準語からおいだして，共通語でうめるシゴト，国民はこれを，いまではアメリカのテサキになりさがっているブルジョア＝ジヌシ政府をたたきつぶすオオシゴトのなかで，やってのけるでしょう。このとき，はじめてホンモノの標準語ができあがります。これが，いまからたどる，日本語の歴史的な発展のミチスジです。

　おわりに，ヒトコト国語愛についてふれておきます。それは，この歴史的な発展のミチスジにそって，日本語をつかうことです。わたしたちは，こうすることによって，一日もはやく，日本語をあるべきスガタにもってゆかなければなりません。あるべきスガタの日本語は国民のカンガエのタカマリと思想のツタエアイとをなめらかにすすめますから，よりおおくの国民を民族解放のタタカイのなかにまきこんで，それの勝利をはやめるでしょう。

東北のコトバ

　方言とは，お国なまりのことだ。このコトバは，おおやけの席では（コトバの文化のなかでは），おもに落語・漫才につかわれて，おかしみをだしている。それに，方言をしらべる学問ときたら，都会人のめずらしがり屋にへつらって，へんてこなイイマワシだけをひろってあるいた。いわば，方言は都会人のミセモノにすぎないのだ。こんな調子だから，気のよわいイナカ者は，人さまのまえでは，しゃべらなくなる。
　こんなことでよいのだろうか。だれにでも，自分のコトバで自分の考えをいいあらわす権利があるはずだ。これは民主主義というものだ。そうすると，えんりょなしに，方言で話し・書いてよい，ということになる。とにかく，いいたいことは，いうことだ。
　ところで，こういうことを，コドモたちがツヅリ方のなかでやってのけた。たしかに，コドモたちは，方言でしゃべることのカタミのセマサを感じないで，そうしたのだが，そうすることは，あたりまえのことだけに，えらいものだ。ツヅリ方のうちで，一番したしまれているのは，『山びこ学校』だろう。この『山びこ学校』のなかには，東北のコトバがたくさんおりこまれていて，それが方言勉強のためのよい材料になっている。で，ひとつ，このツヅリ方のなかに，東北のコトバとはどんなものか，しらべてみよう。
　たしかに，『山びこ学校』をよむと，おかしなコトバにでくわす。たとえば，つぎのようなコトバにぶつかると，ヨソモノはちょっとおどろく。
　「いま五年，この山**いたましい**んだげんとね」
　ここの「いたましい」という単語は，共通語の「いたましい」とおなじものだが，「かわいそう」というイミではなく，「おしい」というイミでつかわれている。そして，「かわいそう」というイミをいいあらわすためには，『山びこ学校』のなかには，「むずこい」という単語がある。
　だが，『山びこ学校』をよくよんでみると，こんなおかしい単語は，そうたくさんはない。単語のほとんどは，共通語とおなじものであることに気がつく。正確にいうと，単語は，共通語に比べて，ちょっとばかり，なまっているにすぎないのだ。つぎの文を共通語になおしてみたら，すぐわかる。
　「えやえや，こどわりすねでねえ」

この文の中では,「いやいや」は「えやえや」に,「ことわり」は「こどわり」に,「し」は「す」に,「ない」は「ね」になまっている。こういう試みをくり返していると,なまり方にキマリのあることに気がつく。東北の「ズウズウ」については,みんなよくしっているから,ここでは「こどわり」の場合だけをとりあげてみよう。ニゴリが気になるが,ほかにもこんな例がたくさんある。

　　なぐして（なくして）
　　書ぐえからあ（書くことはできるよ）
　　おずけにでおげなれ（おつけをにておけ）

　そうすると,単語の二番目のカナ（音節）は,東北のコトバではニゴルということがわかる。さらに,くわしく調べると,このニゴリがカ行とタ行に限られているということも,わかってくる。

　日本人のみんなが,こんなナマリ方のキマリを知っていると,ヨソモノはニゴリをおとして聞き・読めばよいし,東北人は,ヨソモノと話すときには,ちょっと気をくばってこれを消せばよい。東北のコトバといって,めずらしがるほどのこともない。あれもこれも,みんな日本語だ。

　東北のコトバでは,マト（的）はマドに,イト（糸）はイドに,カキ（柿）はカギに,二番目のカナがにごっている。では,マド（窓）やイド（井戸）やカギ（鍵）などとおなじになって,こまるじゃないか。こんなウタガイがおこるが,心配はいらない。ちゃんと,こまらないようになっている。東北では,これらの単語には,マンド（窓）,インド（井戸）,カンギ（鍵）と,あいだにンがはいっていて,うまく区別されている。一般的にいえば,共通語の単語で二番目のカナがにごっているばあい,東北のコトバではこのニゴリのまえにンがおかれる。カベ（壁）はカンベに,カゼ（風）はカンゼに。ここでも,ひとつキマリをみつけた。

　もしもみなさんが方言を勉強する気なら,こんなカミアイ（対応）のキマリをみつけだすことから,はじめたらよいだろう。学校の先生もこういうキマリを心得ていたら,コドモのコトバを共通語の方にうまくひきよせることができる。

　ところで,どうしてこんなナマリがおこるのか,うたがいがおこるだろう。ひとつひとつのナマリには,それぞれワケがある。ここでは,マド（窓）はなぜマンドになるか,このワケをしらべてみよう。東北の百姓はイナカ者だから,ンをいれて,きたなくしゃべると,ナリアガリ者はあっさりかたづけるが,こいつはいけない。「静かな山やま」

というよりも、「静かなる山やま」という方が、ふるめかしくて、おごそかだというなら、おなじようなリクツで、「マドあければ……」というよりも、「マンドあければ……」という方が、ふるめかしくて、おごそかなのだ。

　こんなことをいうと、「お前はヘソマガリだ」といわれるかもしれないが、いまから約400年まえの室町時代に、京のコトバでも、いまの東北のコトバとおなじように、マドではなく、マンドといわれていたのだから、こういうリクツはなりたつ。そのころ日本にやってきたヨーロッパ人は、ナガサキ（長崎）と書かないで、ナンガサキとかいた。いまの東京のコトバでも、ナガサキの「ガ」は鼻にかかっているが、これはナンガサキといわれたときのナゴリをとどめているのだ。ヨソのコトバがおとしたンを、東北のコトバはたもっている。ふるくさいコトバ（文語体）のすきな方は、マドとかかないで、マンドとかきなさい。ンは胸にせまってくるだろう。

　こうしてみると、方言、とくに東北のコトバには、ふるいコトバがのこっているのではないか。たしかに、そうだ。たとえば、『綴方風土記』の巻二に、青森のコドモが、こんなコトバを書きとめている。

　　「**わ**もきであ。」

　この文のなかにでてくる人称代名詞「わ」は「我が国」の「我」だ。こんなコトバをきいたら、万葉のむかしにつれもどされたような気がする。このほか、東北のコトバには、ふるくさいものとして、カバネ（身体）、アケズ（とんぼ）など、たくさんある。

　京で文化がのびるとともに、これをいれるウツワ（コトバ）もあたらしくなったのだが、――東北のような遠くはなれたところでは、文化もコトバもこのアユミからとりのこされた。いや、むしろ、東北は東北で、土くさい自分の文化とコトバとをのばしていった。こんな事情が京のコトバから東北のコトバをきりはなした。だが、「明治の御一新」のあとは、すこし事情がかわった。大名はおいだされて、日本はひとつにまとまった。東京のコトバを土台にして、あたらしい民族のコトバができあがった。それなのに、東北では、まだふるくさいコトバが生きつづけている。

　いわゆる共通語にくらべて、東北のコトバのきわだった性質は、どんなものか、すこし文法のガワからみてみよう。日本語では、単語と単語とをつなぐために、あるいは文のなかでの単語のハタラキをしめすために、テニヲハといわれる小道具が、単語、とくに名詞のあとにくっつけられる。たとえば、

　　おれはなにをやればいいのだ。

ところが，東北のコトバでは，主語であることをしめす「は」と対象語であることをしめす「を」とは，きまってつかわれないので，この文はつぎのようになる。

　　おらなにやったらいいんで。

だから，酢がほしいとき，「すをください」というと，すお（塩）をもってこられる。

もっとも，共通語にもこういうイイマワシはあるが，ふつうではない。ことさらつかえば，ちがった感情がこめられて，文体的な色がつく。むかしの日本語（文語）でも，これらのテニヲハはつかわれていない。

つぎに，共通語では，ユクサキをしめす名詞のあとには，テニヲハ「へ」がくっつけられるが，この「へ」は，東北では，かならず「さ」にとりかえられる。たとえば，

　　山さ子もりにいぐべ。

この文のおしまいにある単語「いぐべ」は，文法的にツモリ（意志）のイミをもっている。共通語になおしたら，「いこう」になる。だが，「いぐべ」というカタチはこのイミだけにつかわれているのではない。つぎの「いぐべ」は，文法的にちがったイミをもっている。

　　「おまえはじめていぐべな。おれといっしょにいぐべ」

この文では，さきの「いぐべ」はオシハカリ（推量）のイミに，あとの「いぐべ」はサソイのイミにつかわれている。ひとつのカタチは，みとおりの文法的なイミをになっていて，場面とハナシの流れのなかで，それらがつかいわけられる。ところが，共通語では，オシハカリをしめすためには，「いくだろう」というカタチがあって，ツモリ・サソイをしめすカタチ「いこう」と区別されている。

ついでだが，「いぐべ」の「べ」はむかしは「いくべき」の「べき」であったが，それが音便で「べい」にうつって，そのあとで「べ」にちじまった。なぜそういえるかといえば，関東のコトバにはまだ，「べい」というカタチがのこっているからだ。もともとおなじウマレのコトバが，いろんな方言でどんなふうにあらわれているか，ひろいあつめて，くらべてみると，そのコトバのウツリカワリが，テにとるようにわかる。

そのほか，めずらしいものとしては，関西でさかんにつかわれている「さかい」が，日本海ガワで（山形などで）なまって，つかわれている。たとえば，

　　よみたいさげた（よみたいから），よむんだ。[*]

東北のコトバも関西のコトバもひとつのコトバからでてきたのだということが，こんな事実からもおしはかれる。

さて，いままで，東北のコトバをひっくるめて，みてきたが，実をいうと，この方言のなかにも，トコロがちがえば，ちがいがある。福島のコトバは青森のコトバとちがっているといった具合に，さらにこまかい方言にわかれているわけだ。おおまかにわけると，東北のコトバは，南と北とにわかれている。太平洋ガワと日本海ガワとにわけることもできる。このチガイには，ここではふれないで，つづいて，関東のコトバにメをうつそう。

ヨミ・カキを教えること
——国語教育での階級性の問題——

まえがき

　おととしのすえ，岩波講座の『教育』5巻に，民科・教育部会の国分一太郎さんは「国語科」をかいた。かれは，この論文で，戦争あとの国語教育，つまり指導要領のタテマエにしたがう国語教育をこきおろしている。指導要領というのは，文部省がアメリカさんにコズキまわされて，こしらえた本で，これはコマゴマとオシエ方がかかれている。国分さんの見るところによれば，戦争あとの国語教育は，ばあたりの経験だけをおいまわして，コテサキのコザイクをおしえる。つまり，経験主義であり，技術主義だという。それに，国分さんは，この論文で，これからの国語教育のアリ方もしめした。コドモが民族のコトバを身につけて，ただしくヨミ・カキできるようになるため，国語教育は民族のコトバの単語と文法とを順序ただしくおしえなければならないと，かれはいう。このような意見は，まじめにコドモの将来を考える人なら，だれにだってうなづける。
　国分さんは，このようにいうとき，まちがいなく，スターリンの教えにまなんでいる。《文法的クミタテとモトになる単語のタクワエとは，コトバの基礎をなしている》と，スターリンは「マルクス主義と言語学の諸問題」のなかでいっている。だが，このスターリンの教えよりも，もっとたくさん，国分さんはコドモやオヤやセンセイたちのコエにおしえられている。《コドモがよめない・かけない》というオヤやセンセイたちのナヤミ，それに《よみたい・かきたい》というコドモたちの要求のコエにもとづいて，かれは自分の意見をくみたてた。国分さんのこのような身がまえが，かれの意見にただしさをあたえる。コドモがよめない・かけないという問題をかたづけるためには，コトバの基礎，つまり，たいせつな単語と文法とを順序ただしくおしえるほかに，テはない。
　もっとも，この「国語科」のなかにも，あやふやな点がないわけではない。とくに，事実を理論づけるミチスジのなかで，そういうカタムキはつよくあらわれる。たとえば，指導要領の経験主義・技術主義がアメリカ帝国主義の植民地政策からながれでてくるということ，これを国分さんははっきりことわっていない。だから，経験主義・技術主義

をリクツづける言語用具説が，アメリカ帝国主義のイデオロギーであることを，かれはみのがしている。

「国語科」には，まだいくつか，あやふやなところがある。「民族」というコトバのまぎらわしいツカイ方など。これらについては，必要のあるオリにふれる。だが，つぎのことだけは，ことわっておかなければならない。国分さんの意見にアヤマリがあるなら，それはわたしたちの理論のヨワサ，とくに言語学，哲学，歴史学，などのヨワサに糸をひいている。

「国語科」は，こうした理論的なヨワサをもっているが，それでも，日本人のヨミ・カキのチカラをうばいとろうとするヨコシマな支配者のシタ心をみぬいて，コドモやオヤやセンセイたちのコエにこたえながら，てむかう国語教育のアリ方をしめしたものとして，イミをうしなわない。だから，わたしたちは「国語科」をすてるわけにはいかない。理論的にいっそうたしかなものに，これをしあげなければならない。あえて「国語科」にケチをつけなければ，現場からくみとったものが，理論的にすっきり片づけられていない，というまでのことだ。

ところが，おなじ教育部会の石田宇三郎さんが，国分さんの「国語科」をけなして，まるっきり反対の意見をだしてきた（『教師の友』の53年7号にのっている論文「国語教育の基本的な方向」で）。石田さんの意見によれば，国語科での一番たいせつな仕事は，精神の陶冶，つまり道徳教育なのだ。国語科は修身科だという。もちろん，かれも単語と文法とをおしえることに反対しない。だが，それは通訳ツクリの仕事だそうだ。この石田さんの意見は，国語教育を文学教育にすりかえて，民族のコトバの教育を技術指導とみる文学主義者の同情をかっている。

国分さんと石田さんとの意見のクイチガイは，おもてむきは，国語教育を知識教育としてみるか，道徳教育としてみるかのチガイだが，そのウラには，もっとおおきな問題，国語教育における階級性の問題がひそんでいる。これから，わたしはこの問題をさぐりながら，石田さんの意見のマチガイをときあかしてみたい。

アメリカ式の国語教育

石田さんの意見をくわしくきいてみよう。かれはつぎのようにいっている。

　　　国分氏は，指導要領が「理解・態度・技能」などの指導と漠然といっていたことを，焦点を

はっきりさせて,「話イと語法」の指導だと,ずばりといってくれはしたが,基本的には指導要領と同じ立場にいるのではないか。たしかに,そうである。……国分氏と指導要領とは,この点で色調のちがいはあるが,根本杓な考え方は同じなのである。

つまり,単語と文法とを順序ただしくおしえなければならないという国分さんの意見は,つきつめれば,指導要領のタテマエとおなじだと,かれはいう。なぜなら,単語と文法とをおしえることもおもな言語経験の場,キキ・ハナシ・ヨミ・カキをとおさなければならないから。こういう見方はおかしい。まず,この点についてしゃべろう。

単語と文法をおしえることは,日本語についての知識をあたえることなのだが,指導要領はそれに反対している。すくなくとも,カタスミにおいやっている。《知識はかならずしも行動や使用に一致しない》のだから,《国語教育は,国語についての知識をさずけるよりも,まず,ゆたかな経験をあたえることを目標としている》といって,指導要領は経験主義をタテマエにする。だが,やたらに経験をあたえるだけなら,国語教育はいらない。そこで,指導要領はゆたかな経験をあたえることを,効果的にコトバをつかう技能をさずけることに,むすびつける。この「効果的に」というコトバのイミを,すなおにうけとってはいけない。シタサキ・サンズン,アイテをまるめこんでしまうのが,効果的なのだ。だから,指導要領の国語教育は,日本語をおしえないで,シカタ・シツケ教育になっている。たとえば,

《たったり,すわったりする動作や姿勢に気をつけて,はなすことのできる》ように,
《あいそうよく,グループの話しあいに仲間いりすることのできる》ように,
《他人の意見を尊重して,はなすことのできる》ように,
《電話をかけることのできる》ように,

国語科はつかわれる。こんなことが,おしえることのナカミなのだから,指導要領の国語教育は,言語経験をキキ・ハナシ・ヨミ・カキのよっつにわけて,さらにそれを生活単元(コトバがつかわれるヒトツヒトツの場,たとえば,手紙のカキ方,メモのトリ方,願書のカキ方など)にむすびつける。ここでは,日本語のナリタチをのみこんだうえで,それをコドモのチカラにあわせて,おしえようとする心ヅカイは,ひとつもない。

たしかに,ゆたかな経験をあたえることは,たいせつなことだ。だが,それだけでは,けっして,コドモはりっぱなコトバのツカイテにはならない。指導要頃は《知っていることと用いることとは別であって,用いることは用いることによってのみ上達する》と

いうが，これはウソだ。もしも，用いることによって上達したとすれば，ほかならない，そうすることによって，なにかを知ったからだ。例でしめそう。

　つぎの単語のオト「ず」は，ふつう「づ」で書きしるされるが，経験のクリカエシでは，なぜそう書きしるすのか，ワケがわからない。

　　　かた＝つく　→　かたづく
　　　もと＝つく　→　もとづく

　ワケをしらなくても，くりかえすうちに（ツメコミ主義で），このふたつの単語だけは，なんとか，まちがいなしに書きしるすことができる。だが，「気づく」，「根づく」というあたらしい単語がでてきたら，もう，どうしたらよいのか，わからなくなる。学校があたえる経験は，かぎられている。これで上達したといえるか。ところが，これらの単語のツクリをキマリとして知っておいて，おなじツクリの単語では「ず」のかわりに「づ」がつかわれると一度おぼえておけば，どんなバアイでも「ず」と「づ」とのツカイワケは，まちがいなしにやれる。このキマリは，国語教育がおしえなくても，コドモは考えることによって，経験のクリカエシからぬきだすことができる。だが，そのために，ものすごくカズおおい経験をつみかさねばならない＊。コドモみんなが，こうしたことをやれるわけではない。しかし，国語教育がこのキマリをおしえたら，問題はかんたんにかたづく。いいかえれば，なぜ「ず」とかかないで，「づ」とかくか，コドモが考えるようにしむけること，これを国語教育はひきうけなければならないのだ。

　文字のただしい書きしるし方とむすびつけて，単語のツクリのキマリをおしえることが，どんなにたいせつか，この例でじゅうぶんのみこめるだろう。つぎに文法の例をあげよう。

　コドモがつぎのような文をかいたとする。

　　①湖水が青磁色に**すんでいて**，月がそのうえをてらしている。
　　②湖水が青磁色に**すんでいて**，足がひやりとする。

　このふたつの「すんでいて」は，カタチがおなじでも，文法的なイミがちがう。つぎのようにいいかえてみると，よくわかる。

　　①湖水が青磁色に**すんでいる**。月がそのうえをてらしている。
　　②湖水が青磁色に**すんでいるので**，足がひやりとする。

　もしも，コドモはこのふたつの「すんでいて」のチガイをしらないなら，漱石のつぎの文をよみこなすことができない。

……下女が，泣きながら，おやぢに**あやまって**，ようやくおやぢの怒りがとけた。

　また，コドモは，このチガイをしらないなら，文をおもうままに書きこなすことができない。だから，わたしたちは，「すんでいて」，「かいていて」，「あやまって」，「ないて」など，おなじカタチをとっている単語からツカイ方（文法的イミ）をしぼりだして，コドモにおしえなければならない。しぼりだされたものは，文法的なキマリといわれるもので，このほかにもたくさんあって，体系をつくっている。この体系を，コドモがのみこめる度あいにあわせて，順序ただしくおしえなければならない。ヨミ・カキが上手になるために，コドモは日本語のキマリをしらなければならない。経験だけではダメ。

　こうしてみると，指導要領の国語教育のヤリ方と国分さんのそれとは，まるっきりちがう。ひとくちにいうと，指導要領は日本語をおしえないが，国分さんはそれをやろうとする。だから，国分さんは，民族のコトバの単語と文法とを順序ただしくおしえなければならないと，しつこくいうのだ。

　ところで，国分さんのヤリ方をとるとすれば，国語教育は，《効果的に国語をつかうために》ゆたかな経験をあたえるのではなく，コドモが日本語のキマリをおぼえて，それを自分のコトバのなかで生かしてつかえるように，ゆたかな経験をあたえなければならない。すると，国語教育は，生活単元にもとづいて経験をあたえるヤリ方をやめなければならない。それに，コドモがキマリをみつけだすのに都合のよいように，経験は，まず，文字というナカダチをとおしてあたえられる。《話し方は話す活動を通じて》という指導要領のヤリ方は，シカタ・シツケ教育としてなりたつとしても，日本語をおしえる教育としては，なりたたない。コトバとは，ハナシのことだ。書くということは，ハナシを文字でうつすことにすぎない。だから，ヨミ・カキの教育は，気づくことのできるカタチで，ハナシ方・キキ方をおしえているのだ。おもてむきはスラスラとしゃべれても，ヨミ・カキしないでは，上手にしゃべれるものではない。指導要領のハナシ方・キキ方教育がなくなっても，あわてる必要は，ちっともない。あわてるのは，アメリカさんぐらいだ。

　こうした原則をまもることは，日本語には漢語というやっかいなシロモノがあるということによって，ますますたいせつになる。つまり，日本人はヨミ・カキできなければ，ハナシ・キキができないのだ。もっとも，百姓が，おきているあいだ，水のなかにカラダをつけているというミジメなアリサマを，それでよいと，みとめるなら，べつだ。そ

ういう人は，ハナシ方・キキ方教育をやればよい。日本語では，科学や文化の用語は，ほとんど漢語で，クラシのコトバからきりはなされている。だから漢字・漢語をおしえることは，国語教育のなかで一番おおきな場所をしめている。タチのわるい国字・国語運動家は，コドモに漢字・漢語をおしえないで，日本語のなかから漢字・漢語をおいだそうとしているが，こういうヤリ方では，コドモがバカになるだけではなく，民族の文化はあともどりする。こんなのはアメリカさんのための国字・国語運動であって，この運動の代表者には平井昌夫さん，大久保忠利さんといった人がいる。

漢字・漢語を日本語からおいだすのには，これをコドモにおしえることがたいせつだ。なぜなら，漢字・漢語を日本語からおいだす人は，国字・国語運動家ではなく，国民なのだから。いつだって，コトバのニナイテ・ツクリダシテが国民であること，これをわすれてはいけない。

すこしヨコ道にそれた。話しをもとにもどそう。石田さんは，このような国分さんと指導要領とのチガイを，なぜみないのだろうか。そのワケは，国語教育における階級のブツカリが，まず，国民のヨミ・カキのチカラをめぐって，火バナをちらすということ，このようなもっともカンタンな事実を石田さんはみおとしているからだ。なさけぶかい。

考えてみるとよい。アメリカと日本との帝国主義者たちは，日本人のヨミ・カキのチカラをしぼませれば，それだけトクをする。日本人を科学や文化からとおざけて，ウシ・ウマのような生活におとしこむことによって，かれらは自分たちの支配制度の安全をはかろうとする。こういうかれらのシタ心が，まっすぐ指導要領にうつしだされているのだ。シカタ・シツケ教育のなかにこりかたまっている。

石田さんが見るように，指導要領の国語教育には道徳教育的クサミがないようだ。だが，こんな見方はあまい。シカタ・シツケ教育はコドモのヨミ・カキのチカラをつけないだけではなく，サギシの倫理（コトバの魔術）とドレイの倫理（服従）との教育になる。そうすると，わたしたちは，まず，このシカタ・シツケ教育とたたかわなければならない。そのためには，国分さんの考えているように，国語科をヨミ・カキのチカラをつけるところに，うつしかえなければならない。こうすることは，コドモやオヤやセンセイたちの要求にこたえている。単語と文法とをおしえることのたいせつさは，ここにある。それはヨミ・カキを科学的におしえるシカタなのだ。

石田さんの国語教育

まえにもかいたように，単語と文法とをおしえること，したがってヨミ・カキのチカラをつけることは，指導要領のタチバとおなじだと，石田さんは考えている。そして，かれはつぎのようにいう。

  語イと語法を広く深く子どもの身につけることは，たしかに国語科の絶対条件だ。けれども，それだけでは（子どもの民族意識と国民的思考力とを深め，民族の生活を向上させることは）できない。それだけならば，通訳養成の仕事と同じである。

 そうすると，石田さんは，条件づきで，指導要領をみとめたことになる。こうして，かれは指導要領のまえに腰がくだけになる。それはべつとして，単語と文法をおしえることが，通訳ツクリの仕事だとは，ちょっとひどい。

 自分のコトバをしって，だれになにを通訳するのか。教師がコドモにヨミ・カキのチカラをつけてやることは，かれらの考えのツタエアイをなめらかにして，よりよい共同生活をつくりだすための条件をこしらえるとしても，通訳ツクリにはならない。かれらの科学的な，文化的なタカマリをもたらすとしても，通訳ツクリにはならない。しかも，そうすることは，さしあたっての民族の解放と民主主義革命にとって，必要なことなのだから，政治的なイミをもってくる。なぜなら，コドモたち，あしたの労働者・農民にすばらしいヨミ・カキのチカラをつけることは，革命思想の流れ道をつけることなのだから。

 こうした楽天主義にたいして，おそらく，石田さんは，反動思想もおなじ道をとおって流れると，いうだろう。だが，労働者・農民がほんとうに革命的だと考えるなら，国語教師にとって，こうした問題のタテ方はイミをもたない。その道の専門家がたくさんいて，ただしい思想をながすために，一生ケンメイつとめているのだし，わたしたちはダイタンにコドモたちを信用してよいのだ。そうすると，国語教育のツトメは，コドモにヨミ・カキのチカラをつけてやることだと，いいきってよい。国語教師にとっては，だまってそうすることが，一番革命的なのだ。

 それに，いくら新教育の時代だといっても，国語教師のおおくは，むかしとおなじように，コドモにヨミ・カキのチカラをつけるために，毎日ホネをおっているのだが，《お前の仕事は通訳ツクリだ》といっては，かれらの仕事をただしくハカリにかけたことにはならない。コドモのシアワセをねがうと，そうしないわけにはいかないのだ。こ

のことは，国語教師のマトマリ方とからんで，たいせつなことだ。

　ところで，絶対に必要なヨミ・カキのチカラを，石田さんはどんなシカタでコドモにつけるのか，これからちょっときいてみよう。かれは国語科でやることをつぎのようにきめつける。

　　　……一方の意識・思考が他方のそれよりも高くまた深い場合には，低くて浅い方は高められ，また深められる。これを精神の陶冶と呼ぶのである。そして，国語科独自の仕事，他教科の用具としてでなく，それ自身としてもつ教育的意義は，まさにこの言語による精神の陶冶にあるのである。

字づらをみれば，意識・思考をたかめることが，国語科の仕事なのだ。正直にそういうふうにうけとっても，おかしなことになる。他教科では，意識・思考はたかめられないのか。意識・思考は，意識される，思考されるナカミなしにはないのだが，一体，国語科はどんなナカミの意識・思考をおしえるのか。もしも，意識されるものが社会であったら，それをおしえるのは社会科のツトメだ。自然が思考の対象なら，それをおしえるのは理科のツトメだ。あえて国語科が意識・思考をきたえるというなら，日本語について気づかせて，考えさせることにすぎない。日本語に気づいて考えるということは，とりもなおさず，日本語の単語と文法をしることだ。そうすると，こんなキメツケは，国語教育を教育一般にとけこますだけで，なんのイミももたない。

　ところが，おもしろいことには，石田さんのバアイでは，コドモの意識・思考をたかめる精神陶冶は，知識教育ではなく，まじりけのない道徳教育なのだ。コドモの意識・思考をかえて，一定の行動をとらせること，つまり，コドモにむかって，《ああせよ・こうせよ》と，そそのかし・おだてることが，国語教育のツトメなのである。おどろいちゃう。まあ，きこう。石田さんはつぎのようにいっている。

　　　コトバによる精神陶冶，このことをそとにして国語科固有の教育的意義はないし，このことをそとにして国語科教育独自の仕事はない。したがって国語教育が道徳教育の性質をおびるのは当然であり，また，おびなければならない。

　これだけでは，なぜコトバによる精神の陶冶が道徳教育になるかわからない。このこ

とをのみこむためには，石田さんの理解するコトバのハタラキをしらなければならない。

  文章においては言語は，客観的事物との直接的な関係なしに，自からの世界をつくりながら，人の意識・思考をかえて，一定の行為をとらせる（または一定の行為への態度，傾向をつくる）力をもっている。

　こういうチカラを信ずるから，国語教育はコドモをそそのかし，おだてあげるヤクメをはたすと，石田さんは考えるわけだ。このチカラはコトダマといわれるものだが，ほんとうにコトバのなかにあるのだろうか。ウソだ。コトバは考えや意志や感情をつたえるだけのことで，キキテはそれをうけとっても，かならずしも，自分のものにするわけではない。吉田茂君の話しをきいて，かれとおなじ考え・キモチになれるか。まして，ハナシテの考えや意志や感情は，キキテの行為をきめはしない。それをきめるものは，なによりもまず，キキテ自身の要求だ。こんな意見がでてくるのは，おそらく，キキテ，つまりコドモがバカにみえるからだろう。そうみられても，シカタがない。

　石田さんの考えによれば，国語教育はタマシイをきたえあげる専門科目なのだ。《ドロボウしてはいけない》，《年シタのモノをいじめてはいけない》，《ウソをついてはいけない》など，こまごました道徳から，《祖国のためにたちあがらなければならない》というおおきな道徳まで，いろんな道徳を国語科はおしえて，これをまもらせなければならない。ゼン坊主の説教みたいなものだ。クチサキで，そういう道徳をコドモにのみこますことができると，おもいこんでいるから，おかしい。アイテがロボットなら，べつだ。ところで，石田さんによれば，そそのかし，おだてあげるチカラは「文学的機能」といわれて，これをもっているコトバは文学といわれる。

  その道徳も実は文学に形象化されて，はじめての国語科のなかに生かされるのである。道徳と文学，この二つのものは国語教育の血肉であり，やがて子どもの血肉となるところのものである。

　ここで，はじめて，石田さんは文学主義者とテをむすぶ。そして，自分のこの作品をもっぱら作者の抵抗精神のあらわれだと，ひとりぎめでする文学研究家をよろこばす。つづいて，かれはいう。

そして，語イも語法も，この血肉の外被として，順序よくあたえられるときに，はじめて子どもの身につくのである。

　道徳がもりこまれた文学をよまないモノは，単語も文法も身につけることができない。だから，単語と文法とは，道徳をおしえるついでに，文学をよますついでに，おしえればよいわけだ。ここで，石田さんの国語教育の理論ははっきりした。国語をおしえる科目はつまらない。道徳科（あるいは文学科）があればよい。これでは，文学主義者がよろこぶはずだ。仕事はラクだ。ヒトリヨガリで，おしとおせる。
　たしかに，日本語をおしえる科目のそとで，すべての科目が日本語をおしえることは，たいせつだ。ある考えをおしえることは，コトバをおしえることにもなる。だから，そういうシカタでも，コドモが日本語をうまくよめたり，かけたりできれば，国語科を道徳科にうつしかえてもよい。おかしなことだが。けれども，こういうシカタで日本語をおしえたのでは，コドモはけっしてりっぱな日本語のヨミテ・カキテにはなれない。なぜなら，ついででは，コドモのコトバへの反省はうまれてこないからだ。つまり，他教科での日本語のマナビトリ方は，経験的なワクをでないのだ。そこでは，現実的な意識としてコトバはうごいていて，コドモの注意はコトバにはむけられない。それに，ついででは，体系的に単語と文法とについての知識をおしえることは，できない。もしも，他教科でそれをやるとしたら，自分の科目の体系性をすてなければならない。そんなことをすると，みんな国語科になってしまう。
　文学科だけはとくべつだと考えるかもしれないが，新聞や論文などにくらべて，よい文章でかかれている日本文学の研究家が一番わるい文章をかいているのだから，そういう見方もなりたたない。また，どんなりっぱな道徳がもりこまれている文章をよんでも，りっぱな文章のカキテにはならない。まして，単語や文法についての知識など，つきはしない。だから，へたくそな日本語のヨミテ・カキテができあがってもよいと，考えるなら，石田さんがするように，国語科を道徳・文学科にうつしかえてもよい。それでは，コドモの利益にそむくだけではなく，民族の利益にもそむく。
　コトバの上手なツカイテになるのには，やはり，いろんな対象を知る勉強をやるとともに，コトバを知る勉強もしなければならない。だから，国語科があるのだ。ここでおしえられるものは，わたしたちの考えを実現するカタチ，日本語だ。
　さて，ここで，石田さんのあれやこれやの意見を，ひっくるめて批判しておこう。全

体として，かれの国語教育の理論は，日本精神をおしつけてきた天皇の国語教育のウラガエシにすぎない。つまり，コトバすなわち文学，文学には日本精神が形象化されているといったリクツで，天皇の国語教育はコドモに民族のコトバをおしえないで，テメエガッテな道徳をおしつけてきたが，石田さんの意見は，このようなやり方をそのまま受けついだものにすぎない。色だけかえて。理論をはこぶ道すじはべつとして，石田さんの意見が文学教師にもてるのは，偶然ではないのだ。いまの文学教師のおおくは，天皇の国語教育の需要にこたえてつくりだされた人だから。考える身が天皇制のうみの子なのだ。だから，文学教育をすぐに人間的形成にむすびつける。解釈文法というつまらない言語教育を，なんの責任も感じないで，コドモにおしつける。わたしたちは，この事情をあきらかにするため，国語政策の実現の場としての国語教育の歴史をしらべてみる必要がある。わたしたちは，アメリカ帝国主義の国語教育とたたかうとともに，天皇の国語教育とたたかわなければならないのだ。

　文学教育にちょっとふれておこう。わたし自身，国語科での文学教育に反対であるわけではない。国語科の教材は，おもに文学作品からとるべきだから。このことは，文学作品が，コトバとして，一番すぐれているという事情による。いやでも，文学作品をコドモによませるわけだ。だから，国語教師は作品をめぐってコドモと話しあいをしなければならない。けれども，それはオシツケ道徳教育であってはならない。まず，作品をとおして，人びとの生活，思想，感情をコドモにまなびとらせることだ。国語科を修身科にうつしかえるテダテとしての文学なら，まっぴらゴメンだ。

道徳教育について

　わたしは石田さんのオシツケ道徳教育には反対だが，国語科での道徳教育にまるっきり反対だというわけではない。このことをあきらかにするために，すこししゃべろう。わたしの考えでは，地理でも歴史でも，理科でも算数でも，みんな道徳教育になる。たとえば，鳥について教える先生は，ツバメをころしてはいけないと，コドモにさとすだろう。これはりっぱな道徳教育だ。国語科での道徳教育は，まず，国語への愛からはじまる。このことについて，石田さんはつぎのようにいっている。

　　それは（教科書）また，民族がたくわえ築きあげてきた文化に対する深い愛情と，これをさらに広く発展させようという熱情とに動かされて書かれた文章でなければならない。私は，こ

ういう文章で学ぶときに，はじめて子どもは国語に愛着を感じ，語イ・語法を確実に身につけることができるのであり，たのもしい民族の後継者になることができるのだと思う。

　作者の心ガマエがヨミテにのりうつるとでも，いうのだろうか。これもコトダマだ。それはべつとして，《……愛情と……情熱とに動かされた文章》というコトバを，《りっぱな思想・道徳をもりこんでいて，コトバとしてもすぐれている文章》というイミにのみこもう。そうだとすれば，だれにだって，このましい。だが，コドモは，すぐれた文章をよむと，思想・道徳的にりっぱな人間になるだろうが，国語愛の人にはならない。なぜか。日本語への反省が，うまれてこないからだ。だから，わたしたちは，コドモの心のなかに国語への愛をよびおこすためには，まず，日本語というものを知らせなければならない。そうすると，単語と文法とをおしえることが，すなわち国語を愛する感情をそだてあげる教育だといえる。

　石田さんは，りっぱな道徳がおりこまれた文章をよまなければ，国語を愛する感情はでてこないというが，どんな文章がそういう資格をもっているのか，しめさなければならない。かれが見ているように，そういう文章がただいまの教科書にはないのだから，かれの考えをおせば，国語愛をわきたたせることは，できないことになる。それどころか，単語と文法とを身につけさすことも，できないのだ。そんなことはない。どんなわるい条件のなかでも，単語と文法とをおしえて，国語愛をよびおこさなければならない。

　だが，そうする国語教育は，まず条件ぬきでコドモのヨミ・カキのチカラをたかめなければならない。漢字のよめない・かけない人は，なんで国語への愛情がもてるか。それに，国民みんながヨミ・カキできれば，日本語はまちがいなくよくなる。国民の創造力を信じてよい。『山びこ学校』のカキテは，石田さんのいう条件にめぐまれてはいなかったが，りっぱな文章をかいた。だから，ヨミ・カキのチカラをつける国語教育は，国語愛の国語教育だ。

　もう一歩つっこんで，考えてみよう。『山びこ学校』のカキテは，むしろ，いままでの日本の書きコトバにわざわいされないで，すなおにかいたところに，うまくかけたワケがある。だからといって，このコドモたちは，いろんな本をよまないわけにはいかない。ところが，いまの日本語は，りっぱな思想・道徳がもりこまれているものでも，みんなわるい文章でかかれているのだから，どうしてもこれに影響される。このクイチガイをどうしてかたづけるか。石田さんのやり方では，どうにもならない。これは，一

般的に，国語教育としてのツヅリ方教育の限界をなしている。コドモたちは，オトナになれば，りっぱなツヅリ方の文章をすてて，ありきたりの日本語のカキテになる。こうなるワケは，かれらに日本語への反省がかけているからだ。そうだとすれば，わたしたちは，コドモに日本語を反省させて，いまの日本語のよいところをのばし，わるいところをきりすてるチカラをつけてやらなければならない。つまり，コドモが積極的な国語愛の人になるために，コトバのヨシアシをみわけるモノサシ，単語と文法とのキマリをおしえなければならない。国語を愛するということは，アタマのなかのデキゴトではなく，日本語の単語と文法とのキマリをまもって，文章をつくることなのだから。こうすることによって，はじめて，日本語はよりよいものになる。こうした国語愛は，コドモが上手にヨミ・カキしたいという要求に，ぴったりむすびついている。だが，この程度では，かならずしも，コドモの心のなかに，国語を愛する感情をよびおこしたことにはならない。

　コドモが日本語の単語と文法とのキマリをまもって，かいているうちに，かれのこうしたオコナイをふみつけるヨコシマな支配者の国語政策が，かならずあらわれるだろう。国民のコトバは日本語のキマリをまもっているのに，反動のコトバはこれをまもっていないし，反動の国語政策は，自分がつくったデタラメな日本語を国民におしつけてくるのだが，コドモはこういう現実にかならずぶつかるだろう。このクイチガイをコドモはどう解決しようとするか。反動の国語政策は，コドモがヨミ・カキできないように，ヨミ・カキのためにベラボーなホネオリをかけさせているのだから，コドモが反動に対してにくしみを感じるとともに，自分たちのコトバ，つまり国民のコトバへの愛を感じるのは，あたりまえだろう。さらに，反動の国語政策のおかげで，よめない人・かけない人がたくさんいることをおしえれば，コドモはこのニクシミと愛とを，反動にてむかう意志にうつしかえることもできる。だが，コドモの思想・道徳をここまでたかめるには，教育のあらゆるハタケで，コドモの知識をたかめておかなければならない。けれども，これが，国語科でのもっともたかい思想・道徳教育をなしているということは，かわらない。

　ややもすると，漢字・漢語の教育を進歩主義者はきらうが，ここが国語科のなかでの思想・道徳教育の本場であることを，わすれてはいけない。たとえば，わたしたちは，つぎにしめしたウエの漢語をおしえるとともに，シタの民族のコトバをおしえなければならない。*そうしないと，コドモは漢語のイミを自分の行為とむすびつけて，のみこめ

ないからだ。

  監視する　→　み＝はる

  看破する　→　み＝ぬく

  看過する　→　み＝すごす

  瞰下する　→　み＝おろす

　このように，日本語にはふたとおりの単語があるが，コドモはこのような事情をどう理解するか。コドモは本能的に漢語にさからうだろうが，わたしたちは，漢語が封建的であるとか，天皇のコトバであるとかいって，感情的に片づけてはいけない。そのまえに，日本語の単語ツクリのキマリをおしえて，それに漢語がかなっているか，いないか，コドモ自身にみわけさせなければならない。こうすることによって，コドモは民族のコトバの理解者になるとともに，りっぱなカキテになる。それだけではなく，こういう漢語をまもるヤツにたいして，思想・道徳的につよい人になる。そのうち，いろんなことをしるとともに，こんなヤツが天皇にむすびついていることを，みつけるだろう。こうしてみると，もっともすぐれたヨミ・カキの教育は，もっともたかい思想・道徳教育だということになる。すくなくとも，そうなる可能性をもっている。

　国語教育がこうした見とおしをもてないとき，文学主義者がやるように，コトバの教育は経験主義になって，そのうえに，竹に木をつぐように，文学教育という名マエの思想・道徳教育がほどこされる。このような思想・道徳教育は，知識教育からにじみでてくるものではないから，ヨリドコロをもたない。だから，コドモにはのみこめない。一度のみこんでも，まるっきり感情的なものだから，すぐにはきだす。石田さんの国語教育は，ヨミ・カキのチカラのひくいコドモをつくりだすだけではなく，思想・道徳的にもひくいコドモをつくりだすだろう。あるいは，コトバの「文学的機能」とやらで，対象とツナガリをもたないタマシイのカツギ屋をつくりだすだけのことだ。国語を愛する道をしらない国語愛の人を。

　石田さんは，《文化的要求にもとづく教育》をやらなければならないといっている。では，国語科へもとめるコドモの文化的要求とはなにか。それはヨミ・カキではないか。これにこたえないでは，どんな道徳もコドモはうけつけないだろう。わたしたちは，ヨミ・カキへのコドモの要求を日本語への興味にうつしかえて，それを単語と文法とについての知識にのばさなければならない。さらに，この知識をもとにして，コドモに世界観をつくらせる。日本語への愛情をよびおこす。おしまいに，ジャマモノをとりのぞい

て，さきにすすむ人になってもらわなければならない。こうしたテツヅキをふまない思想・道徳教育，コドモの要求をかえりみない思想・道徳教育がオシツケなのだ。

　おしまいに，つぎのことをことわっておこう。わたしも，国分さんも，国語科のなかでの文法教育のワリアイをおもくみるが，ただいま，わたしたちのテモトにあるカキクケ文法（解釈文法）をやれというわけではない。この文法をおしえると，コドモはにげていく。だから，ほんとうにヤクにたつ，あたらしい学校文法をつくらなければならないのだ。そして，この学校文法をつかって，コドモのヨミ・カキのチカラをたかめなければならない。この仕事はつらい。だがこの方向は国語教師が国民の信頼にこたえていく道なのだ。民科・言語部会も，こうした教師の仕事をたすけることができたらとおもって仕事をすすめている。　　　　　　　　　　　　　　（筆者は民科言語部会会員）

民族解放と日本のコトバ

《民族の書きコトバ》

　封建制度がくずれて，資本主義制度がかたちつくられる道すじのなかで，人びとは民族にまとまって，民族のコトバ（共通語）をつくりだします。そして，この民族のコトバはある時期に，かならず，書きコトバにやきつけられます。こうしてできたものが，民族の書きコトバです。民族の書きコトバができるまえに，ととのった書きコトバがないわけではないのですから，なぜ民族の書きコトバはつくられるのか，そのワケをさぐってみましょう。

　まず，民族のコトバをやきつけた書きコトバ（民族の書きコトバ）は，読みやすいし，書きやすいので，国民を読み書きの世界にひきずりこんで，民族のヒロガリのうえでのツタエアイをできるようにします。そういうこと自身，資本主義的な経済（とおくはなれたところからの原料のカイツケ，そんなところへの商品のウリツケ）にとって，たいせつな条件なのですが，それは，また，民族のコトバをひろげるということで，資本主義制度につかえます。つまり，書きコトバが民族のコトバをうつして，みんなにつかわれると，それは土台である民族のコトバにはねかえって，民族のコトバをひろげるのです。民族のコトバがひろがれば，それだけ商品のトリヒキはなめらかにすすんで（労働という商品のトリヒキをわすれてはいけない），資本主義的な経済にとってツゴウのよい条件ができあがります（もともと，そういうものとして，民族のコトバはうまれてきた）。民族のコトバからできた民族の書きコトバが，民族のコトバをつくりだすテダテになるのです（こういう仕事は国語教育のツトメになる）。

　つぎに，民族の書きコトバは，民族の科学や文化をたかめます。コトバは科学とか文化とかいわれるもののウツワなのですが，そういうコトバのはたらきは，書きコトバのたすけをかります。それが書きコトバのなかにたくわえられるのです。それで，民族のコトバにのった書きコトバがつくられると，民族のコトバで科学や文化をつくりだしたり，おしひろめたりすることができるようになります。国民にとって，科学や文化にふれるための，よりよい条件がつくられるのです。つまり，資本主義的な経済は，あるワクのなかで，国民の科学的な，文化的なたかまりをもとめますが，このモトメにこたえ

る国民教育は，民族の書きコトバがあって，なりたつのです。

　ざっとみれば，こんなようなワケで，民族のコトバは，資本主義のモトメにこたえて，書きコトバのうえにやきつけられるのです。しかし，こうすることの必要がもっともするどくあらわれるのは，おそらく，資本家が封建制度（あるいは絶対主義）のイキのネにとどめをさすとき（ブルジョア民主主義革命の時期）でしょう。だれにでも読める書きコトバは，国の民主化のためのタタカイに，国民をかりたてるからです（日本では，明治のはじめの自由民権運動が，民族の書きコトバをつくりだそうとする運動，つまり言文一致の運動をよびおこした）。それにもまして，民族の書きコトバをつくりだす必要がつよくあらわれるのは，資本家の封建制度にたいするタタカイが，ヨソモノ（侵略者）のオサエツケをとりのぞくためのタタカイとからみついているときです。資本家が独立した民族国家をうちたてようとするときです。このばあいには，ひとつの民族のコトバは，民族へのまとまりの精神的なツッカエ棒になって（ふみつけられた民族のコトバにたいする愛情をよびおこして），国民を民族解放のためのタタカイにあおりたてます。そのために，民族のコトバは，書きコトバになって，みとめられなければなりません（このカタの言語運動がとりたてられると，トルコ・ドイツ的になります）。

　ところで，歴史的な道すじがそうですから，わたしは，民族の書きコトバがつくりだされるワケを，封建制度とたたかう進歩的な資本家の利益にあわせて，考えてみたのですが，この民族の書きコトバの作りだしは，労働者・農民の利益にもかなっています。なぜなら，民族の書きコトバは，ブルジョア的な科学や文化をそだてあげるテダテになるだけではなく，労働者・農民の科学や文化をそだてあげるテダテにもなるからです。また，反動化した資本家との政治的なタタカイをすすめるうえで，民族の書きコトバは，考えや意志をつたえあうための一番たいせつなテダテになって，労働者・農民をこのタタカイのなかにひきずりこみます。民族の書きコトバの作りだしをもとめる国の民主化と解放そのものが，労働者・農民に利益をもたらすことは，いうまでもありません。

　このようにみれば，進歩的な資本家と労働者・農民とは，民族の書きコトバをめぐる階級的なソントクを，ともにしています。歴史的にみて，ただしくいえば，民族のコトバをつくって，そだてあげようとする進歩的な資本家の努力は，労働者・農民によってうけつがれるのです。なぜなら，資本主義がほろびていくクダリ坂では，資本家は反動化して，階級的なソントクに忠実に，民族の書きコトバをそだてあげようとする努力をなげすてるからです（そのときには，民族の書きコトバは，労働者・農民の武器になる

ので)。こういうことは，戦争あとのアメリカ式国語教育のなかに，むきだしにあらわれています。

《日本の書きコトバ》

　書きコトバは，かならずしも，民族のコトバをうつしだしません。人びとが民族をかたちつくっていないときには，民族のコトバもないのですから，書きコトバは民族のコトバをうつしだすはずがありません。万葉集のコトバや中世のラテン語などは，民族のコトバをうつしだしたものではないのです。

　それで，いまの日本人が民族をかたちつくっていないなら，日本の書きコトバは民族のコトバをうつしだしていないとしても，ふしぎではありません。しかし，日本人は徳川時代のはじめから明治にかけて民族にまとまって，民族のコトバをつくりだしています。それにもかかわらず，日本の書きコトバは，かならずしも，民族のコトバをもとにしてつくられているとは，いえないのです。たしかに，日本の書きコトバは，民族の書きコトバになっていません。そして，この問題をかたづけること，つまり書きコトバを民族のコトバのうえにのせる仕事が，日本の解放と民主化とのために，かくことのできない条件のひとつになっているのです。

　このように問題をたてれば，《国語の確立は既定の事実である》と，いきりたつ人もいますから，朝日新聞から例をかりて，説明しましょう。

> 　教育の中立性を維持するための「教育公務員特例法改正案」と「義務教育諸学校における教育の政治的中立の確保に関する法案」の二法案は，十五日夜，関係当局間で成文化を完了し，十六日の閣議で正式に決定されることとなった。

　小説は例外だといわれては，まずいので，島崎藤村の新生から，もうひとつ例をあげましょう。

> 　急激な周囲の変化はあだかも舞台面の廻転によって劇の光景の一変するにも等しいものがあった。

　この文章のなかの単語「維持する」と，それにかわることのできる「たもつ」とは，

イミのうえで，どうちがうか。おなじように，「完了する」と「しあげる」とは，どうちがうか。「変化」と「うつりかわり」とは，どうちがうか。ちがうなら，ちがいをしめさなければならないし，おなじなら，どちらのカタチが民族のコトバであるか，あきらかにしなければなりません。こういえば，「維持する」，「完了する」，「変化」が民族のコトバでないことは，だれにでもわかります。

　わたしは漢語をまないたにのせているのです。漢語がたくさんまじっているこの文章が（わたしの文章もふくめて），民族のコトバであるなら，日本人の資格をもっている人は，8,000万のうち5％にもみたないでしょう（読めなくてもよい，これらの文章を話しコトバとしてみて，聞いてわかる人のカズが問題です）。漢語まじりの書きコトバは，天皇の国語政策が中世の書きコトバのシキタリをうけついで，つくりだしたものです。その証拠に，こんな書きコトバで（あるいはそれに近いコトバで），かずすくないインテリをのぞいて，だれもしゃべっていません。こういうことは，小学校や中学校で漢字つめこみ教育をうけて，くるしめられた人なら，だれにでもリクツぬきで感じることなのです。

　ところが，こまったことには，みんなはこんなように考えていません。天皇政府が漢文くずしを標準的な書きコトバとしてみとめ，民族のコトバを品のない俗語としてあしらったので，漢文くずしこそ民族のコトバであるという考えが，国民のあたまにうえつけられているのです（たしかに，漢字おぼえに支払ったいくらかのお金のかわりに，ありがたくチョウダイしたオフダをまもるために，こうした考えはツゴウがよい）。それどころではありません。天皇につかえる国語学者はもちろんのこと，進歩的だといわれる言語学者や国語教師のあいだでさえ，漢語は日本のコトバであって，漢字は基本単語である，というばかげた理論がつくりだされているほどです。この理論によれば，コトバは文字からつくられる。こうしてできあがったコトバ（漢語）は，国民の観念をいいあらわすシムボルとして，はたらくのだそうです。観念論者でもなければ，こんなリクツに耳をかたむけないでしょう。漢字をおぼえるために，訓（クン）といわれる日本語も一しょにおぼえなければならないことは，観念がまるはだかで存在しないこと，それが日本語というコロモをきていること，これをものがたっています。訓があるということは，漢字・漢語が日本語の記号（メジルシ）であることを，ときあかしています。訓は概念のイミギメ（規定）ではありません。ただの日本語で，それを漢字・漢語が代表しているのです。（アメリカのさしずで，国語教師が訓ぬきで漢字・漢語をコドモに

おしえたので，コドモの読む力はおちたが，こうしたヤリカタは，まさに漢字・漢語の記号としての性格をかえりみない国語教育です。)

一般に，コトバは，おなじ共同体のなかで共にはたらいている人びとによって，話せるし，聞くことのできるモノです。もともと，コトバは，そういう人たちの考えをつたえあう道具として，うまれてきたからです。それで，日本人なら，だれにでもつかえるし，わかるのが，日本民族のコトバとしての資格なのです（のみこみ方の深さというものは，経験の深さとむすびついていて，あとの問題です）。ところで，漢語は日本人のくらしのなかでつくられたものではなく，ただの文字（記号）なのですから，こうした資格をもちません。義務教育でおぼえる漢字のカズはほんのわずかなのですから（六三制で約 800 字），とくべつ漢字おぼえに骨をおることのできる，わずかな人だけが，かずおおくの漢語をのみこみます。

もしも漢字をしらないなら，おぼえたらよいというのは，実践的には，国民のいそがしい生活をかえりみないヒトリヨガリです。言語学的には，それは，コトバでないものをコトバにしたてあげようとする，よこしまな考えです。（もちろん，漢語おいだしは国民的なお仕事ですから，漢語をおいだすために，漢字・漢語を国民に（とくにコドモに）おぼえてもらうことは，たいせつなことです。このような見方にたたない漢字教育は，おしつけになります。)

漢語まじりの書きコトバが，どんなに日本人の科学や文化のたかまりをおさえつけているか，おおくの日本人が書きコトバの世界からしめだされているということで，はっきりします。科学とか文化とかといわれるものが，民族のコトバでなくして，記号のなかにおしこめられているのですから，国民はそれに近づくことができないのです。わたしたちは，このことを考えるだけで，天皇政府のツミの深さをのろわないではいられません。天皇政府は，軍人勅諭や教育勅語のイカメシサをまもるために，国民をアキメクラにして，ウシウマのようにこきつかうために，書きコトバを民族のコトバにのせる仕事に反対したのです。そして，天皇政府のこうした態度は，ただいまの吉田政府によってうけつがれているのですから，この仕事をわたしたちが自分の手でやらなければならないと，さとらないわけにはいきません（もちろん，進歩的な国語運動家と手をむすぶことは，たいせつです）。

しかも，そうしなければならないときに，わたしたちはおいこまれているのです。民族の解放と国の民主化とのためのタタカイは，おおくの日本人を読み書きの世界にひき

ずりこんで，いまある漢語まじりの書きコトバでは考えのツタエアイがなめらかにすすまないことを，すでに証明しているからです。国の解放と民主化とのためのタタカイが，民族の書きコトバの作りだしをもとめているのです。

　昭和23年に，アメリカのさしずでおこなわれた「日本人の読み書き能力調査」によれば，完全な読み書き能力をもっているものは，オトナのうちの6.2％にすぎません。その反対に，完全に文字をしらないメクラもとてもすくないと，この調査はいっています。こういう事実は，漢字・漢語が日本人の読み書きをさまたげていると，おしえてくれます。ですから，書きもののなかで，一語でもよい，それだけ漢字・漢語をへらせば，それだけツタエアイのハバをひろげることを，わたしたちはわすれてはいけないのです。

　漢字・漢語がどんなに国の独立と民主化とのためのタタカイをじゃましているか，その証拠に，アカハタへの手紙をひきあいにだしておきます。

　　私は共産党を支持していますので，東京都委員会のビラについて率直に申します。私たち貧しい家庭の主婦は内職におわれて，その日の新聞もろくによんでいません。こういう貧しい主婦の心に，いきなりぐっとせまるような，わかりやすい言葉でビラを書いてください。東京中の貧しい人びとにはよめそうもない，大学卒業生だけを相手に書いているような，漢語ばかりのビラを手にすると，私は悲しくなります。よめもしないのを，こんなに刷ってくばってもらって，お金も紙もないでしょうに，もったいないとおもいます。

　　　　　　　　　　　　　　　　　　　　　　（53年4月9日のアカハタから）

　　私は小学校に二年しかいってない労働者ですが，かん字が読めません。しかし，炭坑にはこういう労働者がたくさんいます。この人たちは，たたかいのなかで，なにかしりたいのですが，アカハタを読むことができません。先日，炭労の新聞がきました。これをみると，むずかしい字にはふりながついていて，そのうえ，むずかしいもんくには（　　）がして，そのわけが書いてありました。私はこういう新聞にアカハタがなったら，もっと多くの人から読まれると思いました。

　　　　　　　　　　　　　　　　　　　　　　（54年2月7日のアカハタから）

《標準語について》

　これから，日本の話しコトバについて，ちょっとばかり，はなします。

　政府が，これが標準語であると，オキテをさだめようと，さだめまいと，そういうこ

とにかまわないで，民族のコトバをもとにしてつくられた書きコトバは，民族のコトバにたいして，標準語として（規範的なコトバとして）はたらきかけます。そういうハタラキは，書きコトバがもっているカガミのような性質からうまれてきます。つまり，書きコトバは，ふりかえってみた（反省的な）コトバなのです。だから，標準語とは書きコトバである，といってもよいのです。標準語で話すといえば，書きコトバのように話すことだ，といえます。ここでは，わたしは，標準語というコトバを，書きコトバによって規格づけられた話しコトバのイミで，つかいます。

　それで，ふつうはそうなのですが，書きコトバが民族のコトバをうつしだしているなら，それは文字どおり標準語になって，諸方言を民族のコトバにたかめる力づよいテコになります。だが，日本の書きコトバには漢語がまじっているために，このような，どこにでもとおる一般的なキマリは，かならずしも，あてはまりません。では，一体，どうなるのか。とにかく，日本の書きコトバも，一般的なキマリどおりに，話しコトバにのしかかって，標準語になっています。あとで説明しますが，日本の書きコトバは，漢語をのぞけば，民族のコトバなのですから，全体として，標準語になる力をそなえているのです（話しコトバをしばりつける力をそなえている）。そこで，つぎのような結果がうまれてきます。

　まず，書きコトバのなかの漢語は，標準語として，話しコトバにもちこまれます。この漢語は民族のコトバを俗語あつかいにして，これをうえからおさえつけます（あるいは食いころします）。ただいまの日本の話しコトバ（とくに標準語といわれる東京のコトバ）のまずしさは，ここからおこっているのです。それとともに，標準語になった漢語は，方言を民族のコトバにまとめる力をもちません。漢語は，方言から必然的にのびてきたものではないからです。方言は標準語にさからいます。こういうことから，日本の話しコトバのなかには，とけあうことのできない対立（標準語と方言との対立，標準語と共通語との対立）ができあがります。つまり，コトバの二重生活がつくりだされるのです。

　だれでも，ときとばあいによって，標準語ででも民族のコトバででも方言ででも，うまくしゃべれるなら，むだな話しですが，問題はありません。しかし，実際には，金のないものは，漢語をまなぶことができないのですから，父や母からおそわった方言しかつかえません。金のあるものは，漢語をどっさりならって，標準語の話し手になります。つまり，かれの話しコトバには，漢語がまじってくるのです（かれの標準語は，書きコ

トバとおなじように，民族の共通なコトバくわえる漢語)。ここから，コトバにおける都市と農村とのヘダタリ，労働者と農民とインテリとのコトバのちがいが，うまれてきます。コトバのつかい方で，身分のとうとい漢語族とゲスそだちのヤマト・コトバ族とにわかれます。

　わたしたちは，こんなことを気にして，むりに漢語をつかっていないだろうか。俗語(実は民族のコトバ)は品がないという感覚をもちあわせていないだろうか。ところが，コチコチの漢語族をのぞけば，かれといえども，女房とけんかして，「お前と一線を画す」とはいいません。くらしのコトバとヨソユキのコトバとは，わかれます。

　このような日本人のコトバの二重生活が，さしあたって，民族解放と国の民主化とのためのタタカイをどんなにさまたげているか，べつに説明する必要はありません。インテリのしゃべるコトバが労働者や農民にわかってもらえないのは，たいへんなことです。ほんとうに，こういうことは，おこっています。漢語まじりの書きコトバは標準語になって，話しコトバをとおしての民族のマトマリをぶちこわしているのです。

　ですから，わたしたちは，話しコトバをととのえるために，まず，書きコトバのなかから漢語をおいだして，これを民族の書きコトバにしあげなければならないのです。つまり，これでしゃべれ，という手本の書きコトバを，民族のコトバをもとにして，つくりだす必要があるのです。これが，ほんとうの標準語になるべきものです。民族の書きコトバは，民族のコトバのみがかれたスガタでなければなりません。ふりかえってみたコトバですから，そういうものにすることができるのです。それは手本ですから，そうしなければならないのです。また，意識的に民族のコトバをつくりだして，そだてあげる仕事も，民族の書きコトバのなかでできます。このミガキアゲ，ツクリダシを国民的な文学や科学の作りだし手にのぞむのは，わたしひとりではないでしょう。

　　53年4月9日のアカハタに，共産党員の話しはむずかしくて，わからないと，うったえている手紙がのっています。また石母田正さんは，自分の話しが東京の三河島の人たちにわかってもらえなかったと，もらしています (52年に理論社からでた『言語問題と民族問題』，22ページ)[*]。どのばあいも，たいせつな選挙演説とむすびついています。このようなことがおこるのは，まちがいなく，書きコトバのように，漢語まじりの話しコトバ，つまりニセモノの民族のコトバでしゃべるからです。

《漢語のあいまいさ》

　これまで、つぎのことをしゃべりました。漢語がまじっているので、日本の書きコトバは民族のコトバになりきっていない。この書きコトバは日本人を読み書きの世界からとおざけて、日本人の科学的な、文化的なたかまりをおさえつけている。さらに、漢語は標準語になって、日本人の話しコトバをかきまわしていると。

　漢語は、国の解放と民主化とにとって、じゃまモノです。それで、わたしたちは、この事実をみとめるだけで、漢語おいだしにのりださなければならないのですが、なおいくつかの問題がのこっているので、まだフミキリがつかないでいます。いくつかの問題のうち、一番おおきいものは、おそらく、たしかさ（正確さ）の問題でしょう。そのほかの問題は、おおくは、技術的なものです。

　ちょいちょい、《漢語をつかわないで、わかりやすく書くのはよいが、たしかさをうしなう》というようなコトバを、わたしたちは耳にします。ただいまの日本語のありさまでは、実際には、そういうこともあるでしょう。だが、一般的には、コトバのわかりやすさは、たしかさからでてくるものです。漢語はわかりにくいコトバなのですから、あいまいなものなのです。このことを説明するためには、たいしたリクツはいりません。人につかわれないコトバが、たしかであるはずがないのです。

　コトバが考えのコロモであることは、もうだれにでもわかっています。概念とか判断とかいわれるものは、かならず、コトバのすがたをとっているのです。そして、この考えは、人間がモノゴトにはたらきかけるなかで、つくりだされるということも、わかりきったことです。感性的な経験（実践）とむすびついていない考えというものは、どこにもないのです。これだけのことがわかっていれば、感性的な経験とむすびついていないコトバはないということも、ひとりでにあきらかになります。では、漢語はどんなかたちで感性的な経験とむすびついているか、このことをはっきりさせれば、漢語があいまいであるのは、あたりまえのことになります。

　しかし、考えとかコトバは、感性的な経験ではありません。それで、考えとかコトバが感性的な経験ときりはなされるオソレは、じゅうぶんにあるのです。ここから、たしかさの問題がおこってきますが、このたしかさは、まちがいなく、どの程度に人間の生活にむすびついているかということによって、さだめられます。だから、国民がひびの生活のなかでつかわないコトバ（死んだコトバ）は、たしかなコトバではあることができません。感性的な経験のウラヅケをもっていないのです。漢語は、この種のコトバな

のです。

　感性的な経験とむすびついていないコトバにはイミがありません。そうすると，漢語にはイミがないか。たしかに，イミはあります。これは，まえにもちょっとふれた訓です。漢語では，訓のナカダチをとおして，じかの経験とのむすびつきがたもたれています。だから，はっきりいえば，漢語は考えのじかのあらわれではない，したがってコトバではない，コトバの記号にすぎないのです。そうみれば，漢語のたしかさなどは，はじめから，問題になりません。なんのために，コトバを記号化する必要があるのか。それからでてくるものは，概念のボヤケだけではないか。たとえば，「考え」を「思考」といえば，それだけ，概念がぼやけるではないか。いくら漢語つかいの名人でも，この概念のボヤケからのがれることはできません。概念のボヤケからコケオドカシのエラガリ，あるいは神がかりがでてきて，悪党どもは，これをたくみにつかいます。

　さきほども，「大衆路線のコースにそって」というイイマワシにぶつかりましたが，これは漢語のあいまいさからうまれてきたアヤマリのよい見本です。線路といえばまだしも，路線などは，日本語としては，なんのイミももっていません。なぜ，こんなコトバをつくらなければならないのか，わたしは作った人（中国語からかりいれた人）におたずねしたい。ほんとうに，こんなオコナイは，大衆路線にそむいています。《ハラをきって，切腹した》といえば，ヒトゴトのようにおかしいのですが，これは，漢語があるあいだ，だれでもおかすアヤマリです。それに，この漢語のあいまいさは，日本語の文法的なあいまいさをひきおこしています。たとえば，「現出する」という漢語は，それ自身では，「あらわれでる」のか「あらわしだす」のか，わかりません。つまり，日本人が，ながいあいだかかって，つくりだした他動詞と自動詞との区別は，漢語のなかでは，ころされてしまうのです。

　あるアツマリで，ある人が「矛盾」を「くいちがい」にあらためることに反対して，「くいちがい」が止揚のイミをふくんでいないといいはって，ゆずらなかったのですが，この人は「矛盾」というコトバのたしかさを主観的に考えています。このような意見は，コトバをモノ神にうつしかえたものです。あたかも，「矛盾」というオト，あるいはメジルシのなかに，それのイミギメ（概念規定）がひそんでいるかのように，考えているのです。

　だれがつかっても，まちがいのおこらないコトバ，これが一番たしかなコトバです。だれにでもわかるコトバ，これが一番たしかなコトバです。これは社会的なたしかさで

あって，これをそなえているコトバは，国民のひびのクラシとぴったりむすびついています。

《漢語のおいだし方》

漢語おいだしをどういうシカタでやればよいか，わからないのでフミキリがつかないということも考えられますので，つづいて，これについてはなしましょう。

はじめに，国民のくらしのなかにくいこんだ漢語についてはなします。この種の漢語に手をつける必要はありません。たとえば「汽車」を「ユゲグルマ」になおす必要はないのです（条件がかわれば，この種の漢語も，ある程度おいだされるでしょう）。漢字でかかないで，かな書きすればよいのです。どの漢語が国民のコトバになっているか，どの漢語がそうでないか，これをきめるモノサシは，実践のそとにはありません。これをわすれると，ひとりよがりになります。

国民のコトバになっていない漢語は，すべて，民族のコトバにおきかえなければなりません。この種の漢語には，ふた種類あります。

　１　いますぐに，おきかえることのできる漢語
　２　いますぐには，おきかえることのできない漢語

いますぐに，おきかえることのできる漢語については，問題はありません。これをたしかめるのには，国語辞典をひけばよいのです。日本語の字びきは，ほとんど，いいかえ字びきになっていて，イミギメをやっていませんから，こんなときにでもヤクにたたせなければ，つかい道がありません。

やっかいなのは，おきかえるコトバのみつからない漢語です。この種の漢語がかなりたくさんあるということは，漢語が民族のコトバの発展をおさえつけていることを，ものがたっています。そして，それが，科学や文化のナカミをもりこんだものであることは，日本の科学や文化が日本人のものではなくして，漢語族のものであることを，ものがたっています。わたしたちの科学や文化が国民の物質的な，精神的な生活をゆたかにするものではなかったということ，これをわたしたちはみとめないわけにはいきません。どんなりっぱなナカミでも，漢語でいいあらわされているあいだ，国民はそれをのみこみません。わたしたちは，国民のための科学や文化をたかめるために，漢語をおいだして，民族のコトバのなかに科学や文化をいれなければならないのです。

さて，この種の漢語は，おおくは術語で，抽象的な概念をしめすものです。それで，

わたしたちは，この種の漢語をたたきだすために，つぎのようなマワリ道をしなければなりません。すでにある抽象をしめすコトバ（漢語）がないものと，かりにきめて，抽象的な概念をしめすコトバをつくりだす道すじを，もう一回たどってみること。つまり，抽象的な概念は具体的な概念からつくりだされるのですから，この具体的な概念に一度あともどりすること，これです。そして，この具体的な概念から抽象的な概念をつくりだせばよいのです。もうひとつのばあいとして，一般的な概念から特殊的な概念がつくりだされるのですから，すでにある特殊的な概念（漢語）がないものとして，もう一度一般的な概念をつくりだす道すじをたどってみる，このようなテツヅキもあります。ふたつのテツヅキのちがいは，単語のつくり方のうえにあらわれています。ひとつの単語のウチガワをひろげる（具体的なものから抽象的なものへ），ひとつの単語のソトガワをひろげる（一般的なものから特殊的なものへ），このようにちがいます。

たとえば，「矛盾」という漢語でしめされる，ひとつひとつの具体的なばあいを民族のコトバでいいあらわしてみて，このいいあらわしのなかから，ぴったり「矛盾」の概念にあてはまるものをぬきだせばよいのです。ここで，単語のつくり方の問題がおこります。例でしめしましょう。

> 考えがのびて，コトバがもとのままですと，いままでのコトバで，のびた考えをいいあらわすことができません。あたらしい考えとふるいコトバとのあいだには，ナカタガイがおこるのです。たとえば，わたしたちの考えが，「あおもの」をうる「いちば」と「さかな」をうる「いちば」とをみわけたとき，「いちば」というひとつのコトバでは，自分の考えをうまくいいあらわせなくなるのです。そこで，わたしたちは，あたらしい考えにふさわしい，あたらしいコトバをつくりだします。つまり，「あおもの（をうる）いちば」，「うお（をうる）いちば」というあたらしいコトバをつくりだすのです（いちばの特殊化）。ですから，考えとコトバとのナカタガイは，コトバをのばすテコであると，いえます。

わたしは，この文章のなかで，「矛盾」の概念をいいあらわすために，「なかたがい」をつかってみたのですが，それのかわりに「くいちがい」，「ゆきちがい」など，そのほかいろんなコトバをつかうことができるでしょう。それらのうち，矛盾をいいあらわすのに一番よくあてはまっているコトバをえらびだして，漢語「矛盾」のかわりにすればよいのです。もちろん，文章のなかでつかいこなして，熟させたあとでなければ，そう

してはいけません（漢語名詞を日本語の動詞にくずして，文章のなかでつかってみることが，たいせつ）。こうしてできあがった抽象をしめすコトバは，具体とのツナガリをたえずもっているということで，すぐれています（漢語はアノ世（抽象の世界）にいきっぱなしなので，まじりけなしの考えをたのしむ人には，すぐれている）。

　ところで，わたしはこのテツヅキを机のうえでやってみたのですが，こんなことでは，やれる仕事ではありません。そのためには，第一に，わたしたちは具体をしらなければならないし，具体をいいあらわす民族のコトバをしらなければならないからです。第二には，そうしなければならないワケは，机のうえにはないからです。はっきりいえば，解放と民主化とのタタカイのなかで，あるいは国民的な科学や文化のツクリダシ，オシヒロメのなかで，漢語おいだしの仕事をすすめないと，それはうまくいかないのです。そうする必要は，ここのそとにはないし，ここでしか具体をつかむことができないからです。漢語おいだしの仕事を，国民のための科学や文化をつくりだす仕事のなかでやらないで，技術的なものとしてあしらうと，仕事のむずかしさになげすてられてしまいます。国民的な科学や文化のツクリダシは，民族のコトバのツクリダシです。民族のコトバのツクリダシは，漢語のオイダシです。

　わたしたちは，漢語をおいだすために，国民のコトバを身につけなければならないのですが，そのために，二葉亭や藤村（破戒）の作品をよみかえすことも，わすれてはいけません。かれらの作品のなかには，術語になれるような，りっぱなコトバがころがっています。二葉亭は，「平凡」のなかで，「内拡がり」というコトバをつかっていますが，これは，そのまま「内包」というイミにつかえます（あるいは，「うちばり」といってもよいでしょう）。そこで，反対に，「外延」のことを「そとひろがり」といえばよいのです（あるいは「そとばり」）。

　これとはべつに，漢語がのさばっているために，日本語はのびていないということ，それどころか，よわまっているということ，このような事実をみのがしてはいけません。たとえば，《心のヒダにせまる》などといえば，なんのことかさっぱりわからなくなります。「おもう」と「考える」とは，おなじようなイミにつかわれています。このようなあいまいさをとりのぞかないで，やたらに日本語をつかうと，わたしたちの考えをむかしにもどすヤマト・コトバ主義におちいります。わたしたちの考えは，とにかく，漢語のたすけをかりて，のびているのです。こののびた考えにふさわしい民族のコトバをつくりださなければならないのです。

《文法について》

　これまで，ことわりはしておきましたが，日本の書きコトバが民族のコトバではないという見方にたって，わたしは話しをすすめました。これはまちがいです。このことは漢語についていえることで，そのほかの点，とくに文法についていえば，日本の書きコトバは民族のコトバをうつしだしているのです。だからこそ，この書きコトバが，全体として標準語として，民族のコトバのうえにのしかかってくるのです（書きコトバが完全に死んだコトバであるなら，つまり生きた話しコトバをもとにしてつくられていないなら，いくら政府がおしつけても，標準語にはなれません）。

　では，日本の書きコトバは，なぜ，半分生きていて，半分死んでいるというような，なまにえのものになったのか。この問題をあきらかにすれば，国の解放と民主化とのためのタタカイが，漢語おいだしの仕事をやらなければならないし，やるにちがいないことは，一そうはっきりします（もうはじまっている）。

　まえにものべたように，どの国でも，資本家は，資本主義制度をうちたてる道すじのなかで，書きコトバを民族のコトバのうえにのせる仕事をやりとげたのですが，日本では，資本家が天皇や地主のまえにひざまづいたので，この仕事はなげすてられてしまったのです。いいかえれば，日本では資本家の力がよわかったので，ブルジョア民主主義革命が完全におこなわれないで，封建制度がのこされたのですが，それとおなじ程度に，書きコトバのなかに民族的でないもの（中世の書きコトバのカス）がのこされたのです。漢語おいだし（それに新かなづかい）をさまたげているものが，国の民主化をさまたげていることを，国語・国字運動の歴史はおしえてくれますが，わたしたちは，この事実によって，書きコトバをめぐる階級的なソントクのぶつかりを，国の民主化をめぐるタタカイのひとつのワとして，みないわけにはいかないのです。天皇の神がかり的なイカメシサが漢語のあいまいさによってたもたれて，「しらしむべからず」のオキテが漢語によってたもたれるなら，天皇が漢語まじりの書きコトバをまもるのは，あたりまえです。それにたいして，資本家が商品生産にとって必要な，あるたかさの科学的な，文化的な水準を国民にもとめて，書きコトバを民族のコトバでうずめようとするのも，あたりまえです。日本の国語・国字運動の歴史は，天皇・地主と資本家とのアラソイです。

　つづいて，この国語・国字運動の歴史をおおざっぱにながめてみましょう。明治政府は漢文くずしの文語体を標準的な書きコトバにしたのですが，これにたいする資本家のガワからの攻撃は，自由民権運動とともにはじまっています。そして，この攻撃，つま

り民族の書きコトバにおきかえてしまおうとする努力は，ほぼ明治の四十年代のはじめまでつづいています。時代をしきる作品として，藤村の「破戒」をあげることができます。40 年のあいだの努力のミノリとして，漢文くずしの文語体は，漢文くずしの口語体にうつっていきました。より一般的な書きコトバのなかに，民族のコトバの文法がもちこまれたのです（それとともに基本的な単語）。これは，まちがいなく，進歩的なブルジョア作家が国民にあたえたオクリモノです。しかし，漢語は，二葉亭の努力にそむいて，そのままのこされてしまったのです。明治の国語・国字運動がこんなシマツにおわってしまったのは，まったく，資本家とかれにつかえるインテリとが天皇のまえにひざまづいて，民族の書きコトバをつくりだす努力をなげすてたからです。こういう事情は，藤村の「破戒」と「新生」とをくらべてみたら，よくわかります。つまり，大正にはいると，ブルジョア作家は，国民をえがきだすことをわすれたのとおなじ程度に，二葉亭の言文一致の精神をわすれてしまったのです。学問のコトバについていえば，明治のはじめの進歩的な学者に，自分の学問を民族のコトバでいいあらわそうとするキモチがあったにすぎないのです。日本の学問のホンスジは，つねに天皇と反動化した資本家とにつかえていたのです。こんな学問が，民族のコトバをふりかえってみるはずがありません。このことが，もっともよくあらわれているのは，農学のコトバです。国の民主化のための努力をすてて，天皇・地主とナレアイになった反動的な資本家にとっては，むしろ，漢語はありがたいものになったとも，いえますでしょう。（こういう結論は，漢字制限をとりやめにしようとたくらんでいる吉田政府の国語政策からも，ひきだせます）。

　明治のすえから戦争がおわるまでの 40 年のあいだは，民族のコトバが漢語に食いあらされたときです。もちろん，このあいだ，国語・国字運動はなくなったわけではないのですが，しかし，それは反動化した資本家につかえるものになりさがって，軍隊コトバの近代化，植民地における日本語教育，新聞社の印刷などとむすびついて，進歩のためにたたかった明治のかがやかしい運動の歴史をよごしただけです。

　だが，この国語・国字運動は，戦争あと，天皇・地主勢力の一時的なヨワマリにつけこんで，また民主化政策にアシバをかりて，漢字制限（それに新かなづかいも）を天くだり的に実現させました。当用漢字表のさだめヌシが吉田茂君であったことは，漢字制限が反動的な資本家・地主の一時的なヒッコミにすぎないことをものがたっています。それとはべつに，この成功をわたしたちは心からよろこばずにはいられないのですが，

もっともたいせつな問題がそのままそっくりのこされていることも，みとめないわけにはいきません。というのは，どんなに漢字を制限しても，民族のコトバをのばさないでは，一語といえども，漢語はなくならないからです（もちろん，ゼイタクな漢語はべつ）。ですから，当用漢字表は，いつでもやぶりすてられるようになっているのです。しかし，民族のコトバをのばす仕事は，反動的な資本家や地主にとってはソンになるので，かれらはこれをけっしてやりません。この仕事をやれば，トクをするし，やることのできるのは，労働者・農民と進歩的な資本家だけです。しかも，労働者・農民は，漢語をおいだすことによって，どんなソンもしません。そうしますと，だれが漢語の最後のおいだし手であるか，はっきりします。問題は，民族のコトバをそだてあげて，当用漢字表を実際にはいらないものにしてしまうことです。吉田茂君のタクラミのウラをかいてやることです。

　しかも，この労働者・農民のまえに，民族のコトバをそだてあげる必要が，国の解放と民主化とのためのタタカイとからみついて，おこってきています。このタタカイのたかまりは，労働者・農民を政治の舞台にひきずりあげて，いまある日本のコトバは，考えや意志のツタエアイがなめらかにすすまないことを証明して，すぐれた民族のコトバのツクリダシをもとめはじめたのです。漢語をおいだして，そのあとを民族のコトバでうめる仕事をもとめているのです。ところで，この仕事は，いわゆる明治の言文一致のツヅキではないか。そうです。解放と民主化とのための国語・国字運動は，明治の言文一致の運動のミノリをうけついで，それをもう一回まえにおしすすめるのです。わたしたちは，反動化した資本家がなげすてた言文一致の運動をひろいあげて，みがきをかけるのです。このことは，反動化した資本家のなげすてた解放と民主化とのハタジルシを，わたしたちがもう一回かかげるのと，まったく，おなじイミをもっています（解放と民主化のために言文一致がつかえるというイミでも，また解放と民主化とをのぞむものだけが言文一致をのぞむというイミでも）。

　おしまいに，文法の問題にふれておきます。国民の書きコトバのなかに民族のコトバの文法をもちこんだのですが，天皇の国語政策はこれをしぶしぶみとめて，積極的にはどんな心づかいもはらいませんでした。いまになってさえ，文法書がない（カキクケ文法のでたらめなのは，それがやくにたたないことによって証明されています）。国語教育といえば，漢字つめこみ教育でした。その結果うまれてきたものが，書きコトバの文

法的なみだれです。正直にいって，どんなつづり方をしても，まちがい文にならないというのが，ただいまの書きコトバです。こういう状態は，漢語とおなじように日本人どうしの考えのツタエアイをさまたげています。わたしたちは，文法的にただしい文章をかかなければなりません。そのためには，わたしたちは，たよりになる，りっぱな文法書をもたなければならないのです（ここから，国民のための言語学＝国語学のさしあたってのツトメがでてきます）。解放と民主化とのタタカイは，民族のコトバの文法をも，つかさどらなければならないのです。

　大学を卒業した者しか，書いたり，読んだりできない，いまの日本語の状態をきりすてること，これを民族解放のタタカイはもとめているのです。

　　　ただいまの書きコトバには，民族のコトバの文法がもちこまれているのですから，このなかに方言の文法をもちこむことはさけなければなりません。方言とのツナガリで，書きコトバをよくしようとする試みは，漢語おいだし，つまり単語の問題にかぎらなければならないのです。しかも，その単語は共通的なものであって，民族のコトバになれる資格をもったものでなければなりません。

国語教育におけるローマ字

　ローマ字教育がゆきずまったという声は，ずいぶんきかされた。その理由として，いろんな事情があげられるが，きわめて実際的なたちばからみて，ローマ字教育がふるわないのは，国語教育がローマ字をもとめていないからである。現在おこなわれている正書法の体系（漢字かなまじりの体系）のなかに，ローマ字化をやらなければならない必然性がふくまれているなら，こういう正書法にもとづく国語教育のなかにも，ローマ字をとらなければならない必然性があるはずだが，それがおもてにでてこない。

　いまの正書法は日本語の音いん体系や文法体系をうまくかきあらわすことができないから，その点ではすぐれているローマ字にいずれはとりかえなければならない。このようにわたしたちは考えている。もしもこの考えがただしいなら，日本語とその正書法とのあいだにおこってくるくいちがいは，国語教育という特殊なばたけでは，指導のむずかしさ，理解のむずかしさになって，さらに指導も理解もできないということになって，ローマ字のたすけをかりなければ，国語教育はさきにすすむことができなくなる。ところが，いまの国語教育はそういう矛盾をかんじていない。音声現象と文法現象が音節文字のかげにかくれて，それの理解をさまたげているのだが，この音節文字をはぎとって，ローマ字におきかえ，わかりやすいかたちで日本語の音声と文法とをおしえるまで，国語教育はすすんでいない。

　文部省はローマ字をおしえる自由を保証している。だが，いまの国語教育には，その自由をこなすだけのちからがない。つめたいいい方だが，わたしたちはこの現実をみとめないわけにはいかないだろう。学校におけるローマ字は，いまの正書法にもとづく国語教育の矛盾の解決策として，国語教育の発展から必然的にあらわれてきたものではなかった。

　けれども，国語教育，とくに音声教育と文法教育にとってローマ字が必要であることは，ローマ字論者のあいだでは，わかりきったことになっている。では，なぜローマ字を国語教育の体系のなかにもちこまないのだろうか？　ローマ字化の現在の段階では，ローマ字を国語教育におしうりするローマ字教育よりも，国語教育のなかにローマ字をみつけだすしごとの方が，たいせつなのではないだろうか？

正書法の教育として，ローマ字を国語教育のなかにもちこんでも，公的な正書法がほかにあるのだから，ローマ字はきらわれるだけだろう。これはわたしの推測というよりも，むしろ確認ずみの事実である。第一に，ローマ字化がある程度実現するまでは，正書法教育としてのローマ字教育は必要がない。それに，国語教育は漢字教育というたいへんなしごとをかかえていて，未来の正書法であるローマ字の教育などは，はいりこむ余地がない。

今日なお国語教育をとおして正書法のローマ字化を実現させようともくろんでいる人がいるなら，その人はいままでのローマ字教育の経験にまなんでいるとはおもえない。国語教育はローマ字運動（国語・国字運動）ではないし，ローマ字運動のしたうけでもない。子どもたちがいまの正書法をまなんで，日本語をよんだり，かいたりできるようにする，これが国語教育の一番だいじなしごとである。国語教師がローマ字教育をがんこにこばみつづけているのは，かれらのあたまがふるいからではない。かれらが自分のつとめに忠実だからである。

この点でも，ローマ字論者はただしく理解している。ローマ字教育のねらいは，文字教育ではなく，音声教育であり，文法教育であると。ローマ字運動は運動の一般的な目標と特殊な領域における活動とをくべつした。実践からこのような考えをひきだしたことには，あたまがさがるが，ローマ字論者はこの段階でもう一度ローマ字教育のあり方について考えてみる必要があるのではないだろうか，わたしはこのようにおもっている。くりかえしていうが，そとがわからローマ字教育を国語教育におしつけるのではなく，国語教育のうちがわにローマ字教育の場をみつけだしてほしい。

わたし自身も音声と文法の教育にはローマ字が必要であることをみとめているが，音声教育と文法教育の必要は，ローマ字の存在とはかかわりなしに，国語教育のなかに存在している。しかも，音声と文法の教育は，程度はとわないとしたら，ローマ字なしにおこなわれている。ローマ字という便利な手段がなくても，国語教師はいまの正書法にもとづいて，音声と文法の教育をやらなければならない。音声教育と文法教育とをねらいにするローマ字教育は，こうした国語教師のしごとになにか援助しているだろうか？

声音教育と文法教育はローマ字教育がひきうけるということでは，国語教師はローマ字教育をうけつけないだろう。いまの正書法のわくのなかで発音教育と文法教育とをやらなければならないなら，ローマ字にもとづく発音と文法の教育は，それだけ余分である。教師がつまる音をおしえるのに，子どもがそれをのみこむのに，ローマ字をつかえ

ば，ぐっとやさしくなるという事実は，いまの正書法のわくのなかでつまる音をおしえる必要をとりのぞきはしない。そうだとすると，国語教師がいまの正書法でつまる音をおしえるところに，ローマ字をおかなければ，ローマ字のありがたさはでてこない。

もし国語教育がローマ字を教育のなかにとりいれるとすれば，それは自分の国語教育がいまの正書法ではゆきずまったときのことである。はじめにのべたように，こうしたゆきずまりを国語教師はかんじていない。

こういうふうに考えてみると，国語教育におけるローマ字運動の当面の目標は，ゆきずまりをつくりだすことではないだろうか？ つまり，いまの正書法にもとづく国語教育がローマ字を，補助的な手段でよい，とりいれなければ，さきにすすめないところまで，国語教育，とくに発音と文法の教育をたかめることではないだろうか？ いずれにしても，教育のなかにローマ字をとりいれるか，いれないかということは，教育の問題であって，文部省やローマ字論者の意志によるものではない。

体系的な国語教育，とくに発音と文法の教育がうちたてられなければ，ローマ字は国語教育のなかにはいらないだろう。しかし，体系的な国語教育をうちたてるしごとは，国語教師のしごとである。ローマ字運動はローマ字論者＝国語学者を動員して，この教師のしごとを側面からたすけなければならないし，このたすける活動をとおして，国語教育におけるローマ字化の必要をあきらかにしなければならない。ローマ字運動にとって必要なことは，国語教育にローマ字をおしつけることではなく，ローマ字という手段で国語教育に奉仕することである。

ローマ字教育がいまの国語教育の対立物であるか，よけいものであれば，いまの国語教育はがんこにローマ字教育をうけつけないだろう。しかし，対立物でもないし，よけいものでもない。ローマ字はいまの正書法の発展であるとおなじように，ローマ字にもとづく国語教育は，いまの正書法にもとづく国語教育の発展である。したがって，いまの正書法にもとづく国語教育が発展しなければ，ローマ字にもとづく国語教育は実現しない。いまの正書法にもとづく国語教育を発展させることは，ローマ字による国語教育を準備することである。

まえに，国語教育をローマ字化を実現するための場としてみてはいけないといったが，ローマ字論者にとって，国語教育がローマ字化を実現するための場であるという事実は否定できないだろう。このばあい，国語教育はローマ字がかける子どもをそだてるのではなく，ローマ字化の必然性を理解する子どもをそだてる，という意味にとればよい。

ひとりでもおおくのローマ字論者をそだてること。これがローマ字論者のたちばからみた国語教育論である。

しかし、ローマ字論者の生産は、ローマ字をあたえることによって、いわゆるローマ字教育によって、なしとげられるものではない。日本語の音いん体系と文法体系、そしてその正書法のよい理解者だけが、ローマ字化の必然性をしることができる。したがって、すぐれた国語教育はローマ字論者の生産である。この意味で、国語教育とローマ字運動との利益は一致している。

国語教育におけるローマ字運動をひろげるために、他方では国語学者との統一が必要である。いや、むしろ、国語学者をローマ字運動にひきずりこんでいただきたい。ローマ字教育がふるわないのは、国語学の水準のひくさともむすびついているし、国語学の水準のひくさは、国語学者が国語・国字運動や国語教育にれいたんであることとむすびついている。

以上で、国語教育とローマ字教育とのつながりについて、きわめて抽象的に、原則的な問題にかぎって考えてみた。けれども、わたしの考えをみとめるとしたら、問題は具体的にならざるをえないだろう。たとえば、現在ローマ字会がもちいているわかちがきの体系までにおよんで。

民間運動というものは、私利私欲からはなれたしごとであって、つぎにくる時代を準備する気ながなしごとである。ローマ字運動もこのようなしごとをやってきた、ながい伝統をもっている。ローマ字論者はこの伝統をまもりながら、これからもこつこつしごとをつづけるだろう。そういうことで、わたしはローマ字教育の現状を楽観的にみている。

すぐれた日本語のにない手に

（一）国語教育の基本目標[*]

　わたしたちが教科研運動のたちばにたって国語教育を問題にするとき，まず，あきらかにしなければならないのは，**《教育という全体系のなかで，国語教育がしめている位置，他教科からそれを区別する特殊な性格》**ということだろう。

　経験がおしえてくれるもっとも単純な問題でありながら，このことにこだわるのは，過去における国語教育がこの点ではいつもくるっていたからである。たとえば，戦争がおわるまでは，そのときの支配者の要求にあわせて，国語科は国民精神の涵養というイデオロギー教育の場であった。したがって，天皇制のイデオロギー（たとえば軍人勅諭）と命令（たとえば明治憲法）の表現形式である文語体をおしえることが，国語教育のたいせつなつとめになっていた。口語体（わたしたちがあとで標準語となづけるもの）はおしえられることはおしえられたが，文語体へのしわたしとして利用されたにすぎなかった。戦前の国語教育は，イデオロギー教育という側面をぬきにしてみても，天皇制の標準語の教育であって，民族のことばの最高の形態としての標準語の教育にはなっていなかった。だから，支持できない。生活つづり方の運動は，こうしたおしつけ国語教育にたいする抵抗としてうまれてきた。

　戦後になると，天皇制の国語教育はおいだされたが，そのかわりにアメリカ帝国主義者のこのみにあった国語教育があらわれた。その場その場をきりぬけていくはなし方・きき方のうまさがすべてを解決するといった，やすっぽい帝国主義者の意味論哲学にささえられて，言語技術の教育が国語科の中心になった。

　国語教育が他教科から区別される特殊性として，わたしたち日本人が毎日のくらしのなかでつかわなければならない日本語，日本人の芸術や科学がつつみこまれている日本語，国語科はこれをおしえなければならないのだが，そのことは一度だってすっきりと規定されたことがなかった。文部省がさだめた国語教育の目標には，いつも日本語をおしえるということにおまけがついていて，国語科のなかでは，おもに日本語でそのおまけがおしえこまれた。日本語をおしえることは，いつでも，おまけの教育に必要な最小限にとどまっていた。すでにのべたように，おまけというのは，戦前では天皇制イデオ

ロギーであり，戦後では言語技術である。

　こうした状態がなぜおこったかといえば，ときの支配者の国語にたいするこのみが国語教育にうつしだされたからである。このおまけはときの支配者ののぞましいものであって，それが国語教育をゆがめた。自分の都合のいいように国語教育をねじまげる支配者のわがままな態度は，国語教育の発展をおさえつけたし，国民の日本語をつかう能力をひくい水準にとじこめた。ひいては，日本民族のことばの発達をさまたげた。こういうことが，支配者の日本語にたいするこのみなのである。

　しかし，わたしたちの先輩，わたしたちの仲間は，こうした国語教育にけっして満足していたわけではない。理論的な体系にまとまっていないとしても，国語教育にたいする国民の要求をちゃんとつかんで，その方向に国語教育をむける努力をながいあいだつみかさねてきた。そして，今日では，わたしたちは先輩のたたかいの歴史にまなびながら，仲間の実践を一般化しながら，《**子どもたちをすぐれた日本語のにない手にそだてあげることが，国語教育の基本的な目標である**》と，はっきりとみさだめることができるようになった。

（二）国語教育の内容

　さらに，わたしたちは，この基本的な目標を実現するために，国語科のなかでやらなければならないことを，はっきりさせることができるようになった。それをこれから箇条がきにしよう。

(1) すぐれた文章を子どもにあたえて，文字，発音，単語，文法などの初歩的な知識をおしえながら，その文章にもりこまれている豊かな思想や感情を理解する能力をつける。

　子どもをすぐれた日本語のにない手にそだてるためには，すぐれた文章を子どもにあたえることが，一番たいせつである。文章のことばというものはすぐれたことばである。このことはつぎのことからいえる。第一に文章のことばは民族に共通なことば，つまり共通語であって，日本人だれにでもわかる。共通語は地域的なせまさをうちやぶって，諸方言のうえにそびえたった民族のことばである。

　第二に，文章のことばはたんなる共通語ではなく，共通語の最高の形態である。つまり，文章のことばはなまのままの共通語ではなく，すぐれた作家によってみがきのかけ

られた，ゆたかにされた共通語であって，一番すぐれたことばなのである。たんなる話しことばのもっているきまぐれさ，偶然的なかたより，地方的ななまりなどはすべてきりすてられていて，あるべきすがたのすっきりした日本語として，文章のことばは存在している。

文章のことばはこのようにすぐれているのだから，わたしたちの言語生活において，標準語としての規範性をおびてくるのは当然である。したがって，よい文章をあたえるよみ方教育は，たんなる書きことばの教育ではなく，標準語の教育なのである。標準語というのは文章のことばのことであり，子どもにすぐれた文章をあたえるということは，標準語のよい見本をあたえることである。

戦前の，おしつけ標準語教育ということも頭のなかにのこっていて，わたしたちは標準語というものを文部省のおしつけてくることばとしてみたがるが，このことはよくない。われわれの標準語，われわれがほんとうに規範としてまなぶにあたいすることばは，文部省の役人がつくれるものではない。標準語は，二葉亭や藤村などのすぐれた作家を先頭にする全国民がこしらえあげたものであって，わたしたち日本人がかいたり，はなしたりしなければならないことばのことである。

日本語をおしえるという基本的な目標をたてるなら，文部省が考えているよみ方教育とはなし方教育との対立はきえてなくなるか，うしろの方にしりぞいてしまう。子どもたちがかいたり，はなしたりするときに必要な標準語の教育として，よみ方教育を理解すればよい。

しかしながら，よみ方教育を標準語教育という側面からだけみてはいけない。なぜなら，本来よみという活動は，ことばをしるためにおこなわれるのでなく，それにもりこまれている思想や感情を理解するためにおこなわれるのだからだ。よみという活動が人間の認識活動であるとみるなら，よみ方教育は他教科にとっては入門的な性質をもった教科であって，専門的な，体系的な理科教育，社会科教育，文学教育などのしたごしらえをする。だから，よみ方教育は国語科だけではなく，他教科にとっても基礎的な教育にならなければならない。よみ方教育は，体系としての教育のなかで国語科が他教科と有機的につながるむすびめである。

こうしたことは，標準語を内容の側面からみると，もっとはっきりするだろう。わたしたちは，ことばは民族文化の形式であるというが，このことは標準語についていえるのである。したがって，標準語をまなぶということは，民族文化の遺産をうけつぐ素養

をこしらえるということなのである。標準語である文章のことばをしらないものは，民族文化に接することはできない。国語教育が数学教育などよりもはるかに基礎的であるという意味は，このことである。

(2) **子どもたちの生活のことばから出発し，しだいに標準語で自分の考えを自由に正確に表現できるようにしながら，ただしいものの見方，考え方，感じ方をそだてる。**

つづり方教育は，よみ方教育でまなびとった標準語で子どもが自由に自分の意見を発表できるようにするのだが，子どもたちが積極的に標準語を所有するという意味でも，自分なりの考えをもたなければならないという意味でも，よみ方教育よりもはるかにむずかしい。それだけにつづり方教育の意義はおおきい。

つづり方教育において，いつでも問題になることは，標準語と子どものことば，とくに方言との関係である。表現力のつよさにおいて標準語がすぐれているにきまっているが，子どもが標準語をつかうようになるのは，子どもの思考の発達（とくに抽象的な思考の発達）と言語能力の発達とにしたがって，しだいに実現されていくのである。したがって，標準語でかかなければならないといわずに，むしろ最初は文章の部分部分に方言をつかうことをみとめて，それを無理のないように標準語にあらためさすべきである。

文章のことばとそれにもられている考えとの関係は，やはりつづり方教育でも問題になる。対象にたいする明確な考えがかけていたら，明確なことば，内容のあることばはでてこない。このことをかえりみないで，もっぱら日本語の指導に力をそそぐと，子どもはわけのわからない，内容のないことばをつくる。あるばあいには，ありきたりのことばの̇ら̇れ̇つ̇，いわゆる美文調ができてくる。一番おそろしいことはそういうことばにたいして子どもたちが不感症になることである。ことばをつかうことを，その場かぎりの技術にすりかえていくことである。こうした意味で，つづり方教育はことばにたいする厳格な態度をやしなわなければならない。こういうことについては，生活つづり方運動がすぐれた成果をのこしてくれた。

(3) **以上の仕事を土台にして，はなす力，きく力を確実に子どものものにしていく。**

わたしたちははなし方教育ときき方教育とを無視しているわけではない。しかし，こ

れらをよみ方・つづり方教育(いわゆる書きことばの教育)に対立させないで，標準語教育としてのよみ方・つづり方教育のなかに，そしてその延長線のうえに位置づけるだろう。よみ方・つづり方教育はそれ自身でもはなし方・きき方教育になっているし，よみ方・つづり方教育で意識的にまなびとった日本語を日常のはなしあいのなかでつかえるようにする仕事が，はなし方・きき方教育であるとみるなら，はなし方・きき方教育はよみ方・つづり方教育の延長線のうえにある。

最近になって，はなし方・きき方教育がよみ方・つづり方教育とおなじ資格で国語科のなかにあらわれてきた。なぜそうなったかといえば，国語教育の主要な目標が技術(作法)の指導になったからである。そういう態度をとれば，言語活動はもっぱら個人の心理的なプロセスとしてあつかわれて，現象的によみ・かき・きき・はなしの四つの領域にわけられる。そして，言語活動の量的な側面から判断して，よみ・かきよりも，はなし・ききの方におもみがおかれる。さらに，書きことばは話しことばの単純な反映として，生きたことばの死んだうつしとしてあつかわれる。全体として，書きことばの存在意義は不当にひくく評価されるようになったのである。

しかし，言語というものは，特定の個人の心理活動であるまえに，歴史的・社会的な存在である。国語教育の主要なる任務は，まさに歴史的・社会的な存在としての標準語を子どもの心理活動のなかにもちこむ仕事なのである。民族のことばの最高の形態としての標準語を意識的に，計画的におしえる場として，国語科を理解するなら，現象的な見地から言語活動をおなじ資格をもつ四つの領域にわけることはできないだろう。なぜなら，標準語のたちばから言語活動をみれば，よみ・かきという活動は，標準語を生産し，再生産するはなし・ききであるから。したがって，国語教育は，なによりもまず，よみ・かきの世界で仕事をすすめなければならない。

心理学的にみても，よみ・かきという活動は，意識的な，計画的な，反省的な，はなし・ききであるし，くりかえすことのできる，客観化されたはなし・ききであると理解した方がただしい。標準語，つまり文章ことばが典型的な民族のことばであるのには，それだけの心理的必然性があるのである。わたしたちの国語教育が当面必要とするのは，言語をもっぱら心理学的にゆがめて解釈する心理主義とのたたかいである。

すでにのべたように，ただしくはなしたり，きいたりすることをおしえるために，文章ことばという媒介をとおすと理解すれば，はなし・ききとよみ・かきとの対立はきえてなくなるだろう。はなしたり，きいたりすることばが標準語であるなら，教育の仕事

が計画的なものであるなら，文章ことばの媒介はもはやさけられない。

　原則的にはそうなのであるが，はなし・ききという活動が，よみ・かきという活動にくらべて，さきにのべたような点で特殊なものであることもみとめなければならない。したがって，よみ方とつづり方とでじゅうぶん準備して，そのあとではなし方・きき方をおしえなければならない。もちろん，はなし方・きき方教育をたんなる技術の修得としては理解できない。よみ・かきでおぼえた標準語を無意識の使用のなかにおとしこんでいく実践として理解すべきである。したがって，はなし方・きき方教育は，おもに，教師と子どもとのはなしあい，子どもどうしのはなしあいをとおして，おこなわれる。

　子どもたちが標準語で上手にはなせるようにと考えて，はじめから標準語ではなすことを子どもにおしつけてはいけない。実際，子どもたちが方言をつかおうと，標準語をつかおうと，子どもたちの自由である。教師はむちうつことはできない。そうすると，結果はしゃべることを禁じることになる。国語教育がしなければならないことは，個人にとっても，社会にとっても標準語でしゃべることが利益であることを，子どもたちにさとらすことである。こうした心づかいは，よみ・かき教育を国語科の中心におくことによって，それとの有機的なつながりのなかで，はなし・きき方をおしえることによって具体化されるだろう。

(4) とりたてて，文字，発音，単語，文法などについての系統的な知識をあたえて，国語にたいするただしい理解をあたえる。

　すでに，よみ方・つづり方のなかで文字，発音，単語，文法についての知識をあたえているわけなのだが，それは断片的であって，体系的ではない。つまり，でたところでとりあげられる。たとえばひとつの文法現象は，もうひとつの文法現象となんのつながりもなくおしえられる。正書法や発音なども，合理的にまとめられたものとしては，体系づけられたものとしてはおしえられない。

　ある程度，断片的な知識のつみかさねがなされたばあい，日本語の個々の側面についての知識を系統的にあたえると，子どもたちはむだなくりかえしからまぬがれるし，一そうふかく日本語を理解して，よんだり，かいたりする力はぐっとたかまるだろう。わたしたちの日本語の文字，発音，単語，文法などは秩序のないものではなく，ちゃんとした体系をなしていて，一定の法則にしたがってくみたてられている。この法則を子どもにつかます仕事は，ほかの教科ではやれない国語科の仕事である。その意味では，こ

の仕事は，国語科の独自の領域をなしている。日本語についての，体系的な知識は，現実の日本語の表現力，その可能性をしるために，日本語をつかうものにとって，かかすことができない。子どもが，方言を自覚し，方言を愛し，方言を決定的にのりこえていくのも，この領域での仕事である。なぜなら，標準語の法則は，それぞれの地方の方言の法則との対比のなかでとりあげられなければならないから。標準語の法則と方言の法則との関係は，それ自身法則的なものである。

日本語を創造的に発展させる力のある子どもをそだてる，という積極的なたちばをとるなら，日本語についての知識を体系的にさずけることの意味はぐっとおおきくなる。

しかし，ふりかえってみると，国語教育はここでは決定的なよわさをさらけだしていることをしるだろう。わたしたちは日本語についての体系的な知識をもちあわしていない。国語教育が，過去百年のあいだ，日本語の教育として，うちだされなかったため，国語学はそれの研究にむかわなかったからである。うえからの国語教育は日本語の科学的な知識の体系を要求しなかった。

日本語についての体系的な知識をおしえるために，日本語についての体系的な知識が必要であるが，そういうものが現在ない。わたしたちはそれを要求するが，それをこしらえあげるのは国語学者の仕事であって，わたしたち国語教師の仕事ではない。教科研が教育運動のなかに学者をどう動員するかということは，たいへんな意味があるのである。新しい国語教育のために，国語学のいままでの成果（たとえ断片的にしろ）をただしく評価しながら，国語学者にけんきょに問題を提起しなければならない。もちろん，国語教師の一部分は，特殊な任務をおびて，国語学の研究にすすむべきである。

(5) **ことばを形式とする芸術，文学作品をただしく鑑賞する力をやしない，その創造のための基礎をつちかう。**

現在の国語教育が文学教育までもひきうけていることは，事実である。けれども，国語教育と文学教育とは，本来ちがったものである。日本文学が日本語でかかれてあるとしても，日本語は日本文学ではなく，そこにはちがった法則がはたらいている。国語教育を文学教育にすりかえようとする試みは，日本ではながい歴史をもっている。これは国語教育にとっても文学教育にとっても不幸である。

もちろん，ここでいう文学教育は，よみ方教育のなかであつかわれる文学作品の教育のことではない。よみ方教育が文学作品をたくさんあつかうことは，きわめてたいせつ

なことである。文学作品のことばは，生活とむすびつく基礎的なものであるということだけではなく，名人によってつくられたすぐれたことばででもあるという理由から。したがって，よみ方教育は初歩的な文学教育もひきうける。けれども，そこでは専門的な，体系的な文学教育がなされるわけではない。だから，専門的な文学教育が国語科のそとに必要なわけだが，現実はそうなっていないので，国語科はそこまでひきうけなければならない。国語科のなかで文学教育をじゅうぶん発展させて，文学科という教科をうみだしていかなければならない。

(6) **祖国のことばの力を自覚させ，また祖国のことばにたいする愛情をやしない，ただしい民族意識をそだてる。**

さきにのべたように，戦前戦後をとおしていつでも，日本の国語教育は日本語をおしえるという基本目標からはずれていた。日本語のこんらんとか日本語にたいするけいべつとかは，こうした事情のなかでつくられたものである。

日本語をおしえることを重要な任務にしない国語教育は，ひくい日本語の力しかもたない国民をつくりだすとともに，自分のたりない力を日本語の不合理のせいにすりかえる国民をつくりだす。とくに，こういう人が知識階級におおいのは，比較的にととのっている外国語教育と比較的にわるい国語教育とに理由がある。つまり，外国語をふかくしっていて，日本語をあさくしかしらない人は，日本語は論理を表現することができないといった日本語への不信頼の思想にとらわれたのである。こういう人がほんやくをやるのだから，外国語の文法で日本語をかこうとするおかしな試みがなされる。こうしたことが，日本語にたいする無知からおこってくることは，まちがいない。

なん千年の歴史のなかで，なん百世代にわたる日本人が苦労に苦労をかさねて，ねりあげた日本語が，どうして科学や芸術のことばとして不満足なのだろうか。日本語は外国語にくらべて，けっしてひけをとらない。歴史がちがうから，特殊な性格をもっているにすぎない。このことを国語教師は，国語を科学的におしえるという仕事をとおして，子どものまえではっきりさせなければならない。

それとともに，日本語をけがす行為にたいして勇敢にたたかう人間に子どもをそだてあげなければならない。われわれ日本人はこのことばで民族へとむすびついて生活し，民族のために，国の平和と独立のためにたたかっている。日本語はわれわれにとってかけがえのない，たいせつな武器である。日本人みんながこの武器をたいせつにしなけれ

ばならない。国語教師は国語のもっているこうした役わりを子どもにしっかりおしえなければならない。

　わたしたち国語教師がほこりをもって国語教育の事業にたちむかうことのできるのは，国の運命というものがすくなからず国語の状態に左右されるからである。国語の状態を決定するのに，国語教育は一番おおきな力をもっている。

　最後に，かつてわたしたちがおかしたあやまちについてふれておこう。わたしたちの仲間のごく一部の人たちは，国語を愛するあまり，漢字廃止，ローマ字化などの国字運動を国語教育のなかにもちこんだ。むずかしい漢字などはおしえる必要はないなどとふれあるいた。主観的な意図はべつとして，こうした試みは，結果からみれば，子どもを国字運動のぎせいにしてしまう。きわめてひくい国語能力しかもたない子どもをつくりあげるだけのことだ。

　国字運動は国民みんなの運動であって，教育は直接にそれと関係しない。教育がしなければならないことは，国語をおしえる仕事をとおして，そういう国字運動が理解できる子どもをそだてあげることである。実際，現実の日本語をただしく理解しないものには，日本語をつかいこなせないものには，国字運動などはわからない。もし理解できても，どう実践するかということは，わからない。祖国がもとめるのは，現実に日本語をよりよいものにそだてあげる能力のある日本人である。したがって，祖国のことばへの愛情を，日本語をただしくつかうという子どもの実践からきりはなして，子どもにふきこんではいけないのである。日本語の現実をよりふかく理解するものは，かならず現行の正書法の矛盾を発見するにちがいない。りっぱな国語教育が国字運動を前進させることは，うたがいない。国字改革を国語教育のなかで実現させようとするあせりはやめなければならない。

　さて，以上で，わたしたち国語教師がこれからなすべきことをあきらかにした。この国語教育を完全に実現させるには，ながい時間とくるしい努力が必要である。しかし，このくるしい仕事も教科研という組織のなかで，みんなが力をあわせてすすめるなら，比較的にみじかい時間で，たのしくできるだろう。

標準語について

　国語教育の世界では，標準語をめぐる問題がくりかえしとりあげられているが，まだすっきりした解決をみていない。この問題の最終的な解決は，国語学者が現代日本語のなりたちを科学的にあきらかにするまで，またなければならないが，そういうしごととはべつに，国語教師とその理論上の代表者は，あすの教育実践のために，いままでの学問上の成果をくみとりながら，標準語とはなにか，自分なりの結論をだしておかなければならない。国語教育における標準語論は，国語科ではどういう日本語をどういう方法でおしえたらよいかという，さけてとおることのできない実践的な問題なのである。最近では，雑誌『学校劇』の 57 年 5 月号にのっている木下順二氏と無着成恭氏との対談「方言・共通語・教育」が，こうしたこころみだろう。わたしも，こうした実際的なたちばから，標準語について自分の意見をのべてみよう。

（1）国語教育における標準語[*]

　雑誌『コトバ』の昭和 18 年 3 月号にのっている「国語教育と標準語」という論文のなかで，秋田喜三郎という人がつぎのようにかいている。

　　　国民学校でつよくさけばれる話しことばの指導は，およそ国語教室ではとりあつかわれなかったのである。まして，教室以外におけることばの指導のごときは，ほとんどかえりみられなかったようである。しょせんは，教師に標準語指導の意識が明確でなかったというよりほかはないとおもう。指導意識さえ熾烈であるなら，ある程度まで，児童のことばを純化しうるものである。小学校時代においても，熱心な教師はそうとうな成績をあげたものがあった事実に徴しても，これを証することができる。
　　　およそ国語教育においては，ことばを指導するのである。教材としてしめされたことばを標準として指導し，これを児童に収得させ，理解力と発表力とを養成するのである。こうして，指導意識に徹底するなら，第一，児童の訛音や方言は，看過できないであろう。かならず，そこになんらかの指導があたえられなくてはならない。また，教師みずからのことばを反省し，

その用語をつつしみ，児童の模範たることを期するにいたるであろう。教師自身のことばにおもいいたったとき，あるいは児童の訛音や方言を指導しようとしたとき，教師の研究はとうぜん言語の研究にむかってこころみられなくてはならない。こうした反省，研究，指導においてこそ，教師自身の言語研究は真に身につくものと信ずる。ゆえに，標準語指導の問題は，「児童にただしいことばを身につけさせよう，身につけてこれをつかわせよう」，こうした単純な指導意識に帰するとおもう。教師にこの意識があれば，児童のことばの正否はただちに批判され，指導がくわえられるのは，火をみるよりもあきらかである。この指導なくては，標準語の教育は解決の緒につかないであろう。

　秋田という人はどんな人か，しらないが，こういうはたふりがたくさんいて，その号令のもとに標準語の指導がおこなわれていたことは，事実だろう。標準語を指導するという，はげしい気持さえあれば，子どものことばを純化することができるそうだが，こうした秋田氏の理論は，なにがなんでも標準語をしゃべらずにはおかぬという国語教育のあり方を，むずかしくいっているにすぎない。
　子どもたちの要求にこたえて，標準語をはなしたり，きいたりできるように，標準語の単語や文法，発音をおしえることは，国語教育の一番だいじなしごとだが，子どもたちが方言でしゃべることをとめたり，むりやりに標準語でしゃべらせたりする権利は，国語教育にあたえられていない。方言でしゃべろうと標準語でしゃべろうと，子どもの自由である。それなのに，天皇の国語教育は，方言をころし，標準語をひろめるために，教師たちにむちをもつことを要求した。こうしたおしつけ標準語教育は，おきなわや東北のような，方言のつよくのこっているところでひどかった。ひとむかしの標準語教育の第一の特徴は，おしつけである。
　しかし，おしつけてまで標準語の教育をやったとすれば，そこにはよほどの必要があったとみなければならない。かわいさのあまりとはいえないだろう。実は，天皇の標準語教育というのは，話し方のしつけであった。つまり，標準語教育という名のもとに，大天皇から小天皇にいたるまで，とにかく目うえのものの命令にこたえることばをおしえたのである。したがって，標準語という用語は，目うえの人とはなすときにつかう，ばかていねいなことばをさしていて，標準語の教育はこうした文体をおしえると同時に，服従の精神をたたきこんだ。「ことばのただしいきまりを身につけさせておく」という看板をかけて，いまでもこの種の標準語教育がおこなわれているのではないだろう

か？　たとえば，望月誼三氏は，明治図書の講座『学校教育』7巻で，つぎのようにいっている。*

　　　先生がはくぼくをさしあげて，一年生に「これはなんですか？」といいかける。子どもはおおきな声で，
　　「はくぼく。」とこたえる。
　　「そう，よくいえましたね。」などといって，ほめてはいけない。このこたえはまちがいである。これは理科の時間ではなく，国語の時間である。先生は，「はくぼく」というものを，子どもたちがしっているかどうかということを，きいているのではない。なかにはしらない子どももあるかもしれないが，先生は子どもたちがみんなよくしっているものをとりあげて，こたえ方の学習をすすめているからである。先生が，
　　「なーに？」ときいたときは，
　　「はくぼく。」でもいいだろう。しかし，ここでは，
　　「これはなんですか？」ときいているのであるから，できれば，
　　「ハイ，それははくぼくです。」というように，こたえさせたいとおもう。

教師にあらかじめ「ていねいないい方」が標準語的なものであるという意識があって，それにあわないことばはこのましくないとみて，子どもになおさせる。これはことばのおしりである。このばあい，「はくぼくです。」というこたえの方が，ふつうのいい方だろう。「それははくぼくです。」というふうに，わかりきったことをおうむがえしにくりかえさないのが，標準的なことばである。しかし，そういうふうに，きちょうめんにこたえるいい方がまちがいだとはいえない。したがって，国語教師に必要なことは，適当な時期に，いくつかのありうるこたえをならべて，それらのこたえ方のちがいを子どもたちにおしえることである。もちろん，もっと一般化して，文法的なきまりとして。そして，ある条件のなかで子どもがどの表現をえらぶかということは，子どもの自由にまかせるべきであって，一方的に指定することは教師の権利をこえたことだし，子どもたちの言語感覚をころしてしまう。しかし，天皇の標準語教育は一方的にばかていねいないい方を指定して，それでこたえるようにしつけをした。国語教育というよりもむしろ修身教育である。

　秋田喜三郎氏は，おしつけ標準語教育をつよめるために，指導意識をもてと，教師に

よびかけているのだが，そういうところからみると，教師はそうかんたんにおしつけ標準語教育になびかなかったらしい。はんたいに，東北の教師やつづり方教師のあいだには，おしつけ標準語教育にたいするにくしみが，つもりつもったらしい。戦争がおわると，この感情的なはんぱつがおもてにでてきた。

　東北の教師は，わたしのしっているかぎりでは，ほとんどみんなが，「標準語というのは，いやらしくていねいなことばであって，生活の場ではつかわれることのない，死んだことばだ」ときめつけている。「だから，標準語の教育は否定しなければならない」とおもいこんでいる。おしつけ標準語教育を否定するために，標準語を否定し，標準語教育を否定したのである。木下氏との対談のなかでの無着成恭氏の意見は，こうした東北の教師の標準語論を代表したものであろう。しかし，東北の教師も無着氏も標準語をおしえている。おしえなければならない。おしつけ標準語教育に反対するために，なにも標準語教育を否定する必要はないだろう。おしつけをとりのぞけばよい。ばかていねいないい方だけをおしえる標準語教育を，ふつうのいい方を中心にして，あらゆる文体をおしえる標準語教育にきりかえればよい。このことは，具体的には，文章をとおして標準語をおしえる方法によって，実現されるだろう。しかも，東北の教師も全国の国語教師もそうしてきたし，今日でもそうしている。

　現在の日本の文章は，だいたいはなすようにかいてあるし，またはなすとおりかいてあるものもあって，それを子どもによますなら，子どもはそれを手本にして，自分の話しをすこしずつかえていく。そういうような規範のはたらきをもっていることばが標準語なのである。したがって，現在の日本の文章ことばは標準語である。こうした文章ことばの性格は，わたしたちの主観的なこのみには関係しない。わたしたちはおしつけ標準語教育にはんたいして，自分たちが着実にすすめている正統的な標準語教育を主張すべきである。雑誌『実践国語』の昭和29年6月号に，白井嘉顕氏がつぎのようにかいているが[*]，かれの意見は全国の国語教師の実践をすなおにみとめただけのことだろう。

> 　教科書は取材において地方的なものもありますが，表現は全国に共通するただしいことばで調整されているので，これを習得することは，現在の段階においては，ただしい共通語獲得のもっとも近道であるということができます。
> 　ことに，絵日記をかいたり，作文をかいたりするときには，話しことばのときよりは考える時間的余裕があるので，ある程度のただしさを考えていくことは，自然であるとおもいます。

まず書きことばから標準語になれていき，しだいに話しことばへすすんでいく方法をとっています。

　戦争がおわってからは，天皇のおしつけ標準語教育はかげをひそめた。すくなくとも，おもて看板だけはひっこめた。そうだとすると，東北の教師やつづり方教師がむかしはそうだったという理由で標準語教育をみとめず，標準語教育を否定するのは，過去にたいするたたかいだといえる。しかし，無着氏のようなわかい教師が過去を現在にすりかえて，たたかうはずがない。いまでも東北の教師やつづり方教師がこうした標準語論をもっているのには，現実の問題として，ほかになにか理由があるのだろう。それは，やはり，つづり方のなかでの方言の使用を理論づけるためではなかろうか？
　わたしがそう考えてみるのは，木下順二氏の標準語についての意見とつづり方教師のそれがおなじだからである。木下氏は，作品のなかでの方言の使用を理論づけるために，いさましい標準語論をつくりあげた。昭和27年8月6日の朝日新聞に，かれはつぎのようにかいている。

　　むかし小学校の教室で「国定教科書」なるものをつかいながら，「標準語」なるものをおそわったおぼえがある。しかし，ぼくの記憶するかぎりでは，教室でおそわったような標準語でものをしゃべった記憶はまずないようだ。うちにかえって，おやつをねだるときのことばだって，いや現に教室で先生の質問にこたえるときのことばだって，「国定教科書」のなかのことばよりは，もうすこしいきいきとしていた。つまり，あじのぬけた蒸留水みたいな標準語ではなくて，うまいなま水みたいな東京べんをぼくたちはつかっていたし，現在もつかっている。七十ぐらいから上のおじいさん，おばあさんになると，それこそいきのいい江戸方言をつかっている。
　　「方言」とは「地方のことば」の略称だとすると，それでは，それにたいする「中央のことば」はなんだろうということになるが，その中央の東京では，いまいったように「東京方言」をつかっている。
　　そして，その東京方言をしょうしょう洗練したものが標準語だということであるらしいのだが，しからば，なにゆえに東京方言が標準語の基礎になる権利をもちえたかというと，それは東京が首府になったからという，はなはだ政治的な理由にもとづくものであるらしい。だから，もしなにかの都合で名古屋が日本の首府になっていたら，いまごろぼくたちは，あのなに

とかでキャアモということばを標準語だとして,つかわされていたかもしれないのだ。
　そこでふたつのことが考えられる。
　ひとつは現在の標準語のなりたちが,ことば自体の歴史的必然性にかけているということ。という意味は,ヨーロッパのいくつかの国では,市民社会ができあがってくる過程のなかで,全国のいろんな方言がまじりあい,そして自然に取捨され,選択され,統一され,それをまたたいていすぐれた詩人が整理して,やがて「一番いいことば」としての標準語ができあがっている。ところが,日本ではそういう方言のまじりあう過程がなく,ことに江戸時代,各地相互の交通がたたれたままの三百年間,各地の方言はそれぞれ独自に発達した。それを,明治にはいって,いきなり東京べんのすこしなおしたものを標準語にして,全国的につかわせようとしてみても,それは「ことば自体の歴史的必然性にかけ」,ただしょうしょう無理な御処置というものだろう。
　そこで,もうひとつの問題だが,全国各地で現在方言をつかって,毎日をおくっている人びと——そのかずは標準語なるものをしゃべっている人びとより圧倒的におおいはずだ——は,けっして標準語にたいしてひけ目を感じないのがよろしかろうと,ぼくはおもう。ただし,それは方言をそのまま保存するという意味ではけっしてない。必然性のない標準語によって,いきいきした方言が駆逐されるテはないとおもうからだ。そして,そのうえで,いかにして全国に通用する共通語をだんだんにつくりだしていくか,ということがでてこなければならぬ。そのばあいに,はじめて標準語が基本になるというのが,順序なのではあるまいか。

　木下氏のこの理論は,作品(つづり方の作品もふくめて)のなかに方言をもちこむのに,つごうよくできているようだが,しかしいまある標準語を否定すると,方言をとりいれるどころか,なんにもかけなくなる。方言を作品のなかにとりいれるために,標準語を否定する必要はないだろう。作品のなかの人物をいきいきとえがきだすために,話しの文に方言をとりいれるのは,方言主義といわれて,むかしからどこの国にでもある文学上の表現方法であり,このことによって作品のことばの標準語的な性格はこわされるものではない。「ゆうづる」のことばもそういうものである。子どもたちもそういう文学上の表現方法をうまくつかいこなしている。ろくに標準語をしらない子どもが,標準語に方言をつきまぜて,かくのをみとめるのに,どんな理論もいらない。もしも,つづり方は方言でかいた方がいいと考えている教師がいるなら,この人は子どもの表現能力を方言の世界にとじこめておこうとする野ばん人である。おそらく,こんな考え方を

する教師は, ひとりもおるまい。

　ところで, 木下氏は, 作品のなかでの方言の使用を理論づけるために, 日本のいまの文章ことば, つまり標準語をわるいことばだとみなした。木下氏の考えによれば, 標準語になっているいまの文章ことばは, 明治政府が国定教科書のなかで人工的にこしらえたことばであって, ほんとうの標準語にはなる資格のない, つまらないことばなのである。そして, 明治政府はこのにせものの標準語を, 教育をとおして, 国民におしつけた。こうして, かれは現在の文章ことばにたいして, 否定的な態度, 不信頼をしめしたのである。

　なるほど, 明治政府は教科書をこしらえただろう。しかし, 標準語, つまり現在の文章ことばはこしらえなかった。国定教科書のなかで, 明治政府は標準語を自分のこのみにあわせて, ゆがめてつかいはしたかもしれないが, 積極的に標準語を創造したり, 発展させたりはしなかった。国定教科書のことばは標準語であるが, 標準語は国定教科書のことばではない。木下氏もつづり方教師も, 教科書のことばを蒸留水のような味のないことば, つまり感動のこもっていないことばだとみているようだ。こうした意見は, すぐれた作家, すぐれた教師の観察であれば, 信用しないわけにはいかない。したがって, 教科書のことばは, もっとよい, いきいきしたことばにあらためる必要がある。実際, 現在の教科書にもよくない文章がたくさんあるのだから, 教科書をよい文章でうめる運動をおこしたらよいと, わたしも考えている。しかし, 木下氏もつづり方教師もこんなふうに問題をたてないで, わるいのは標準語だと, 論を飛躍させた。理論的にいえば, 特殊な文法構造と語い構造をもっているものとしての標準語の問題を, それらの個人的な使用の問題からくべつしなかったのである。いいかえれば, 表現論的な効果の領域のなかに標準語をとけこましてしまったのである。

　標準語として, わたしたちのことばを統制する文章ことばは, 国民みんなが, すぐれた作家を先頭にして, ながい歴史のうちにこしらえあげたものである。この文章ことばでいきいきと現実をえがきだせるかどうかということは, 作家のうでにかかっている。文章ことばが生活の場ではつかわれていないという事実は, それから標準語としての資格をうばいとりはしない。作品のなかのできごとが現実ではないのとおなじ意味で, 文章ことばも現実のことばではないだろう。そこでは, ことばの典型化がおこなわれていて, すぐれた作家のことばは, 現実のことばよりももっともっといきいきしているのである。国民の生活のなかでつかわれていることばを典型化しながら, 文章ことばのなか

にもちこむこと，つまりことばのレアリズムは，すぐれたことばをうみだすだろう。そして，それ自身が文章ことばという存在になって，それ自身の法則をもち，国民の言語生活を方向づける。二葉亭や藤村などによってみがきあげられた日本の文章ことばは，こうしたものである。

　しかし，ひとたび文章ことばが成立すると，これにたいしてことなる階級はそれぞれ自分の利益からことなる関心をしめす。標準語をめぐるたたかいが予想される。進歩的な階級は，いつでも，標準語をうけつぎ，もっとよいものに発展させるたちばをとるだろう。そして，このたたかいは，まず，国語教育のなかで表面化するだろうし，とくに教科書のことばをめぐるたたかいとしてあらわれるだろう。なん十年かの文部省の国語教育をひとことで特徴づけるなら，標準語教育をなんらかのかたちで国語教育の中心からずらしている。戦前は文語体主義で，戦後は技術主義で。しかし，どの階級も標準語をつくったり，こわしたりすることはできない。

　木下氏が標準語を官製のことばだとみて，はいせきする態度は，こうした事情のなかでおこってきた誤解である。かれは無着氏との対談のなかでつぎのようにいって，標準語の重要性をみとめている。理論的な根拠はべつとして，自分自身の実践を承認したという意味で，まえにすすんだ。

> やはり，明治政府がつくった標準語というものが，実際問題としては，共通語を形成してゆく核というか，中心的はたらきをもってくる。その過程のなかでおしつけの場合もあったのだけれども，結果としては，それが共通語の中心になっている。ひとつの基準になっているわけです。そういう意味では主観的意図はべつとして，客観的には，やはりそれを評価してゆかないとだめだ。

　東北の教師の標準語はいせき論も，今日ではむしろ感情的なものだろう。実際に，東北の教師は現在の条件のなかで標準語教育を実行しているのだから。第5回東北教科研大会は，この問題をつぎのように，きわめて実際的に解決している。

> 会員のなかからは，方言尊重の意見がかずおおくだされた。しかし，方言を尊重したいと考えたりしている人たちでも，みんなにわかってもらうためには，標準語をつかって，はなしている。言語技術として標準語が必要であるばかりでなく，ものをふかく考えたり，感じたりす

るためにも，標準語教育をするのである。方言だけでは，けっして高度な思考はできない。（『教育』64号から）[*]

　文章のことばは民族のことばの最高の形態である。そういうことは，文章ことばが民族文化の最高のものを表現しているということとむすびついている。つまり，わたしたちの科学とか芸術とか技術とかは，現在の文章ことばがなければ，存在していないということなのである。文章ことばが標準語になる理由は，ここにもある。子どもたちを民族文化のうけつぎ人にそだてるという側面から教育をみるなら，教育という体系のなかにおける国語教育のやくわりは，文章ことばの教育になるだろう。いずれにしても，国語教師は，りっぱな標準語教育をうちたてるために，教科書のことばの質に注意しなければならない。

(2) いわゆる「共通語」について

　他方では，実証主義のたちばにたつ言語学者，国語学者がそろって標準語の存在そのものを否定して，標準語論のひとつのながれをつくっている。学者の考えによれば，標準語というものは，なんらかのかたちで国が制定したことばであって，日本ではその標準語制定の手つづきがまだなされていないから，標準語は存在していないのである。存在しているのは，共通語と方言だけである。どこの国の政府が標準語を法律のようなもので制定するという，ばかげたことをやっただろうか？　この学者の意見に歩調をあわして，役人たちも標準語という用語を共通語という用語におきかえてしまった。倉沢栄吉氏はうまいことをいっている。

　　しかし，可能性を必然性として強権を発動したところに，むかしの標準語教育が，教育政策としても教授方法上からも，ゆきすぎだとみられたわけがあった。「共通語」といういい方は，その行きすぎをすくうために学問的援護を背景にしてあらわれたとも見られる。（『実践国語』の29年6月号から）[*]

　石黒修氏もおなじようなことをかいている。

国語政策という立場において，また義務教育における国語教育の目標として，共通語の教育
　　ということは必要であるが，方言をわるいことばとか，いやしいことばとして，これを駆逐す
　　るようなことがあるのは，あやまりである。戦前の学校教育では，ともすると，このあやまり，
　　行きすぎがあったことの反省もあって，戦後は標準語のかわりに共通語とよぶことがおおくな
　　った。(河出書房の『現代教科教育講座』第2巻から)

　ところで，ほんとうに「指導要領」は標準語という用語をつかっていないが，この用語につきまとう語感をさけるために，共通語という用語をつかったなら，ごまかしにすぎない。標準語というところを共通語といったところで，おしつけがなくなるわけではない。もし，文部省がおしつけ標準語教育をほんとうにあらためようと考えるなら，「指導要領」を倉沢氏の考える方向にかきあらためたらよいのだ。

　　　……つまり広義の文法教育は国語教育の根幹であって，これなしに現象としての方言矯正運
　　動をおこなおうとしても，永続しないと考える。(まえとおなじところから)

　しかし，「指導要領」の原則に忠実であるなら，共通語の教育は，たんなる現象としての方言矯正運動にとどまるだろう。はなす力ははなす活動をとおしてのみ習得されるという「指導要領」の教育方法は，現象のおいまわしにすぎないからだ。事実，「指導要領」の編集者のひとりである上甲幹一氏は，『標準語の学習指導法』という本のなかで，子どもが「イ」と「エ」とをくべつして発音できるまで，「文字とのむすびつきをのばせばよい」とまでいって，「共通語教育」の名のもとに，すごい方言矯正運動を国語教育にやらせようと考えている。この考えをおすと，「イ」と「エ」との発音のくべつができないものは，本をよんではいけないということになるのだから，かつての標準語教育よりももっとわるい。
　「イ」と「エ」との発音のちがいは，それらの音を代表する文字をおしえるときに，おしえた方が，はるかに子どもたちに理解しやすい。発音のちがいが文字のちがいなのだから。
　話しことばの教育をおもくみる人たちは，音読にはんたいしておいて，文章ことばには発音がないとみる。したがって，よみ方教育では発音の教育はできないと結論をだす。発音のない文章ことばというものは，どこかにあるだろうか？　文字は音の代理ではな

いか。しかも，文章ことばの発音は標準的なものである。

　旧かなづかいには「い」と「ゐ」,「え」と「ゑ」との四つがあって，それらがかならずしも発音のちがいをしめさなかった。こうした正書法のもとでは，国民の話しことばにたいする文章ことばの影響が，発音の面ではひじょうにひくい。国語教師は正書法の問題を標準語教育という観点からとらえなければならないのである。

　あれほどぶあつい「指導要領」も，共通語という用語に定義をあたえていない。しかたがないから，標準語の存在を否定する国語学，したがって「指導要領」に学問的な援護をあたえた国語学に，共通語とはどんなことばであるかきいてみよう。

　国語研究所は昭和27年に『白河および附近の農村における言語生活の実態』という報告書をだしたが，この報告書のなかで標準語，共通語，方言の概念が規定されている。これらの概念を規定した人は柴田武氏であって，国語研究所には当時この人のほかに，中村通夫氏や林大氏のような人がいて，円満な，常識的な考え方をしているので，この規定の責任は柴田氏個人にあるとみた方がよいのだが，それにしても国語研究所の報告のなかで無責任な規定をやられたのでは，みんながめいわくする。すこしながいが，引用しておこう。

　　　国民が正常な社会生活を国民的なたちばにたっていとなむのには，一応全国どこでも通ずるようなことばが必要である。そういうことばがなければ，初対面でどの地方の人とでもたがいに意志を通じあうということはできないはずである。
　　　現在の日本の地域社会をみると，このような日本全国どこででも通ずるようなことばが，全国どこででも通ずるとはいえない，地域的といってよいことばと，一つの地域社会に同時におこなわれている。
　　　全国どこででも通ずるようなことばは，東京語にちかいが，しかし東京で一般につかわれていることばと，かならずしも一致はしない。ある地域社会にうまれ，そこにそだった人でも，職業の関係とか，東京とのたびたびの行ききとかのために，地域的とはいえないことばをはなすことができる。そういう人のことばは，東京で一般につかわれていることばとまったく同じではないにしても，しかしどの地方の出身かわからないようなことばである場合がある。
　　　いま，われわれはこのようなことばを「全国共通語」，略して「共通語」とよび，地域社会においてこれと対立しておこなわれていることばを「方言」とよぶことにする。つまり，地域社会には共通語と方言との2種類のことばがおこなわれているということになる。

地域社会におこなわれる2種類のことばは，どちらも体系としてのことば（ラング）として，われわれの科学的研究のために仮定したものである。それは「実在」するものではなく，研究のために有効な仮設的概念としてたてられたものである。

　さて，においをかぐ感覚器官を「ハナ」というならば，これは全国どこででも通ずるようなことば（語）である。もし，ある地域社会の成員全部が，においをかぐ感覚器官を「ハナ」とだけしかいわないならば，「ハナ」は2種類のどちらのことばにも属する。いってみれば，「ハナ」は共通語の形でもあり，方言の形でもある。

　しかし，おなじ地域社会全体のなかでおなじ感覚器官をいうのに，「ハナド」ということばがある場合には，これは全国どこででも通ずるようなことばではない。したがって，一方を共通語の形といい，一方を方言の形ということができる。

　ところで，これを地域社会の成員についてみると，いま一定の場面について考えるとして，まったく共通語の形ばかりではなす人と，まったく方言の形ばかりではなす人と，両方をまぜてはなす人とがある。

　さて，共通語はいわゆる「標準語」とどうちがうか。標準語については，いろいろな考え方がある。東京で一般につかわれていることば，すなわち標準語と考える人もある。しかし，われわれはここでは，標準語はなんらかの方法で国として制定された規範的な言語と考えることにしたい。こういう意味の標準語は日本ではまだ存在しない。したがって，「東京の山の手の教養層のことば」も共通語のひとつであり，ラジオのアナウンサーのことばも洗練された共通語のひとつである。

　柴田氏はまず共通語とは全国どこにでも通ずることばといっておき，このことばは東京語にちかいが，かならずしも東京語ではないといっている。では，共通語とはどういうことばなのか？　具体的にしめしてもらわなければ，共通語をおしえる国語教育はなりたたない。しかし，柴田氏は，共通語とか方言とかいうことばの体系は，「実在するものではなく，研究するために有効な仮説的な概念としてたてられたものである」と，まえもってことわっているのだから，共通語ということばの体系を具体的にしめす必要はないのである。この考え方をとって，「指導要領」の共通語教育というものを理解するなら，それは実在しないことば，仮説的なことば，観念のなかにあることばの教育であるということになる。いいかえれば，現実には共通語教育はなりたたないということなのである。

しかし，柴田氏のこういういい方にも，じゅうぶん根拠がある。というのは，どんな人の話しでも完全に共通語だとはいえないし，はんたいにどこの方言でもまったく共通語をふくんでいないとはいえないからである。秋田のことばが日本語だといえるのは，秋田のことばがなんらかの程度に共通語を実現しているからである。もし秋田のことばに共通語がないなら，秋田のことばは日本語ではない。他方では，東京のことばは比較的におおく共通語を実現しているといえるだけで，共通語そのものではない。言語体系としての共通語は，この意味で抽象物にすぎない。これはヘルマン・パオルのような実証主義的な言語学者がずいぶんまえにいったことだ。[*]

　わたしたちはナシやリンゴやバナナをたべることができるが，クダモノはたべられない。なぜなら，クダモノは実在しない抽象物だから。おなじりくつから，特定の地域のことば，たとえば秋田のことばはおしえることができても，共通語はおしえることができない。クダモノはリンゴやナシやバナナのなかに実在しているように，共通語は東京のことばや秋田のことばのなかに実在している。方言と共通語との分離は，あたまのなかのできごとである。すると，共通語の教育は，体系的なことばの教育としては，なりたたないということになる。なりたつのは，具体的に実在する一定の地域のことばの教育だけである。

　たとえば，東北では文章ことばの「いく」は「いぐ」と発音されるが，この「いぐ」が方言であるといえるのは，「く」がにごっているからであって，そのほかは文章ことばの「いく」とほとんどおなじである。こうして，ひとつの単語においてさえ，共通性と方言性とのからみあいがある。秋田のことばは，全体としてみれば，共通的なものと方言的なものとの独特のからみあいであって，それ自身の法則をもった言語体系をなしている。

　では，共通語は，はたしてそれ自身では存在していないのだろうか？　秋田のことばを方言であるとみて，それに対立することばとして，具体的な，体系的な共通語は存在していないだろうか？　存在している。それは文章ことばとして存在している。文章ことばは共通語の認識者であって，それを固定している。文章ことばは共通的なものの体系として，秋田のことばに対立している。だから，秋田のことばをひっくるめて方言とよぶのである。

　しかし，文章ことばはたんなる共通語の認識者ではない。文章ことばは，いろいろある共通語のうちから，よいものだけをえらびだして登録していて，標準語になっている。

だから，共通語の教育というものは，やはりなりたたない。共通語の確認などを国語教育はやる必要はないし，やれるものではない。共通語は文章ことばのみなもとであるが，文章ことばに登録されていない共通語は俗語にすぎない。標準的なものではないのである。

　しかし，柴田氏にしても，仮説的なことばだといいきって，具体的な実現者をしめさないわけにはいかない。そこで，かれは共通語のすぐれたひな型をアナウンサーのことばのなかに発見した。しかし，残念なことには，アナウンサーのことばは文章ことばである。文章ことばそのものであるか，あるいは文章ことばにつよく統制されたことばである。いわば，標準語であって，共通語ではないのである。もし，アナウンサーのことばが共通語であるとしても，それをどういうふうにおしえるか，考えてみると，共通語の教育はなりたたなくなる。わたしたちはラジオからながれてくる森繁*などの上手なことばを話しことば（共通語）だとみて，あんなふうにことばがつかえたらと思うが，実はかれは文章をよんでいるのだから，森繁がうまいのは話術だけなのである。このことは，はなすという言語活動のなかで，ことばと話し方とを，ふたつの側面として，相対的にきりはなすことができることを証明している。だから，作家と俳優との分業ができるのである。国語教育がことばの側面をうけもっていることは，うたがいない。

　ことばを標準的なものに洗練するしごとは，文章のなかでやれるのだから，たくさんかかなければならない。りっぱな文章をたくさんよんで，いいことばをおぼえておかなければならない。最近，話し方にたいする関心がたかまったが，それはよいことであって，そのことによって文章ことばによる基礎的な学習がますますつよく要求されるだろう。それからあとで，森繁のような，うまい話し家になろうとおもう人は，話術のれんしゅうをやればよい。

（3）標準語のなりたち

　おしまいに，できるだけ国語教育からはなれて，日本の標準語について，わたしの考えをのべておこう。

　日本では，民族のことばの最高の形態としての文章ことば（いわゆる口語体）ができあがったのは，言文一致という名でしられている作家たちの運動によってである。しかし，そのまえに，民族のことば（共通話しことば）をつくりだす過程は，かなりすすん

でいた。この民族のことば（共通話しことば）が文章ことばに発展してゆき，規範的なことばになって，諸方言にはたらきかけた。今日，具体的な言語体系として，共通話しことば（あるいは共通語）をみとめることができないのは，歴史的に文章ことばに先行していたそういうものが，ある部分は文章ことばのなかに吸収され，ある部分は東京のことばとして生きのこって，分解してしまったからである。民族に共通な話しことばの位置は，文章ことばの話しの文体にうばわれてしまった。したがって，今日も共通語という用語をつかうことがゆるされるなら，それは文章ことばをさしているとみなければならないのである。

　それとともに，諸方言は自分の発展をやめて，すこしずつ文章ことばに移行していく。文章ことばのこの規範性が，文章ことばに標準語としての資格をあたえているのである。したがって，今井誉次郎氏の考えとはちがって，方言は共通語の基礎ではないだろう。方言はほろびていく運命をになっている。このことは，ここなん十年のあいだにおこった土地のことばのうつりかわりが証明してくれるだろう。中村通夫氏は，この文章ことばの規範性について，『東京語の性格』という本のなかで，つぎのようにかいている。

　　　いわゆる口語文が東京語にたいして発言権をもち，いな，口語文をひとつの規範として初期
　　の東京における言語がみがきあげられたところに，今日の東京語の芽ばえがみられるのである。

　今日，東京のことばが文章ことばにちかいので，文章ことばは東京のことばのうつしであるとみる人がいるが，それははんたいである。東京のことばは文章ことばの影響をうけて，比較的に標準語にちかくなったのである。松村明氏もおなじようなことを『江戸語東京語の研究』という本のなかでいっている。

　しかし，東京のことばの標準語的な性格は，文章ことばの一方的なはたらきによるものではない。東京のことばは文章ことばの基礎になったし，文章ことばのその後の発展において，もっとも重要なみなもとになっている。なぜそうなったのか，この問題をあきらかにしなければ，木下氏がもっているような，標準語にたいする感情的なはんぱつは，とりのぞけないだろう。東京のことばが方言にすぎないなら，それをもとにしてつくった標準語は，標準語としてみとめるわけにはいかないだろう。

　東京のことばは江戸のことばの延長であるが，この江戸のことばは，江戸時代のすえには，共通語の確認者である文章ことばに基礎をあたえたほど，たかい程度に共通語の

実現者になっていた。つまり,江戸のことばは民族の共通話しことばになっていたのである。江戸が政治・経済的な中心であったころから,もともと関東の方言にすぎなかった江戸のことばに共通語化がおこり,江戸のことばは自分の方言的なものをきりすてて,共通話しことばに発展していったのである。では,この共通語化とはどういうことなのだろうか？　中村通夫氏は『東京語の性格』のなかでつぎのようにかいている。

> 通例,江戸語は関東方言,京阪語,三河方言などの融和してできた混合語,平均語であると考えられている。また,ふるく大槻文彦博士も,「京都のことばは東西南北にひろがって,とおくなるにしたがって,だんだんにかわるが,そのかわり目は色のぼかしのようで,はっきりとさかい目がわからぬが,江戸のことばは四里四方のうちにかぎって,そのさかいをでると,四方はもとの武蔵のことばであるから,海のなかの島のようである。これがにわかにできた都であるからである。」とのべ,江戸語を目して言語島としている。われわれは江戸語が右のごとく都市語であり,混合語であり,一種の平均語であり中間語であったということを銘記しておく必要がある。あらゆる都市語がそうであるように,江戸語も単一方言のみを固執することができなかったのであり,それがひとつの性格でもあったのである。

　このあたりについて,わたしたちがもっている知識はきわめて貧弱である。はっきりいえることは,江戸のことばが関東方言ではないということだけである。臆測をくわえるとすれば,当時はすでに関西でできあがっていた,関西方言のにおいのつよい共通話しことばが,町人や武士によって江戸にもちこまれた。江戸の町人はこの関西共通話しことばを自分のことばにとりいれて,江戸のことばを共通語化していった。ある時期まで,おそらく,西からきた共通話しことばと江戸のことばとは,ことなるふたつの言語体系として,せまい江戸のなかでつかわれていただろう。こうした事情は,武士のことば,町人のことばというふうに,階級語としてうけとられている。しかし,このふたつの言語体系は,江戸時代のすえには,ひとつの言語体系のことなる文体（いい方）にまで統一した。しかし,この統一は単純なつなぎあわしではなく,江戸の町人が関西からきた共通話しことばを自分のことばのなかにうけいれて,発展させたのである。江戸のことばは,関西共通話しことばの正統な相続者になって,あたらしい民族のことばとしてあらわれてきた。文章ことばをつくりだすまで,こうしたながい歴史が必要だった。
　こうした事情から,つぎのことが考えられるだろう。民族のことばの初期の形態であ

る共通話しことばは，どこで生産され，どこで発展しようと，アクセントや終助詞のような二次的な要素をのぞけば，おおきくはちがわないだろうし，そのちがいは，文章ことばになれば，もっとちいさくなるだろうということ。もしも，名古屋で共通話しことばが発展し，それをもとにして文章ことばができあがっても，ただいまわたしたちがもっている文章ことばとほとんどおなじものができあがっていただろうということ。民族のことばの発展の鉄の法則が，どちらかといえば偶然的な地理的な条件をのりこえて，つらぬいているのをよみとらないわけにはいかないのである。政治・経済的な条件が言語の発展にあたえる影響は，一度言語自身の内的発展の法則の作用をとおして，実現されていく。現代の文章ことばは歴史のいたずらのおとし子ではないのである。

　これらのことは，ひじょうにたいせつなことだが，さしあたっては，江戸のことば，あるいは東京のことばが方言ではなく，共通話しことばであったことがわかればよいのだから，ふかいりすることはやめよう。中村通夫氏や松村明氏などの学問的な研究をまつ方がよい。なお，ソビエトの東洋学者コンラードのかいた論文「中国と日本における民族語について」は，この問題を理解するためによい手がかりになるだろう（この論文は三重大学学芸学部の教育研究所で発行している『研究紀要』第13集にほんやくされている）。*

　共通話しことばは文章ことばのしたじになって，そのなかにとけこんだのだが，文章ことばはこの共通話しことばの単純な発展ではない。わたしたちはふつう言文一致の成立を『浮雲』のなかにもとめるが，共通話しことば（江戸のことば）をうつしたものは，そのまえにたくさんあった。黙阿弥や仮名垣魯文などのかいたものなど。しかし，わたしたちはこれらの作品のことばを言文一致の文章だとはみないし，標準語だともおもわない。なぜだろうか？　これらの作品のことばは，たんに共通話しことばをうつしただけのことであって，標準語としての資格がないからである。共通話しことばもやはりなまのままの国民のことばであって，そこには方言的なものなどいろんな要素がざつぜんとはいりこんでいる。そのうちから共通的なもの，典型的なもの，活動的なもの，ひとくちにいえばすぐれたものだけをよりぬいて，すっきりしたことばにみがきあげなければ，標準語にはならないのだが，こうした共通話しことばのみがきあげがなされたのは，『浮雲』においてがはじめてなのである。『浮雲』において，はじめて民族のことばの最高の形態としての文章ことばができあがったのである。二葉亭が共通話しことばのみがきあげに，たいへんな努力をしたことは，かれ自身の口からきいた方がよい。

もちろん，純粋に文芸という方から考えれば，漢語なり仏語なり西洋語なり，縦横につかうがよいのだが，日本の文章という上から考えれば，どうも通俗語を本位にすべきだとおもう。なるほど，政府の公用文や法令の文などには漢語がおおくもちいられて，その方が実用的のようにみえているが，一般の文章としては，そうすべきものでなかろうかとおもう。とにかく，わたしはそんなことを考えているので，よけいなほねおりをするのです。通俗語を主としていこうとすると，例の粗雑な，冗漫なことになりたがる。また，それが荘重森厳というような趣は，やはりあらわしがたい。というようなことで，ひとよりは損な労力をします。（岩波の全集5巻から）

　文章ことばの標準語としての資格は，まずえらびだしという作家の努力によってつくられるのだが，このえらびだしのしごとをゴーリキーはうまくまとめてくれているので，かれのことばをきこう。

　　芸術作品は事実のうしろにかくされている社会生活の意味を完全に，はっきりとえがきだすことを目的にしているのだから，それにはわかりやすくて正確なことば，たんねんにえらびだされたことばが要求される。いわゆる「古典作家たち」は，いく世紀ものあいだ，このようなことばでかいて，それをすこしずつ完成させていった。これがほんとうの文章のことばである。文章のことばは，たとえ勤労者大衆の話しことばからくみとられたものだとはいえ，そのみなもとははっきりちがっている。なぜなら，叙述的にえがきだすにあたって，偶然的なもの，一時的なもの，もろいもの，気まぐれなもの，音声的にゆがんでいるもの，いろんなわけで民族の共通語の基本的な「精神」，すなわち組みたてにふさわしくないものなどが，話しことばからふるいおとされるからである。話しことばが作家によってえがかれた人物の話しのなかにのこるのは，あたりまえだが，うきぼりのように人物を特徴づけるために必要な，人物を一そういきいきとさせるために必要な，わずかな量がとりいれられるにすぎない。（駿台社の『文風運動の原則的諸問題』から）

　もちろん，こうしてつくられた文章ことばの規範性は，どうはたらくかということで，作品の内容や国語教育の水準ときりはなしては考えられないだろう。作品が国民の生活をえがき，読者に大衆をもっていると，文学作品のことばは民族のことばの組織者としての役めをうけもつ。現在では，ラジオが文章ことばの普及におおきな役わりをはたし

ていることは，いうまでもない。

　作品の内容が国民の生活のあらゆる側面をとらえるという事情は，民族のことばの潜在的な表現能力を最大限に利用することを要求する。したがって，文章ことばはたんに共通話しことばからえらびだして，つくられたものではなく，それを一そう発展させている。たとえば，二葉亭の『浮雲』におけるあたらしい単語の生産，漱石の『坊ちゃん』における単語の意味の転用，藤村の作品におけるあたらしい単語のくみあわせなど。文章ことばのこうした性格は，それの規範性をさらにつよめている。

　その後，文章ことばは科学や評論や政治思想や新聞などのことばになって，どんな民族文化でも表現できることばになった。

　ところで，日本の文章ことばは，たんに共通話しことばをもとにして，できあがったものではない。わたしたちの文章ことばは，ふるい文章ことば（和文と漢文）から必要なものをとりいれて，表現手段をゆたかにしている。文章ことばのこの側面の積極的な意義をおおきく評価しなければならないが，しかし必要をこえるばあい，文章ことばは国民のことばからはなれて，規範性をうしなってくる。とくに，科学や政治思想などのことばには，むやみに漢語がおおくて，規範性がうすれているともいえる。日本が科学や技術や政治思想をいそいで外国から輸入しなければならなかったという事情とむすびついて，そうする必要があったわけだが，今日ではその漢語が科学や技術や政治思想を国民のものにするのをさまたげている。漢語の問題をめぐって，文章ことばの規範性が，新しい局面でとりあげられなければならない。したがって，今日の日本の文章ことばの規範性は，文法制度と国民の生活に直接にむすびついている語いとにかぎられていて，文章ことばの全面的な標準語化というものは，なおのこされているとみなければならない。しかし，このことは文章ことばの規範性を否定しはしない。文章ことばが完全な標準語になるのは，ゆっくりと進行する歴史的な過程であって，文章ことばの完成の度あいに応じているというだけのことである。*

　国語教育にとっては，いまの標準語のよしあしは，一番だいじな問題にならないだろう。一番だいじなことは，子どもたちがいまの標準語の所有者になるように，あらゆる努力をはらうことである。いまの標準語の完全な所有者だけが，それをもっとよいものにあらためることのできる人間になることは，うたがいないし，わたしたちは子どもたちにそのことを期待しているからである。

国語科の研究はどこまで深められたか

　51年に指導要領（国語科編）がでてから5年ぐらいのあいだ，経験主義にたいする批判が国語教育界をにぎわした。論争にかんするかぎり，勝ちは批判者のがわに，つまり国語教師とそれを代表する理論家のがわにあった。大久保忠利氏のような人がどういう立場からであれ，国分一太郎氏の国語教育論を支持するようになったのは，批判者の勝利をものがたっている（『教育』57年1月号をみよ）。文部省も学力低下をやかましくいう父兄におれ，「従来の経験方式中心のおしえ方をあらためて，系統的なものにして，授業時間を現在より1－2時間ふやす」といって，51年の指導要領がとった経験主義のあやまりをみんなのまえでみとめた（朝日の58年1月19日から）。

　文部省が非難をうけて，むきをかえなければならないと考えたのは，おととしのことだろう。指導要領をかきあらためる準備をはじめたのは，おととしのことだった。56年のすえに，輿水実氏は「言語教育にしても，昭和二十六年試案指導要領はすすみすぎている点もあるから，今後多少の逆コースがあるのはやむを得ないであろう」と，うらめしそうにいって，あたらしくできる指導要領の方向をほのめかしている（河出書房の『現代教科教育講座』2巻にのっている輿水氏の「言語教育の歴史」から）。あたらしい指導要領は57年にはでなかった。ことしの3月ごろになるだろう。

　文部省としては，大学に保存してある学者を動員して，国語教育を戦前の系統主義（つめこみ主義）にもっていきたいところだろう。勤務評定の実施とにらみあわせて。しかし，戦前の国語教育を完全によみがえらす地盤は，ここ十年のあいだにきえてなくなった。

　国語教育のなかでも，権力は保守派と近代派とを両手であやつってきた。保守派の精神主義と近代派の実用主義とは，近代日本がうみおとした双生児である。戦後は近代派の天下であったが，いまは選手のいれかわりの時期である。このふた子がかわりばんこに舞台にとびだしてきて，日本の国語教育が，近代日本語の教育の場になるのをさまたげつづけてきた。

　しかし，51年の指導要領をつくった近代派も，自分たちが補欠にまわされるのをゆびをくわえて見ていはしないだろう。かれらはすばやく『国語の系統学習』という本を

つくって，単元学習の系統化，経験の系統化をとなえはじめた（この本は東洋館から57年のすえにでた）。ふた子のけんかがはげしくなっては，親分の文部省もこまる。こうしたことからみて，あたらしい指導要領はにえきらないものになるだろう。

ところで，国語教師とその理論上の代表者たちは，指導要領にたいする批判とむすびつけて，国語科の本質，他教科からそれを区別する特殊な性格をあきらかにしようと，努力をつづけてきた。この努力は，まず，52年に国分一太郎氏の「国語科」（岩波の講座『教育』5巻）のなかでみのった。国分氏の見解は，56年にでた明治図書の講座『学校教育』7巻のなかでものべてある。さらに，56年の夏には，教育科学研究全国連絡協議会（教科研）の第1回全国研究集会が，国語科の基本目標とそこでなすべき仕事を，みじかいプログラムのなかにまとめあげた（『教育』56年12月号にのっている）。こうして，指導要領に反対するということではひとつになっている民主陣営の内部における意見の対立も，みんなの努力ですこしずつなくなっていき，のこされた問題はこのプログラムの具体化になった。

しかし，こうした見方はあまりにも楽観的である。56年の教科研のプログラムは国語教師全体のものではないし，過去と未来の系統主義をおそれて，指導要領のたてまえをまもろうとする良心的な国語教師が，たくさんいる。そして，教科研というわくのなかでさえ，かならずしも56年のプログラムは承認されているとはいえない。ここでは，名古屋教科研の共同研究「国民のための教育科学再論」（『教育』57年5月号）について，ひとことふれておこう。この論文でさしだされた国語教育論は，国語教師がどこでたたかうべきかということで，たいへんな問題をふくんでいる。国語教育の基本目標をどう規定するかということは，たたかいのし方，ひろがりを決定する。この論文にはつぎのようなことがかいてある。

> 「ことばは思想の直接的現実態である」（マルクス）といわれる。しかし，ことばは思想の真偽にたいして無関心であり，中立的である。階級社会においてはさまざまな対立的思想や見解が存在するが，それらはひとしく共通のことばによって表現される。同様に，数理もまた支配階級にも被支配階級にもひとしく通用し，奉仕する。両者はともに，社会の階級的諸利害から独立であり，社会の全体に奉仕する。しかし，このことから，基礎学力の教育は，階級的諸関係のそとにたち，社会の持続にのみ役だつと結論してよいであろうか。
>
> われわれはこの結論をただしいとは思わない。なぜなら，それは，あたかもことばが人間の

思想からきりはなされても，ありうるかのような幻想的な仮説にもとづいているからである。「ことばは思想の直接的な現実態である」といわれるとき，それはことばと思想との不可分性を意味している。だから，思想からきりはなされたことばそれ自体の教育はありえないのであって，現実にはつねに，真実の思想とむすびついたことばの教育，あやまった思想とむすびついたことばの教育がありうるにすぎない。いいかえると，子どもたちを客観的真理にちかづけようとすることばの教育と，それからとおざけ，或はそれをゆがめようとすることばの教育がありうるにすぎない。このことをしるためには，われわれは天皇制下の軍国主義イデオロギーとむすびついた，かつての日本のことばの教育をおもいだすだけで十分であろう。

わたしも階級社会では国語教育が階級的な性格をおびてくるという考え方をこばみはしない。理科教育や数学教育が階級的なものになるのとおなじ意味で。正確にいえば，それらが階級の利益に奉仕することができるのである。しかし，名古屋教科研の人たちは，戦前のばあいを例にひきながら，国語教育はことばの内容の側面から必然的にイデオロギー教育になるという意味で，その階級的な性格をもとめた。この名古屋教科研の考え方をおしすすめると，国語科というものは，イデオロギー教育の場であるという結論になる。したがってどういう色のイデオロギーを国語科のなかにもちこむかということがたたかいの目標になる。きわめて冒険的な考え方がうまれてくる。

しずかに考えなおしてみよう。もし言語が階級的なものではないなら，そういうものを国語教育はおしえなければならないし，その意味では階級的でもなんでもない。たとえば，岸さんが「平和をまもろう」ということばをつかって，国民によびかけたとしよう。国語教育はこのことばの意味を子どもたちが理解できるようにおしえなければならない。このことばのなかにある単語「平和」「まもる」には，だれがつかってもおなじ，社会的に承認された，辞書的な意味が内在している。そして，「平和を」と「まもる」とのふたつの単語のくみあわせは，状態と動作との関係を反映しながら，階級をこえて社会的に承認されている文法的なむすびつきをしめしている。「まもろう」という動詞のかたちは，だれがつかってもかわらない，さそいかけるという話し手の気もちをしめしている。これ以外の意味で岸さんがこのことばをつかったとしても，みんなにわかってもらえない。だからこそ，岸さんはこのことばをつかって，国民をごまかすことができるのである。そして，このことばがウソかマコトかということは，もはや言語の問題ではない。ことばをいくらいじりまわしても，でてこない。

ことばというものは、その本質において現実とのかかわりを正当にたもっているものである。そうでないなら、ことばは現実認識の手段にも話しあいの手段にもなれない。国語教育はこのようなことばをおしえるのであって、その意味では国語教育はなんら階級性をもたない。

　たしかに、資本主義社会では、ことばと現実とのかかわりが正当にたもたれていないような病的な現象がおこっている。しかし、わたしたちはこの病的な現象をもって言語の本質規定をやるわけにはいかない。それはまたアメリカ製の意味論哲学をみとめることになるし、ウソをみわけるための、上手にいきるための言語技術の教育に国語教育をもっていくのをみとめることになる。言語教育とイデオロギー教育とのすりかえをみとめることになる。

　ここでもう一回考え方をかえてみよう。たしかに、名古屋教科研の人がいうように国語教育はことばの内容の側面から階級的な性格をおびてくる。また、階級的ではない、客観的に存在する日本語の現象を方法論的にどうとらえるかという国語学の側面から、どうおしえるかという教授方法の側面から、国語教育は階級的な性格をおびてくる。こうして、国語教育にたいする、まったくくいちがった規定をとりだすことができるのである。

　したがって、わたしたちにのこされた問題は、いくつかの規定のあいだにある関係をあきらかにすることである。ひとつの規定はひとつの側面をついているにすぎない。しかし、より抽象的な規定はより本質的であって、より基礎的である。それはいくつかの規定のうちで最初の環をなしていて、最後の環のなかにももちこまれている。いくつかの規定のこの論理的なつながりは言語の歴史的な発展の過程でもあり、国語教育のたたかいの段階の系列をしめすものでもある。こうして、どの規定をとりあげるかということは、国語教育のたたかいの現段階をどう規定するかということでもあって、当面のたたかいの目標が決定するのである。教師の実践、たたかいからはなれて、一般的に国語教育の本質を規定するのはきわめて冒険的なことだといえる。

　名古屋教科研の人は、言語、思想（思考）あやまり*、イデオロギーなど、ことなる概念をひとつのものと見なした。それに具体的なカテゴリーであるよみかきという言語活動と抽象的なカテゴリーである言語とをおなじ次元においている。つづり方教育がそれ自身では日本語の教育ではないことは、つづり方教師の実践がおしえてくれる。したがって、名古屋教科研のばあいにしても、教師の実践を理論化するなかで、教科研のプロ

グラムを具体化するなかで，きえてなくなるあやまりにすぎないだろう。今年はこうした理論上の問題をぜひとも討論のなかにもちこみたいものである。きめのこまかい理論をもたなければ，たたかえないような状態がきている。

　57年度は日教組の第6次教研全国集会ではじまるといってよいのだが，この集会に教科研の56年度の全国研究集会の成果は，どのように反映しているだろうか。『日本の教育』第6集から判断すれば，かなりの程度にしみこんでいるようだが，今井誉次郎氏の判断にたよる方がただしいだろう。かれはつぎのようにかいている。

　　　そして，その結論は（56年の教科研のプログラム……筆者），今年の二月の第六次教育研究全国集会に，どのように影響していたのかというと，たとえば三重の鈴鹿教科研のように，それにしたがって研究を発展させたところも若干はあった。しかし，大部分はばく然としたかたちで，わずかにその方向をたどっているという程度であった。また，いっこうに影響されていない研究もすくなくなかった。（『教育』57年5月号から）

　ところで，第5次にくらべて，日教組の第6次の教研全国集会は，国語教育の領域でどの程度のびただろうか。講師のあたまがよくなって，報告書の整理がすっきりできただけのことだろうか。それだけでもなさそうだが，実際にきいていないわたしには，なんともいえない。あらゆる問題が一度にならべたてられているということのほかは，サークルでの報告や研究とちがわない。『日本の教育』からはそういう印象をうけとる。教師なりに経験を一般化して結論をひきだそうという努力がかけているし，研究を組織する方針もうちだしていない。

　文法教育の問題をめぐって，このことを考えてみよう。『日本の教育』第6集のうち今井氏と国分氏とがかいたところ，「第一分科会，国語教育」をよみとおすと，よんだり，かいたりするために，文法の知識が必要であって，国語科は文法教育をしなければならないということが，よくわかる。そのばあい，ぼう暗記をしいる従来の文法体系（いわゆる学校文法）ではなく，実際によみかきに役にたつ，あたらしい文法体系が必要であることも，はっきりしている。では，なぜ日教組の教研全国集会はあたらしい文法つくりの仕事を具体的なプログラムのうえにのせないのだろうか。これは国語教師の仕事ではないと考えるのだろうか。よろしい。では，だれがその仕事をやるのだろう。大学の国語学者だろうか。もし大学の国語学者だとすると，なぜ教研全国集会は大学の

国語学者に文法つくりをおねがいする具体的な方法を考えないのか。ひとりひとりの国語学者にあたってみれば，みんなりっぱな人ばかりだし，地方の大学と地方の教研集会とがしっかりむすびつくという意味でも，このことは必要な問題である。ひとりやふたりの国語学者の努力ではどうにもならないのが，国語教育の現状なのである。

　これも必要なひとつの方法だが，国語学界の現状からみて，こうしたやり方だけではなまぬるい。日教組のようなおおきな組織では，あたらしい文法体系をつくる仕事に，いく人かの国語教師をむけるべきである。ひまさえあれば，この仕事をやってのける能力のある国語教師は，たくさんいる。一般的にいって，いまある文法体系をこわして，あたらしいものを創造する必要は，じっとしておれば無事にすごせる大学の国語学者にはない。山田孝雄のような日本で一番えらい国語学者は，国語教師の畠である。現在日本で一番すぐれている文法学者，三上章氏は，ひにくにも大阪の数学教師である。さいきん春秋社から『単語教育』という本をだした宮島達夫氏も，高校の国語教師である。この問題について，古川原氏がつぎのようにかいている。

　　もちろん，日本語の構造体系をしらべるという仕事は大事業であって，国立国語研究所が豊
　　富な予算と，多大の労力と，時間とをかけてしなければ，不可能というべきであろう。(『教育』
　　の「教科の研究特集号」2集から)

　もしも，古川氏のこのような意見が日教組の一般的な見解であるなら，すくなくとも国語教育にかんするかぎり，日教組は文部省に無条件降伏だといえる。文部省の御用研究機関である国立国語研究所が，国語教育のためにりっぱな文法書をつくってくれるなどとは，どんなに好意的にみても，考えられない。たいした金もいらないから自分たちの手でやりとげるべきだ。現在ある学校文法の体系は，子どもの思考力をころすのに一番よい道具である。これをすてて，もっといいものをつくるように，文部省が国語研究所に命令するはずがない。それどころか，文部省は学校文法の理論上の代表者を大学のなかにやしなってきた。入学試験などで人工的に需要をこしらえながら。そして，いま，系統学習という名目で文法ブームのなみにのって，こののろわしい学校文法を戦前なみにおしつけようとたくらんでいる。もしも，こういう事態がほんとうにおこったら，国語教師はどういうふうにたたかったらよいだろうか。文部省は右手に指導要領を，左手に勤務評定をにぎっている。おそらく，国語教育の系統化として，のろわしい文法教育

の指導要領をおしつけてくるのは，59年4月ごろのことだろう。文部省も準備が必要だから。そうだとすると，文法教育の問題をめぐって，この58年に日教組のような組織がなすべき仕事は，はっきりしている。学校文法批判を組織すべきだ。

　文法教育にこうした深刻な問題があるにもかかわらず，現在の国語教育にとって，なにが一番たいせつかといえば，やはりよみ方教育の指導方法をうちたてることだろう。よみ方教育すなわち国語教育という考え方は，指導要領のおかげでぶちこわされたが，まい日の実践は，おおまかにいえば，よみ方教育すなわち国語教育である。当分のあいだ，こういう状態はかわらないだろう。かえてはいけない。きき，はなし，よみ，かきの四つに国語教育の領域をわけようと，文部省がりきんでも，こういう状態をかえることはできなかった。それにはそれなりのわけがある。体系的な発音教育，文字教育，単語教育，文法教育がうちたてられるまでは，いい文章をたくさんよます方法が，一番よい国語教育のあり方なのである。また，科学的な日本語教育がうちたてられても，よみ方教育はなくなるわけではない。よみ方教育の指導方法の確立は，さしあたって必要なので，いそがなければならない。

　教科研の56年の全国研究集会のプログラムは，よみ方教育を第一の項目にあげた。そして，57年の全国研究集会は，よみ方教育を共同研究のテーマにえらんだ。しかし，準備不足のため，失敗におわったようだ。今年も教科研の全国研究集会は，よみ方教育をくりかえし共同研究のテーマにとりあげるだろう（『教育』の「教科の研究特集号」2集にかかげてある年次目標をみよ）。したがって，教科研のなかで研究を組織することのできる国分一太郎氏や今井誉次郎氏のような人は，現場の教師には(1)よみ方教育の経験の理論化，理論家には(2)文章の構造の分析，(3)よみという言語活動の心理的な構造の分析，(4)思考と言語との関係の解明，(5)戦前のよみ方教育理論からのまなびとりなど，まえもっていくつかの問題をあたえておかなければならない。

　さて，いろいろくどくどとかいてきたが57年をふりかえってみて，一体なにがあっただろうか。表面はなんにもなかった。しかし，なん冊かの本がでて，国語教育界のそこをながれている建設という方向をおしえてくれる。鈴鹿教科研の『国語の教室』（麦書房），児童言語研究会の『文法教育の実践』（春秋社），土田茂範氏の『国語の授業』（新評論）などは，57年をかざるすぐれた実践記録である。

　そして，58年の国語教育界のみとおしは？　あたらしい指導要領がでる。これにこたえて，国語教師とその理論上の代表者たちは，どんなふうにうごくだろうか。とにか

く，つぎにくるたたかいにそなえて，支度しなければならない。

文法指導の方法論

1. 文法指導とは

　文法上の法則やきまり，概念は，人びとがどのようにしゃべるか，どのように書くかということの観察からひきだしたものである。人びとは単語のなかに，単語で文をくみたてるし方のなかにあれやこれやの法則やきまり，概念を発見し，ある結論に一般化する。この結論は学者によって定式化される。そのあとで社会の全員によって正確なよみ・かき・はなしのために利用される。

　学校の教師は文法の授業でこれとおなじ道を子どもに経験させる。しかし，生徒たちはこの道をきわめてみじかい時間のうちに通過する。このことを可能にするのは，教師が文法上の法則ときまり，概念についての知識を所有し，それを生徒に伝達する教授学上の方法を心得ているからである。

　したがって，日本語文法の教師は一方では日本語文法についての知識を所有しなければならないし，他方では方法論の研究をすすめていかなければならない。

2. 文法指導の方法の原則

　生徒が文法上の抽象的な概念，法則，きまりを所有する道すじは，認識論の一般的な原則にしたがっている。生きた直観から抽象的な思考へ，そこから生きた実践へ，という道すじをとおって生徒は文法上の概念を所有し，それをことばの実践に応用する。

　教師はまず生徒に生きた実例（単語と文）を豊富にあたえる。それを生徒は教師の指導のもとに観察し，比較し，分析＝総合して自分の力で結論をだす。その後にこの結論をことばの具体的な実践に応用する。

3. 文法学上の原理，歴史主義の観点

　教師が文法上の事実，法則を生徒に提出するばあい，厳密に文法学上の原則，歴史主義の観点が守られていなければならない。たとえば，ひとつの品詞をおしえるばあい，その品詞を平面的にとらえて，品詞の部分的な概念を同時的に羅列させてはならない。品詞相互のあいだには歴史的な発展，移行があり，その結果うまれてくる，ひとつの品

詞の内部の階層をおっていかなければならない。

　たとえば，名詞において，本来的なもの，形容詞派生のもの，動詞派生のものは区別し，部分的な概念のつみかさねのうえに，名詞という一般的な概念を生徒のなかに形成していかなければならない。

　文法的なかたちとその意味についても，同様のことがいえる。したがって，低学年の生徒にあたえる文法上の概念，法則は，完成したものと考えてはならない。たとえば，1年であたえる名詞の概念は，2年，3年と次第に拡大され，深化されていくのである。

　文法的な法則は関係の一般化の結果つくりだされてきた。このことから文法的な概念，法則，規定を自分のものにするためには，対象・主体・属性・行動・数・時間・空間のごときカテゴリーである一般的な概念を所有しなければならない。上述の一般的な概念は，子どものなかに次第に形成されていく。文法の体系的な授業においては，生徒が文法的な概念，法則の所有を保証するために，これらの一般的な概念をあたえる予備的な段階を設置しなければならない。

4. 帰納法と演繹法

　教師が文法上の知識を指導し，生徒が学習する作業のなかには，帰納と演繹とが同時に存在している。帰納というのは，部分的な，具体的な現象，あるいは概念から，一般的な，抽象的な概念に生徒をつれていく方法であり，演繹というのは，一般的な概念を具体的な，個別的な現象や概念へ具体化する方法である。帰納と演繹は直接むすびついて，相互にたすけあっている。文法現象の検討の作業において，帰納と演繹のふたつの方法がたくみに配置されていなければならない。

5. 文法指導の際の教授原理

　教師は文法の授業においても，教授学上の原理を忠実にまもらなければならない。

　　イ　意識性
　　ロ　直観性
　　ハ　継続性，体系性
　　ニ　理解の可能性
　　ホ　実践との結合

6. 文法指導の目標

文法学上の法則を子どもにあたえるのは，なによりも，かれらをはなし方，つづり方に熟達させるためである。

かれらの思考の論理性をたかめるために文法指導があると考える人もいるが，日本語指導は論理学の時間ではない。文法指導をこのようにとらえると，ゆたかな日本語の文法現象をひんじゃくな論理学上の命題に単純化する危険がおこる。いわゆる文型指導というかたの文法指導がそうである。

だが，文法指導が結果として子どもの論理的な思考の能力をたかめることは否定できない。それは普遍的な論理というものが民族的な文法形式のなかに表現されているからである。

7. 反復・応用・転移

あらゆる実践的な技能は，同一，あるいは類似した作業の合目的的な，反復的な遂行の結果つくりだされる。しかし，あれこれの技能を獲得した人間は，ふつう，その技能を獲得した条件とはいくらかことなる条件のなかでも，その技能を適用することができる。

組織された労働の技能は，きまりを守ることを要求する。技能の習得は最初からきまりを守らなければならない。そうでなければ正確な技能を獲得できないし，まちがった技能をあとから訂正するのはむずかしい。

子どものはなしことば・かきことばの技能は，学校や家庭での合目的的な練習の結果つくりだされるのである。はなし方とつづり方との技能の獲得と発達のために，生徒につぎのことを要求する。

(1) 意味のある反復練習
(2) 言語活動にかんする課題の生徒による解決
(3) 自主的な言語活動のなかへのきまりの応用

はなし，かきの技能は練習とともに完成していくわけだが，いかにはなすべきか，いかにかくべきかということの思考の過程は，だんだんはやくなり，生徒にとっては習慣的な，目だたぬ行為となる。

しかし，このことは，なにも考えないで，機械的にかくことになれたということを意味しない。かく活動の自動化はかく過程の意識性をとりのぞいたわけではない。かく活

動の習熟過程では，つねに正書法上の，文法上の，文体上の法則，きまりにしたがうように意識する必要がある。

また，はなし手，かき手にとっては，きまりの想起，その具体的な場合への適用にあたって，たえず精神的な努力（意志）や注意力の緊張が要求される。しかし，技能の形成の程度に応じて，この努力，緊張はやわらげられてくるだろう。

さらに，はなす，かく技能の形成にあたって，視覚や聴覚のような知覚，運動感覚が重要な役わりを果している。

8. 文法指導の方法〔1〕

文法指導の方法は基本的にはふたつある。そのうちのひとつは教師と生徒とがはなしあう方法である。それも目的に応じてふたつの型にわかれる。

(1) 発見のためのはなしあい

教師と生徒とのはなしあいには，性格のことなるものがあるが，なかでも発見的なはなしあいが文法学習の中心になるだろう。

発見的なはなしあいは通常帰納のうえにくみたてられる。教師は言語の文法現象について生徒とはなしあう。その文法現象は，経験的には生徒にしられているが，じゅうぶんに体系づけられた知識にはなっていない。このとき，生徒ははなしあいのなかで，教師の指導のもとに，その文法現象の一般化をおこなうのである。この種の実践においては，はなしあいは，教師によってさしだされたテキスト，宿題で子どもによってあつめられたテキストの観察ならびに検討がかならずともなう。そこで，教師は具体的な事実，部分的な現象から一般的な命題，結論に生徒の思考を方向づけるのである。しかし，終局的に結論と一般化は教師が定式化する。生徒にとってはむずかしすぎる。

この種のはなしあいは演繹をもふくむ。生徒によってひきだされた命題，結論を検証するために，一般的な命題を具体的な事実にあてはめたり，実際な言語活動に応用したりするために。

(2) 復習的なはなしあい

「復習と定着とを目的とするはなしあい」は「発見のためのはなしあい」と完全にことなる性格をおびてくる。復習的なはなしあいにおいては，出発点はすでに生徒にしられている命題である。すでに所有している知識，命題，一般的な概念から具体的な事実のほうにむかって子どもの思考を方向づけるのである。したがって，復習的なはなしあ

いは，ふつう演繹にもとづいてくみたてるといえる。しかし，この種のはなしあいが帰納をしらないというわけではない。よく組織された復習的なはなしあいは，あたらしい情報を生徒にあたえ，すでに所有する知識をふかめたり，ひろげたりする。したがって，復習的なはなしあいの過程において，生徒は教師の指導のもとで，帰納的にあたらしい知識を獲得するのである。たとえば，過去形の復習のときに，この動詞のかたちが命令の意味をもってくる事実をおしえたりすることが，実際問題としておこりうるのである。いずれにしても，復習的なはなしあいにおいても，文法現象の検討という作業がつきまとうであろう。

9. 文法指導の方法〔2〕

文法指導＊のもうひとつの方法は，教師の叙述（説明・講義）であって，つぎのようなばあいにもちいられる。

(1) 言語活動のなかであまりたくさん利用されていない言語事実についての知識をつたえるとき。
(2) 標準語からみて，不正確な言語事実についての知識をつたえるとき。
(3) 言語史的な知識をさずけるとき。
(4) ひとつの概念をよりおおきなテーマのなかに，つまりそれが所属する概念の体系のなかにひきずりいれるとき。

教師の叙述においても，文法現象の観察ならびに検討がおこなわれる。それがはなしあいとことなるのは，教師自身がそれをおこない，材料の分析から結論をひきだし，具体的な事実にこの結論をあてはめる点にある。

教師が言語材料を叙述するにあたって，あらかじめじゅうぶんな用意が必要である。そして，思想はきびしく論理的な体系のなかで展開されなければならない。

教師の伝達は，はなしあいとおなじように，思考のふたつの過程，帰納と演繹をふくんでいる。教師の伝達は一般的な命題からはじまり，その後に具体的な例でこれを確認する。このときには演繹の道をあるく。はんたいに具体的な事例をだしながら，最後にそれを一般化することによって，生徒に知識をあたえるときには，帰納の道をあるく。しかし，教師の伝達において，支配的な思考過程は演繹である。

はなしあいと叙述（説明・講義）とはまれに純粋なかたちであらわれるが，通常は，はなしあいは教師の叙述（説明・講義）と交替する。教師の叙述は生徒とのはなしあい

で中断する。

10. 文法現象を観察するための論理操作

これらの方法のなかには，いずれのばあいでも，いろいろな論理操作がはいりこむ。観察，比較，分析＝総合，対立，類推，モデルの提示など。これらの操作は義務的に文法学習の方法のなかにはいりこむ。文法的な観察は類似した，あるいはことなる文法現象の比較と対立とをふくむ。ところが，比較と対立とはかならず分析と総合とを要求するだろう。一般的な命題を実践にあてはめるときにもちいる類推もまた分析と総合とをふくむ。このことは分析＝総合が論理操作の中心にあることを意味している。文法的な法則ときまり，規定の公式化は最終的には教師によっておこなわれるか，教科書をよむことでなされ，それは生徒によって暗記される。このとき，法則やきまり，規定は，かならず，もっともよい見本（モデル）をともなわなければならない。

11. 文法授業のシステム

文法の授業もまた，ほかの授業と同様に，明確なシステムをもっていなければならない。文法の授業のシステムは，なによりもまず，学習される教材と作業が子どもに理解されうるものでなければならないし，やさしいものからむずかしいものへとうつっていく継続性が厳密にまもられていなければならない。文法学習の一課目は全課目のなかのひとつの環であって，教材と作業は先行する授業のうえにくみたてられ，つぎの授業を準備する。

各課目において，まえに教授し，生徒によって習得されたもののくりかえし（復習）がなければならない。ただそのことによって，授業は秩序があり，体系的なものとなる。

授業のこのようなくみたてにおいて，まえに学習したものはあたらしい教材の学習の基礎になる。まえに習得したものは，くりかえしということでよりいっそう確実に定着するばかりではなく，あたらしい教材によって定着する。

12. 授業のシステム（授業の三段階）

あたらしいテーマの学習にさいして，通常，授業はつぎのようなシステムをとるだろう。

(A) あたらしい文法教材を生徒がうけとめる第一の段階

すでに学習したものの復習はここにはいる。これを基礎にしてあたらしい教材の子どもによる知覚，文法現象の検討，あたらしい文法的なカテゴリーの意識化がなされる。

(B) 習得した知識の定着のために練習する第二の段階

この段階で必要なことは，なによりもまず，子どもたちが学習した文法的なカテゴリーをべつのテキストのなかに発見したり，そのカテゴリーをほかのカテゴリーから識別したりすることになれることである。そして，自分自身で学習したその文法的なカテゴリーをあらわす文法的なかたちをつくれるようにすることである。特定な文法的なかたちを原形にもどしたりすることである。

(C) はなしことば，かきことばのなかに学習した文法的な知識*を適用する第三の段階

この段階では言語活動の実践のなかで，習得した知識を利用する能力をきたえる。子どもは，はなし，かきの実践と文法の知識とをむすびつけることになれる。そして，教師のがわは，子どもたちがあたらしい文法の知識をどの程度マスターしたかを点検する。

13. はなしことば・かきことばのきまりの学習

これらの三つの段階は，はなしことば，かきことばのきまりの子どもによる習得とからみあっている。それが学習される文法的なカテゴリーと密接な関係にあるきまりであれば，ことばのきまりの学習もつぎのように段階にしたがっておこなわれる。

(A) ことばのきまりを子どもにしらせる段階

(B) 学習したことばのきまりを書物のなかにみつけたり，そのきまりにしたがって単語や文をかいて，定着のための練習をする段階

(C) 自分の言語活動をおこなう際に習得したきまりを応用する段階（口頭のものがたり，質問への答，叙述，著述）

14. 文法指導の方法 ── まとめ① ──

文法学習にあたって，いろいろな作業がおこなわれるが，それは言語教材の性格，生徒の準備の程度，教師が課目のなかでたてた目的などに依存して，一定の作業が採用されるだろう。

あたらしい教材（文法現象についての知識やことばのきまり）があたえられるときには，つぎのような作業の形態がとりいれられる。

(A)　言語にたいする観察

あらかじめ教師によって用意された教材にしたがって，はなしあいがおこなわれる。そして，生徒が自分で結論をひきだす方向に言語事実の比較をおこなう。法則やきまりの定式化は教師がなす。あるいは教科書をひらいて，そこにある定式をよむ。この作業の形態は，学習される材料が生徒にとって単純であり，長い時間を要しないときに採用される。

(B)　文法や正書法の問題を教師自身が叙述する作業

このさい，典型的な，もはん的な用例が板書される。デモンストレーションのために，まえもって用意してある図式がもちいられる。また，にかよった用例を生徒がえらんだり，つくったりする作業がみちびきいれられる。この作業の形態は，つぎのようなばあいにもちいられる。文法上の，あるいは正書法上の問題が，教師のさしだす用例から正確な結論をひきだすのには，生徒にとってむずかしすぎるときに。歴史的な事実を知らせるときに。生徒にあまりしられていない言語現象を説明するときに。文法事実の体系化にさいして。

(C)　発見的なはなしあい

生徒の情報を体系づけながら，文法上の法則の発見に生徒をひきずっていく。この作業の形態は研究する言語事実が生徒にとってあたらしくないときにもちいられる。

(D)　用例つくり

生徒自身が用例をつくり，それにもとづいて文法現象の一般化が教師にみちびかれておこなわれる。この形態は，学習される言語事実が子どもの言語の実践のなかで正確さをもってさかんにつかわれていて，ただ理論的な解明のみがあたえられることが要求されるときにもちいられる。

(E)　文法現象についての生徒の知識をひろげ，ふかめるための文法現象の検討

この作業は基本的な文法的な事実がすでに生徒によって学習され，ただディテールに深くはいりこむことを要求するときにもちいられる。

15.　文法的な知識を定着させ，かきことばの習熟をはかるためには，つぎのような作業の形態がとりいれられる。——まとめ②——

(A)　文法教科書のよみ

教科書をよんで，教師は質問をだす。生徒にいいかえをさせたり，ちょうどよい用例をあげさせたりする。

(B)　文法現象の検討

いろんな文法現象のなかから，いま学習した文法現象をすみやかに発見できる能力をそだてる。学習した文法現象を他の文法現象から区別して，その特殊性を指摘する能力をつける。

(C)　よんだ作品から用例をえらび出す仕事

(D)　書きとりの仕事

単純なうつしから，脱落した文字，単語などをかきこむ仕方などがあるだろう。

(E)　文章つくりの仕事

絵をみて，ものがたりをつくる仕事，いろいろなテーマで作品をかく仕事などがあるが，このばあい学習した文法的なカテゴリーが使用されるように課題をあたえておかなければならない。

小学校1年における文字指導について

　小学校1年における日本語指導は，かな文字の指導を中心に展開していく発音，正書法，文法の指導であるとみなして，その指導の体系をどのようにくみたてたらよいか。ぼくはこの論文でこの問題にふれてみたい。

（1）

　学習指導要領にしめされ，教科書のなかに具体化されている現行の文字指導の方法は，科学的な言語学，心理学，教育学の基礎のうえにうちたてられていないばかりか，教育実践がさししめすもっとも単純な経験的事実にさえそむいていて，国語教師をくるしめている。くるしみからぬけだそうとあせっている1年生の国語教師は，いろいろ自分なりの指導方法をくふうしながら，くるしい実践をつづけている。なかにはすぐれた実践があって，研究会などで報告されるが，それもひとりの教師の経験のわくのなかにとじこめられていて，いまなお安定した文字指導の体系が確立しているわけではない。こうした停滞ぎみな状態がここ十年ばかりつづいている。

　しかし，63年度は，民間側の教育研究運動の一般的なたかまりのなかで，自分たちの文字指導の経験を理論づけながら，その体系をうちだそうとする国語教師の努力が，かなりはっきりしたすがたをとってあらわれてきた。たとえば，63年11月の雑誌『教育』にのっている野沢茂氏の論文「文字指導の段階的なすすめ方」，『明星の授業』（国土社刊）にのっている辻木猪一郎氏の実践記録「単語の概念を定着させる授業」，日教組の13次教研に提出された群馬県代表・金井伍一氏の報告「小学1年の文字指導について」など。ぼくはこの人たちのすぐれた実践と理論とにまなびながら，小学校1年における文字指導の方法をもっぱら理論的な観点からあきらかにしてみたい。

　周知のごとく，文部省が現場におしつけてくる文字指導の方法は，文字と単語とのむすびつきを前面におしだす，いわゆる「語形法」であって，これが現場をこんらんさせる原因になっている。この語形法は現場の教師から，また民間側の研究者からすでに破産宣告をうけているしろものであるが，この3人の教師もすべてこの語形法を否定し，

文字と音節とのむすびつきを前面におしだす「音声法」のたちばにたって，実践を成功的にすすめている。ぼくらのような，現場から一歩さがったところで研究しているものは，この事実，つまり音声法のすぐれていることを理論的にあきらかにする責任がある。

　文部省のつくった学習指導要領では，1年における文字指導はどのように方向づけられているか，まずこの問題からあきらかにしていこう。現行の学習指導要領はことばに関する事項に，つまりB項の(2)に「ひらがなをひととおりよみ，またかくこと」とかいている。そして，「ことばに関する事項は，きき，はなし，よみ，かく活動のなかにふくめて指導するのを原則とする」のであるから，文字指導は，よみ・かきの指導のなかで，必要に応じておしえていくというかたちをとらなければならない。言語活動（よみ・かき）の指導のなかに文字指導を完全にとけこましているのである。したがって，文部省式の文字指導を機能主義となづけることができる。

　わが国のよみ方指導では，ながい伝統のなかで，文章につかってある文字を音声化することが，その指導内容のひとつになっている。すると，よみ方指導のなかで文字をおしえるのは，よみ方指導であって，文字指導ではないということになる。学習指導要領は文字指導という国語科のなかの重要な領域をみとめていないということになる。あるいは，国語科のなかで文字をおしえることを，よみ方，つづり方指導のなかで文字をよませたり，かかせたりすることといっしょくたにしているということになる。学習指導要領でしめされた国語科には，よみ方，つづり方の指導があっても，それ自身の独自な体系をもつ文字指導は存在しない。文字指導における機能主義は，文字指導そのものの否定なのである。もし，学習指導要領にきわめて忠実な国語教師がいるとするなら，かれは子どもに文字をおしえていないということになる。

　だが，機能主義者たちはそれがもっともすぐれた，現代的な文字指導のあり方であるというふうに説明する。それで，ぼくは機能主義がいちばんふるくさい，非教育的な文字指導の方法であることを証明しなければならない。

　この機能主義的な文字指導の基本的な欠陥は，文字をしらないものはよみもかきもできないという，きわめて単純な事実を無視しているということである。よみ・かきの指導のまえに文字指導が先行していなければ，よみ・かきの指導そのものが成立しないという，もっとも単純な事実を無視している。かな文字の所有はよみ・かきを成立させる，ぎりぎりの条件である。

この事実を無視して、あえてよみ方、つづり方のなかで文字をおしえようとすれば、必然的に語形法というかたちをとらざるをえなくなる。たとえば、大日本図書の『こくご』（1ねんの1）の6ページに「にこにこ」という単語がかいてあって、その教師用指導書には「読み（語として）」という注意がかいてある。ところが、この教科書の教師用指導書の解説編では、語形法をするどい調子で非難している。つまり、大日本図書は語形法をりくつで否定し、実践で肯定しているのである。子どもがまだ完全に文字を所有していないのに、あえて文章をあたえて、それをよんでもらおうとするなら、単語（あるいは文）をかきあらわしている文字のつながりをまるごとおぼえてもらうしか方法がない。文字指導における機能主義は、必然的に語形法という指導方法をとらざるをえなくなるのである。

　「にこにこ」を単語としてつづけてよませようとする教師の要求は、よみ方指導としてみれば、当然であるとしても、それを文字指導としてみれば、天皇陛下の命令になる。子どもはそれをなぜそうよむのか、わかってはいないではないか！　文字指導における機能主義は、子どもの思考活動を停止させて、文字のまる暗記をしいる、もっともやばんな文字指導の形態なのである。ぼくはこのことをもうすこし具体的に説明しよう。

　この機能主義＝語形法は、まず第一に、言語学的な観点からみとめるわけにはいかない。日本のかな文字は音節の表現者であって音節とそれをかきあらわす文字との関係をしらなければ、文字を所有したことにはならないのである。したがって、文字をおしえることは、つまりは音節をおしえることになるのである。音節についての意識がかけているばあいは、ほんとうの意味での文字の所有は不可能なのであるが、学習指導要領とそれにもとづく教科書は、このことについてはなんの配慮もしめしていない。もちろん、機能主義者でもかな文字が音節の表現者であることぐらいはしっている。しかし、このかな文字の本質的な特徴を文字指導の原則にとりあげるなら、文字指導のためにとくべつの教科書と時間とが必要になり、機能主義者は機能主義者であることをやめなければならない。

　そうはできないのは、学習指導要領が、日本語とその文字をおしえることではなく、一定の態度できいたり、はなしたり、よんだり、かいたりする能力をそだてることをもって、国語教育の主要な教授内容にしているからである。たとえば、大日本図書の『こくご』（1ねんの1）の教師用指導書に指導目標として「1年になったよろこびを自由には

なさせる」(4ページ),「おおぜいの友だちのできたよろこびから,みんなでなかよくきいたり,はなしたりする態度へみちびく」(6ページ),「いつでもはっきりした返事ができるようにさせる」(8ページ) などとかいている。やっと14ページになって,「あそびのなかの自然なことばをとりあげて,話しことばと文字をむすばせる」とかいており,語形法による文字指導をするように,教師をしむけている。こうした態度と能力をそだてる国語教育のなかで,子どもは音節もしらないで,音節文字をおぼえなければならないのである。めちゃくちゃである。

　音節は単語の音声的な側面の構成部分であって,単語のなかに存在し,いくつかつながって (あるいは単独で) 単語の語彙的な意味をになっている。したがって,ある音節がほかの音節とことなっているといえるのは,それらがことなる単語をなしているからである。たとえば,「カ」は「ガ」とことなる音節であるといえるのは,それらがことなる語彙的な意味をになっていて,ことなる単語をなしているからである。「ハ」と「バ」とがことなる音節であるといえるのは,「ハカ」と「バカ」とがことなる単語をなしているからである。もし,濁音が連濁という現象としてのみ存在するなら,「カ」と「ガ」,「ハ」と「バ」とをひとつの音節とみなしてもいいだろう。そういう事実から,子どもに音節を意識させるにあたって,その音節を内部にもっている単語をいくつかさしだすとともに,にている音節をもっている単語を比較することをさせなければ,子どもは音節を正確に意識できないのである。たとえば,なが母音をもつ音節は,みじか母音をもつ音節とくらべることで,子どもはそれを意識することができるのである。しかし,機能主義 (あるいは言語活動主義) のたちばをとるかぎり,教材はこのようにくみたてるわけにはいかない。

　音節と文字とのかかわりをおしえることが文字指導の中心的な課題であるが,機能主義のたちばをとると,その音節と文字との配列が音声学上の,正書法上の事実にそむいて,でたらめになる。たとえば,なが母音をもつ音節 (長音) は,その構造と表記のし方の複雑さから,当然みじか母音をもつ音節をおしえてからそのあとでおしえるべきであるが,機能主義のたちばをとると,それがはんたいになるようなことがおこりうる。まえにあげた大日本図書の教科書の10ページに「おおきいな」という文がでているが,それまでに「お」がおしえられているわけではない。さらに,おなじ長音にしても,単語によっては,「おう」とかきあらわしたり,「おお」とかきあらわしたりするわけだが,このばあい,「おう」とかきあらわすのが本則であるとするなら,まず本則をおしえて

から，そのあとで例外をおしえるべきである。単純母音である「あ」をおしえるまえに，重母音である「や」をおしえたりするようなでたらめさは，現在の教科書にはたくさんある。

ところで，音節についての指導が単語を土台にしておこなわれるなら，子どもにまえもって単語についての意識をもたせておかなければならない。しかし，単語それ自身は文の構成要素であるから，文とその文法的な構造をおしえずには，単語なるものを子どもにわからせるわけにはいかない。こうして，文字指導は文法指導からきりはなしては，なりたたなくなるのである。

そして，文の文法的な構造をおしえることは，正書法の指導と直接にからみあってくる。日本の正書法では，助詞の「ワ」は「は」とかき，「オ」は「を」とかくようにきまっているのだが，文は単語からくみたっており，そのくみたてのなかに助詞といわれる文法手段がもちいられている事実をしらなければ，「ワタシ」の「ワ」は「わ」とかき，「キミワ」の「ワ」は「は」とかくという正書法上のきまりはまもれるはずがない。たしかに，それぐらいのことは教科書の編集者もしっている。だから，大日本図書の例の教師用指導書は，助詞「は」がはじめてでてくるところで「文意識をそだて，基本文型を身につけさせる」という指導目標をかかげている。しかし，それは口さきだけのことで，文が単語からなりたっているという事実をおしえるため，それを子どもがまなびとるため，教材にとくべつの配慮がはらわれているわけではない。

文字をよんだり，かいたりする活動は，はなしたり，きいたりする活動とはちがって，はじめから言語活動にたいする意識的な態度を要求している。この種の活動は，言語活動の構成要素（音節や単語や文など）の意識的な分析と総合とをおこなわなければ，はじめからなりたたない。しかし，機能主義的な文字指導では，このような文字習得の心理学的な特殊性をかえりみないで，子どもに文字を所有させようとするのである。（もちろん，文字をよんだり，かいたりする活動は，熟練によって自動化するが，この問題はここではふれる必要はない。）

ここから教育学上のおしつけが生じてくる。たとえば，「キッタ」という単語の音節構造は kit-ta であって，その第１音節は「つまる音」でおわっているわけだが，第１音節のそういう内部構造をしらなければ，この単語を「きった」とはかけない。「つまる音」を子どもに意識させるためには，「ねこ」と「ねっこ」，「はか」と「はっか」と「はつか」とを比較させて，ちいさい「っ」でかいてある「つまる音」を分離させなけ

ればならないのだが，語形法による文字指導はそういうことをさせないでおいて，そうかけというのである。子どもはなぜそこにちいさい「っ」があるのか，なぜこの「っ」はちいさくかくのか，理由もわからないで，そうかくまでのことである。

　音節や単語や文などが意識できるように，教科書で配慮がなされていないばあい，子どもはそれらをどうして意識するのだろうか。それらが意識できなかったら，子どもはよむこともかくこともできないはずである。だが，子どもはよまなければならないし，かかなければならない。このむじゅんはどうして解決するのだろうか。第一に考えられることは，りくつぬきのまる暗記である。ちょうど入学まえの子どもが自分の名まえだけはかけるように。こうして，語形法は子どもの分析＝総合の活動をよびおこさない「おしつけ文字指導」であるといえるのである。しかも，それは，子どもの主体的な活動をだいじにするという，もっともらしい口実のもとにおこなわれているのである。

　教師がおしえるということは，まさに生徒がまなぶということなのであって，もともとそこにはむじゅんがないはずのものであるが，教授内容が科学によってたしかめられた事実にもとづかず，それが系統的に配列されていないばあいは，おしえることが生徒の思考活動を停止し，学習意欲，積極性をおしつぶし，教師の一方的なおしつけになってしまう。文字指導における機能主義は，こうした教授の典型である。

　しかし，実際問題として，教科書がどんなふうにつくられていようと，教師はひじょうにふじゅうぶんなかたちで，ひじょうにながい時間をかけて，子どもに文や単語や音節などをおしえているだろう。とくに，基本的な音節についていえば，その意識は五十音図にある文字をおぼえるために必要不可欠なものであるから，子どもは教師からそれをまなんで，それについての意識を形成している。もしそうでないとすれば，子どもは幼稚園でまなぶか，親からまなぶかして，音節意識をもつようになったのである。あとの方がより真実にちかいとすれば，1年生の国語教師は，文字指導にかんするかぎり，なにもしていないということになる。

　いずれにしても，文字指導における機能主義は，教室のなかでははじめから成立しない観念的な文字指導の方法だといえる。この方法では，さかだちしても，子どもに文字をおしえることはできないのである。したがって，それは現場の着実な実践をこんらんにおとしいれているだけのことなのである。しかし，そのこんらんの結果は，すべて子どもがしょわなければならない。

(2)

　このへんで無責任時代の最高の所産とでもいうべき学習指導要領とそれにもとづいてつくられた教科書のあらさがしはやめて、あるべき文字指導の体系は、どのような原則にしたがってくみたてられなければならないか、その原則を積極的にさしだすことにしよう。これからそれを箇条がきにするが、それですべてをくみつくしているわけではない。また、いくつかの原則のあいだにある相互関係はどう理解すべきか、いまはぼくにはよくわからない。この理論上の問題は、将来、言語学や心理学や教育学の発展がすぐれた文字指導の方法論をうみだして、解決をつけてくれることとおもう。

　(1) 現在は言語学や心理学や教育学が満足すべき状態にあるとはいえないかもしれないが、期待をもこめて、つぎの命題を出発点にかかげておく。文字指導はそれ自身の体系をなしていて、言語学や心理学や教育学がしめす法則ときまりのうえにくみたてられなければならない。

　(2) 言語学的な観点からみて、文字は言語の音声的な側面の表現者なのであるから、文字指導は直接に日本語の音声指導とむすびついていなければならない。日本語の音声指導（発音教育）ときりはなしては、文字指導は成立しない。しかも、このばあい、かな文字が音節文字であるという特質をいかなるばあいにもわすれてはならない。したがって、文字指導は、かならず、いくつかの単語を比較することで単語を音節に分割する作業、いくつかの音節で単語をくみたてる作業をともなわないわけにはいかないのである。子どもにとっては、文字の習得の過程は、同時に日本語の音声の意識的な研究の過程でもある。こうした文字指導の性格は、方言のつよい地域でするどくあらわれる。

　(3) 音節の配列（したがって教材のくみたて）は、なによりもまず、音声学がさしだす事実にもとづいて決定しなければならない。つくりの単純な音節から複雑な音節へ。このばあい、音節をくみたてている音韻のかずだけではなく、音韻の調音上の特質、音韻のあいだにある相互関係、音韻の歴史的な成立過程をも考慮する必要がある。たとえば、1音韻からなる音節から2音韻からなる音節へ、さらに3音韻からなる音節へとうつっていくのは当然であるが、おなじ2音韻からなりたつ、いくつかの音節は、音韻の調音上の特徴、音韻のあいだの相互関係などを考慮したうえで配列される。具体的にいえば、カ行音とタ行音とをおなじ破裂音グループにまとめるとし

て，もしそのあとに鼻音グループ（ナ行音とマ行音）をもってくるとしたら，まずカ行音をだし，タ行音につづけて，ナ行音を配置する。こうすることによって，調音の位置と方法についての初歩的な知識を子どもにあたえることができる。この知識は，発音できない音節を発音させるときに，やくにたつ。

(4) 音節の配列は，同時に，それをかきあらわす方法を考慮して，決定する必要がある。おなじ2音韻からなりたつ音節であっても，拗音は2字でかきあらわすから，直音をおしえたあとであつかわなければならない。

(5) さらに，頻度を考慮する必要がある。たとえば，ラ行音はあまりつかわれていないので，この音節をさきにあつかうと，用例（単語）の選択にくるしむだろう。頻度のたかい音節は，豊富な，しかもてきせつな用例で説明できる。

(6) また，音節の配列は，子どもによる習得のむずかしさを考慮する必要がある。一般的にみて，子どもにとってはサ行音の所有がむずかしいとすれば，容易に発音できるタ行音をおしえてから，サ行音にうつるべきである。すでに所有している音節を土台にして，まだ所有していない音節にすすまなければならない。

(7) この原則は音声的になまりのつよい方言地域では重要さをましてくる。たとえば，「キ」という音節があっても，「イ」という音節のない方言をつかう地方では，「イ」という音節の発音はむずかしいので，「キ」をおしえ，その「キ」から「イ」をとりだすというかっこうで，「イ」をおしえる方がいい。東京では「シ」をおしえたあとで，「ヒ」をおしえる方がいい。音節の配列は方言の音声的な特徴に影響されるのであるから，国語教師は方言を研究しておく必要がある。

(8) 字形のにている文字をたえず比較させなければならない。

(9) 文字をよむこととかくこととを同時に，平行させて指導しなければならない。ややもすると，文字をよむことに重点をおく傾向があるが，それは，子どもが文字をかけなければ，ほんとうの意味で文字を所有したことにはならないという事実を無視している。また，子どもが文字をかけるようにすることは，子どもの文字所有を定着させることでもあるし，文字を所有することの積極的な意味，おもしろさをおしえることにもなる。可能なる範囲に，おしえた文字をつかって，単語なり文なりをかかさなければならない。

(10) 文字指導を文法指導からきりはなしてはいけない。単語を土台にして音節の分析と総合がおこなわれるのであるから，音節を意識させるまえに，単語を意識させて

おかなければならない。そのためには，文は単語からなりたっているという事実をまずおしえておく必要がある。文章から文を分離し，さらに文から単語を分離する作業をおこなう必要がある。これはマルのうち方，「わかちがき」の指導とも関係している。日本の正書法は原則として表音主義であるが，形態論と関係して部分的に歴史主義をのこしている。いわゆる「助詞」による単語の文法的なかたちづくりの概念をもたなければ，正書法にしたがって文章がかけない。

(11) 単語の語構成的なつくりをおしえることから，文字指導と正書法指導とはきりはなせない。「じ」と「ぢ」，「ず」と「づ」とのつかいわけ。

(12) 文字指導はたんに文字をかくことの技術的な指導であるとみてはいけない。なによりもまず，それは字びき作業ときんみつにむすびついていて，単語の語彙的な意味とその音声構造との実際的な研究である。したがって，文字指導は子どものヴォキャブラリーをゆたかにするように組織されていなければならない。

(13) 文字指導のなかでまなびとった単語は，子どもが文のなかにつかってみなければならない。そうしなければ，単語は子どもの積極的な所有にならないばかりか，所有した文字をつかったことにもならない。さらに，文は文章に発展する。いいかえるなら文字指導は，つねに，子どもの言語活動の発達をうながすようにくみたてられていなければならないのである。

(14) 子どもの言語活動の発達を保障する文字指導は，そのことによって同時に子どもの思考の発達をも考慮しなければならない。

(15) 文字指導の体系は教授学の原則にしたがって組織されていなければならない。たとえば，まえの課目で学習したことは，あとの課目で学習することの前提になるように。第1課でまなんだ知識なり技術なりは，第2課であたらしく提出される課題の解決にとって必要な知識であり，技術なのである。たとえば，濁音をまなぶことは，連濁をまなぶことの前提であり，連濁をまなぶことは，「じ」と「ぢ」，「ず」と「づ」とのつかいわけをしるための前提である。この種の順次性が時間的にきりさかれているばあいは，「くりかえし」をやって，あたらしい課題にとりくまなければならない。

(16) 文字習得のむずかしさをやわらげるために，カードや絵やカルタなどをじゅうぶんに利用する必要がある。

(17) 文字指導におけるあらゆる作業が分析と総合の過程になっていて，子どもの思考を積極的に活動させなければならない。

(3)

　さて, まえにあげた原則をただしいものだとみとめるなら, この原則をまもって, 文字指導の体系をどのようにくみたてるべきだろうか。いうまでもなく, 文字指導の過程は教授の内容と方法にしたがって, いくつかの段階にわかれるが, その全過程をどのような段階にわけるか, それぞれの段階ではどのような作業がどのような方法でおこなわれるか, この問題を全面的にあきらかにすることは, ぼくにはむずかしい。それはむしろ全国の実践家と理論家が協力して, すこしずつあきらかにしていく性質のものであろう。しかし, だれかが仮説をださなければ, その協力も成立しないのだから, ぼくがあえて見とり図をえがくことにする。批判的な検討をぬきにして, まっすぐ実践にもちこみ, そのあやまりの責任をぼくにおわせないでいただきたい。ぼくは文字指導の全過程をまずおおまかにつぎのみっつの段階にわける。

　第1　準備の段階
　第2　音節とむすびつけて実際に文字を提示し, 指導する段階
　第3　文法指導とむすびつけて正書法を指導する段階

　ぼくはこの全過程を文字指導ではなく, 日本語指導としてとらえることができるとおもう。そういうふうに考えたばあいには, 第1と第2の段階とを文字指導の段階とみなし, 第3の段階を, 発音や正書法をもふくめての文法指導の段階であるとみなせばいい。このようにみる方がただしい根拠は, つぎの点にある。おそらく, 国語科は最初の段階では全時間が文字指導につかわれるだろうし, その文字指導がおわったら, 国語科はよみ方指導と文法指導とにわかれるだろう。したがって, 1年生の後半では国語科は「よみ方読本」と「日本語」との2冊の教科書が必要になる。だが, ここではこの問題にはふかいりしないで, まえにあげたみっつの段階での作業について, 具体的に説明することにしよう。

　第1の段階　実際的な文字指導にはいるまえに, 準備の段階が必要であることは, おおくの実践が証明してくれている。この準備の段階を一般的に規定するなら, 文字習得に必要な条件をまえもってととのえておくことである。そして, この段階でおこなわれる作業の内容は, おおまかにみても, (1)文や単語や音節についての初歩的な概念（表象）を子どもにあたえる, (2)文字についての初歩的な概念をあたえて, 文字学習を動機づける, (3)子どもが文字ににている図形, ならびに文字の構成要素をみわけたり,

かいたりできるようにする，(4)鉛筆のもち方，かくときの姿勢などについての指導をおこなう，(5)手さき，指さきの筋肉の発達をうながすなど，いろいろあるだろう。

　すでにのべてあるように，音節の意識をもたなければ，子どもは文字の習得が不可能なのであるから，準備の段階での作業の中心はここにあるだろう。しかし，音節意識は単語の音声的な側面を分析することで獲得されるなら，そのまえに単語についての意識をそだてる作業が先行しなければならない。つまり，文から単語をとりだす作業がさきにおこなわれていなければならないのである。こうして，文のつながりから文をとりだし，その文から単語を，その単語から音節をとりだしていく，ひとつながりの作業が，この準備の段階でおこなわれるということになる。この作業のなかで，子どもは文や単語や音節についての意識を獲得する。

　もちろん，この準備の段階で文，単語，音節についての初歩的な概念（あるいは表象）をあたえる作業は，口頭でおこなわれ，実際的でなければならない。絵や具体物をみせて，教師は発問で子どもに文をつくらせたり，あるいは教師自身が文をつくって，子どもにそれをくりかえさせたりする。つまり，実際的な練習をつうじて，文とはなにかということを子どもに意識させるのである。したがって，文とはなにかということの概念規定をあたえる必要はない。この段階で「文」という用語をあたえるべきか，このことはいまのところぼくにはわからない。（教師がまえもって文に相応する絵をいくつもつくっておき，紙芝居ふうにそれをつらねて，物語りをかたってきかせるというような，いろんなくふうがなされるべきであろう。）

　さらに，いくつかの文をくらべることから文が単語からなりたっていることを意識させ，文から単語をぬきだす作業をおこなわなければならない。もちろん，この作業も絵をもちいながら，口頭ですすめられる。たとえば，「犬がすわっている」絵，「犬がたっている」絵，「犬がはしっている」絵を文になおして，それらをくらべて，単語「いぬ」をぬきだす。はんたいに，「犬がはしっている」絵，「自動車がはしっている」絵，「人間がはしっている」絵を文になおし，それらをくらべて，単語「はしる」をぬきだす。さらに，とりだした単語をもちいて，文をこしらえる作業をおこなう必要がある。この作業のなかで単語の概念を規定する必要はないが，用語としての「単語」をあたえるべきか，やはりぼくにはわからない。

　子どもが単語を意識できたら，さきにすすんで，単語が音節からなりたっていることを意識させなければならない。このばあい教師が単語をゆっくり音節にくぎって発音

し，子どもがそれをくりかえす方法が一ばんたいせつである。つまり，音節のあざやかな知覚が単語の音節構造を理解するための最良の方法なのである。さらに，音節のかずをゆびでかぞえたりして，音節が調音活動における単位であることを意識させるための，いろんな技術的な方法がもちいられる。（たとえば，手のひらを口のまえにおき，「あ・た・ま」とゆっくり発音させ，呼気が3回あることを手のひらに知覚させる。）こうして，単語から音節が分離できたら，音節で単語をくみたてたり，音節をひっくりかえしたりして（「カバ」のはんたいはなにか），子どもの音節意識を定着させなければならない。音節のばあいは，文や単語とはちがって，用語をあたえる必要があるだろう。それが「オン」とか「オト」とかいう代用品であっても，用語をあたえておかなければ，これからの授業がうまくすすまないだろう。準備でおこなう，この種の言語活動の構成要素の分析と総合は文字指導のつぎの段階にはいっても，たえずくりかえしておこなわれる。

さて，このひとつながりの作業がおわったら，文字が音節をあらわすことを，実際に文字をつかって（子どもがその文字をしらなくてもいい），理解させなければならない。こうして，文字を学習することを意味づけ，子どもの文字学習への関心をたかめる。

さらに，文字の習得にあたって必要なことは，図形としての文字をかく能力である。この能力を子どものものにするために，絵や文字ににせている図形をかかさなければならない。この練習をとおして，子どもは手や指の筋肉を発達させる。さらに，このときに，鉛筆のにぎりしめ方，ノートの位置，かく姿勢などについての指導がなされる。

言語活動の分析と総合の作業は，子どもの言語活動（はなし方）の能力をたかめるだろう。つまり，子どもに身じかなテーマをめぐる教師と子どもとのはなしあいは，子どもの所有する単語の量をゆたかにし，その単語の意味と発音とを正確なものにし，それで文をくみたてて，自分の考えを正確に表現することになれさせるだろう。

第2の段階 以上のような準備がおわったら，実際に文字を提示して，子どもにそれをおぼえさせる段階にはいるわけだが，この段階は音節のつくりやその表記のし方の特殊性に応じて，それ自身いくつかの段階にわかれる。このステップをどのようにくむべきか，ひとつのばあいをあげよう。

(1) ひとつの母音だけでできている，もっとも単純な音節（ア行音）をおしえる。

(2) 拗音をのぞいて，子音と母音とからなりたっている音節をおしえる。この段階では，どの行の音節からさきにおしえるべきかという，むずかしい問題のこる。五

十音図どおりにおしえたとしても，ラ行音は一番おしまいにくるから問題はない。そのほかの音節について，どれからさきにおしえるべきかということは音節相互の関係，子どもの音節所有の状態などを考慮して，決定すべきである。子音と母音とからなりたつ音節を，子音の調音上の方法と位置とに応じて，ひとまず表にまとめておき，出発点にたつ音節がきまれば，それを基準にして展開していけばいい。「直音」といわれる音節のグループを，調音上の方法にしたがって分類すれば，つぎのようになる。

  a 破裂音グループ（カ行とタ行）
  b 鼻音グループ（ナ行とマ行）
  c 摩擦音グループ（サ行とハ行）
  d 打音グループ（ラ行）

他方では，調音上の位置にしたがって，直音を分類しておく必要がある。たとえば，歯うら音グループとしてタ行音，ナ行音，サ行音。
 (3)重母音でできている音節（や，ゆ，よ，わ）をおしえる。
 (4)清音との対比のなかで濁音，半濁音をおしえる。
 (5)撥音「ん」をおしえる。
 (6)促音をおしえる。
 (7)短音との対比のなかで長音をおしえる。
 (8)直音との比較のなかで，拗音をおしえる（たとえば，「キャ」と「カ」と対立させて）。[*]

この段階では，たくさんの単語を例にあげて，比較＝分析をおこない，ひとつひとつの音節についてのはっきりした意識をもたなければならない。とくに，1音節が2文字，3文字でかかれているばあい，それが2音節，3音節でないことに注意させなければならない。この段階でも，もちろん，子どもの言語活動の発達をうながすように，いろんな配慮がなされる。まなびしった文字の範囲のなかで，子どもに単語や文をかかせたり，文章をよませたりする必要がある。

 第3の段階 この第3の段階では，文字指導の観点からは，いわゆる「助詞」のかきあらわし方，「じ」と「ぢ」，「ず」と「づ」とのつかいわけがおしえられるわけだが，このことをおしえるためには，まえもって文法指導（語構成的なつくりの指導をふくめて）をおこなっておく必要があるし，その文法指導なるものは，これらの正書法上のき

まりをしることだけに奉仕しているわけではないのだから、まえにものべたように、この第3の段階を文法指導の段階であると規定した方がただしい。この第3の段階でおこなう文法指導は、準備の段階でおこなう文法指導とくらべて、たとえ初歩的なものにしろ、文や単語についての概念規定と用語とがあたえられる。さらに、「助詞」といわれる文法手段についての初歩的な概念があたえられる。この作業のなかで、正書法上のきまりをあつかえばいいだろう。これらの作業を段階にわけると、だいたいつぎのようになる。

　(1) 文の基本的な特徴（主語と述語とからなりたっていること）をおしえる。文の文法的な構造を理解させるためには、疑問代名詞をもちいて、「主語」とか「述語」とかいう用語も概念もおしえない。文のおわったところでマルをうつことをおしえる。

　(2) 文から単語をぬきだして、単語の基本的な特徴のひとつ（それがもの、もののうごきや性質などをあらわしていること）をおしえる。

　(3) 単語をつかって、文をつくるとき、ものをあらわす単語（名詞）には助詞がくっつくことを理解させて、その助詞をあらわす「は」,「を」,「へ」をおしえる。

　(4) 単語をふたつかさねると、ひとつの単語ができること、そのときに連濁の現象がおこることを理解させて、「じ」と「ぢ」,「ず」と「づ」とのつかいわけをおしえる。

　(5) オ列長音、エ列長音の例外をおしえる。

この段階では、ひとつながりの文をつくる指導、つづり方指導ができる。また、そのことをしなかったら、いままでおしえてきたことの意味が半分にへってしまう。いや、なくなってしまうといっても、いいすぎにはならない。なぜなら、正確で、体系的な言語学上の知識は、よむためというよりも、むしろかくために必要なのであるから。[*]

　　この原稿は、1964年1月10日から3日間、明星学園の国語部でおこなった教科書つくりのための合宿研究会で報告した。教科書の原案はだいたいできあがって、4月のはじめに麦書房から出版される予定である。一そうの具体化はそのほうを参照していただきたい。

小学校低学年用日本語指導教科書
『にっぽんご』について

◇『にっぽんご』の刊行計画

　さく年の4月から,明星学園で小学校低学年用の日本語指導の教科書をつくるしごとをはじめた。他方,わたしの所属している教科研・国語部会でもこの種の教科書をつくる計画をもっていたので,教科研・国語部会は明星学園のこのしごとに積極的に協力することにした。具体的にもうしあげるなら,小学校1年と2年の教科書『にっぽんご』は,明星学園の国語部がひきうけ,そのしごとに教科研・東京国語部会のメンバーが協力する。3年用の『にっぽんご』は教科研・岡山国語部会,4年用の『にっぽんご』は教科研・新潟国語部会がひきうける。[*]わたしたちはこの計画でしごとをすすめ,まずはじめに1年生の文字指導のための『にっぽんご』の(1)をここに出版するはこびになった。おなじく1年生用の『にっぽんご』の(2)は,ことしの8月に出版される。これには日本語の発音,正書法,文法をめぐる初歩的な知識が内容にとりいれられている。2年生用の『にっぽんご』は来年の4月に出版する予定でいる。3年・4年用の出版は,順調にすすめば,さらい年の4月になるが,正確な期日はお約束できない。

◇この本の特色

　日本のかな文字は音節をあらわす文字であるから,音節の意識をもつことは,かな文字を習得するための前提になる。音節をしらないものは,文字はもてない。だから,かな文字の指導では,たとえば,「アタマ」とか「アヒル」とかいう単語がみっつの音節からなりたっていて,そのはじめに「ア」という音節のあることに気づかせる。その「ア」という音節を,それをふくむ単語から分離する。そのあとで,「ア」という音節は「あ」という文字でかきあらわすことをおしえる。これは,おかあさんや先生がたがだれでもふんでいるかな文字指導の手順である。わたしたちは,その,ふるくからおこなわれている,きわめて常識的なかな文字指導の方法をたいせつにしたいとおもう。

　だが,この本では,文字を音声とむすびつけておしえる原則は,かな文字指導のあらゆるばあいに意識的に適用している。たとえば,つまる音をおしえるばあい,「マチ」

と「マッチ」,「ネコ」と「ネッコ」とをくらべて,あとの単語には「つまる音」のあることを意識させる。そのあとで,そのつまる音はちいさい「っ」でかきあらわすことをおしえる。さらに,「はか」と「はっか」と「はつか」とをくらべて,それらの音節構造のちがいを説明し,つまる音をちいさくかくことの理由をあきらかにする。この本の特色といえば,「音声法」とでもいうべき,伝統的な文字指導の方法を科学的な音声学の線のうえにのせて,つらぬきとおしているということである。

『にっぽんご５』の刊行にあたって

（１）きれいな発音ではなすために，日本人が日本語の標準的な音声を意識的に習得するのは当然のことだが，特殊な職業人，たとえば歌手とか俳優とかアナウンサーとかをのぞいては，日本人のほとんどがこの努力をおこなっていない。こういう状態は，音声指導を国語科に位置づけない教育に責任がある。典型的な標準語の音声でしゃべることができると，うぬぼれている人たちでさえ，どこかに個人的なくせがあって，完全な標準的な音声の所有者はほとんどいない。きれいな，標準的な音声を所有するために，日本人はすべて音声指導をうける必要がある。現代の人間は発音のし方にも美の規準をあてはめるにちがいないのである。

だが，音声指導のねらいをこのように限定すると，せまくなる。音声指導をうけて音声現象の知識をもつことの必要は，まず文字と正書法との正確な所有にかかわる。さらに，語彙現象を法則的につかまえるためにも，音声学の知識はかかすことはできない。たとえば，「やまかわ」と「やまがわ」とをくらべると，連濁のあるなしが語彙的な意味のちがいをしめしている。音便の現象などでもわかるように，文法現象の理解のためにも音声学の知識が必要である。

言語においては，音声の体系は意味をになう物質である。この物質のないところには語彙も文法もありえない。したがって，言語の意識的な習得において，音声体系の研究は出発点にあるといえる。どこの国の文法書をみても，はじめの章に音声のことが体系的に記述してある。

（２）大衆の意識のなかで東北方言の音声上のなまりが愚鈍と無知と貧困のシンボルになっているとき，国語科に音声指導がかけていることの被害をいちばんつよくうけているのは，東北でそだった人たちである。科学的な音声学をおしえて，それにもとづく意識的な，計画的な訓練をかさねれば，子どもはすみやかに標準的な音声の所有者になれることは，遠藤熊吉翁のすぐれた実践が証明している。標準語との比較において，東北方言の特殊性はことに音声のなかにある。したがって，標準語と方言との音声的な対応を法則的にとらえるなら，東北の人たちはきわめて能率的に標準語の習得ができるのである。だが，音声指導をかいた今日の国語教育では，東北の子どもの標準語の習得過

程は経験的になり，まる暗記の苦難の道になる。学校教育は東北の子どもたちをやさしくいたわりながら，標準語の完全な所有者にそだてなかった。

ところで，今日の日本の標準語は日本人の民族語であって，日本人の文化のうつわであるから，東北の子どもたちの標準語の不完全な所有は，かれらを日本人の科学と芸術の世界からとおざけてしまう。そればかりではなく，職業の選択の自由をうばい，劣等感までうえつけて，東京と東北との差別を固定化する。標準語教育に直接的につながる音声指導は，東北の子どもたちを方言劣等感から解放するために，かれらを東北の，そして日本のかがやかしい未来の建設者にそだてるために必要なのである。

（3）外国語の発音に習熟しようとすれば，外国語ばかりではなく，母国語の音声の科学的な理解が必要な条件になる。母国語との比較をぬきにした経験的な学習では，けっして完全な外国語の音声の所有者になれないことは，いままでの英語教育が証明してくれる。この教科書は，英語教育につながるように，必要なところで国際音声記号をとりいれている。

（4）以上のような理由で，教科研・国語部会はまえまえから国語科での音声指導の必要を主張してきたのであるが，その実践のためのテキストを体系的な日本語指導のテキスト『にっぽんご』の一冊にまとめて，いま全国の国語教師のまえに発表するはこびになった。このテキストの著者たちは教科研・国語部会に属する秋田の国語教師たちである。ながいあいだにわたって，この国語教師たちを理論的に指導してきたのは，沖縄方言の研究で著名な教科研・国語部会の上村幸雄である。

『漢字・にっぽんご7』の発行にあたって

　(1) 漢字の体系的な指導のための教科書を用意しなければならないと，教科研・国語部会はまえまえから考えていた。この考えは教科研・国語部会の56年テーゼのなかにすでにしめしてあるのだが，最近になってこの種の教科書にたいする要求はいちだんとつよまってきている。『教育国語』の7号，8号，11号にのっている根本今朝男，宮下久夫，金井伍一の論文*は，この道をきりひらいてもらうためのものであって，中央世話人会が国語部会の要求を意図的にとりあげたのである。だが，ぼくたちは，68年になっても，ちかい将来に一冊にまとめあげるとは，考えてもみなかった。

　正直にいって，教科研・国語部会のなかまには，漢字論，まして文字論一般を専門的に研究しているものはひとりもいないのだし，科学的で体系的な，しかも子どもがちかづくことのできる教科書をうまくつくりあげる自信は，まったくなかったのである。それに，ぼくたちのなかまはほとんどがローマ字論者であるか，かな文字論者であって，自分たちの日ごろの主張と漢字指導とを矛盾なくむすびつけることのむずかしさを考えてみると，漢字の教科書の作成に手をだすことに，たじろぎを感じないわけにいかないのである。

　しかし，あたらしい『小学校学習指導要領』の発表は，ぼくたちの，このような自信のなさとたじろぎとをいっぺんにふきとばしてしまった。事がさしせまっているとき，では君たちはいつそういう能力と自信がつくのかと，とわれたところで，返事のしようもなく，具体的な作業のなかでひとつひとつ解決していくしか手がないのである。中央世話人会はさくねん，つまり68年の9月の例会で漢字の教科書をつくることに決定した。

　(2) 御承知のように，現行の，小学校の「指導要領」は，方法論上の配慮をなんらしないで，教育漢字の881字を学年にわりあてている。これにしたがう検定教科書は，その漢字を適当にテキストのなかに配置するわけだ。したがって，この学年のこの時期になぜこの漢字を提出するのか，なんの必然性もなく，ひとつひとつの漢字のあいだには方法論上の関係づけはみいだせない。子どもたちは，ひたすら反復練習というかたちで，いちいちの漢字の機械的な暗記をつみかさねていくだけのことである。たしかに，

漢字の発展において基本的な文字としてはたらいている象形文字が，1年生におおくわりあてられているが，そのことは指導の方法とはなんの関係もない。もし文部省が指導の方法をしめさないとすれば，教育漢字をきめたり，これを学年に配当したりする資格はない。なぜなら，そこには教育学的な根拠はみいだせないからである。しかし，こうした無原則的な，でたとこ勝負の漢字指導も，教育漢字のかずがすくなければ，子どもにそれほどおおきな害をもたらさないだろう。

ところで，あたらしい「指導要領」では，なんら方法論上の改善もなく，おしえればおぼえるといった，まったくの無責任さで小学校であつかう漢字のかずを115字もふやしている。教育漢字のかずの実質的な増加は，石井君*のような教師がいれば，これでおわるという保証もなく，国語科がふたたび漢字地獄になるだろうという心配は，現実的なものになってきたのである。従来の，古典的な漢字論でよい，これにもとづいて方法論をあみだし，提出の順序もそれに応じてかえるなら，漢字指導は合理的なものになるし，教師も子どももむだな努力をはぶくことができるのだが，文部省がそういう配慮をなんらおこなわないで，無原則的に教育漢字のかずをふやすのは，国語科のなかでの子どもを機械的な漢字学習にしばりつけることを意味している。この種の漢字指導は，いちいちの漢字を相互に関係づけることはなく，したがって子どもの思考活動を停止させてしまう。考えない子どもをつくる教育に，漢字指導はひじょうに有効だといえる。

このような機械的な漢字学習に比重をかけた国語教育は，やたらに文書を生産することが有意義なしごとであるかのようにみえる時代の下級官吏の養成に都合がいいといえるが，無知，無学の人間をつくりだすにちがいない。このような国語教育では，なるほど子どもは漢字をたくさんおぼえこむかもしれないが，漢字の背後にある単語の世界，単語の背後にある概念と形象の世界には，とうていちかづけないからである。

漢字もことばをかきあらわす記号であって，漢字をしっているからといって，ことばを所有していることにはならない。現実を論理的に，形象的に表現するのは，ことばであって，漢字という文字ではないのだから，漢字をやたらにおぼえたとしても，現実認識がおこなわれたことにはならない。したがって，子どもをかしこくしようとするなら，やたらに漢字をおぼえさせるのではなく，ことばをとおして子どもに現実認識をさせなければならない。だが，国語科が漢字指導においまわされると，そのだいじなしごとはなおざりになる。

漢字が単語をつたえるための手段であるなら，漢字指導のまえに，子どもの所有する

単語をゆたかにしてやることがさきにある。とすれば、とくに小学校で、いちいちの漢字をあわてて881字もおぼえさせる必要はない。漢字がどのような文字であるかということを理解させる、漢和辞典をひけるようにする、体系的な漢字指導が成立するのに必要なかずだけ、漢字を提出すれば、じゅうぶんである。おそらく、そのかずは500字をこえないだろう。そして、体系的な漢字指導もおわって、子どもが漢和辞典がひけるようになったら、いちいちの漢字を教室でとくべつに指導する必要はまったくない。せまい意味でのよみ方指導のなかであつかうだけでよいだろう。

（3）もし、ぼくたちが漢字においかけまわされる国語教育を拒否するなら、子どもたちの漢字学習を合理的なものにするため、体系的な漢字指導の教科書を用意する必要がある。漢字の本質的な性格、そのよみ方と意味、これを表現する構造、さらに画数から筆順にいたるまで、一般的な法則として子どもにおしえておけば、子どもの漢字学習は教師の手から解放されるにちがいない。こう考えて、この教科書の作成にのりだすことにきめたわけだが、教科研・国語部会の中央世話人会は、理論上の援助はするという約束で、具体的な作業をすべて明星学園・国語部にまかせることにした。強力な集団によってみじかい時間のうちにしあげる必要があったからである。また、明星学園では、漢字指導の教科書をつくることは、すでにプログラムにくまれていて、下原稿になる程度のものは、すでにできあがっていた。この教科書をつくる作業をはじめたのは、『もじのほん』の改訂がおわってからまもない、68年の10月25日のことである。原稿の完成は69年の4月17日であったから、やく半年のあいだにこの教科書をつくりあげたことになる。

（4）作業をはじめた当初、この教科書は、明星学園の要求にあわせて、小学校の5、6年生の教材になるように、内容と形式とをくみたてる約束であった。だが、作業をすすめているうちに、学習者を5、6年生に限定したばあい、完結したかたちの漢字教科書をつくることは、ほとんど不可能であると、しだいにはっきりしてきた。「完結したかたち」というのは、ぼくたちの主観的な願いには依存しない、客観的な法則として、漢字の発生、発展、消滅の歴史的な過程をえがきだしてみせることである。この教科書が最初のものであり、最後のものになるかもしれないと考えると、なおさらそうする必要があった。さきざきの国語教育のため、体系的な漢字指導の全体的な見とり図をえがいておくことが必要なのである。

たしかに、ぼくたちは、最初は、漢字指導を合理的なものにし、子どもにより能率的

に漢字を所有してもらうことを，このしごとのねらいにしていた。このようなねらいがわるいわけではないが，それだけなら，ぼくたちのしごとは，へたをすると，文部省式の漢字指導のほろをいくらかでもつくろうという性質のものになってしまう。そして，能率的におぼえた，その漢字をむやみやたらにつかって，文章をかたぐるしく，よみづらく，あじけなく，からっぽにしてしまう漢字の愛用者に，子どもたちはけっしてならない，という保証はどこにもない。戦後になって，漢字をおしえないことで，ローマ字化を実現しようと考えた国語教師がいたようだが，それは国民を文盲にするだけのことである。子どもが必要に応じて漢字の所有をひろげていくために，基本漢字と漢字づくりの法則は，ぜひともおしえておかなければならない。そして，これだけでは，復古主義者をつくるおそれがあるから，文字史のなかに位置づけながら，漢字が将来どのように発展していくか，具体的な事実にもとづいてあきらかにする必要がある。

　漢字の保存をねがう保守主義者がしばしばそうであるように，感情をむきだしにすることは，教科書ではゆるされない。そうであれば，ぼくたちは漢字の歴史的な過程を，おおまかであれ，つめたくえがきだす以外に方法がないのである。こうすることによって，子どもは漢字の本質的な特徴を理解しながら，漢字の運命をもみとおすことができるようになるだろう。

　このような事情で，この教科書の内容は，準備のととのった子どもであれば，中学の1年，おそらく2，3年の子どもにふさわしいものになってしまった。「準備のととのった」というのは，『にっぽんご』の(4)，(5)[*]の学習をおえているという意味である。しかし，この教科書の内容は，高校や大学の学生にあたえても，やさしすぎるということはないだろう。

　完結したかたちで漢字の教科書をつくることによって，『にっぽんご』の(2)，(3)，[*](4)を改訂しなければならなくなった。つまり，小学校の子どもたちが漢字を合理的に所有していくための，初歩的な知識は，『にっぽんご』のそれぞれの巻であつかわなければならないのである。そこであつかわれる知識をさらに発展させて，体系づけるのが，この教科書の任務だともいえる。『にっぽんご』の(2)，(3)，(4)の改訂の作業がおわれば，小学校の各学年で，どのような漢字をどのような順序でおしえるべきか，はっきりしてくるだろう。漢字指導にふかい関心をよせている国語教師なら，この教科書をよんでいただくだけで，このような見とおしがたつだろう。

　（5）この教科書は，それぞれの章がいくつかの規定のセット，これを具体化する用

例からできている。これを本文とすれば，その本文をおぎなう説明文が，すべての章ではないが，くっついている。この説明文では，本文であたえられた静的な論理が歴史的な過程としてとらえなおされている。例証や用語の規定が本文であたえられているから，本文をよまなければ，説明文の内容は理解しにくいだろう。しかし，本文の方は説明文なしで理解できるようになっている。そして，その内容もそれほどむずかしいものではない。

　もし，この教科書を実用的な観点からのみ利用しようとするなら，本文だけを学習すれば，じゅうぶんだといえる。小学校の5, 6年なら，そういう利用のし方もいいだろう。『にっぽんご』の改訂の作業をいそぐ予定だが，それまではこの教科書を，小学校の子どものためにも，うまく利用していただきたい。

『小学生のための日本語』第1章への解説（草稿）

　第1章では，はなしあいの単位としての文をおしえます。はなし手は文をつかって，自分のもっている知識，自分の意見，自分の希望や欲求をあい手につたえます。また，文をつかって，あい手が動作をおこなうことを命令したり，すすめたり，忠告したりします。さらに，自分のしりたいとおもっていることを，あい手にたずねたりもします。ですから，文は，このようなはたらきにあわせて，文型（センテンスタイプ）にわけることができます。

　この第1章は，はなしあいのなかでのはたらきにおうじて，さまざまな文を子どもたちにおしえるようにくみたてられています。むかしから伝統的な言語学は，文を使用の目的にあわせて，平叙文，疑問文，命令文にわけていますが，ここではこの分類をすこしばかり修正して，おしえるようになっています。たとえば，ここでは希求文を文のタイプとして設定してあります。あい手へのはたらきかけ性をうしなった希求であるとして，命令文のうちのひとつの下位タイプであるとみなすこともできます。20世紀のなかごろからは，目的に照応するところの文の分類は，文のもっているモーダルな意味にしたがうところの分類であるとみなされるようになっています。モーダルな意味とは，おおくの学者の意見にしたがえば，はなし手がとりむすぶところの，文の対象的な内容と現実との関係です。この関係づけをとおして，はなし手は現実（あい手をふくめて）にたいする態度を表現することになります。たとえば，平叙文においては，もっとも単純なばあいにおいて，はなし手は現実の世界の出来事をうつしとって，あい手につたえています。うつしとって，つたえるということは，平叙文のもっとも基本的な任務です。はなし手は，こうすることで，現実にたいする態度を表現します。しかし，はなし手は平叙文をつかって，現実の世界におこった出来事をつたえるばかりではありません。はなし手はあたらしい現実をあたまのなかでつくりだして，この現実をあい手につたえることもあります。つまり，文の対象的な内容のなかにえがきだされる出来事は，はなし手の意志であったり，予想であったり，予定であったりするのです。文の対象的な内容がはなし手自身の未来の動作であるばあいには，文のモーダルな意味はそのような色彩をおびてきます。ですから，平叙文のモーダルな意味を現実の世界の出来事の確認であ

り，伝達であるとするのは，土台にある意味をとらえているとしても，たいへんな単純化です。「あした雨がふる。」というような確信的な判断を表現する文に，平叙文をひとまとめにしてしまうことになります。実際には，現実の世界の出来事をとらえて，つたえているとしても，それは，はなし手の意見であったり，確信であったり，予想であったりします。平叙文のモーダルな意味は，文の対象的な内容であるところの出来事の性格にあわせて，その出来事が場面や文脈のなかでどのようにはたらいているかということから，とらえていかなければなりません。したがって，文が対象的な内容になにをさしだしているかということは，文のモーダルな意味を理解するうえで，きわめて重要な意味をもってきます。

　平叙文は，現実の世界の出来事をとらえて，それをあい手につたえると，一般的に規定するとしても，出来事の現実性はかならずしもレアルな存在ではありません。人間は，可能性としての出来事も，必要性としての出来事も，必然としての出来事も，要求としての出来事をも確認して，つたえます。これらの文は，4年生におしえる教材として，この教科書のこの章ではおしえないことにしています。平叙文の基本的なはたらきを，まず生徒に理解させることにします。さらに，平叙文は，出来事をどのようにしてとらえているかということで，下位タイプに分類することができます。事実を直接的に観察してとらえたり，事実から想像したり，推理したりしてとらえたりします。人からきいて，しったりします。このことから平叙文は，「だろう」「らしい」「ようだ」「はずだ」「そうだ」のような助詞をともなって，さまざまなタイプの文にわかれていきます。このような確認の作業をはなし手が自分でおこなうとすれば，その確認がはなし手にとって確信的であったり，あいまいなものであったり，うたがわしいものであったりします。ですから平叙文は，「にちがいない」「かもしれない」のようをモーダルな助詞をしばしばともないます。あるいは，「かならず」「きっと」「たぶん」「おそらく」のような，はなし手の確信の度合いを表現する陳述副詞を文のなかに配置します。このような，たしかさを表現する文末の助詞，確信の度合いを表現する陳述副詞については，この章では体系的に記述しません。5，6年生の教科書で，文のさまざまをふたたびとりあげるときに，教科書に記述することにします。

　2番めの文型として疑問文をとりあげて，「はなし手が自分のしりたいことをたずねる文」と規定しています。わたしたちのまえの教科書では，「しらないことをたずねる」

と規定してありますが、しらなくても、しりたくなければ、たずねることはしないでしょうから、あたらしい規定の意味は理解していただけるとおもいます。疑問文のはなし手は、しらないことをしることに、おおきな関心をよせているわけです。したがって、よみ方教師にとってみれば、疑問文のはなし手は、あい手になにをしりたくて、たずねるのか、はっきりさせなければなりません。しかし、この規定は、疑問文の本質的な特徴をとらえるにとどまっていて、さまざまな意味をとらえることにはなりません。とくによみ方教師は、疑問文のさまざまな形式、それが表現するさまざまな意味をじゅうぶんに理解していなければ、作品をみごとによみとることはできないでしょう。

　言語学者は、疑問詞をつかっているばあいと、つかっていないばあいとの、疑問文のふたつのタイプをとりだしています。いまここでは、疑問詞をつかっていない疑問文のことをＡタイプの疑問文とよんでおきます。このタイプの疑問文は、イントネーションをちょっとかえることによって、平叙文からかんたんにつくることができます。このことは、けっして単純な形式上の問題ではありません。平叙文と疑問文とは、その意味においても連続していて、きりはなすことができないことをものがたっているのです。たとえば、平叙文の意味的な内容がはなし手の判断の結果であるとすれば、その平叙文が疑問文へ移行しているとしても、はなし手の判断はたもたれていなければなりません。そうしたうえで、はなし手はあい手にたずねているとすれば、はなし手はその判断の正当さをあい手にたずねているということになるかもしれません。あるいは、「ね」のような終助詞をともなわせながら、はなし手はあい手に同意をもとめているのかもしれません。教師のはなし手は、さまざまな事実から、生徒がまちがいなくタバコをすっていることをしっていて、生徒に「タバコをすっただろう。」と問いただしているというような疑問文もあります。そして、疑問文のはなし手が、なんら確信的な証拠をもたないで、自分の判断が事実であるか、事実でないか、たずねているばあいもあるでしょう。そうであれば、Ａタイプの疑問文においては、はなし手自身の、出来事についての判断が土台によこたわっているといわなければならなくなります。その判断の正当さについて、確信的なものからうたがわしいものにいたるまであるでしょうが、それにおうじて、Ａタイプの疑問文はさまざまなニュアンスをおびたものになっていくでしょう。平叙文のかたちをとっている疑問文から絶対的な疑問文にいたるまで、疑問文にはいろんなタイプがあるということになります。たぶん、よみ方教師は、具体的な場面のなかで使用されているところの疑問文の意味を、正確によみとらなければなりません。

疑問代名詞をふくみこんでいる疑問文は、Bタイプの疑問文とよぶことにします。疑問文のはなし手にとってみれば、疑問代名詞に相当する部分だけが未知のことであって、そのほかの部分はすでにしっていることになります。はなし手には、そこをしることがたいせつなのです。そして、はなし手は、あい手がその部分をしっているという前提のもとに、たずねています。したがって、たずねられた人間は、あい手の未知のことだけをあきらかにすればいいということになります。「なにをたべた。」とたずねられたら、「パン。」とこたえればすむし、「だれがきた。」とたずねられれば、「太郎だ。」とこたえればいいのです。「どこ」「いつ」という疑問代名詞をともなう疑問文のばあいでも、おなじことがいえます。しかし、「なぜ」という理由をといただしている疑問文になれば、こたえる人間は、理由としてはたらくところの出来事をさしださなければなりません。たずねる文にさしだされた出来事にとって、それをひきおこしたべつの出来事を、こたえる文はのべなければなりません。また、「あれはなんだ。」という質問にたいしては、現象する出来事の本質的な特徴をあきらかにしてみせなければなりません。こうして、Bタイプの疑問文も、あい手にたいしてなにをあきらかにすることをもとめているかということで、さまざまな疑問文にわけることが必要になります。「だれ」「なに」「どこ」「いつ」「なぜ」「どのように」「どのような」「どうする」「どうした」のような、さまざまな疑問代名詞、疑問副詞、疑問形容詞、疑問動詞などの使用と関係づけて、Bタイプの疑問文を正確に分類しておかなければならないでしょう。子どもの日常の言語活動からはじまって、よみかきにいたるまで、このことを子どもにおしえることは、重要な意味をもってくるでしょう。Aタイプの疑問文にしても、Bタイプの疑問文にしても、平叙文とおなじ意味をもったレトリカルな疑問文としてはたらくばあいがたくさんあります。(「子をおもわない親がいるだろうか。」「だれがそんなことをするか。」など)。この事実は、疑問文がすでにはなし手の判断をふくみこんでいるという前提から生じてくるのでしょう。出来事の正当さ、必然さから、疑問文の成立しないことを見出したとき、レトリカルな疑問文が成立します。こうして、疑問文を平叙文からきりはなすことにたいして、国語教師はじゅうぶんに気をつけなければならないのですが、おなじように、疑問文を命令文からかんたんにきりはなすことにたいして反対しなければなりません。たんじゅんな例として、「いきませんか。」という疑問文は、すすめ、忠告の意味をおびた命令文としてはたらいています。「なにをするのか。」というような疑問文は、特定の場面では禁止の表現としてはたらいています。

この教科書では，3番めにはたらきかける文をとりあげています。このはたらきかける文は，(1) めいれいする文　(2) おねがいする文　(3) さそいかける文にわけられています。従来の国語学では，これらのみっつの文をひとつにひっくるめて，命令文とよんでいます。このようなよび方を採用するとすれば，ひろい意味での命令文と，せまい意味での命令文をくべつすることが必要です。

　この命令文も，平叙文ときわめてちかい関係にあります。命令文は平叙文から派生してきた文であるともいえます。たとえば，二人称の動作をいいあらわす平叙文は，しばしば命令文のかわりにもちいられます。教室で先生がよんだあと，「さあ，つぎはみなさんがよみます。」といえば，生徒によむことをもとめていることになります。過去形をもちいて，「さあ，よんだ。よんだ。」といえば，はっきりした命令文になってしまいます。さらに，この二人称の未来の動作をいいあらわす文は，しばしば命令の意味をおびてきます。「きみ，あしたは病院にいくのだ。」と，子どもにむかっておとうさんがいえば，あい手にたいしてその動作を命令していることになります。

　命令というのは，はなし手があい手にはたらきかけて，はなし手の観点から，のぞましい動作の実行をあい手にもとめるということであれば，命令は，あい手へのはたらきかけ方のちがいから，不実行をまったくゆるさない絶対的な命令であったり，あい手への忠告であったり，許可であったり，さそいかけであったりするでしょう。あい手へのたんなる期待であるばあいもあります。

　ふつう命令文は，述語になる動詞が命令形のかたちをとっているものをさしていますが，この命令文は基本的には絶対的な命令をいいあらわしています。しかし，使用の条件がかわってくれば，この基本的な意味は，忠告になったり，勧告になったり，許可になったり，承認になったり，放任になったりします。あるいは，そのような意味あいをふくみこむことになります。

　たとえば，動作の実行へのねがいが，まえもってあい手のもとにあるばあいでは，命令文はあい手の動作にたいする許可，承認の意味あいをおびてきます。

　　　「ぼく，帰ります。」また鮎太は言った。すると，「よし，<u>帰るなら帰れ</u>。九州へ帰る鮎太を
　　　みんなで送っていってやろう。」(あすなろ物語)

　しかし，あい手ののぞむところの動作が，はなし手にとってはのぞましくないとすれ

ば，かってにやれというような放任の意味あいをおびてきます。

　　　……細君に向かって，「家の中のことは<u>お前の好きなようにやれ</u>。ただし，台所口のことは一切わしに相談することはならん。」と言い渡してあるのだ。(青い山脈)

　あい手の利益をおもって，はなし手があい手に動作をもとめているようなばあいでは，命令文は忠告，すすめ，助言の意味あいをおびてくるでしょう。

　　　「ナニ，手が冷たい？　そんなら早く行ってお炬燵へ<u>あたれ</u>。」(千曲川のスケッチ)
　　　「こんなものしかないが，<u>食え</u>。」(破獄)
　　　「そうか。学校へ行くのが，そんなにうれしいか。——まあ，<u>食え</u>。うんと<u>食えよ</u>，今夜は。……」(路傍の石)

　はなし手からの忠告，助言が，あい手の利益をおもってなされたとしても，かならずしもあい手にとってありがたいものでないようなばあい，それは，はなし手のおしつけ，強要となってしまいます。

　　　どういうわけで，このようなことを言われるのか，わけが判らなかった。「沼津へでも行って参考書を買って来なさい。教科書だけやっているようでは，とてもはいれん！　とにかく，もっともっと<u>勉強せい</u>。」(しろばんば)
　　　「まあ，<u>あたれよ</u>。」京造は竹の先で，たき火の火をなおしながら言った。しかし，吾一は火にあたるところではなかった。(路傍の石)

　しかし，動作や状態変化があい手の意志にしたがわないものであれば，はなし手の忠告，勧告であることをやめて，あい手へのはげまし，期待になります。

　　　「君は中村だったな。」とこの新任の先生は小さな声で言う。「もう少し<u>ふとれ</u>。御飯たくさん食べてるか。」(人間の壁)
　　　「鉄砲にゃあ，魂があるス。鉄砲を馬鹿にすっと，鉄砲が怒るス。<u>いい猟師になれや</u>。」それが彼の遺言だった。(戸川幸夫動物文学)

一般的にいえば，無意志動詞が述語の位置にあらわれてくるばあいには，はなし手の
たんなる期待になってしまいます。ことわざや格言のなかで命令形がつかわれているば
あい，不特定多数の人間にたいする警告，いましめ，忠告としてはたらきます。
　このように，命令文の基本的な意味は，使用の条件にしたがいながら，さまざまな意
味あいをおびてきますが，その意味あいは動詞のべつのあたらしいかたちのなかに表現
されるようになれば，命令とはことなる，命令からきりはなされた意味へ昇格します。
たとえば，あい手におねがいするという意味あいが，「してくれ」「してください」とい
うかたちを述語にする文によって表現されるようになれば,依頼文の意味へ昇格します。
　こうして，あい手に動作をもとめてはたらきかけていく，はたらきかける文は，命令
文と依頼文とのふたつのタイプにわかれているということになります。一方が絶対的な
命令を表現しているとすれば，他方はあい手へのおねがいを表現しているということに
なります。命令文においては，あい手の不実行をみとめないというきびしさで，あい手
に動作の実行をもとめています。依頼文においては，動作の実行をおねがいしていて，
その不実行もありうることとして，承認しています。この依頼文も使用の条件にしたが
って，たぶん，命令文のばあいとおなじようにさまざまな意味あいをおびてくるでしょ
う。「してくれ」の基本的な意味も，命令文のばあいとおなじように，すすめとか，許
容とか，許可とか，期待のような意味あいをおびてきます。いまここでは，いちいちの
具体的なばあいは説明しません。*

　4番めに，この教科書では，希求文（まちのぞみ文）をとりあげています。命令文で
は，はなし手は，自分がのぞましいとおもう動作の実行をあい手にもとめているわけで
すが，まちのぞみ文では，はなし手は自分ののぞましいとおもうことのみをさしだして
いて，あい手へのはたらきかけがかけています。すでに，「雨よ，ふれ，ふれ。」という
命令文では期待の意味を表現しているとすれば，希求文は命令文とちかい位置にありま
す。しかし，はなし手の欲望や欲求や願望が，たとえば，「したい」「するといい」「し
てほしい」のような動詞の特殊なかたちのなかに表現されているとすれば，希求文をひ
とつの文型としてみとめることが必要です。たとえば，つぎのような文が希求文として
あるでしょう。

　　わたしは，はらがへっているので，ごはんがいっぱいたべたい。

あした天気に<u>なる</u>といいなあ。
おとうさんに<u>出世してほしいわ</u>。

　第1章では，モーダルな意味にしたがうところの文のタイプをおしえたあとで，対象的な内容の観点からの文の分類をおこなっています。ここで対象というのは，はなし手が文にえがきだすところの，はなしの対象です。はなし手は文のなかに，現実の世界での，あるいはイメージの世界での出来事をえがきだすわけですが，文にえがきだされる出来事が文の対象としてあらわれてきます。そして，この出来事がえがきだされて，文の内容としてあらわれてくるとき，その内容を対象的な内容といいます。教科書では，文は現実の世界の出来事をえがきだしていると規定することができますが，このときには，文の内容としての意味のなかに，えがきだされた出来事がはいりこんでいるといわなければなりません。ですから，文は対象的な内容の観点からも分類することができるのです。対象的な内容としてあらわれてくるところの出来事は，つねにモーダルな意味につつまれて存在しています。この点で，現実の世界の出来事とは完全にちがったものになっています。文の対象的な内容としての出来事は，はなし手の命令の内容であったり，はなし手の希望の内容であったり，はなし手の決心の内容であったりして，さまざまなモーダルな意味のなかにあらわれてきます。

　では，文の対象的な内容としてあらわれてくる出来事とはなにか，はっきり規定しなければなりません。ここでは，この出来事のことを，人やものの動作，変化，状態であると規定しておきます。ふつう出来事といえば，文よりももっとおおきな単位である段落などにえがきだされている，人間の活動をさしていますが，この人間の活動をくみたてている最小の単位を出来事であると規定しておきます。そうであれば，出来事とは，人やものの動作や変化や状態であるということになります。たぶん，これは，文の意味とはなにかということを，子どもたちにもっともてっとりばやくわからせるための方便であるかもしれません。文は人やものの動作，変化，状態をいいあらわしているという規定ですませて，それらの一般化としての出来事という用語をつかわないでおくことも，多少のふべんさをしのげば，可能でしょう。

　つまり，文は人やものの動作，変化，状態をいいあらわしています，と規定すればいいということになります。しかし，とにかく文のなかにえがきだされる動作，変化，状態を規定しておかなければなりません。

動作は人間の肉体的な物理的な運動なのですが，言語的な意味としての動作は，正確にいえば，人間の対象的な活動をくみたてている構成要素です。そして，人間は対象にはたらきかけて，その対象を自分の生活にやくにたつように，つくりかえます。たとえば，人間は，木をきりたおして，その木を板にしたり，まきにしたりします。さらに，板で家財道具をつくったりします。動物をつかまえて，たべる肉をとります。そして，やいて，たべます。このような，人間活動をくみたてている，いちいちの行為が動作なのです。

　このような動作は動詞の語彙的な意味にあらわれてくるのですが，その意味のなかには動作のさまざまな特徴がはいりこんできます。たとえば，人間の動作は意図的ですから，動作をあらわす動詞の意味のなかには意図性がはいりこんできます。動作が対象にはたらきかけていくものであれば，動作動詞の意味のなかに，対象にはたらきかけて，対象をつくりかえるという特徴がとりこまれています。つくりかえられた対象が動作の終了のあとにものこっていれば，動詞の意味のなかに結果性がとりこまれます。もちろん，対象にはたらきかけるにあたっても，動作のし方，時間的なながさ，はじまりとおわりの限界性が動詞の意味のなかにもちこまれています。こうして動詞が動作をいいあらわしているとき，その意味がどのような構成要素からなりたっているか，はっきりさせなければなりません。動作動詞は命令形という変化形をもっているが，変化動詞がそうでないとすれば，なぜかということが問題になります。教師は，子どもにたずねられたら，こたえなければならないからです。

　動詞は，動作とならんで，ものの変化をもとらえています。動詞の意味としての変化は，ふるい状態からあたらしい状態へ移行するという現象をとらえています。正確にいえば，動詞の意味としての変化は，現実の変化の過程がながかろうと，みじかかろうと関係なしに，この移行をモメントとしてとらえています。つい最近まで変化動詞のことを瞬間動詞とよんでいたのは，そのためです。変化動詞は，変化を自然発生的な現象とみていて，その意味には意図性がかけています。

　さらに，動詞は人やものの状態をもその意味のなかにとらえています。言語的な意味としての状態は，ほかからのなんらかのはたらきかけをうけて，ものの内面や外面に生じてくる，一時的な現象をさしています。状態動詞は，おおくのばあい，人間の生理的な現象や心理的な現象をとらえています。ほかからはたらきかけられて，人間の身体のある部分に生じてくる生理的な現象，人間の心理のなかに生じてくる感情的な現象をさ

しています。「ふるえる」「しびれる」とかいうような生理現象，「おどろく」「たいくつする」「いらいらする」とかいうような心理現象をさしています。ものの物理的な状態をさししめしている状態動詞もあります。たとえば，「ひかる」「かがやく」「きらめく」「ゆれる」のような動詞。この教科書は，時間・空間のなかで生じてくる，具体的な現象としての人やものの動作，変化，状態をひっくるめて，出来事とよんでいます。

さらに，文には，その対象的な内容に人やものの特徴をとらえているものがあります。たとえば，ある対象は「おおきい」「ちいさい」とか，「まるい」「しかくい」とか，「おもい」「かるい」とか，物理的な特徴をもっています。対象が人間であれば，「やさしい」「むごい」「かしこい」「おろかな」「すばしっこい」「にぶい」とかいう特徴をもっています。このような特徴は，形容詞の意味のなかに固定化されていて，その形容詞をつかって，文は人やものの性質を特徴づけます。人やものにそなわっている特徴は，ながい時間のあいだ安定していますから，時間・空間的なありか限定をうけていません。そういうことで，具体的な出来事をいいあらわしている文とは，はっきりちがっています。特徴づけをおこなっている文は，命令文になったりしません。

さらに，人やものの種類をあきらかにしている文もあります。名詞が述語になっている文では，文にさしだされる人やものが，どのようなグループに所属しているかをあきらかにします。あるいは，どのような質的な特徴をもっているかをあきらかにします。人間についていえば，名詞を述語にする文は，人間の身分や職業とか，人種とか国籍とかをあきらかにしています。この種の文も，時間・空間的な限定をうけていません。こうして，特徴づけをおこなう文，人やものの品さだめをする文は，出来事をいいあらわす文からくべつしなければなりません。

さて，第1章では，さまざまな文をモーダルな意味の側面からと，対象的な内容の側面からとの，ふたつの側面から分類をこころみましたが，これらふたつの側面の相互作用を正確にみなければなりません。いちいちの文の対象的な内容とモーダルな意味との相互作用をみなければならないのです。そのとき，文というものが，はっきりみえてくるでしょう。

〔編集者注〕[*]　「はたらきかける文」についてかかれている114[*]ページのあとに，⑶さそいかける文の解説が本来ははいるのだろうが，本草稿ではふれられていない。

なお，「はたらきかける文」の解説で使用されている用例は，『ことばの科学6』の村上三寿

の論文「命令文」からとられている。

『続・山びこ学校』への解説

（第１部　発音とローマ字）

　無着先生が『にっぽんご5』をつかって，発音指導をしたときの，子どもにかかせた作文である。定着のためなのだろうか。音声学といえば，ふつうの日本人にとって，国語教師でさえ，ちかよりがたい学問のようだが，こうしておしえてみると，小学５年の子どもにさえたやすく理解できることがわかる。言語の音声現象というのはそれほど単純な事実なのである。ここにあつめてある作文は，音声指導にとって，子どもの理解のたかさをあきらかにしてくれる，たいせつな資料である。

　その理解の程度にはふたとおりがある。第一のグループは教師のおしえたことを忠実に記録しているが，第二のグループはそこから一歩ふみだしている。たとえば，チ，ツはなぜはれつ・まさつ音であるかという福井敏博君の疑問，はねる音ンをつまる音と同様に音節をつくる子音として，一音節としてはみたがらない小島康克君の意見，ねじれた音節の構造をうわあご音化した子音プラス母音であるとする綿貫秀一君の教科書批判など。これらは無着先生がおしえたことからの脱線ではなく，そこからの必然的な，論理的な展開である。自分がおしえたことがこんなふうに子どもに展開されていくとは，無着先生も考えもつかなかっただろう。解説するぼくは，無着先生の音声学の知識の範囲をしっている。それは子どもの論理にたいするけっぺきさをしめすものだし，これを保証する教師としての無着先生のすばらしさをしめすものだが，子どもが教師をのりこえて，さきにすすむすがたがよみとる。

　明星のような学校が，日本語の音声現象ばかりではなく，文法現象などを体系に整理して，きちんとおしえると，子どもになんの興味もよびおこさず，りくつの，たんなる暗記におわってしまうというような非難がおこる。残念ながら，この作文のなかには子どもたちの，しることへのよろこびがあふれている。教材にたいする子どもの興味は，まえもってあたえられているものではなく，おしえることによってつくりだされていくのである。平川美地君などの作文がそれをものがたっている。教育学的にみても，この作文集は重要な意味をもつだろう。

　こんな証拠をだされると，ごく少数の教育学者，教師は，音声学などべんきょうした

って，子どもの生活になんの役にたつかと，からみついてくる。子どもの生活をどのレベルでとらえるかという問題でもあるが，この種の非難のなかには，この種の人たちの社会的な実践のせまさと無知さがさらけでている。こういう非難をへい気で口にする人たちは，おそらく，外国語の学習への積極的な態度を一度だってもたなかったのだろう。おしきせで学習したとしても。外国語の意識的な学習において，母国語の音声現象の科学的な知識は，決定的な役わりをはたす。たとえば，日本語のうわあご音化の現象をしっているものにとって，英語のA，B，CのCの発音のし方は，日本語のシの発音のし方とどうちがうか，かんたんに理解できるし，実際に調音してみせることができる。東北のような音声的になまりのつよいところの子どもたちに，音声学の知識をあたえることのだいじさは説明する必要はない。また，それが正書法の習得のためにかかすことのできないことも。

外国語など，特殊な職業のもちぬしだけがしっておればいいとする人たちもいる。二，三十年後の世界を想像してみたら，そういうばかげたことはいえないだろう。だれでも外国にいけるし，日本にも外国人が大量にやってきて，英語やロシア語のひとつぐらいはだれでもしゃべれなくてはならない時代は，そうとおくはないだろう。おそらく，この作文の主人公たちがおとなになったときは，そういう時代がきているだろう。教師はそういう時代の人間に子どもたちをそだてなければならないのである。

日本のおお方の子どもたちが学校のない月の世界をのぞんでいるとき，明星の子どもたちは地上の学校生活に，そこでまなぶことによろこびをみいだしていて，対照的であり，かつ教訓的である。この作文集はこの事実をさしだしていて，教育学者だけではなく，学校のすばらしさをしらない親たちもこのことをしんけんに考えてみる必要がある。

(第2部　文法)

　第2部の「文法」は，『にっぽんご4の上』を教科書として，無着先生から文法指導をうけた6年生の子どもたちの作文である。この作文をテーマから分類すると，(1)文，(2)文のくみたて，(3)名詞，(4)動詞にわかれる。

　第2部をよんで，まず感じたことは，つぎのようなことである。教師がよくべんきょうして，教材を正確にとらえ，方法論的にまちがいなく授業をすすめると，子どもの頭は混乱することなく，たいへん高度な，複雑な知識を自分のものにしていくのである。

いく人かの，いやほとんどといってよい，6年生の子どもたちはひとかどの国語学者らしく，この作文でどうどうと文法理論を展開している。職業的な国語学者もふくめて，けんきょな読者諸兄は，この子どもたちが自分たちよりもさきをあるいていることを，みとめないわけにはいかないだろう。6年生にもなれば，本格的な科学的な思考にたえることができるのである。対象が言語現象であるという特殊性もあるのだろうが，無着先生はこのことをみごとに証明していて，教育学，心理学にたいせつな資料を提供する。

このことから，子どもたちが教師の意のままにうごいているという結論はでてこない。なまけものの教師がよくつかう口実であるが，科学的な知識を体系的におしえることから，子どもの主体性がころされてしまうというようなことはおこりえない。この作文をよむと，教師が対象をよく理解しないままに，あるいは適当につかまえておいて，授業にのぞむと，子どもは教師にからみついている。もっとも無着先生のばあいでは，教師にたいする子どもたちの，いささかの軽蔑感も憎悪もあるわけではないのだが，講義のまちがい，ふじゅうぶんさをついた作文がいくつかある。積極的な子どもたちはうけいれを拒絶するだけではなく，教師のがわのまちがい，ふじゅうぶんさを訂正し，補充しようとさえしている。こうした子どもの積極性は科学的な知識を体系的におしえるということと無関係ではありえないのだが，無着先生が，無自覚であれ，子どもたちをこのようにそだてているとすれば，かれは訓育論的にもすぐれた教師なのである。こういう説明的な文章にさえ，教師の講義にたいする子どもの態度として子どもの個性が躍動していて，訓育論的に興味ある資料を提出してくれるのである。

これとははんたいに，教師のまちがった講義，ふじゅうぶんな講義を，論理の展開にもっともらしさがあるため，子どもたちはなんのむじゅんも感じることなく，そのままうけいれているばあいがある。これは始末がわるい。

無着先生もさきにすすんでいく教師であれば，教材解釈のうえでのあやまり，ふじゅうぶんさはさけられないだろう。たくさんの国語教師の経験を背景にして，授業をすすめることはできないからである。そして，文法現象をめぐる無着先生の理解のし方のあやまり，ふじゅうぶんさは，たいていのばあい，国語学者の怠慢とむすびついていて，無着個人ではどうにも処理できない学問上の問題点なのである。あえて無着先生に注文があるとすれば，そういうところでは集団によりかかり，独走しないことである。たぶん，このことは無着先生も承知しているだろう。だが，いろいろ事情があって，やはりしくじるのである。たいせつなことは，なんらかの方法で仲間に実践をみてもらい，あ

やまりがわかれば，これをすみやかに処理することである。そして，また，このこともできているだろう。そうでなければ，教師と子どもとのあいだにある，ふかい相互信頼はどこからうまれてくるのか，説明できない。しかし，いまはそうはいっておれない。無着先生の講義の問題点を具体的に指摘しておかないと，国語教師の読者にはめいわくする人がいるだろう。

　(1) 文について，田内若夫君と福井敏博君との，ふたりの作文がある。このふたりの作文をよむと，無着先生が文についてなにをおしえているか，はっきりうかびあがってくる。無着先生は文をことがら（文の素材的な内容）と態度との，ふたつの側面にわけて，その統一としてとらえている。態度というのは，つたえたい，たずねたい，やらせたいの，きき手にたいするはなし手の関係である。ところが，はなし手はきき手とかかわっているだけではなく，現実ともかかわっていて，文の素材的な内容を現実とも関係づけているのである。「あの女は百姓女だ」という文を「あの女は百姓女だろう」という文とくらべてみると，きき手にたいするはなし手の態度はおなじであっても，現実にたいする関係のし方，ここでは確信の度あいがことなる。現実との関係のし方でさまざまなムードの文ができてくるのだし，論文や小説の地の文のなかではよみ手にたいする態度が中性化しているとすれば，文という単位の文法的な特徴を無着先生のように説明すると，かたておちになるだろう。

　国語学者が文とはなにかということをはっきりさせていないのだから，無着先生を非難することはできないが，無着先生が教科書からとびだして，ここまでおしえているとすれば，そういう非難はあたっているかもしれない。いずれにしても，文についての子どもの理解が一面的であり，ふじゅうぶんなものであるとしても，文の本質にちかづいていることにはまちがいない。福井君はこんなふうにかいている。

　　　……この文をみる場合に，どんなことがらがかかれているかという文の内容に注目する場合と，それがどんな形でかかれているかという文の形に注目する場合と，ふたとおりの見方があるのだということに，気がついた。

　内容と形式というカテゴリーでことがらと態度との関係をおさえていて，そぼくだが，哲学的である。もし態度を内容としておさえるなら，これを表現する文法的な諸手段は形式としてあらわれる。無着先生の指導では，この文法的な諸手段の説明がかけて

(2) 文のくみたて，文の部分については，小島康克，酒井晴美，西村依子，沼田稲子，梅津久美子，広兼マリ，子安次郎，奥津淳，青池ひかり，渡辺理映，斎藤光義，栗原明子の諸君の作文がある。どの作文をよんでみても，文の部分のはたらきについてよく理解できている。とくにぼくをおどろかしたのは，主語，述語，対象語などという構文論上のカテゴリーが名詞，動詞，形容詞などの形態論上のカテゴリーと混同されることなく，みごとにつかいわけられていることである。つまり，単語のもつ文法的な性質と，その単語が文のなかではたす文法的な役わりとが，頭のなかできちんと整理されているのである。子どもの思考能力がこんなにもたかいのに，おとなたちはこれをいつもひくく評価したがる。今日では，子どもの発達を考慮するなどということばは，おおくのばあい，偽善なのだ。

　西村依子君，沼田稲子君，梅津久美子君の作文は，無着先生のおしえたことをよく理解しながら，忠実に，ていねいに記録している。それは優等生的であるが，いわゆる優等生のいやらしさはみじんもない。おしえ子というのは，教師の心をうつしだす鏡なのだろうか？　こういう子どもにうそをおしえるのは，まったく犯罪行為だ。

　小島康克君の作文では，文の部分の理解のし方の論理主義がめだつ。そこには，「文であるかぎり，主語と述語がなければならない」，「主語は省略されているだけである」，「ないようにみえても，省略されてあるだけで，かならずどこかにかくされているはずだ」といった発言があるが，主語のない文が現実に存在していて，その主語のないことには，省略ということではいいつくせない，文法的な，文体的な必然がある。このことは文学作品のよみ方のなかでたえずでくわすことなのである。奥津淳君も「つまり，『ぼくは毎朝牛乳をのむ』というとき，『牛乳を』という対象語は，『のむ』という述語にかかっていて，絶対に必要だけれど，『とんびが空をとぶ』というときの『空を』というのは状況語で，絶対に必要なものではない」といっているのだから，子どもの論理主義は無着先生に責任がある。どんな文の部分にしろ，必要だから，あるにきまっている。斎藤光義君の方は，先生の講義をうけいれながらも，これをふりきって，正当な評価をあたえる。かれはこういっている。

　　　独立語は会話ではなくてはならないものだ。独立語をぬいたら，いままではなしてきたことがらをどのようにつづけていくのか，わからなくなる。また，はなし手の感情や態度がなくな

ってしまう。

酒井晴美君の作文は，須田清先生の指導のもとに，3年生のときにかいたもので，参考資料としてのせたものだそうだ。ちいちゃな頭でせいいっぱい考えるこの子どもの作文を，須田先生はすきなのだろう。

西村依子君などとはちがって，広兼マリ君はくっつくところのに格とありかのに格とのちがいがみえず，先生にそぼくな疑問をなげかけている。これにたいする答えとして，無着先生は疑問詞をつかって，ふたつのに格のちがいを説明する。この疑問詞のつかい方のちがいは，くっつくところのに格には物名詞がなるが，ありかのに格には場所名詞がなるという意味なのだが，子安次郎君の作文をみると，この事実はすでにおしえられているようだ。さらにすすんで，空間をしめす状況語として物名詞を使用するときには，空間化の手つづきをふまなければならないことも，授業でふれてある。

奥津淳君も文のなかでのに格の名詞の機能をいくつかにわけることにこだわっている。そして，かれはに格の名詞でできている，いくつかの文の部分のあいだに，「ある物がある物へちかづく」という共通点をみいだし，さらにつぎのようにいっている。

> つまり，に格の名詞というのは，対象語がだんだん状況語の方へちかづいたのか，状況語の方が対象語の方へちかづいたのか，どちらかなのではないか……。

つまり，この人はくっつくところのに格（対象語）とありかのに格（状況語）との，あるいはゆくさきのに格（状況語）とのあいだに絶対的な境界線をひかないで，そこに連続のあることをみとめるのである。子どもが機械主義的なわりきりに満足できないとすれば，教師はに格の機能の歴史的な発展の過程を補足的に説明しなければならない。このことは，この奥津君が原因や目的の状況語を空間をしめす状況語からかんたんにきりはなしていることからも，たいせつなことだといえる。意味論的に，あるいは論理的にみるなら，原因や目的をしめす文の部分がなぜ状況語にあつかわれるのか，説明できないのであって，このためにそれの発展の歴史的な過程をたどらなければならない。

あるいは，豊富な用例で連語の体系をさしだすことでも，問題は解決しただろう。たとえば，「口びるにべにをぬる」，「かわぶくろにお酒をみたす」のような例をもちいて，「べにで口びるをぬる」，「お酒でかわぶくろをみたす」のような例と対比させるなら，

ここでのに格の名詞が空間をしめす状況語でないことは，かなりはっきりする。無着先生が典型的な用例をもちいていないということにも，子どもが納得できない原因があるのではないだろうか？　それとはべつに，完全な文法指導では，構文論のまえに，単語どうしのあいだの関係をあきらかにする連語論が先行しなければならないことが，無着先生の授業からはっきりしてくる。

　栗原明子君の作文は学校文法の構文論を批判している。批判そのものにまちがいがないとしても，教育的にみて，いまそういうことを子どもにさせてよいのかということになれば，疑問がのこる。問題の深刻さを感じることのない，やすでの批判者にはなってもらいたくはないからである。この作文は，無着先生が，栗原君にテーマをあたえて書かせたものだという。無着先生のこのみがこの作文によくあらわれている。しかし，このような批判はもっともっと学習がすすんでから，おのずからでてくるのがよい。

　(3) 名詞をあつかっているものに，藤田格君，栗原明子君，六井えり君，須田一郎君の作文がある。そのうち藤田君と栗原君とがとりたて助詞「は」にふれている。つまり，かれらは対格の「を」のとりたても，主格の「が」のとりたてもおなじく「は」であることに，きみょうさを感じているのである。主語と述語と対象語との関係を分析することで，子どもは一方は主語であり，他方は対象語であることをたやすく理解できるわけだが，主格のとりたても対格のとりたてもやはり「は」であることの理由は，教師が格の発展の歴史的な過程を説明してやらなければ，子どもにわからない。「をば」というかたちをひきあいにだしながら。ここでも方法論上の歴史主義が問題になる。

　名詞について須田一郎君が大論文をかいている。ここで須田君は名詞の格の，文のなかでのはたらきをひとつの表にうまくまとめている。教科書の練習問題にこたえて，つくったのだろうが，だれもやったことのない，独創的なしごとである。ところで，この大学者もつまらないところであやまりをおかすのである。「いけ花がかざってありました」という文のなかの「いけ花が」は主語ではなく，対象語だというのである。無着先生のおしえまちがいである。

　(4) 動詞についての鈴木仁君の作文には，生徒が無着先生にからんでいるようすがかいてある。無着先生が「たおれる」という動詞が状態変化をあらわす動詞であるというのを，鈴木君をふくめて，生徒のおおくは納得できないのである。生徒の目には「たおれる」はうごきをあらわす動詞なのである。

　こういうくいちがいがどうしておこったかといえば，教科書には「単語のなかには，

人やもののうごき，状態の変化，存在をさししめすものがあります。このような単語のことを動詞といいます」とかいてあって，無着先生はこれを動詞の文法＝意味的な分類としてうけとったからである。

　ところが，実際には，教科書のこの規定は，名詞や形容詞とはことなる動詞の意味論的な特徴，つまり動詞がうけもつ意味の範囲をごく一般的にあきらかにしたものであって，文法＝意味的な分類ではない。第一，動詞の活用をべんきょうしないまえに，動詞を文法＝意味的に分類することは不可能なのである。たとえば，動詞は意味のうえから継続動詞と瞬間動詞とにわけるが，そうするのは，このような意味のちがいが動詞のアスペクト（すがた）とからみあっているからである。したがって，この分類はアスペクトの学習と平行させなければならない。そうでなければ，動詞をなんのためにこのように分類するのか，分類の規準はなにか，さっぱりわからないのである。事実，授業が混乱してくると，生徒はこのことも指摘している。綿貫秀一君の作文がこの事情をつたえている。

　上原健次君の作文をよむと，この失敗にこりて，無着先生は，今年になって，動詞を意味的にうごきとか状態変化とかにきっぱりわけることはできないと，おしえている。そして，そういう分類をまったく否定しようとしている。しかし，文法的な根拠があるなら，そういう文法＝意味的な分類がなりたつかもしれない。このような意味のちがいが文法のうえに作用しないとはかんがえられない。おそらく，なん年後のことかしらないが，文法の研究がすすめば，動詞を動作動詞，状態変化の動詞，状態動詞・存在動詞というふうに文法＝意味的に分類するようになるだろう。教師は研究の未来までみとおしておかなければ，過不足なく科学をおしえることはできない。あたらしくくる教育の時代では，おそらく，教師という教師はみんな個別科学に頭をつっこんでいなければ，教師という職業をつとめることはできないだろう。

　おくりがなのつけ方でおそわったことを村松得至君が作文にしている。学習した文法を正書法に応用する場面*である。よみ方指導や作文指導のなかで，学習した文法の理論を応用する場面がたくさんあるはずだが，読者としてみれば，無着先生にそこをどうしているか，こういう作文でしりたいものである。

　高橋雅一君が受身のことをかいている。ここまでくわしく主体＝客体の関係としての受身を説明するとなれば，学校文法は破産してしまう。学校文法では，修飾語に一括して，対象語というカテゴリーを分離していないが，このカテゴリーがなければ，受身の

現象は説明できない。無着先生が学校文法を子どもに批判させるなら，こういう，ぬきさしならぬところで。

　上原健次君の作文は7年生になってかいたものである。1年たつと，こんなにまで考える力がたかまるのか，おどろくばかりである。論理が事実に照応していて，きちんと整理されており，それが順序ただしく子どものまえに提出されるなら，どんなことだって，子どもは消化していくのである。そればかりではなく，科学が未解決の問題を積極的に解決していこうとする情熱をもやすのである。

この巻を読んで

　ひとくちでいえば，この一冊も教育学への入門である。ぼくはまえまえから国分さんを土着の教育学者であるとみていた。矢川徳光や大橋精夫の努力で，日本語にうつされたソヴェト教育学を《舶来の……》だとすれば，国分一太郎の教育学は《日本の土にそだった教育学》である。《日本の特殊な政治的な状況のなかにそだった教育学》である。この土着の教育学は，ソヴェト教育学を自分のなかにとりいれるとき，あたらしく，たくましく発展していく。国分さんは，このことのできる人であって，実行する。この巻の重要な論文は，ソヴェト教育学にまなびながら，自分の教育の理論をふとらせていく過程をさしだしている。こんなふうにも特徴づけることができるが，しかし，国分さんがなぜこの仕事をしなければならなかったのか，これが問題である。教育のなかにまっすぐ政治をもちこんで，教育の相対的な独立性をはぎとってしまう，らんぼうな政治主義へのいましめ。かれは教育運動のなかで必要にせまられて，かいている。それとはべつに，教育には教育の仕事があるという。国分さんの平凡な主張は，いつの時代でも貴重である。

　しかし，階級社会では，教育が反動化した支配階級の利益にゆがめられるということも，国分さんはよくしっている。よみながら，国分一太郎をウシンスキーにたとえてみた。ウシンスキーが帝政ロシヤにおけるツァーの教育政策とのたたかいのなかで国民のための教育学をうちたてたとすれば，国分一太郎は，戦前から戦後にかけての，そして今日の日本の支配階級の教育政策とのたたかいのなかで，《国民教育》の理論をうちたてる。国分さんにはウシンスキーへのあこがれがある。

　60年を前後する時代は，民間教育運動が権力の教育支配に正面から対決して，ひけをとらない力をもっていた。他方では，すくなくともおもてむきは自由と民主主義をたてまえとする教育を，支配階級に有利に管理してみせる機構と能力は，権力のがわにじゅうぶんにできあがっていなかった。権力とのたたかいのなかでかちとった，教師の実践と研究における自由は，授業の質をたかいレベルにひきあげた。質のたかい，ひとりの教師の実践は，全国の教師の実践を背景におこなわれるのだが，このことを保証するのは，日本の教師をひとつの研究集団にむすびつける民間教育運動であった。すぐれた

教師，すぐれた実践，非検定のすぐれた教科書，すぐれた指導方法，日本の教育史をはなやかにかざりたてる，さまざまな出来事は，おお方この時代の産物である。教師が教育へあるだけの情熱をそそぎこむことができた時代のことである。そして，この教育運動を組織し，発展させる方向に，国分さんの教育理論は展開していく。民間教育運動は日本の教師の良心であって，国分さんの理論はこれを代表する。国分さんの論文は権力のいちいちの教育政策にびんかんに反応しながら，抗議する。教育をゆがめる，支配階級の政策とのたたかいのなかで，その主体である民間教育運動をまもり，そだてるために──これがかれの教育学を特徴づけるのである。

　国分一太郎が考えている《国民教育》が人びとが確認する真理と真実の教育であるとすれば，そしてその真理と真実をおしえることに支配階級がおそれおののくとすれば，支配階級がその国民教育を力でゆがめるのは当然のことである。そして，労働者階級がただ真理と真実をまなぶことによってのみ，みずからの行動の方向をしることができるとすれば，教育が階級闘争の場になるのは必然である。国分さんは教育における階級闘争を対立するイデオロギーの葛藤だとはみていない。国民教育をまもりそだてるか，それともぶちこわすかという，ふたつの立場のくいちがいだとみる。国民教育は子どもによみ方をおしえ，つづり方をおしえ，たし算をおしえ，ひき算をおしえるとすれば，反動化した支配階級はこのことの成功に露骨にわるあがきをする。いつの時代にも教育には教育の仕事があると，国分さんは考えることで，教育をめぐる階級闘争を正確につかまえる。労働者階級のみが子どもたちの知的で，あかるく，情にゆたかな成長をねがうということを，国分一太郎はよくしっている。

　国分さんがつづり方指導の方法論の建設者であることは，よくしられている。このことによって国分さんはすでに教育学者であるが，この一冊におさめられている，教授学上の論文をよんでみても，やはり教育学者である。最近の雑誌『教育』[*]に藤岡貞彦が「転換期の教育学をもとめて」という題の論文をかいて，つぎのような結論めいた言葉をかいているが，ここにのせてある 20 年まえの論文とくらべてみると，国分さんがすでに教育学者であることがわかって，おもしろい。

　　先生たちの必死の努力にもかかわらず，尾鷲中は一〇月二七日に悲劇をむかえねばなりませんでした。川上先生も先頭にたってのことでしょう。きびしい総括と点検ののちに，
　　① 生徒が主体的自治に活動する生徒集団をそだてる

②低学力の克服，わかる授業の創造
　　③部活動に積極的にとりくむ
　　④教師の指導力量をたかめる
　　⑤父母との協力体制の強化

の五つの新しい方針のもとに，尾鷲中は再建の道をあるきはじめるのです。

　川上先生が「校内暴力の克服」の副題に〔絶望から希望へ〕とつけられたことは，ふかい意味をもっていると，私は考えます。先生はいわば地獄からかえってきて，教育再生の道をあるきはじめたのです。いま，教育運動においてこれ以上の合言葉を私はみつけることができません。

　ごく最近の雑誌『教育』のなかで，大田堯は教育の荒廃の直接的な原因を，共通一次を頂点とする入試制度にみている。この入試制度が毎日の授業を機械的な暗記の場にすりかえて，子どもたちの心理から思考能力をうばいとる。よろこんだり，かなしんだりする感情をむしりとる。子どもの頭にくすりをうっているようなもので，それはイデオロギー以前である。このことを大学でおしえていた大田堯はいちばんよくしっているだろう。入試制度のもとでは教師のつとめは上級の学校へおくりだすことでおわるのであるが，教師がほんとうにこの荒廃から教育をすくおうと思うなら，教育の基本にもどるしか手がない。藤岡貞彦はこのことをいっているのだろう。子どもたちを知的にかしこく，感情的にゆたかな人間にそだてるために，教育はその基本にもどらなければならない。

　文部省にしてみれば，この荒廃は政策の勝利であるとしても，失敗ではない。したがって，教育の基本にたちもどって，この荒廃から教育をすくいだすのは，教師であるとしても，文部省ではない。ほんとうに文部省がこの荒廃から教育をたちなおらせようと考えているなら，教師の授業研究と授業実践に自由を保証しなければならない。しかし，質のいい教師を獲得するという名目のもとに，教師がみうごきできないように，管理の制度をつよめていくばかりである。

　ところが，国分一太郎はこの巻で，その教育の基本についてくりかえし，くりかえし教師にかたりかけるのである。国分さんは教育といういとなみを授業のなかにみている。なんでもないことなのだが，国分さんはこの原則をくりかえし主張する。どんなにりっぱな校舎であろうと，寺子屋であろうと，授業をとおして科学と芸術の基礎をおし

えることが教育の基本である。階級社会において，教育が支配階級に奉仕するようにつくられているとすれば，それはなによりも授業においてである。ことが教科書のことにおよべば，気ちがいのようになるのは，このことの証明である。支配階級はひとりひとりの子どもが知的にかしこく，感情的にゆたかにそだつことをこのましく思わない。労働者であることができるために必要な，最低限の教養さえあれば，それでよいと考える。したがって，人間が科学的であることも芸術的であることも，必要としない。同情，共感，信頼，愛情，そんなものは，ぶたにくわせるといいのである。東大出がこんな感情を持ちあわせていたら，官僚はつとまらないだろう。つまり，今日の支配階級は教育をぶちこわすことによって，人間から人間性をむしりとることによって，体制をまもりとおそうとするのである。国分一太郎が科学と芸術との基礎を，順序ただしく，子どものちかづくことのできるかたちで，おしえなければならないというとき，こうすることが権力の教育破壊への最大の抵抗であることをしっている。ほんとうのことをおしえなさいと，国分さんは教師にかたりかける。

　そして，科学と芸術の基礎をおしえることによって，子どもの人格の形成が実現すると，国分さんは主張する。科学や芸術は，イデーというすがたのなかに，美しいものというすがたのなかに法則をさしだして，人間の行動を方向づける。人間は自然や社会の法則を意識することによって，行動の方向をきめるだろう。したがって，子どもたちにしてみれば，科学や芸術をまなぶことは，明日をしることである。何をなすべきか，しることであって，それは子どもたちの生活的な要求である。もし教育がこの要求にこたえなければ，子どもたちは明日をみうしなってしまう。おさきまっくらな子どもたちが何をしでかすかそれは今日の荒廃した教育がおしえてくれる。

　生活つづり方が子どもたちに生活の認識へと目をむけさせるのは，科学や芸術への，したがって現実認識への生活的な要求を子どもたちのなかにそだてるためである。子どもをとりまく現実の世界の本質は，科学や芸術の助けをかりなければ，みえるものではない。子どもたちが客観的な法則の認識をとおして，あるべき姿の生活をえがきだしてみるのが，科学や芸術をまなぶことの基本的な意味である。そして，その前提として，低学年においては，《よみ・かき・そろばん》に習熟させることが必要であると，国分さんはくりかえし，くりかえし説明する。おさない子どもたちにはむつかしい思想などはいらないから，よみ・かきの力，計算の力をつけてくれという，親たちのせつない願いが国分さんにはよくみえている。かれはすぐれた教師である。

国分さんはこの巻で教育の基本を実現するために必要なことを，ソヴェト教育学にまなびながら，くりひろげていく。そこには子どもの発達への配慮があり，テーマの選択にあたっての配慮があり，教材の記述のし方への配慮があり，指導上の配慮がある。それらをここでいちいち紹介する必要はないだろう。最後にぼくがもうひとつだけ感想をのべたく思うのは，国分さんの教師という仲間への配慮である。国分さんは，「教育遺産をうけつぐために」のなかでは，指導方法のことで老教師にまなべと，わかい教師たちにおしえている。名もない，平凡な老教師のたゆまぬ実践には指導方法のうえで貴重なものがたくさんあるとして，これにまなぶことのたいせつさをかたるのである。国分さんはこのような国民的な教師を《国の宝》とよんでいる。

　もう10年もまえのことであろうか，教師の授業にけちをつけておれば，ひとっぱしの教育学者でとおったときがあった。1時間だけの授業をしくんで，それみよがしに教師をおどかして歩いた，いわゆる教育学者がいた。斉藤喜博がのこしていった悪習だろう。教師は365日毎日授業をしているのであって，一日一日の授業が一年にまとまって授業をなしているのである。そういう授業は，教師でなければ，できるものではない。したがって，授業をやらせたら，教師にまさるものはいない。国分さんはこのことをよくしっていて，どんなにぐうたら教師であろうと，職業的な本能のあることをみとめながら信頼する。教師がまず教育政策の犠牲者であるとして，父母の非難からかばう。教師をけなしても，教育はすこしもよくならない。どうしたら教師の仕事がうまくいくのか，よりよくなるのか，それぞれ専門の立場から具体的にたすけるのが教育学者の仕事であるはずである。国分さんはだから教育学者なのである。それができなければ，どんなりっぱな教育学部をでていても，まだ教育学者ではないだろう。

　国分一太郎は，誠実な教師たちの，教育に謙虚に奉仕する学者たちの共感をえなかったら，民間教育運動が成立しないことをしっている。そして，民間教育運動が成立しなければ，日本の教育がどうなるか，よくしっている。そして今日の教育がある。しかし，どんな事態がおころうと，教育をうごかしていく歴史の主体はやはり教師である。しかし，国分一太郎はかなしいだろう。それは国分さんの誠実さでもあるし，よわさでもある。

第2部　教育課程自主編成運動の展開

第12次全国教研の報告から

(1) よみ方指導[*]

　よみ方指導研究の小分科会は，講師側でまえもって用意してあったつぎの5項目をめぐって，討論をすすめることになった。報告書をよみあって，そうすれば，そこであつかわれているよみ方指導上の問題点をおおかたつつみこむことができる，と考えたからである。

(1) よみ方指導とは
(2) よみ方指導の内容と方法
(3) 子どもの主体性と批判力を保証する指導＝学習過程
(4) 教材論
(5) 文学教育

1　よみ方指導とは

　講師側の意図するところは，この項目のもとに，よみ方指導という国語科の1領域は，なんのためになにをおしえるのかという他領域あるいは他教科からくべつする本質的な特殊性をあきらかにしてもらいたかったのだが，その意図が正会員[*]諸兄に正確にくみとってもらえなかったようである。ここでまず討論されたことは，科学的な文章と文学的な文章との指導上のちがいについてであった。ちがいのあるのはだれの目にもあきらかであるのに，あえてこれを問題にするのは，国語科の領域をよみ方とつづり方とにわける伝統的なし方に反対して，国語科のなかからよみ方指導をなくしてしまおうとする考え方が，二，三の正会員のあいだにあったからである。よみ方指導をなくなしてしまうなら，その本質的な特殊性を規定するしごとはむだなことである。

　たとえば，京都報告書では，国語科の構造は(1)言語教育（概念による認識），(2)文学教育（形象による認識），(3)作文教育（実践による認識）の3分野にとらえられ，そこにはよみ方指導（あるいは読解指導）という領域がきえてなくなっている。京都報告書のいう「言語教育」は科学的な文章のよみ方指導のことであるから，従来のよみ方指

導は文学的な文章のよみ方と科学的な文章のよみ方とに解体せよ，という意見なのである。福岡報告書は国語科を(1)文学，(2)作文，(3)文法の3領域にわけて，よみ方指導を除外している。また，東京の正会員からは，国語科は(1)ことばの知性的な側面をいかす文法・論理の学習と，(2)その感情的な側面をいかす文学の学習とにわかれるべきだ，という意見がでている。

　よみ方指導を国語科からおいだそうとする考え方にたいして，宮城の正会員から「よみ方指導は国語科だけではなく，全教育の基礎である」という反論がでた。その「基礎」という用語の内容があきらかにされなかったが，くりかえし練習することによってすらすらよめるようにしたり，日本語の文字や発音や単語や文法などをおぼえたり，事実的な知識をたくわえたりして，体系的な科学教育や芸術教育のしたごしらえをするという意味に理解するなら，低学年におけるよみ方指導は存在の理由がないわけではない。また，秋田の正会員は，科学的な文章のよみ方と文学的な文章のよみ方とには指導上の共通性のあること，相互関係のあることを強調し，よみ方指導廃止論に反対した。

　この問題は未解決のままつぎの問題にうつっていったが，ここで来年の全国集会のためにいくらか反省をくわえておこう。よみ方指導では一体なにをおしえるのかという，指導内容の観点からよみ方指導の特殊性をあきらかにしようとするこころみがなされなかった。たとえば，社会科は社会現象について，理科は自然現象について，それぞれ法則的な知識を子どもにおしえるわけだが（そこではまさに概念的な認識を子どもに要求する），では，よみ方指導ではなにをおしえるのか。認識能力，思考能力，想像能力をそだてるといういい方は，社会科も理科も美術もそうなのだからよみ方指導を問題にするかぎり，その本質的な特殊性を規定したことにはならない。低学年をうけもつよみ方教師がくわわって，その実践を土台にしながら，この問題についてはなしあうなら，よみ方指導は国語科に必要な領域なのか，はっきりしてくるだろう。認識というものを，その形態のうえから，科学的な認識（あるいは概念的な認識）と文学的な認識（あるいは形象的な認識）とにわけて，国語科をそのものさしだけでとらえようとするこころみは，それでいいのか，じゅうぶん考えてみる必要がある。国語科で，とくによみ方指導でいちいちの文字や発音や単語や文法をおぼえていくことは，それ自身科学的な認識でも文学的な認識でもない。すらすらよめるようになるのは熟練の問題である。低学年のばあい，そういうことの指導がきわめて重要な意味をもっているのである。子どもの発達にあわせて，教科の構造も発展すると考えるなら，文学科の設立はよみ方指導の存在

に矛盾することはないだろう。宮城や秋田の正会員もそういう考え方をしていた。

2　よみ方指導の内容と方法

　全国集会では(2)と(3)とが一括してとりあげられたが，ここでは報告書の内容にまでふれなければならないので，(2)と(3)とをわけてかくことにする。

　討論は石川の正会員の「主体よみでは，ひとつの文，ひとつの単語をたいせつにする」という発言からはじまった。よみ方指導のなかで文や単語の指導がなされるのは，なにも「主体よみ」にかぎったことではないのだし，報告書のなかにも正会員の発言のなかにも「主体よみ」という用語がしきりにつかわれて，討論がなめらかにすすんでいかなかったようなので，ここで「主体よみ」という用語の規定を報告のなかからひろって，その意味をあきらかにしておこう。青森報告書のなかでは「主体よみ」はつぎのように規定されている

　　　　思考力をのばすよみ方指導というとき，主体的なよみがあげられる。それはよみ手である子どものよみ方の態度といっていい……。しかし，この主体的なよみというとき，これにはふたつの意味がふくまれている。ひとつは，かかれている内容，意味にたいしてよみ手が主体的な立場にたってよむということである。よみ手が自分のもっている考え，感情などとくらべてよんでいくということである。もうひとつは，自分でよみ方の手順をしっていて，自発的によんでいくということである。

　青森の正会員は「主体よみ」という用語にふたとおりの意味をもたせているが，第一の意味での「主体よみ」は，よみそのものが主体的な行為なのだから，たいした意味はないであろう。あるいは有害かもしれない。なぜなら，この種の主体的なよみ方がのぞましいとすれば，子どもが主体的な立場から文章をどうよみとろうと，教師は子どもの主体性をたいせつにして，指導をくわえるわけはいかないからである。指導することがあるとすれば，それは「よみ方の手順」である。ここでの「主体的な」は「主観的な」という用語にひとしい。体系的な知識をあたえながら，子どものつたない主体（主観）を客体（客観）に照応するようにつくりかえるのが教育であろう。群馬報告書はこんなふうにかいている。

子どもたちが主体的によみとっていくなかには，往々にしてあやまりがあるものです。たとえそれがあやまっていても，よみとろうとする意欲をほめてやらなければなりません。よみとったものは，授業のなかにだしあって，たがいにたしかめあい，みとめあって，客観的なよみのできるよう指導したいものです。

　しかし，知識の体系をあたえる教師の指導がつめこみであってはならないのだから，「主体よみ」という用語は，子どものよみにおける自発性をたいせつにするよみ方指導のあり方であると，もっぱら第二の意味に理解した方が，「主体よみ」を主張する人たちにしんせつだろう。愛知報告書にも「主体よみとそうでないよみとのちがいは，よみとりにはたらく児童の意識のつよさのちがいだといってよいだろう」とかいてあるのだから，この用語は「子どもがよみ方を自発的に，積極的に，意識的に学習すること」，「よみにおける子どもの自発性，積極性，意識性をそだてるように，教師が指導上の配慮をすること」という意味に理解できる。いいかえるなら，それはよみ方の指導＝学習を成功的にすすめるために必要な教授学上の原則なのである。そして，算数でもこのような教授学上の原則がつらぬかれていなければならないし，「主体的な算数」という用語がないところからみると，かならずしも「主体よみ」という用語は必要ではないかもしれない。しかし，「わたしたち自身いままで国語学習でそういう子どもの主体にたったよみの具体的な実践方法をだいじにしてこなかったのではないかと，はずかしい，いつわらざる告白をしなければならない」（兵庫報告書）とすれば，「主体よみ」という用語の存在は意味がある。

　それにしても，「主体よみ」がよみ方の指導＝学習過程を規定する，もっとも重要な原則だと考えて，指導方法の領域にまっすぐにもちこみ，よみ方教師がながいあいだつみかさねてきた指導の経験と理論とをいっさい否定するとなれば，たいへんなことになる。また，文部省式のよみ方指導から「おしつけ」をとりさり，かわりに「主体よみ」をつけたせば，りっぱなよみ方指導の実践と理論とがうまれてくると考えるのも，ちょっとおかしい。そういう傾向が報告書のなかにまったくみられないとは，いえないのである。

　「主体よみ」という概念が，戦後＊に，文部省のとった児童中心主義，態度主義，能力主義とどうちがうのか，この点もあきらかにしてもらいたい。なにをおしえるかという教材論的な観点をぬきにして，主体性をそだてるとか，思考力をのばすとかいっても，

ことばのうえのあそびになるだろう。文部省のばあいは、ごまかしである。静岡報告書があきらかにしているように、ひとつの作品の主題の規定のしかたのうちに、すでに教師と文部省側とではくいちがいがあるのである。

ところで、感想文をかかせるのが「主体よみ」や「批判よみ」の指導上の特徴らしく、3日目の午前の討論は、そのことをめぐってすすんでいった。宮崎の正会員の「読後の感想を重視しよう」という意見にたいして、静岡の正会員から「途中の感想というものは生徒の理解度をしめすものであって、それは授業を発展させていく目やすになる」というような意味の発言があった。感想を口頭でもとめるとか、かかせるとかいう作業は、なんのためにするのか、このことをあきらかにせずに、教師が子どもに感想をもとめる位置を一般的に論じても、むやみに意見のくいちがいをおこすだけである。しかし、このようなことがおこるのも、「主体よみ」、「批判よみ」を肯定するか、否定するかという意見の対立がそこをながれているからである。はじめに、あるいは途中で感想をもとめるのは、おおくのばあい、教師が指導上の対策をたてるためのものらしい。生徒の理解を定着させたり、つづり方能力をたかめたりする目的でおこなう感想文かきもあるだろう。教師はそこでも生徒の理解度をたしかめることができる。認識の道すじをあきらかにする目的でおこなう感想文かかせは、よみの心理学的な調査の資料あつめである。愛知の正会員はこの種の調査をすすめて、子どものよみの発展の段階についての貴重な意見をだした。

感想文がきというのはおそらく、作品内容の主題とか思想性とかについて生徒自身が自分の意見をのべることなのだから、教師はまず作品の主題とか思想性とかについておしえておかなければならないのだが、この点われわれはかならずしも一致した見解をもっているわけではない。そうだとするなら、ひとつの作品のよみ方指導をするというばあい、教師はその作品のなにとなにとをどんな方法でおしえなければならないのか、まえもってあきらかにしておく必要がある。そして、そのことが(2)の討論のテーマであった。

たとえば、ひとつの文章のなかには、文字があり、発音があり、単語があり、文がある。それらは必要に応じておしえなければならないものである。さらに、文章全体の内容がある。内容とひとくちにいっても、ことがらとか感情とか主題とか思想とか意図とかいわれるものがあって、それはそれなりの指導方法を考えなければならない。たしかに、これらのひとつひとつは、提出された報告書のどこかに断片的にかきとめられてあ

る。したがって，よみ方小分科会がしなければならないしごととしては，たいせつなことは，報告書が断片的にかきとめているいちいちの指導上の事項を，よみ方指導の内容と方法との体系のなかに位置づけることである。この種のしごとは教師の教育実践から出発するのだから，むずかしいことではないし，不必要な意見の対立もさけることができるのだが，討論はそのようにすすまなかった。秋田と新潟との正会員からこのテーマにそった発言があっただけである。

　しかし，二，三の報告書には，指導上のいちいちの事項についてかなり体系的な記述をみうけることができる。たとえば，熊本報告書は語句指導について，新潟報告書は単語指導の内容と方法とについて，岩手報告書は文の指導について，静岡報告書は主題のとらえ方について，岐阜報告書は作品内容の指導について。よみ方指導がどれだけのことをあつかわなければならないかという観点から，かなり体系的にまとめあげたものとしては，秋田の報告書がある。そのほか，文図のつくり方（島根報告書）や発問のしかた（山口報告書）などを研究したものもある。われわれはこれらの報告書にかきとめてある貴重な研究成果を一般的な，体系的な理論にたかめて，くりかえしのむだをはぶかなければならない。よみ方指導の研究は，文法教育の研究などとはちがって，国語教師の豊富な経験を一般化することができるし，教師の教育研究は基本的にはそうしたものでなければならないとすれば，討論をそういうふうにはこぶことのできなかったのは，いかにも残念である。

　3　よみ方の指導の学習過程

　もし，よみ方指導のなかで，(2)の項目であきらかにされた，これこれのことがおしえられるとすれば，それらは具体的な指導＝学習過程のなかに順序よく配置されていなければならない。指導の手順にあやまりがあれば，子どもは文章の内容をふかく理解することができないのだから，このことの研究はよみ方教師にとっては切実な問題である。

　静岡の正会員の発言のように，教師の指導手順は子どものよみの過程に照応しなければならないだろう。他方では，教師の指導手順は教材の構造に規定されている。そして，子どものよみの心理的な過程は，また教材の構造に規定されるなら，よみ方の指導の学習過程を規定する基本的な要素は教材であるかもしれない。こういう基本的な問題も，日常の教育実践のなかでたしかめておいてほしい。

今年は，この指導＝学習過程についてのいくらかまとまった発言が，宮城の正会員からだされたきりである。宮城の正会員はこの指導＝学習過程を (1) 文章の知覚，(2) ことがらの理解，(3) 主題と思想とを理解するための内容の検討，(4) 表現よみの4段階にわけた。また，東京の正会員からは「指導手順には原則はあるが，一定したものはない」という発言があった。

　しかし，その「原則」とはなにか，あきらかにしていない。宮城の正会員にしても，原則についてふれていると考えていることだろう。千葉の正会員も「指導手順はひとつにまとめることができない」といって，この問題を検討すること自身に否定的であった。しかし，この意見の対立は，授業を反省することですぐに解決するのではないだろうか。教師は一定の手順にしたがって子どもを文章の理解にいたらしめているし，その手順は，さまざまな条件のなかで変化していくにはちがいないのだが，そこには一貫したもの，法則的なものが存在している。しかも，報告書には，指導＝学習過程についての研究がたくさんのっているのである。たとえば，山形，茨城，群馬，長野，兵庫，岡山，広島，大分の報告書。しかし，これらの報告書にのっている指導手順は，たいていが戦争まえの解釈学が採用していたもののやきなおしであって，独創性にとぼしい。これはどうしたことだろうか。「指導手順はひとつにまとめることができない」といってしまえば，仲間のあやまりを自分のあやまりとして反省してみる機会さえうしなってしまう。

　たとえば，岡山報告書では，よみ方の指導過程は一次（意図の想定），二次（意図の究明），三次（意図の確認）にわけられていて，はじめからおしまいまで意図をめぐってよみ方指導は進行する。兵庫報告書にも，おなじような図解がのっている。だが，もしも愛知の正会員の，よみの心理的な過程についての研究がただしいなら，意図（あるいは主題，思想）はよみの最初の段階では子どもの意識にのぼってこないのである。この点については，秋田の報告書につぎのような意見がのべてある。

　　しかし，鑑賞の事実をいかにふんまえるか，どのような性格のものであるかをみぬいておかなければ，第二次，第三次の学習にふかくくいいることはできない。そして，一般的に，中学生といえども，その最初においては形象に即したよみとりがかくのごとく容易でないことを，わたしたちはしっておく必要がある。

また，指導＝学習過程をいくつかの段階にわけるための原理があきらかになっているとも，おもえない。たとえば，長野報告書では難解語句を説明する段階がもうけられているが，いわゆる難解語句の説明は，その性格にしたがって，あるいは導入の段階でも，あるいは形象を知覚する段階でも，主題や思想（あるいは意図）を理解する段階でもおこなわれているだろう。したがって，難解語句の説明は作品内容の知覚と理解の過程で必要に応じておこなわれるのであって，指導＝学習過程の一段階をなしているとみなすことはできないだろう。この分科会がよみの過程を基本的には認識としてとらえるなら，その認識という観点を指導＝学習過程の研究につらぬきとおすべきである。認識というのは現象から本質にくいこんでいく過程である。すると，よみ方の指導＝学習過程もそういう性質のものだとみなさなければならない。

　指導＝学習過程の研究は，授業の具体的なすがたを理論的に再構成するものだといえる。したがって，この研究の完成はよみ方教師の実践的な要求なのだが，よみ方小分科会の討論はそこまですすまず，批判の「ながらよみ」か「まずからよみ」かという問題をくりかえしていた。このばあい，まず「批判」という用語の概念をあきらかにしておかなければならないし，そのような「批判」がおさない子どもたちに可能なのか，事実にもとづいてあきらかにしておかなければならないだろう。いずれにしても，「批判」という観点から指導＝学習の全過程をくみたてるわけにはいかないのだし，教育の場でたいせつなことは，人間がいく世代にわたって，みんなで確認してきた客観的な真理を子どものものにしていくことである。教師がこのことを責任をもって実行しなかったら，子どもの認識能力も批判力も実践力もたかまらないだろう。かいてあることのまちがいを証明する能力のない子どもに，まちがったことのかいてある文章をあたえることは，それだけでゆるしがたい犯罪行為である。文部省はこのような犯罪行為を平気でおこなっているわけだが，しかたなくまちがったことのかいてある文章を子どもによませるばあいは，もちろん，子どもの経験や知識を動員して，可能なかぎり，この文章にたいする子どもの批判を保証しなければならないだろう。このばあいでさえ，かいてあることの意味の完全な理解が前提になっている。

4　教材論

　教材についての問題は，よみ方小分科会で討論する時間がなかったので，全体会議であつかわれた。まず，教科書つくりの実状について，出版労協から報告があった。この

報告では，政府が軍国主義的な思想を子どもにたたきこむために，教科書の統制に積極的にうごいている現実が，具体的な事実をもってしめされた。そして，教師の教科書をよくするためのたたかいは，軍国主義の復活の諸政策にたいする全国民のたたかいとかたく手をむすばなければならない，ということが強調された。

出版労協の報告はきわめて重要な問題を提出しているにもかかわらず，それはけっしてよみ方教師の教材論ではない。よみ方指導のばあい，教材はすなわちすぐれた文章をあつめた読本であって，よみ方教師の教材論は，そのよみ方読本にはいっている，ひとつひとつの文章の，教授目的からする研究であるし，その読本の編集がいかなる原則からなされるべきかということの研究でなければならない。子どもは読本をよむことによって，必要な知識と技能とをかくとくしていくのだから，読本のできは，よみ方の指導＝学習過程の質を規定するほど，重要な意味があるのである。こうして，よみ方教師は読本のなかにえらばれたひとつひとつの文章について，読本のくみたてについてつよい関心をしめさないわけにはいかなくなる。このことは今年も報告書のなかに反映している。

たとえば，宮崎報告書は「国語の教科書の文章は形式的な無味乾燥なものではなく，いきいきと児童生徒にうったえるものであり，各学年の成長発達の段階にもっとも適したものとして，系統性をもって整理されたものでなければならない」と，教科書つくりの原則をしめして，つぎのように，よみ方読本の自主的な編集を主張している。

> たしかにながらよみ以外に考えられないわけであるが，それにしても，批判しながら，また警戒しながら，よまねばならぬような教材ばかりよまねばならぬとしたら，子どもたちは不幸ではないか。もっと「感動しながら」よみすすむことのできる，すぐれた文章を教師みずからの手で子どもたちのために用意する必要がある。

また，三重報告書は教材についてつぎのような意見をだしている。

> とりわけ小・中の認識の初歩的な発達段階の子どもたちにとっては，ないものねだりの批判よみを強要することはできない。毎日毎日の学習の場に必要なものがおかれていなければならないのである。

そして，三重報告書は現在の教科書の文章をしらべて，いい教材とわるい教材とをみわける基準をあきらかにしながら，現在の教科書をすこしでもましなものにしていくことに，教科書闘争の方向をみいだしている。教科書闘争のこのふたつの方向は討論のなかで問題になったが，けっして矛盾するものではない。よみ方教師の教科書つくりの運動は，現在のゆがめられた教科書のゆがみ，子どもへのわるい影響を実践的にたしかめながら，よりよい教材でおぎない，あたらしいものをつくりだしていく方向をとらなければならない。これが一致した意見であった。

　いちいちの作品については，とくに原文の改作や省略のし方が問題になった。福岡報告書は，教科書編集者が原文を改作することによって，原文のもつ主題，思想性をすりかえ，故意に原作の教育的な意義をすりへらしていることを，具体的な事実にてらして指摘している。

　たしかに，教材論はわれわれにとっては理論的にいちばんよわいところである。教材の研究（あるいは選定）はいろんな側面からの配慮が必要である，という事情がわれわれの教材論の成立をむずかしくしている。しかし，われわれはこのむずかしさをのりこえて，真に科学的な，よみ方教師の教科書闘争をみちびくことのできる教材論をうちたてなければならない。

　5　文学教育

　ここでの討論のテーマは，文学教育を従来のように「よみ方」のわくのなかでおこなうべきか，それとも文学教育を「よみ方」から独立させて（あるいは「よみ方」を発展的に解消して），文学科を設置すべきであるか，という問題であるから，国語科の構造を検討するところであつかわれた。したがって，ここではふれないことにする。

第13次全国教研の報告から

(1) よみ方指導

　よみ方指導の研究は，16日のまる一日と，17日の午前をついやしておこなわれた。あらかじめ講師のがわできめておいたつぎのテーマにしたがって，討議がすすめられた。

(1) 文学作品のよみ方指導
　　A　内容のよみとり
　　B　指導過程
　　C　ことばの指導
　　D　児童，生徒の自発性・積極性・意識性をいかす教授＝学習上の配慮
　　E　実生活とのむすびつき
(2) 説明的文章のよみ方指導（文学的文章との対比において指導上の特殊性をあきらかにする）

　しかし，よみ方指導の研究にあてられた時間の大部分が，文学作品の(A)内容のよみとり，(B)指導過程をめぐる討議につかわれた。このことは，わたしたちの研究が，よみ方指導ではなにをどのようにおしえるかという実践上の問題の解明にたちかえったことをものがたっている。

1　文学作品のよみ方指導
A　内容のよみとり

　文学作品を子どもによませるとき，教師はその内容的な側面としてなにをおさえるか，まずこの問題が討議の対象にとりあげられた。これをめぐる討議は，教師の日常的な教育実践によってすでにあきらかになっていることであるから，さほど意見のくいちがいもなく，①ことがら（人間の生活現象），②それにたいする感情と評価，③えがかれている生活現象の本質的な側面としての主題，④人間の生き方としての理想（あるいは作品のもつ思想性）というよっつの内容上のカテゴリーをとりだすことに成功した。

しかも，これらのカテゴリーの相互関係もみごとにとらえられている。たとえば，静岡は「主題は作品にえがかれている『ことがら』を分析していくなかでこそあきらかになる」といって，「ことがら」と主題との関係を正確にしめしている。主題が作品のなかにえがかれている「ことがら」のおくそこにひそんでいるなら，つまり作品にえがかれている人間の生活現象の本質的な側面であるなら，「ことがら」を分析することなしには，それはおもてにあらわれてこない。おなじようなことが，いくらかニュアンスはことなるが，秋田の報告書にもかいてある。

　さらに，静岡は「作品をいきなり主題においておさえることは，文学を非文学としておさえることであって，文学作品のよみ方指導が徳目主義の道徳教育に転化する危険性をはらまざるをえない」といって，主題を「ことがら」との関係においておさえることの教育的な意味をはっきりさせている。

　実際，文部省を代表する理論にしたがっておこなわれる文学作品のよみ方指導が，修身教育になりさがっているのは，おおくのばあい，作品のなかにえがかれている人間の生活現象を正確によみとらせないでおいて，正当な手つづきでそれを分析させないでおいて，主題（しかも徳目にすりかえられた主題）を子どもにおしつけることからおこっている。

　この事実に注目するなら，文学作品の主題を理解させることをさけてとおるのではなく，むしろ積極的にそれととりくむことで，文学教育の修身への転落をふせがなければならないだろう。この意味で，主題をおしえることに否定的な態度をしめした東京・世田谷の発言は，考えてみる必要がある。主題をおしえることが徳目のたたきこみになり，子どもを文学ぎらいにするのは，それが「ことがら」の鮮明な知覚（映像化）とその分析を土台にしておこなわれないからだろう。文学作品のよみ方指導が主題をあつかわないとすれば，子どもによる文学作品のうけとめは，情緒的な知覚の限界のなかにとどまってしまう。それどころか，作品内容のディテイルの解釈は主題に方向づけられるのであるから，主題がわからなければ，「ことがら」の完全な再想像さえ不可能だといえる。

　ところで，文部省式のよみ方指導では，作品の主題を作者の意図だとみなして，作者の意図をおしえることをもって，よみ方指導の中心的な任務にしている。しかも，その「作者の意図」なるものは，「想定」とか「哲学的直観」とかの方法でとらえられるという。このようなよみ方指導の方法が「作品をいきなり主題においておさえる」のであっ

て，よみ方指導を徳目のたたきこみにすりかえるのである。作者の意図にしろ作品の主題にしろ「想定」や「哲学的直観」などではとらえようがないのだから，どこまでも，かいてある「ことがら」の分析をとおして，作品の主題の理解へ子どもをみちびかなければならない。このことを正会員みんなが傍聴者とともに一致して確認できたのも，こんどの教研集会の収穫であった。

作品内容にふくまれている「理想」，つまり作品のもつ思想性については，それが「主題」とどのようなかかわりをもっていて，文学作品のよみ方指導のなかではどのようにあつかわれるべきかということは，残念ながらつっこんでは討議されなかった。だが，報告書から判断して，静岡や秋田や福島や岐阜などは，作品のもつ思想性を主題のなかに，あるいは主題の延長線のうえにみいだしている。

これらの県の代表は作品の「主題」と「理想」とを統一的にとらえようとしているのである。なにをどのようにえがくかということが作品の思想性をなしているのなら，まさに主題は理想である。しかし，理想というものを，主題をとおしてかたりかけるものであるとみるなら，「理想」は主題をのりこえて，ひろくなる。いずれにしても，主題をあきらかにする作業からはなれたところでは，作品のもつ思想性をあつかうわけにはいかないだろう。

つづいて，静岡が提出した「構想」の問題にふれよう。たしかに，静岡報告書にかいてあるように，「構想をあきらかにすることなしには，文学作品のもっている思想をつかむことはできない」。文学作品のよみ方指導では，作品の主題＝理想をあきらかにするために，構想を分析する必要がある。だが，講師のまとめのなかでは，あえて，まえにあげた内容上のカテゴリーとならべることをしなかった。このことに多少の不満ものこったようなので，ここでこのことにこたえておこう。構想は主題＝理想の表現手段であって，形象の内容ではなく，その内部形式であるからである。

静岡報告書では，文学作品の「構想」あるいは「構成」という用語は，そこにえがかれている「ことがら」の構造をさしている。そうだとすれば，構造をつくっている構成要素についてもふれないわけにはいかないだろう。もし，静岡報告書にしたがって，構造が登場人物の人間関係であるとすれば，それをくみたてている構成要素は登場人物である。実践が証明していることであるが，文学作品の主題＝理想をあきらかにするためには，作品の内部構造（人間関係）だけでなく，登場人物をも分析しなければならない。文学作品では，登場人物の性格のなかに時代の基本的な特徴が反映しているからであ

それに，静岡報告書では文学作品の「構想」をプロットとストーリーとにわけて二重の意味に理解する配慮がかけている。だが，そのまえに，形象の構成要素を一般化しておさえておく必要があるだろう。構成要素を登場人物だけに限定すると，自然や物や「私」の形象がぬけおちてしまう。ストーリーがむきだしになっている作品は，高学年では，むしろめずらしいのである。こういうふうにいえば，静岡を非難しているようにきこえるが，そうではない。静岡は今後の研究のなかでこれらの問題を解決する能力があると，信じているからである。いずれにしても，静岡は，文学作品のよみ方指導の研究において，着実な発展をみせ「主体よみ」の理論からみごとにとおざかった。

B　指導過程

　文学作品のよみ方指導において，えがかれている「ことがら」とそれにたいする感情と評価，これらを組織する焦点としての主題と理想とを，その表現形式とともに，どのような順序に知覚させ，理解させていくか，いわば文学の授業をどのようにくみたてて，ながしていくかということ，これがつぎの問題であった。ここでは，まず秋田からつぎのような定式がだされた。

① 「ことがら」とそれにたいする感情＝評価とを情緒的に知覚する段階。　この段階での作業はおもに「よみ」をとおしておこなわれる。
② 情緒的に知覚された「ことがら」と感情＝評価とを土台にしながら，作品の主題と理想とを理解する段階。　ここでは，作品全体のくみたて，事件のすじ，登場人物などが分析される。
③ 主題と理想との理解を土台にしながら，ふたたび形象の情緒的な知覚にたちもどる表現よみの段階。

　しかも，石山脩平が解釈学において定式化し，国語教師のあいだにひろまっている「通読・精読・味読」の三段階式を継承し，発展させたものとして，秋田はこの定式をさしだしている。この秋田の意見とほぼおなじものが，岩手，宮城，福島，岐阜などの報告書にもかいてある。
　これにたいして，よみ方の指導過程を「通読・精読・味読」にわける伝統的な方法を否定するかたちで，東京・荒川から「総合よみ」という名のあたらしい理論がだされ，

秋田などの意見とするどく対立した。この「総合よみ」に三重と神奈川が同調している。「総合よみ」というのは，作品の部分から部分へとよみすすみながら，部分の理解をつみかさねて，作品全体の理解にすすんでいく「よみ」の形態であって，ひとまず全体をおおまかに理解しておいて，そこから部分の理解にすすんでいく「分析よみ」に対立するものである。

したがって，石山脩平が定式化した三段階式に「総合よみ」を対立させることは，それ自体おかしなことだといえる。いわゆる三段階式は，ひとつの作品のよみ方指導の全過程をどのように組織するかということへの回答である。「総合よみ」を主張する人たちは，「よみ」という用語でしめされる，ふたつの概念をくべつしていない。あえてそのくべつをもとめないなら，文学作品のよみ方指導の全過程はせまい意味での「よみ」の指導に限定されて，指導の内容は必然的に矮小化する。作品の構造・事件の展開過程・登場人物などを分析しながら，えがきだされている情況と性格の典型性を子どもに理解させ，主題と理想との理解にまでつれていくことは，「総合よみ」という「よみ」の指導だけでは不可能だからである。

いちいちの単語の意味の理解から形象の再生にいたるまで，事件や人物の分析から主題＝理想の抽出にいたるまで，一回きりの「総合よみ」のなかですべてを解決しようとするなら，授業はごたごたしてきて，子どもの頭はきりきりまいをする。しかも，可能なら実践もできようが，事件の筋や人物の分析などは，「総合よみ」にしろ「分析よみ」にしろ，作品全体をよみおわらないかぎり，つまり子どもの頭のなかに形象の完全な再生がおこなわれないかぎり，不可能な作業である。東京・荒川の報告書でも「総合よみ」的指導過程の最後の段階として，この種の論理的な分析の段階をもうけている。だが，この種の作業は「よみ」ということばではもはやいいつくせない，質的にことなるものである。

東京・荒川にしても三重にしても，おとなの日常のよみでは，「一回よんだとき，内容や構成や主題や意図などの全理解にたっし，よみ手が作品と対決できる」という仮説をもっている。しかし，事実は，国語教師が子どものための作品を一度ならず二度も三度もよんでさえ，主題がつかめないことがおおい。おとなの日常のよみでは，作品をよみおわったあと，知覚されたものの分析，一般化，意味づけなどの過程がしばらくつづいていて，よみおわると同時に作品の全理解にはたっしないだろう。

『走れメロス』の実践が証明しているように，総合よみ的なよみ方指導では，文学作

品の主題も理想もふかくよみとらすことはできない。授業がうまくすすんでも，子どものよみとりは，せいぜい形象の情緒的な知覚におわってしまう。だからこそ，文学を情緒の表現としてみる時枝誠記は，「たどりよみ」という名の「総合よみ」を主張するのである。ちかごろは，文部省を代表する理論家のあいだでは，石山脩平の三段階式を否定し，よみ方指導の全過程を一回きりの「よみ」に限定しようとする傾向がつよくなってきた。文学作品のよみ方指導をとおして，子どもたちの人間への理解をふかめることをおそれているのだろうか。

C　ことばの指導

文学作品のよみ方指導のなかで，ことばの指導をどこでどうおこなうかということの研究は，福島から「文の指導」についての発言があっただけである。福島の報告によれば，文学作品のよみ方指導のなかでは，文をめぐってはつぎのことがあつかわれる。

① 文の言語的な側面（文において言語的に，つまり語彙と文法とによって表現されているもの）
② 文によって表現されている事実的な内容（事実そのものについての説明）
③ 文が表現しているもの（比喩的な文の意味，文のうらの意味，表現性など）
④ はなし手の心理（はなし手の態度や感情など）

さらに，福島報告書によれば，文学作品のなかにある文は「はなしの文」と「地の文」とでは，その指導のし方がことなる。文の表現性の問題など，福島は文学のことばをまさに文学的にあつかおうとしている。福島は文学のことばを，その内容との相互関係のなかで，どうあつかうかという問題を解決するなら，文学教育の発展におおきく寄与できるだろう。文学はことばの芸術である。ここでは，ことばは表現手段であり，作品を構成する要素のひとつであるから，ことばをあつかわない文学作品のよみ方指導はありえない。

D　児童，生徒の自発性・積極性・意識性をいかす教授＝学習上の配慮

ことしの報告書にも，「主体よみ」という標題のついたものがかなりあった。そこで，子どもが文学作品のよみ方学習へ自発的に，積極的に，意識的に参加するために，教師

は授業のなかでどのような配慮をしなければならないかという問題を討議の対象にした。おおくのばあい,「主体よみ」という用語でしめされるよみ方指導の形態は,こうした教授学上の原理をどういかすかという問題とかかわっているからである。しかし,実際には,「主体よみ」の主張者からは,この方向にそった具体的な発言はなかった。今日のような状態のもとでは,それでいいのだろう。よみ方指導のなかでなにをどうおしえるかという,教材論と方法論上の基本的な問題が解決されていないとき,もっぱらこの種の教授学上の配慮をとりあげると,われわれの研究も,文部省検定の教科書を砂糖のころもにつつんで,どう子どもにのみこませるかということの技術の研究になってしまう。「主体よみ」という用語は,ちかごろは指導主事のこのむことばになった。

他方では,「主体よみ」という用語は,子どもが作品と批判的に対立するよみ方指導のあり方をもさしている。このばあい,教科書にのっている作品の,がまんのできないわるさが前提になっている。ここでは「主体よみ」は「批判よみ」と同義につかわれている。教科書がわるいから,子どもに批判させなければならないという「批判よみ」的な考え方には,おおきな妥協がある。わるい教材は当然いい教材ととりかえなければならないのだが,「批判よみ」はわるい教材をそのままにしておいて,子どもがそれを自分の力で批判することですませようとする。「批判よみ」は教科書といういちばん重要な問題で文部省に譲歩している。この譲歩から,つまり文部省検定の教科書を教室にもちこむことから,どういう現象がおこってくるだろうか。これがまさに今日の教育の現実なのであるから,それを理解することはむずかしいことではない。「批判」という作業ではとりさることのできない害のあることは,はっきりしている。

まず第一に,わるい教材,つまらない教材をつかって,教師はなにか子どもにおしえなければならないという積極性がわいてくるだろうか。感動のない文章を感動をこめておしえることができるだろうか。また,子どもは子どもで,おもしろくもない教材にしんけんにとりくむ意欲がもてるだろうか。まなびとるもののない文章を,子どもはなぜ熱をいれてよまなければならないのか。およそ愚問である。おそらく,子どもは積極的に批判することはしないで,「うけつけない」というかたちで消極的に抵抗するだろう。文部省検定の教科書をつかっていては,「主体よみ」の成立する地盤ははじめから存在しないといえるのである。子どもが積極的に学習に参加するようにしようと考えるなら,まず教科書をよくしなければならない。いちばんおそろしいことは,わるい文学作品をあたえると,子どもが文学ぎらいになることである。

ところで，わるい教材をつかうと，子どもや教師には意欲や感動がすこしもわいてこないのであるが，それでも授業がうまく進行してくれるなら，あとで批判するという手ものこっている。だが，わるい教材をつかっての授業は，うまくすすまないだろう。意識的であれ無意識的であれ，教師のごまかし，おしつけ，すどおりがなければ，授業は成立しない。わるい教材には，事実のねじまげや論理のふみはずしから表現上の不備にいたるまで，なんらかのかたちでの欠陥があるから，教師はそこをごまかすか，おしつけるか，すどおりするかしなければ，授業は成立しない。作品のわるいところを教師がいちいち批判しながらよみすすむとすれば，その作品からはなにものもまなぶなということになって，授業そのものの放棄を意味する。いちばんわるいことは，この種の授業が子どもの心に否定的な態度をうえつけることである。

  だが，この年令にとって，否定的態度ほどにふにあいなものはないのである。かれらにおいてはすべてが建設的でなければならず，なにものをも破壊してはならない。（ウシンスキーから）[*]

　文学作品のばあいは，わるい教材の典型は改作である。たしかに，改作には，ひとつの単語のとりかえから作品の部分のちょんぎりまで，いろんな型がある。ところが，ひとつの単語をとりかえることでさえ，文学作品においては，形象の体系をぶちこわす結果をもたらす。たとえば，新美南吉の『花』の最初の部分で，教科書は「けんか」を「すもう」にとりかえているが，このとりかえから形象の体系（事件の展開過程）がこわされて，子どもは形象（事件の必然的な発展）がよみとれず，授業は混乱する。このような改作から生ずる授業の混乱は，原作をあたえる以外にすくいようがない。批判はなにものをも解決しない。

　さて，わるい教材をつかって形象のよみとりから主題＝理想の理解まで，まがりなりにも授業を成立させたと仮定しよう。そこで，わるい教材のわるさを子どもに批判させなければならないのだが，そういうことはいったい可能なのだろうか。青森報告書は「自分の生活や意見や信念などにてらしあわせて，文章に対決する子どもをつくる」といっているが，そうだとすれば，子どもが文章に批判的に対決できるのは，子どもにゆたかな生活経験，知識のたくわえ，たかい認識能力，確固たる信念があってのことである。しかし，小・中ぐらいの子どもにそういうものがあるとは，とうてい考えられない。

だから、学校教育は文学作品のよみ方指導をとおして、人間や社会についての知識、それらを認識する能力を子どもたちに保証しなければならないのである。わるい教材をつかっていては、その保証はできないし、子どもは無知のままにほったらかされ、いつまでも批判する力などはつかない。したがって、わるい教材にたいする批判は、教師の考えの一方的なおしつけになってしまう。

まして、文学作品のよみ方指導には、子どもの心のなかに美の感情、美の理想像をそだてあげる任務があるとすれば、それらがこめられている芸術性のゆたかな文学作品をもちいないかぎり、教育は成立しないといえるだろう。

おしまいに、「主体よみ」とか「批判よみ」とかいう理論は、日教組教研の基本的な方向である自主編成の精神にかならずしも忠実だとはいえない。そればかりではなく、いい教材を教室にもちこむための職場でのたたかいを組織する方向性をもたない。

われわれの研究活動は、自主的にえらんだいい教材をもちいて、いい実践をおこない、その記録にもとづいて理論的な一般化をおこなわなければならないだろう。わるい教材からはわるい実践しかうまれてこない。わるい実践からは、あすのよみ方指導を方向づける理論はうまれてこない。指導＝学習にたいする教材の規定性は、教師のうでまえや良心ではどうにもならないほど強力なのである。

しかし、こうした事情は、教科書にのっているわるい教材をしかたなしにおしえる教師が、わるい教材のわるさへの批判を子どもに要求することをさまたげるものではない。教師はわるい教材のわるい影響から子どもをまもる義務がある。だが、それはあたりまえのよみ方指導ではない。「主体よみ」にしても「批判よみ」にしても、このあたりまえでないよみ方指導の形態を理論的に固定化する。

E　実生活とのむすびつき

文学作品のよみ方指導と現実の生活とのむすびつきについて発言している報告書がいくつかあったので、「実生活とのむすびつき」という題で討議をすすめる予定であったが、やはり時間がなく、すどおりした。だが、ここでは群馬の日高教代表[*]の報告書にふれておく必要がある。群馬は文学の授業のなかで「文学の論理」と「生活の論理」とを二元的にとらえて、「作品の主題」をあきらかにするほかに「授業の主題」ととりくむ必要があるといっている。

もし、文学作品が生活の鏡であるなら、文学の論理は生活の論理である。よみ手は文

学作品をよむというかたちをとおして，じつは鏡のむこうがわにある現実の生活をみているのである。その意味では，文学作品は現実認識の手段である。したがって，群馬がかいているように，文学作品は「どんな名作であろうと，教室ではたんなる素材でしかない」。文学は人間とその生活，社会の矛盾を典型的にえがきだしているのであるから，それを媒介にすると，現実の人間の生活がよりふかく理解できる。こうした認識論的な機能が文学になければ，文学作品のよみ方指導は意味がない。

　群馬が「授業の主題」を証明するために利用した『夕鶴』もそうした作品であろう。この作品が「金が人の心をゆがめる世の中で，ひたむきな女性の愛情が欲のまえにやぶれていく」ことがかいてあるとすれば，それはまさに生活の論理である。もちろん『夕鶴』の形象を現代に機械的にもちこむことはつつしまなければならないが，金が人の心を支配する「夕鶴」の世界の基本的な性格が現代もいきつづけているとすれば，「つう」の悲劇的な結末の真の原因をあきらかにすることは，現代社会の基本的な性格をつかまえることを意味する。作品の主題をつかむことが，その作品を媒介にして人間と人間の生活を支配する法則をあかるみにだすことであるなら，「授業の主題」という概念はいらなくなる。群馬の日高教代表は「授業の主題」についてつぎのようにかいている。

　　　主題を的確にとらえることがだいじだというのは，とらえた主題をふまえたうえで——ふたたび作品にたちもどり，また各自がおかれた状況にてらしあわせて，そのうえになにかをきずきあげることがだいじだからではないだろうか。……そのきずきあげられるべきなにかを，わたしたちは「授業の主題」とよびたい。……かんたんにいってみれば，人間いかにいくべきかの問題を作品にそくしつつ明確，かつ具体的にとりあげる，つまり社会的存在として人間を把握するなかから問題を考えるということである。

　しかし，文学作品は現実の生活を鏡のごとくうつしているわけではない。そこには現実の生活にたいする批判がある。人間とその生活がどうあらねばならぬかという問いにこたえている。『夕鶴』もそういう性質をもっている。「つう」のくるしみを体験もできるし，彼女の悲劇的な運命に涙をながす生徒は，未来にたいしてどのような信念をもつだろうか。「つう」を悲劇的な結末においやったこの作品は，すくなくとも「わるいのは金だ」，「金にまけてはならない」ということだけはおしえてくれる。このことに教育的な意味がみいだせないというなら，『夕鶴』は教材としての資格をもたないというこ

とになる。このひとつの作品で社会的な存在としての人間のすべてをおしえなければならないというなら、よくばりすぎる。

作品内容と現実とをみごとにむすびつける能力のある教師にとっては、「授業の主題」という概念は不必要だろう。いや、むしろ、現実と関係づけることのない文学作品の「よみ」というものは存在しないというべきだろう。文学作品そのものが現実との関係をたもつことで存在もし、意味ももっているからである。したがって、文学作品の内容を知覚し、その主題と理想とをあかるみにだす作業のそとで、文学作品のよみ方指導がなにか現実の実生活とのむすびつきをとりむすぼうとするなら、授業は脱線する。人間の生活を正確に反映していない作品をつかっていては、文学の授業は実生活とむすびつかない。教材の選定、教材の体系のくみ方のまちがいからおこる文学の論理と生活の論理との背反は、その責任を教材論そのものにおわすべきである。

2 説明的文章のよみ方指導

この問題の討議にもあまり時間がとれなかったが、文部省的説明文の文部省的よみ方指導における基本的な欠陥をあかるみにだすことができた。実際、文部省を代表する人たちは、説明文では段落指導などをとおして子どもの論理的な思考能力をたかめなければならないというが、こういう考え方にたって、もっぱら文章の論理的な構造を指導すると、でたらめなことがもっともらしい理くつでかいてある文部省的説明文を子どもにまるのみさせることになる。文部省にとっては、子どもの思考能力などはどうでもいいことであって、かれらが思考能力をたかめなければならないと、もっともらしくいう真の意図は、事実に反する知識を子どもにおしつけることにある。事実をたいせつにする子どもではなく、論理のつじつまをあわせることのうまい子どもをつくりたいからである。

しかし、事実を正確にうつしている文章を、子どもにおしえるばあいにしても、事実との関係づけをおこなわないで、もっぱら論理のみを追求するよみ方指導は、観念的な衒学者をつくるにすぎない。このことから、説明文のよみ方指導は、原則として、事実と文章、事実の論理と文章の論理、実践と理論とをたえず照応させなければならないということになる。そうしなければ、真の意味での知識も認識能力も、知識を実践に応用する能力も子どものものにはならないのである。以上のことが確認されたのも、こんどの集会の成果であった。

(2) 日本語指導[*]

　言語指導をめぐる報告，つまり日本語の語彙と文法との指導，その発音と文字との指導は，どうあるべきかということについての報告は，まい年すくないが，今年はことにすくない。しかも，この問題をめぐる討議は，やっと4日目の18日にはいって，2時間ぐらいのあいだになされたにすぎない。しかし，こうした情況は，夏の第3回御岳集会が「実践の一般化」をよびかけたことと関係がないことはないだろう。この集会がゆたかな実践をもつ，よみ方指導の研究に集中し，そこでおおきく前進したのも当然だといえる。言語指導は，文部省側のてってい的なサボタージュのおかげで，日本の国語科教育のなかで実践的にも理論的にもいちばんよわい領域をなしている。

　だが，文部省側の主張する言語指導における機能主義（いわゆる「ことばのきまりの指導」）は，だいたいにおいて，われわれの教研集会では存在することができなくなった。そして，とりたてておこなう言語指導の確立をめざす教師の意志と努力は，そうかんたんにはけしとめることができなくなっている。ちかい将来に言語指導の体系をうちたてずにはいないだろう。今年だされた，いくつかの報告も，その道を着実にすすんでいる。言語指導と関係して，かならずしも13次教研を悲観的にみることはできないのである。

A 文字指導

　まず，群馬から「小学一年の文字指導について」実践にもとづく発言があった。群馬は，文部省が教師におしつけてくる語形法（かな文字指導における機能主義）を否定し，1音節1文字という日本のかな文字の本質的な特徴にしたがって，単語を音節に分解し，その音節をあらわす文字をおしえるという方法を主張した。そして，この方法以外ではかな文字はおしえることのできないことを，群馬は実践でたしかめている。この群馬の主張は，ずっとまえに民間側の教育研究があきらかにしていることである。そして，おおくの教師は，それ以外の方法ではおしえられないのであるから，1音節1文字の原則にしたがってかな文字の指導をおこなっている。したがって，群馬の功績はここにはなく，正書法指導とを有機的にむすびつけたことにある。文とはなにかということ，文が単語からなりたっていること，名詞のあとには助詞がくっつくということなど，文法上

の法則をおしえておかなければ，正書法上のきまり，たとえば助詞「は」，「を」，「へ」のかきあらわし方，わかちがき，マルのうち方などの指導は不可能なことなのであるが，群馬はこのことを実践的にあきらかにし，小学一年の言語指導のあり方をしめした。

群馬の実践は，とりたてておこなう言語指導は，一年からは無理だという考えをくつがえしている。一年の子どもにしても，正確に文章をよませたり，かかせたりしようとするなら，言語指導はかかすことができなくなる。そして，群馬は一年生の言語指導の体系のくみたて方を明示した。つまり，一年生では，子どものよみ・かき能力の所有をぎりぎりのところで保証する方向に発音と文字・正書法，文法・語彙の法則ときまりが，有機的にからみあって指導されなければならないのである。

しかし，群馬の研究もまだ完成しているわけではない。原則がしめされているにすぎない。いちいちの文字をどのような順序でおしえるか，拗音とか長音とか促音とかをどのようにおしえるか，原則がはっきりしている以上，教科書のかたちに具体化する必要がある。

B　語彙指導

つづいて，福岡から「語彙のとりたて指導をすすめよう」という題の報告があった。ここでは，かなりおおきな混乱があった。というのは，福岡は東京・荒川にならって，語彙のとりたて指導が必要であると主張するのであるが，このばあい，とりたて語彙指導という名目のもとにおこなわれる作業は，いちいちの単語を言語活動の指導からきりはなし，国語科のなかに時間を特設して，おしえることなのである。

ここでまずはじめに問題になるのは，「語彙」と「単語」という，ふたつのことなる用語が混同してつかわれていることである。「語彙」という用語は，単語のあつまり，正確にいえば民族語の単語の総体をさしている。したがって，語彙をおしえるということは，いちいちの単語をおしえることではなく，日本語の単語の総体についてなにかをおしえる作業でなければならないのである。つまり，日本語のひとつひとつの単語がどのようなかたちで語彙の体系を形成しているか，その法則をあきらかにしてやるのが語彙指導になるのである。たとえば，単語は類義語・同義語・反義語というかたちでグループをなしているが，この事実はおしえなければならない。あたらしい単語はすでに存在する単語を土台にしながら，語構成の法則と意味変化の法則とにしたがって派生してくるのだが，この事実はおしえなければならない。こういうのが語彙指導であって，い

ちいちの単語をおしえるのは，単語指導（あるいは字びき作業）とでも名づけて，語彙指導からくべつしなければならないのである。語彙指導ははじめから「とりたて指導」の性格をもっている。

討議は，いちいちの単語をおしえることが言語活動の指導からきりはなしたかたちでおこなわれてもいいのか，という問題にしぼられた。この問題では福岡は孤立したが，最終的な解決はなされないままにおわった。

ここで注意しておきたいことは，神奈川にしても東京・荒川にしても，認識をふかめるために，思考力をたかめるために，感情をゆたかにするために，語い（ひとまとまりの単語）をあたえるというが，子どもがいくら単語をおぼえても，認識がふかまったり，思考力がついたり，感情がゆたかになったりはしないということである。単語は個人にとっては認識の手段にすぎない。したがって，具体的な認識の場からはなれて，いくら単語を子どもにおしえこんでも，子どもはその単語をもちいて認識活動をおこない，その成果を単語のなかにしまいこむというかたちではおぼえない。機械的にまる暗記するにとどまる。ことば主義である。単語指導はよみ方や，つづり方のなかだけではなく，教育のあらゆる場でおこなうべきだろう。子どもが，いちいちの単語をおぼえることが，実際の認識活動からきりはなされないために。そうしなければ，子どもの所有する単語に内容がつまらないだろう。

C 文法指導

文法指導については，神奈川から報告があっただけで，時間もなくなり，討議はおこなわれなかった。文法指導の体系をしめした報告書は，神奈川のほかに山梨からも提出されている。いずれも教科書につかえるほど具体化していないし，体系のたて方そのものに問題がある。だが，こんにちの研究水準からみれば，その努力に敬意を表しないわけにはいかない。

第14次全国教研の報告から

(1) よみ方指導

　2日目から3日目の午前にかけての「よみ方指導」をめぐる討議はつぎのような順序でおこなわれた。よみ方指導を「文学作品のばあい」と「説明的な文章のばあい」とにおおきくわけて,「文学教育」という柱をたてなかったのは,文芸学的な論議はやめて,事実において教師が実践している文学教育から討議を出発させるためである。また,民間教育運動のなかでしきりにさけばれている「文学科設置論」をさけるためでもある。

　だが,文学作品のよみ方指導を国語科のわくのなかにおしとどめておくことに不自由を感じるほど,国語教師の実践の領域がひろがっているなら,事実にもとづいて国語科からの文学科の独立を主張すべきである。そのときは,また,日教組教研のなかに文学教育の分科会を設置すべきだろう。しかし,こういう主張を教育運動のうえでの現実的な課題にするためには,文学教育の体系とならんで,他方では,日本語指導とよみ方指導との体系を確立させておく必要がある。国語科教育から文学教育をひきさると,のこるものはなにもないという状態では,「文学科独立論」は現実化しない。いろんな事情を考慮したうえで,国語分科会は文学教育についての研究を「文学作品のよみ方指導」として当分のあいだひきうけていかなければならないだろう。

(1) 文学作品のよみ方指導
　A　ことがら（作品のなかにえがかれている生活現象）をどのようにして鮮明なイメージとしてとらえさせるか？　また,作品のもつ情緒・感情をどうとらえさせるか？
　B　登場人物の性格,その典型性,登場人物によってつくりだされた人間関係,事件の展開過程などを検討しながら,どのようにして作品の主題・理想をあきらかにしていったか？
　C　ひとつの教材について,右のような指導をどのような段階にくみたてて,授業の流れを組織したか？

D　教科書の文学教材はなぜわるいのか？　文学教材の自主的な選定の基準はなに
　　　　か？
(2) 説明的文章のよみ方指導
　　　A　国語科のなかで説明的文章のよみ方指導はどんな位置にあるか？　なぜ，説明
　　　　的文章のよみ方指導をおこなうのか？
　　　B　説明的文章の指導＝学習過程は，文学作品のばあいとくらべて，どうちがう
　　　　か？

1　文学作品のよみ方指導
A　形象の情緒的なよみとり
　導入を考えないなら，せまい意味での「よみ」はよみ方指導の最初にあるだろう。その「よみ」という活動の内容は，文学作品のばあいでは，ことばを手がかりにしながら，再生的な想像活動をおこなうことである。文学作品のなかには人間の生活現象が形象として具体的にえがかれているのだから，子どもはその文学作品をよみながら，形象を自分の頭のなかにイメージとしてうけとめていかなければならない。
　正会員の報告書のなかでは，この再生的な想像活動のことは「形象の知覚」，「形象のよみとり」，「映像化」などとよんでいる。しかも，この想像活動は情緒的でなければならない。「よみ」の過程のなかで進行する子どもの情緒的な想像活動を，どのような手順で，どのような方法で教師は指導しなければならないか，よみ方指導をめぐっては，ことしはこの問題からはじまった。それは研究を伝統の線のうえにのせたことを意味している。
　まず，宮城から問題提起をしてもらった。宮城は『おじいさんのえほん，おばあさんのえほん』の実践を例にしながら「よみ」をとおして形象を子どもに知覚させるという作業の内容を具体的にしめした。宮城は通読（教師の範読）から授業をはじめている。この範読で獲得した子どものイメージをいっそう鮮明にするために，つづいて，部分部分をよみくだいて，それらを全体にまとめていく「総合よみ」をおこなっている。宮城は形象を知覚するための「よみ」の指導を一次よみ（通読）と二次よみ（精読）とにわけていて，ここでは，二次よみの実践をくわしく報告した。
　文や語句が描写しているものだけではなく，その描写をとおして文や語句が表現しているものの指導に注意しなければならないことが，宮城によって強調された。たとえ

ば,『おじいさんのえほん,おばあさんのえほん』のなかに,つぎのような文がある。

　　　おばあさんはえほんをていねいにつつんだふろしきづつみをだいじそうにむねにかかえて,
　　あかいゆうやけぞらのさかをのぼっていきました。

　この文が描写しているもの,つまり「ことがら」をイメージ化させることは,さほどむずかしくはないとしても,その描写が意味するもの,描写をとおして表現してあるものを子どもにとらえさせることはむずかしい。宮城の報告によれば,ここでたいせつなことは,この情景のうつくしさである。このうつくしさを子どもは情緒的にうけとめなければならない。また,つぎのような文がある。

　　　おばあさんはそこまでくると,そっとさくらの木にからだをかくすようにして,もんをながめました。

　おばあさんの「そっとさくらの木にからだをかくすように」した動作は,なにが動機づけたのか,そのときのおばあさんの心のうごきはどうだったのか,こういう点をあきらかにする必要がある。形象を情緒的に知覚させるということの内容に,以上のような作業があると,まず宮城が問題をだした。
　形象のよみとりについて,つづいて群馬が『やかれたさかな』の実践を例にして問題提起をおこなった。群馬のばあいも,全体をよみとおす一次よみのあとで,教師の説明つきで,部分から部分へとよみすすむ二次よみをおこなっている。そして,群馬も,宮城とおなじように,「形象は,また,それをつくりだす文の内容よりも,ゆたかな,複雑な内容をよみ手にあたえる」といって,形象が語句や文の意味よりもひろいことを確認している。つまり,語句や文は形象をえがきだしているのだが,そのえがきだされた部分としての形象は,前後の形象との結合と対応のなかで,べつのあたらしい形象をかたちづくると,群馬はいうのである。
　しかし,この事実は群馬や宮城があたらしく発見したわけではない。13次の岡山教研では,福島の報告書がこの事実を指摘している。「文脈から生ずる意味」あるいは「行間の意味」などと,むかしからいわれてきた。だが,ひとつの文の意味のひろがりが形象相互の関係(結合と対応)によって規定されると,群馬がいうとき,文の意味の

拡大解釈の限界が客観的にあたえられるので,厳密さがくわわったといえるだろう。それにしても,熊本の講師である吉良敏雄氏が指摘したように,群馬の報告には文体への関心がかけている。

群馬の提案のあたらしさは二次よみの指導方法にある。宮城や石川などは二次よみを逐字的にすすめて,形象を雪だるま式にひろげていくのだが,群馬は,この方法では授業が単調にながれるという理由で,表現性のつよい語句,あるいは文をえらんで,これを中心にして形象をひろげていく。群馬はつぎのようにいっている。

> 作品の各場面には,その場面の形象世界の焦点になるような語句や文がいくつかある。これをよみとろうとすれば,かならず前後の形象とその形象によって表現されている内容をよみとらなければならない。そのような語句や文をつぎつぎによみくだいていく方法で授業を展開する。

こうして,逐字式と中心語句主義とが対立したわけだが,この種の対立はたいした意味はないだろう。宮城も石川も群馬も一次よみを前提にしているのだが,その一次よみで子どもがどの程度に形象がよみとれているかということにしたがって,二次よみの指導のひろさと方法とが決定する。低学年のばあいは,逐字式によらなければならないのは当然であるが,高学年になれば,いわゆる難語句は導入や一次よみのなかでかたづけておいて,二次よみで教師が説明しなければならない語句や文は,表現性のつよいものにかぎることができる。そうだとすれば,群馬が考えているような授業のすすめ方をとることができる。

ところで,群馬がだしている問題の重要さはべつのところにある。群馬がいうように,もし,ある文が文脈のなかで,したがって形象相互の関係のなかで,べつの,あたらしい形象を表現しているとすれば,この種の,あたらしい,表現されている形象は,最初の「よみ」からはただちに,完全にとらえることはできないだろう。最初の「よみ」からは文が直接に描写している形象だけがとらえられる。そして,文が表現している形象は,すでに文脈があたえられている二次よみで,一次よみであたえられた形象の結合と対応とをとおして,あきらかにすることができる。いいかえるなら,群馬は「よみ」,つまり再生的な想像活動を「描写してある形象のよみとり」と「表現してある形象のよみとり」とに構造化してとらえているのである。

もし，ある程度の能力のある子どもでさえ，一回の「よみ」で形象がよみとれず，二回くりかえす必要があるとすれば，その理論的な根拠はここにもとめなければならないだろう。表現はまさに描写を土台にして，その相互関係からよみとらなければならない。したがって，群馬がいうように，二次よみにおける指導＝学習の対象は「表現」，つまり表現されている形象であると，規定できないことはないのである。

だが，一読総合法を主張する東京・荒川，埼玉，神奈川は，「よみ」を一次と二次とにわけることをしない。部分から全体にすすむ「総合よみ」だけをみとめて，全体から部分にすすむ「分析よみ」はみとめない。けれどもこのことをめぐる論争はなかった。

B 主題と理想の理解

作品の主題と理想とをあきらかにするために，(1) 登場人物の性格，(2) 作品内容のくみたてを分析しなければならないことは，岡山教研ですでにあきらかにされている。そして，作品内容のくみたて（構造）というのは，叙事的な作品では，事件の展開過程，つまり動的な人間関係であることも，すでにあきらかになっている。だが，この一般的な結論は，ひとつの作品をもちいてする授業に具体化しているわけではない。したがって，今年度の研究課題は，ひとつの作品をもちいて，登場人物の性格をおさえ，作品内容のくみたてを分析し，そこから主題・理想をどのようにあばきだしていくか，その手順と方法とを具体的にさしだすことであった。そして，この課題にこたえて，なん人かの正会員から報告書がだされた。まずはじめに，静岡から問題を提起してもらった。

静岡は『ごん狐』と『八郎』の実践を例にしながら，人間関係の発展をとらえることが，作品の主題を理解する作業のかなめであると主張した。この人間関係というのは，作品のくみたて（構成）のなかにえがきだされていて，それを分析することが人間関係をとらえることになる。そして，この人間関係のなかに人間の典型的な性格（人間の本質）がさしだされているのであって，これをあきらかにすることが主題を把握することの具体的な内容になるのである。つまり，静岡にしたがえば，作品のなかにでてくる人物の典型的な性格，あるいは典型化された人物が作品の主題なのである。したがって，静岡の理解のし方にしたがえば，『ごん狐』の主題はつぎのようになる。

  ひとりぼっちでいたずらなごん狐の，ひとりぼっちになった貧しい兵十へよせるひたむきなやさしい心と，ごん狐の心をしらずごん狐をあやまって火なわ銃でうってしまった兵十のくや

しさ。

　静岡の規定をよむと,「主題」という概念を「性格の典型性」「人間の本質」にしぼることに疑問がわいてくる。ごん狐はいたずらっぽいが,ほんとうはやさしい心のもちぬしである。兵十は復しゅう心のつよい男だが,これもまたほんとうは,やさしい心のもちぬしなのである。だが,このことをあきらかにしても,この作品にえがかれている「できごと」の本質は,まだつかんだことにはならないだろう。ごん狐の死が誤解からおこったことに問題がある。静岡もそれをしっている。そうだとすれば,登場人物の性格の典型性をあきらかにすることでは,まだ主題はつかめないし,「主題」という概念を「性格の典型性」におきかえるわけにはいかなくなる。この作品では,ごん狐の性格と兵十の性格とのあいだにつくりだされた事件そのものの本質が,主題になっている。だが,『八郎』のような作品では,自分を犠牲にして,みんなのためにつくす主人公の性格をあきらかにすることで,主題をつかむことができるだろう。だとすれば,主題と主題のとらえ方についての静岡の報告は一面的だともいえる。

　しかし,静岡の考え方にあまり反論はでてこなかった。石川は,静岡が授業の問題としてこのことを報告しなかったことに不満をもらした。宮城からは,おさえた主題がその後の表現よみの段階でどのようにいきてくるか,静岡に問いただしたが,こたえはなかった。

　この主題・理想のとらえ方をめぐる討議は,形象のよみとりをめぐる討議にくらべると,実践的であったとはいえない。静岡につづいて,岡山や岩手の発言もあったが,一般論として自説を紹介するにとどまっている。だが,この問題について,いくつか,すぐれた報告書がだされている。たとえば,山形は『あばらやの星』の実践を例にして,大阪は『まつりご』の実践を例にして,すじ(事件の展開過程)や登場人物の性格を分析しながら,子どもを主題・理想の理解にみちびいていく方法を具体的にのべている。だが,この人たちの発言がなかった。それにしても,ここでは,全体として,実践の弱さが討議の内容を貧弱にしているといえるだろう。さく年の岡山教研ではこの種の実践報告がほとんどだされなかったとすれば,やはりことしは前進している。

C　指導過程

　文学作品のよみ方指導において,作品内容の指導をめぐっては,形象の知覚と形象の

理解(主題・理想の把握)とのふたつの側面があるだろう。形象の知覚(よみとり)では、作品内容の個別的な生活現象を具体的なイメージにうつしかえていく。形象の理解では、すでにイメージになった個別的な生活現象を主題・理想に一般化していく。それぞれの側面については、すでに討議がおわっている。それで、このふたつの側面を授業ではどのようにくみあわせて、指導＝学習の過程を組織するかという問題がのこる。

この問題については、まず、埼玉から問題提起があった。埼玉は「一読総合法」の成立する理論的な根拠を説明して、この指導過程論の内容を実践とむすびつけて、具体的に説明しなかった。一読総合法については、東京・荒川の報告書が簡潔にまとめているので、この方から引用しておく。

「一読総合法」では、第一読のときから部分部分でたちどまり、まえの部分をふりかえりつつ、そのつど、

イ　めいめいの感想、批評をだしあう。

ロ　語句の意味を文脈にそってあきらかにする。

ハ　場面や人物の表象化。

　1　くわしくいいかえる。

　2　みじかく要約する。

ニ　表現よみ。

ホ　まえの部分との関係づけをする。

ヘ　これからどう発展するか、予想するなどの作業を集団学習をとおしておこないます。もちろん、それぞれの作品によって、上記の作業の順序はちがってくるでしょうし、また、はぶかれたり、補充されることもあります。

こうして、最後のたちどまりまでくると、よみ手には、この作品の内容はもちろん、「価値づけ」も明確になります。したがって、最後のたちどまりでは、作品全体をとおした感想や批評をかかせたり、はなしあわせたりすることにより、ここでつちかわれた問題意識を定着させ、ひろげていくのです。

つづいて、石川がたちあがり、文学作品のよみ方指導は、つぎのような段階にわけておこなうべきだと主張して、「一読総合法」をとる埼玉、東京・荒川、神奈川とするどく対立した。

(1) ことばを手がかりにしながら，形象をイメージにうつしかえていく段階
(2) 登場人物や作品のくみたてを分析しながら，主題と理想とをつかまえる段階
(3) つかみとった主題・理想を形象のなかにもどして，形象をよりいっそうあざやかによみとっていく段階

この意見の対立は，感情的に抽象的な文句をなげつけるだけにおわって，実践上の問題としてどちらがただしいか，検証されなかった。北海道，秋田，山形，岩手，宮城，群馬，茨城，東京・私教組，滋賀，京都，大阪，兵庫，岡山，佐賀などの正会員が石川とおなじ意見をもっている。ほかの府県の代表にしても，なんらかのかたちで段階的に文学の授業をくみたてている。段階的に指導過程をくみたてる人たちは，「総合法」という用語を「分析法」に対立する，せまい意味での「よみ」の指導方法とみなして形象のよみとり（知覚）の段階でこれを採用している。したがって，この人たちは指導過程の理論としての「総合法」に反対しているのであって，文学作品のよみ方指導はせまい意味でのよみに限定されないという。「よみ」がおわったあとで，その「よみ」で獲得した形象を検討しながら，主題・理想をつかまえる段階が必要だという。しかし，この種の作業の必要については，「一読総合法」の埼玉も報告書でみとめている。

  分析・総合による一読主義的な読解の方法は，実践のなかでためされ，その科学的な方法が整理されてきました。しかし，正直なところ，わたしがみるところによれば，文章形成過程における方法はふかめられたが，文章形成後の指導方法はまだ研究がゆきとどいていない状態です。

この引用にしたがえば，文学作品のよみ方指導は，(1) 文章形成過程の指導と (2) 文章形成後の指導との二段階にわかれることになる。これを「最後のたちどまり」と名づけようと，事態はかわらない。実際問題として，静岡や山形や大阪などの報告書にしめしてある作品の内部構造の分解，登場人物の性格の基本的な特徴の抽出などは，せまい意味での「よみ」のなかではおこなうことはできない。作品のある部分が全体のなかでどのような役わりをはたしているかということは，全体をよみおわらなければ，規定できるものではない。よみながら登場人物の動作や行動，表情や身ぶりなどをイメージに転化していくことができるとしても，その登場人物の性格の基本的な特徴はあきらかにすることができない。よみながら，形象をイメージにうけとめていく作業は，具体化の方

向をとっているが，主題や理想をつかむために，作品のくみたてや登場人物の性格をおさえていく作業は一般化の方向をとっている。

したがって，主題・理想をあきらかにするための指導＝学習の段階を否定する「一読総合法」をまもりとおそうとするなら，けっきょくは，主題とか理想（基本的な思想）とかいう内容上のカテゴリーそのものの否定にすすんでいかなければならない。東京・荒川は，つぎのように報告書にかいて，この方向をあゆんでいるようである。

> わたしたちは，主題はえがかれている現実をよみ手の内部現実とぶつけあわせ，共感し，反発し，批評をもつという過程でしかとらえることができない。いや，そうでなければ，主題はたんに「ことがら」の要約にすぎないとおもいます。

東京・荒川は，ここでは作品内容としての「主題」の客観性を否定している。よみ手という主体と作品という客体との相互関係のなかに存在しているわけである。十人十色の主題を承認しなければならない。「主体よみ」がおちつくところにおちついたという観がする。13次にしても14次にしても，主題とか理想とかいう用語は，その内容が規定されないままにつかわれている。これととりくむ実践をじゅうぶんにつみかさねて，その内容を規定すればいいのだから，それはそれでいい。だが，意見の不一致が「主題」という概念をどうとらえるかという問題にひっかかっているなら，実践にもとづいてこの概念の規定をはじめなければならないだろう。

「主題」についての考え方がちがっていると，指導過程のくみたて方もちがってくる。静岡のばあいもそうである。静岡は指導過程の段階を (1) 場面（事件）(2) 構成（人間関係）(3) 典型（人物）にわけたのは，「主題」を人物の典型性のなかにみているからである。べつのみ方をすれば，静岡の理論には形象のよみとりの段階がかけていて，それが形象の分析に従属している。

指導過程をめぐって，高校教師からの発言がなかった。「一読総合法」で長編小説のよみ方指導が成立するだろうか。せまい意味での「よみ」は家庭学習にまわして，教師の指導のもとに作品内容を検討しながら，主題や理想をあきらかにしていく作業だけは教室でやればよい，こういう場合がないだろうか。こういう問題について，高校教師は責任ある回答をだすべきである。富山（高）の報告書はこの問題にふれているが，典型的なばあいを一般化した標準的な図式は，その実際的な適用とはかならずしも一致しな

い。

D　文学教材

　文学作品の教材化をめぐる研究については，ことしの福岡教研はすばらしい前進をしめした。それはつぎの事実とかかわる。第一に，実践をとおして文学作品を検討しながら，教材選定の規準をすこしずつあきらかにしていこうとする試みがなされたこと。第二に，文学教材のリストをつくって，これでやろうという試案が積極的にだされたこと。第三に，自主的にえらびだした文学作品での授業が報告書のなかにあらわれてきたこと（たとえば，滋賀の『水』，岡山の『カヌヒモトの思い出』，大阪の『まつりご』，山形の『あばらやの星』，宮城の『おじいさんのえほん，おばあさんのえほん』，石川の『女中ッ子』，群馬の『月夜のバス』など）。

　まず，文学教材の選定の規準について東京（高）から問題がだされた。東京（高）はいくつかの作品を意図的にあつかって，成功や失敗の経験からのぞましい教材の規準をひきだそうと試みた。まだ実験例がすくないので，決定的な結論をだすところまですすんでいないが，文学教材をまさに文学として，授業にてらしながら，よしあしを判断していく態度は，われわれの研究においてはあたらしい。

　つづいて，千葉から詩教材の改作の問題をだした。千葉は，いくつかの詩について，原作と改作とをくらべながら，改作が詩の生命をころしている事実をあげる。おそらく，このことは散文にもあてはまるだろうが，詩のばあいには，ことばの選択は，はるかに厳密であって，それが詩情を表現しているとすれば，改作は詩から詩情をぬきとり，詩であることをやめさせる。そして，千葉は一字一句をもおろそかにしていない，にせものではない詩をもちいて，授業をおこなうことを主張するのである。そのために，すぐれた詩教材のリストを提出する。

　千葉の研究は，ほんものの詩をおしえることがすでにたたかいであるという事実をおしえてくれる。散文のばあいでも，おそらくおなじことだろう。文部省の教育のなかには，改作教材をもってする修身の授業はあっても，文学の授業はない。教育運動として文学教育を論じるものにとっては，この事実はきわめて重要である。東京（高）の教材論にしても，千葉の教材論にしても，もっぱら国民の政治的な課題からわりだしていく運動家としての教材論から教師としての教材論に発展している。「中学生における文学」についての鹿児島の調査も，もうすこしくわしくかいていただければ，「生活のなかで

の文学」が「授業のなかでの文学」よりもはるかにひろいというような結論がだせそうである。群馬 (高) が「授業の主題」をきりすてることのできないのも、やはり「教材の体系」がもてないからだろう。ひとつひとつの作品が教材にふさわしいかということの確認から、どの作品とどの作品とをくみあわしたらよいかということの検討にうつらなければならない。

2　説明的文章のよみ方指導
A　よみ方指導における説明的文章

文学作品だけがよみ方指導の教材であれば、よみ方指導を文学教育とよんでもさしつかえない。しかも、現行の教科編成では、1年生から社会科、理科があって、そこで科学的な説明文のよみ方指導が事実としておこなわれているのであるから、説明的文章のよみ方指導はそちらにまわせばよい、という考え方もなりたつ。よみ方指導では、文学作品、それにかかわる評論をあつかえばよい。こうした考え方が東京・荒川の報告書にかいてある。

伝統的なよみ方指導に否定的な態度をとる東京・荒川にたいして、東京・私教組は、科学説明文と文学作品とをひとつの体系におりこんでいく伝統的なよみ方指導を理論づけようとする。はじめに東京・私教組から問題提起がなされた。

東京・私教組の報告によれば、小学校低学年の子どもは、まだじゅうぶんに「よみ」の能力をもちあわせていないし、科学上の知識、抽象的な概念と法則を所有できるまでに心理的な発達をとげていない。現在おこなわれている低学年の理科、社会科は事実として「よみ方指導」になっているし、このような事情から低学年の理科、社会科は廃止すべきだという。東京・私教組のこのような考え方は、民間教育運動のなかで数年まえからいわれてきたことである。

さらに、東京・私教組によれば、低学年では「つづり方指導」とならんで「よみ方指導」が必要であって、ここではまず子どもの「よみ」の習熟がなされる。それとともに、自然や人間や社会についての初歩的な、事実的な、経験的な知識が、未分化のままに、説明的文章や文学作品をとおして、ゆたかにあたえられる。この作業のなかで子どもは日本語を所有していくだろうし、情操教育をうけるだろう。したがって、低学年の「よみ方読本」のなかには理科的な、地理的な、歴史的な、文学的な教材が一定の原則にもとづいて体系的に配置されていなければならない。また、低学年では教師はひとりでな

ければならないと，教授学上の配慮からも「よみ方指導」の必要をとく。さらに，高学年になればこの「よみ方指導」は個別教科のなかに発展していく。

このような東京・私教組の発言にたいして，東京・荒川に意見をもとめたが，承認するようなかたちになって，討論は展開しなかった。東京・私教組の意見を承認するとすれば，「よみ方教材」の作成という大事業に手をつけなければならない。

B 説明的文章の指導過程

この問題については，北海道と神奈川から提案があった。北海道は，文学作品のばあいと同様に，説明的文章のばあいでも段階的に指導する必要があるという。なぜなら，説明的文章には具体的な個別的な事実がかいてあるばかりではなく，これらの事実を一般化する概念，事実と事実との法則的な関係がかいてあるからである。さらに，かき手の意見や主張などがくわわって，それらが文章全体の内部構造をかたちづくっている。こうして，説明的文章のよみ方指導は，現象の知覚から本質の理解へ，客観的なものの理解から主観的なものの理解へと段階をふんでおこなわれなければならないのである。このことは，つまりは，文章の部分部分をよみとりながら，全体を段落にわけ，段落*相互の関係をつかむことにほかならない。では，北海道はどのような段階をもうけるかといえば，つぎのようになる。

(1) 全文章を知覚する一次よみ
(2) ことがらを理解して，段落わけをする二次よみ
(3) 文章構造を検討する三次よみ
(4) 定着と発展をはかる四次よみ

鳥取が考えている指導過程もこれとほぼおなじであるが，このような段階的なよみ方指導にたいして，神奈川は「一読総合法」を主張した。だが，全文章をよみおわったあとの最後のたちどまりで，全文章の構造を分析して，部分間の相互関係をあきらかにするとすれば，神奈川の「一読総合法」は北海道の段階式と本質的にはかわらないということになる。具体的な実践をだせば，対立しないものが，一般化した理論としてだせば，無益な対立をひきおこす。

愛知の報告書では，説明的文章の指導過程のみっつの段階は，(1) 感性的認識の段階，(2) 理性的認識の段階，(3) 価値認識の段階というふうに，哲学的な次元の用語でまとめてある。説明的文章のよみ方指導の特殊性が反映しているかたちで，まとめる方がよさ

そうである。

　ところで，北海道や鳥取は，一次よみに全文章の通読をおこなっている。事実から事実へと，その論理的な関係をおさえながら，さきにすすんでいく説明的文章のよみ方に，全文章の通読が必要だろうか。この点を実践にてらして考えなおしていただきたい。文学的な文章のばあいでは，通読から全体の形象が不正確ながらイメージにのこる。そして，それが二次よみの土台になる。説明的文章のばあいに，それとおなじことがいえるだろうか。また，一次よみ，二次よみ……という名づけ方は，4回もくりかえして読ますのかという印象をあたえる。文章構造を検討する段階は，厳密にいって，「よみ」ではない。

　さらに，北海道にしても，神奈川にしても，また愛知にしても説明的文章のよみ方における直観教授の問題になんらふれていない。岡山教研でも問題になったことであるが，事実との対比のなかで文章をよませるということは，直観教材（物や絵や映画やスライドなど）をもちいてする事物の観察を文章のよみ方と有機的にくみあわせることである。また，それは事物の論理的な構造が文章の論理的な構造（したがって思想の……）にうつしだされているという観点にたって，部分間の相互関係をおさえていくことである。

(2) 日本語指導[*]

　日本語指導についての研究発表は，つぎのような順序で，4日目の午前におこなわれた。
　A　文字指導はどうあるべきか
　B　語彙指導はどうすすめているか
　C　文法指導はどうすすめているか

　きょねんの岡山教研とおなじように，ことしも日本語指導についての研究報告はすくない。理論的には体系的な日本語指導の必要をみとめていても，教科書（日本語指導の体系）をもたなければ，実践はできない。民間がわの研究運動はこの点のよわさをすこしずつ克服して，前進しているから，年とともに体系的な日本語指導の研究はさかんになるだろう。

A 文字指導

表記法の指導の問題をめぐって,群馬から興味ぶかい資料がだされた。

群馬は,小学校の1年から6年まで文字づかいについてのテストをおこない,その結果を数字でしめしている。たとえば,「ぼくわ」の「わ」は現行の表記法どおりに正確にかけても,「そばわ」の「わ」は正確にかけないものがたくさんいる。この事実は,子どもが単語意識や助詞意識をもたないで,経験的に「ぼくわ」の「わ」は「は」とかくのだとおしえられてきたことの結果であると,群馬は解釈する。一般的なきまりとしてはおしえられていないのだから,応用がきかない。6年生で「はなびを」の「を」は88％が正確にかけるのだが,「手を」の「を」は65％しか正確にかけない。これは単語意識がよわいことをものがたっている。

「ちゃのみぢゃわん」のような合成語の表記のし方は,1年生で0％,6年生でも38％しか正確にかけない。ところが,岡山教研のときの群馬代表は,体系的な文法指導を1年生からおこなっていて,ここの子どもは1年生でも表記上のまちがいをほとんどしないのである。このような事実から,体系的な文法指導がなされなければ,表記法の完全な所有は子どもに保証できないと,群馬は結論をだす。

つづいて,東京・私教組から,かな文字指導の方法についての報告があった。東京・私教組は,かな文字指導は文部省式のいわゆる語形法ではなく,音節の認識から文字の習得にすすんでいく音声法をとらなければならないと主張する。そして,かな文字とその表記法の指導には,それ自身の体系があって,よみ方や,つづり方の指導のついでに,機能主義的にやれるものではないという。まず,1音節1文字の原則をおしえ,つづいて1音節2文字の表記のし方,1音節3文字の表記のし方へと,単純なものから複雑なものにうつっていく。このばあい,たえず,清音と濁音,短音と長音,直音と拗音,促音のある音節と促音のない音節の比較がなされ,音節のちがいがその表記のし方のちがいに対応していることを意識させなければならないのである。そして,東京・私教組はこのかな文字指導の理論を教科書のなかに具体化してみせる。

B 語彙指導

昨年と同様に,いちいちの単語をおしえることを「語彙指導」と称して,よみ方指導やその他の教育活動からきりはなして,その「語彙指導」をとりたてておこなうという考え方が,山口からだされた。もちろん,よみ方のなかでも単語をおしえるわけだが,

とくべつに単語をいくつか用意しておいて，それを特設時間におしえようとするわけである。もともと，この考え方は東京・荒川の提案である。この提案の弱点は『日本の教育』の13集にかいておいたので，くりかえす必要はないのだが，みんなで考えなおしてもらいたいので，もういちどくりかえすことにする。

東京・荒川は単語をおしえることが，概念をおしえることになり，語彙の体系をおしえることが，概念の体系をおしえることになるということで，語彙教育の重要さを強調している。ここでいう語彙教育は，論理的に相互に関係している単語の群をおしえることである。では，概念の体系とはなにか。これは語彙の体系ではない。「よろよろ」，「よろめく」，「よろめき」は語彙の体系であっても，概念の体系ではない。概念の体系は科学である。

たとえば，労働・生産・消費・商品・価値・資本・利潤・独占などのような用語でしめされる概念の体系は，まさに経済学なのである。固体・気体・液体・三態変化・温度・密度・気圧のような概念の体系は，まさに物理学の一分野なのである。概念・判断・推理・仮定・条件・原因・結果・抽象・具体などの概念の体系は，まさに論理学なのである。そして，これらの用語がしめす概念の内容は，自分が所属するそれぞれの体系のなかでなければ，正確に規定できないのであるから，これらの用語と概念をおしえるのは，該当する科学の教育のなかでおこなえばよい。植民地，帝国主義，社会主義というような概念をおしえるために，どれだけの概念がまえもって系統的に用意されていなければならないか。

こういうことを考えると，国語教育が単語をとりたてておしえるというかたちで，概念の体系などをあつかえるはずがないのである。もし，とりたてておこなう日本語指導が概念の体系をおしえるとすれば，文，単語，品詞，名詞，動詞，形容詞，活用，修飾，陳述のような文法上の概念であるし，同義語，同音語，反対語，派生語，多義語，語構成，借用のような語彙論上の概念である。東京・荒川の考え方を拡大解釈すれば，語彙教育が完成したあかつきには，理科も歴史も地理も不必要になる。

東京・荒川は，「認識・思考の活動を質的にたかめるための，論理性をたしかにし，感情の質をたかめるための基本語彙」なるものが存在しているとでも考えているのだろうか。単語というのは，人びとの認識活動の結果であり，あらたにおこなう認識活動の手段であるから，どの単語でも，それを所有することは認識活動をたかめるのに役にたつ。したがって，どの単語を教育の場で子どもにあたえていくかということは，子ども

が学習し，獲得しなければならない思想と感情の体系に規定される。子どもはそこで認識活動をおこなうのだから，単語が必要になる。個別教科のなかで，あるいは教科外の教育のなかで，なにをおしえるかということからきりはなして，どの単語をおしえるかということは決定できない。

たとえば子どもに三態変化をおしえるとすれば，それを認識するために，必要な単語はすべておしえなければならない。こうすることで，単語は子どもの認識の体系のなかに位置づけられるのである。単語をそういうかたちでおしえなければ，子どもの所有する単語に内容がなくなる。「概念くだき」ではなく，「概念つくり」になる。子どもの所有するヴォキャブラリーをゆたかにする作業は国語教師だけのものではないのである。

だが，よみ方指導が単語指導のおおきな部分をひきうけていることだけは，いえそうである。基本語彙に属する単語，日常生活のなかでつかわれる単語，形象的な表現につかわれている単語，ひゆに，象徴的につかわれている単語など，文学作品は単語とその使用の宝庫であるからである。文学作品のよみ方のなかでおこなう単語指導の方法などは，もっと研究する必要があるだろう。

C 文法指導

文法指導について多少ともまとまった報告は，岡山からだされた。岡山の報告書の内容は小学校3，4年むきの文法教科書の試案である。また，埼玉からは小学校用の文法教科書のプランがだされている。おそらく，日教組教研における文法指導の研究は，当分のあいだは試案つくりに終始するだろう。いっそうくわしくしたものをどしどし提出して，国語教師のすべてが実践できるようにしていただきたい。どの試案がすぐれているか，どのような方法でおしえたらよいかということは，教師大衆の実践が決定することで，まだ討議の対象にはならない。

ここでは，ふたつの試案の体系のくみ方のちがいだけを指摘しておこう。岡山案では，文（文論）から単語（形態論）へ，そして単語から文へと，ひとつの円をえがくように体系がつくられているが，埼玉案ではいろんな構造的なタイプの文の指導に重点がおかれている。また，文語文法の問題については，富山（高）の報告書がふれている。小・中の教師が従来の学校文法にみきりをつけて，独自な体系をつくりつつあることに注意していただきたい。

第15次全国教研の報告から

(1) よみ方指導

　よみ方指導をめぐる討議は，2日目から3日目の午前にかけて，まえもって用意してあった，つぎのテーマにそって進められた。
(1) 文学作品のよみ方指導
　　A　作品のなかにえがかれている生活現象，感情や情緒をどのようにとらえさせたか？　分析的なよみと総合的なよみとをどのようにくみあわせたか？
　　B　人物の性格，その典型性，その相互関係，事件の展開などを検討しながら，どのようにして作品の主題・理想をあきらかにしていったか？
　　C　ひとつの作品についての，右のような指導をどんな段階にくみたてて，授業のながれを組織したか？
　　D　自主的な教材選択の基本的な基準はなにか？　また，その作品例。教科書教材はなぜわるいか？
(2) 説明的文章のよみ方指導
　　A　よみ方教育とはなにか？　そのなかで説明的文章の指導はなぜ必要であるか？　どんな文章を教材にすべきか？
　　B　説明的文章の指導方法，指導過程は，文学作品のばあいとくらべて，どのようにことなるか？
　この討議のテーマとその配列のし方は，14次の福岡教研とほとんどおなじである。正会員から提出された報告書にもとづいて実践とその理論化の進行の度あいをみれば，今年もこうしたテーマのたて方，その配列のし方がもっとも妥当であると，講師団（各県講師をふくめて）ならびに司会者一同がみとめあったのである。いちいちのテーマのあいだの関係を説明すれば，つぎのようになる。
　文学作品のよみ方指導の研究が最初の最初におかれたのは，大多数の国語教師の関心がそこにいちばんつよくむけられていて，実践とその理論化がこの分野でいちばんすんでいるからである。大多数の国語教師にとって，ここが研究の出発点なのである。そ

して，この分野での討議のテーマを (A) 形象の情緒的なよみとり，(B) 主題・理想の理解，(C) 指導過程，(D) 教材論にわけて，このような順序にならべたのは，はじめにいちいちの文学教材について教師は「なにをどのようにおしえるか」ということを問題にし，つづいてこれを指導過程としてとらえなおしてみるためである。さらに，この指導過程をとおしてのみ，いちいちの作品の教材としての適・不適が検証され，教材選定の基準もしだいに明確になってくるのだし，この種の作業の蓄積が教材の体系性，教科書編集の原則などをあきらかにしてくれるのであるから，教材論が最後にくる。実践をとおさない，理想主義的な教材論はやめてほしいのである。

つづく説明的文章のよみ方指導のところで，よみ方教育の本質規定がなされる。他教科から区別するよみ方教育の本質的な特殊性をめぐる討議がここにはいってくるのは，提出されたレポートにおいて，この問題がよみ方教育のなかでなぜ説明的文章のよみ方指導がおこなわれるのかということとからんで提起されているからである。また，この討議は説明的文章の概念を規定せずには進行しない。したがって，この規定をおこないながら，つづいて，その指導の方法と過程とについての討議が，文学作品のばあいとの比較のなかですすめられる。

すでにあきらかなように，このようなテーマの配列は，実践から出発し，それを一般化していく方向にくみたてられている。日教組の教研は，ことなる意見をもった正会員がそのことなる意見をなまのままにぶつけあう場ではなく，ゆたかな実践をだしあって，それを理論化していき，そのなかでさまざまな意見の対立を克服していくところである。教研という場で，もし，理論の対立が感情的になっていくことがあれば，それはわれわれの実践の貧弱さをものがたっているだけのことである。理論ではなく，実践が説得するのであるから。

1 文学作品のよみ方指導

A 形象の情緒的なよみとり

ことばを手がかりにしながら，再生的な想像活動をすすめて，そこにえがかれていることがらや感情（人間の生活現象）を情緒的にうけとめていく作業は，文学作品のよみにおいて，これだけはかかすことができない。したがって，そのよみ方の指導において，この種の作業は基礎的であるといえる。このことへの疑問はない。だが，形象とそれを表現する手段との関係，それに応ずる具体的な指導方法になると，14次教研からうけ

ついだ，いくつかの未解決の問題がある。そのひとつに，われわれのよみ方指導においては，形象の表現手段であることばのはたらきへの配慮がうすいことが問題にされていたが，最初に問題提起をおこなった福島はこの欠陥を克服しようとして，文の指導を形象のよみとりにむすびつける。福島は「文の意味の理解によって形象をよみとっていく」ために，文の意味のひろがりをつぎのようにとらえる。

(1) ことばが直接的に描写している対象的な意味

(2) ことばの表現＝文体的な意味

(3) 文脈と場面からでてくることばの意味

つまり，福島によれば，文の意味のひろがりをこのように理解して，その指導にあたらなければならない。そのことが形象の完全なよみとりを保証するのである。「形象の結合と対応のなかで生じる，あたらしい形象」という14次教研における群馬の規定のし方にたいして，ことばでは直接に描写されていない，この「あたらしい形象」のことを，福島が文脈や場面のなかでのことばの意味のひろがりの問題にひきもどしたことで，形象の情緒的なうけとめを直接的に目標にする，せまい意味での「よみ」の段階での作業の対象と方法とは，いっそう具体的にあきらかにすることができるようになった。文学においては，形象というものがことばのなかに定着していて，それ以外のところにもとめられないとすれば，このことは当然であるといえる。

とにかく，福島の功績は，平凡なことであるが，文学作品の文とか語句とかの指導が形象の情緒的なよみとりに直接にむすびついていることを再確認したことである。今年の福島の報告書『文の指導を中心にした形象のよみとり』は，13次の岡山教研に提出した，おなじく福島の報告書『よみ方教育の前進のために』の発展であって，この２年間のあいだに実践にいちどもどって，そこから再出発したあとがよくよみとれる。福島の報告も完成したものではないから，今後の継続的な研究に期待したい。

ところで，福島の報告書によれば，文の意味を理解させるための指導は，範読のあとにつづく二次よみのなかでおこなわれる。つまり，「ことばが直接に描写する形象」と「ことばが描写をとおして表現する形象」とは，おなじ二次よみのなかであつかわれ，一次よみは範読（教師による通読）になる。

これにたいして，東京ならびに東京・私教組は一次よみの目標を「描写されている形象」のよみとりにおき，二次よみの目標を「表現されている形象」のよみとりにおく。二次よみは表現性のゆたかなことばを中心にして形象をよみとっていく作業であると，

東京ならびに東京・私教組は規定するのである。もしも，場面や文脈からでてくる文の意味の理解が，その場面や文脈の理解なしには不可能であるとすれば，形象の情緒的なよみとりは二度の「よみ」によって完成するということになる。この考え方は，「二次よみでは核になることばを中心にして形象をよみとっていく」という14次教研での群馬の提案を発展させたものである。それは，また，「描写」と「表現」とをめぐる伝統的な考え方をよみ方指導のなかに位置づけたといえるだろう。しかし，岩手はつぎのようにいって，二次よみの方法に2種類あることをみとめる。

> 私たちは授業のすすめ方について二つの方法を考えている。場面ごとに丁寧に，あますところなく順序によみとっていくものと，核を中心に集中的によみとっていくものとの二つである。この核は場面場面の形象世界の焦点として存在することばや文をさしているのであって，この核をつぎつぎによみくだいていくのである。

つまり，二次よみの授業の展開方法には，一語一文を順序によみとって形象をひろげていく「雪だるま方式」と，場面ごとに表現性のゆたかなことばをよみとって形象をひろげていく「核方式」とのふたつがあるというのである。事実，二次よみの実践に宮城は「雪だるま方式」を採用しているし，岩手は「核方式」を採用している。

こうして，「雪だるま方式」か「核方式」か，それとも岩手のように2種類の方法をすなおにみとめるべきかという問題がおこるが，このことは子どものよみの能力の発達を考えずには解決できないだろう。低学年では，子どもは「描写されている形象」でさえよみとれないだろうし，また低学年むきの文学作品には表現性のゆたかな文や語句はすくない。とすれば，ひとつひとつの単語や文を順序によみとって形象をふくらませていく「雪だるま方式」は，低学年に適用されるよみ方指導の方法だといえる。

ところが，高学年では，二次よみは，一次よみで獲得した形象をよりどころにしながら，表現性のゆたかなことばのよみとりに指導の重点をおくことができる。描写されている形象なら，一次よみですでによみとっているから，二次よみが「雪だるま方式」をとると，子どもはたいくつする。二次よみでは，表現性のゆたかなことばをよみくだいていくことで形象は拡大していくばかりではなく，一次よみで獲得した形象の定着がおこなわれる。なぜなら，一次よみで獲得した形象は，二次よみにおいては，表現性のあることばの文脈あるいは場面としてはたらいているからである。

以上のごとく，せまい意味での「よみ」の指導方法の研究は着実に前進していて，ことばをその描写性と表現性とにおいてどう指導するかという問題を具体的にあきらかにしていくことが，今後の研究課題になる。

B 主題・理想の理解

主題のとらえ方についても，主題そのものの概念規定についても，主題をおしえることの意味についても，今年は昨年にくらべて着実な進歩をみせている。たとえば，高知はその報告書に主題をおしえることの意味についてつぎのようにかいている。

> 作品をイメージとしてとらえるだけではなく，イメージの奥の本質的内容をよみとることなくして，文学の理解，鑑賞はありえない。文学の感動は知的なものであり，ムードではない。文学作品の描写，表現を正確によむ過程をへて，主題を明確にとらえなくては，たかい感動はない。

作品にえがかれている個別的な生活現象は，本質的であるゆえに，よみ手にふかい感動をよびおこすのだろう。したがって，よみ手のふかい感動は，主題（生活現象の本質）を知的にとらえることを媒介にしなければならない。また，埼玉は作品内容を現実の生活にむすびつけるという観点から主題をおしえることの意味を強調する。埼玉は報告書につぎのようにかいている。

> すぐれた文学作品の形象は，個性的であるゆえに，するどく一般を反映する。およそ一般をはなれた特殊はありえない。特殊のなかに一般をみぬく目がなければ，すぐれた作品はうまれない。その意味で文学作品の形象は社会一般の本質をさししめしている。そのことを理解しないで，部分を部分としてよんだとしても，ただしく文学作品をよみとったことにはならない。だが，文学作品は論文ではない。部分の形象をふかくよみとることなしに，ことがらの本質にせまることはできない。

あきらかに，埼玉は「主題」というものを個別的な生活現象の本質であるとみなす。この考え方のうえにたって，埼玉は，その主題の理解を媒介にしなければ，文学作品にえがかれている世界は現実の世界にかかわらないと主張するのである。たしかに，作品

にえがかれている生活現象は特殊なものであり，一回きりのできごとである。ところが生活現象の本質は同一グループに属するそれにくりかえしあらわれてくる一般的なものである。こうして，その一般的なものの理解がなければ，作品のなかの，あるひとつの特殊な生活現象は，現実のなかの他の生活現象へ移行することはできない。こうして，作品内容の主題をとらえることは，現実のなかの人間の生活現象の本質を理解することにつながるのである。おなじようなことは東京・私教組の報告書にもかいてある。さらに，鹿児島も報告書でこの主題の概念をつぎのように規定する。

> 作者は作品を創造する過程で人物と人物，または人物と他の事物との相関関係のなかに意味，問題，もしくは価値をあたえ，それを形象として具現して，ひとつの完成された世界をつくりあげようとする。この相関性のなかの意味，問題，価値を作者の自覚した主題という。したがって，われわれがいう主題はあくまでも作品の奥底にあり，作品全体をささえ，作品に定着しているものであり，よみ手の立場からいえば，その作者によって表現された形象の相関性を読者が客観的にとらえ，普遍化，概念化することによってえられた基本的，本質的価値意識をいう。

つまり，鹿児島の見解によれば，人物と人物との相互関係，人物と事物との相互関係のなかに，したがって作品の内部構造のなかに主題をみつけなければならない。主題というものは形象相互の関係にほかならないのである。もし，本質というものが現象の内部構造，あるいは現象を構成する諸要素の内的なむすびつきであるとするなら，鹿児島の意見は埼玉や東京・私教組の考え方をもう一歩具体化しているといえるだろう。もっとも，埼玉も「部分と部分との関係，部分形象のあいだの相互関係が主題を表現している」といっている。しかし，この鹿児島の主題についての概念規定は静的であり，空間的であって，動的でも時間的でもない。つまり，一場面からなりたつ作品にはあてはまるとしても，起承転結のある作品にはあてはまらない。ところが，鹿児島のこのよわさを北海道の報告書がおぎなってくれる。

> ところで，人間関係は，ふつう，性格と性格とのぶつかりあいによって構造をなしているのであるから，性格と性格との法則的な関係を分析し，とりだしていくなかで，主題はあかるみにだされるはずである。いいかえれば，主題の追求にあっては，人間の行動の動機，事件をひ

きおこし，うごかしていく原因や必然的なつながりを作品の構造，すじの分析によってつかまなければならないだろう。

　北海道は，人間の生活現象を発展する人間関係としてとらえ，その発展する人間関係をつらぬいている法則を発見することのうちに，主題をあきらかにする方法をみいだしている。法則というものが本質的な関係にほかならないとすれば，北海道の見解は埼玉や東京・私教組などの見解と同一であるということになる。そして，北海道は，発展していくいくつかの場面を内的に，必然的にむすびつけるもの，したがって過程としての人間関係を支配している発展の法則を主題としてとらえているのであるから，主題は動的なものであり，鹿児島の概念規定をいっそう発展させているといえる。愛知はこのことを報告書できれいに整理してくれている。

　　事件の体系としての「すじ」は発展していく，いくつかの場面にわかれる。事件の発展の場面をあきらかにして，その間の必然的なつながり，それぞれの場面の意味をとらえることは，人間を行動にかりたてる動機，事件をひきおこし，うごかしていく真の原因をはっきりさせることであり，人間と人間との関係を支配する法則をはっきりさせることである。そのことがひいては「主題」をあきらかにすることになるのである。

　作品内容を現実の生活現象の反映とみなす立場からの「主題」の概念規定は，理論的にはかなりたかいところまできている。しかも，この方向への理論的な展開は着実な実践によってうらづけられているのである。このテーマをめぐる討議のなかで，北海道は林ふみ子の『かめさん』，宮城は木下順二の『ゆうづる』，岩手は小熊秀雄の『やかれたさかな』の実践を例にして，この理論的な方向での主題のとらえ方を具体的にしめしているのである。いずれの実践も人物の性格をあきらかにしながら，その性格がつくりだす人間関係，その人間関係の発展を分析することで主題に到着している。

　構造の分析から主題・理想をあきらかにしていく問題をめぐって，静岡は昨年につづいて独特な見解を発表した。静岡はいく人か登場する人物のうちの，ひとりの主人公を形象の中心であるとみなして，この主人公を構造の分析によって状況からぬきだすことを，文学作品のよみ方指導の中心的な作業だと考える。その主人公に作家の理想（イデー）がこめられているから，子どもたちはこれを認識することで人間の生き方をまなぶ

のである。このような考え方は『八郎』のような，ひとりの主人公が作品のイデーをになっているばあいはよいが，黒島伝治の『二銭銅貨』のように，イデーをになった人物がひとりも登場しない作品にはあてはまらない。この作品のイデーを，悲劇的な事件をひきおこす貧乏への抗議であると考えるなら，事件が問題であって，形象の典型性を事件そのものにもとめていかなければならない。つぎの教研で静岡がこの問題を解決することを期待する。

　静岡にしても，北海道，宮城，岩手，東京，埼玉などにしても，主題・理想は作品そのもののなかに形象をとおして表現されていて，よみ手のそとに客観的に存在していると考えている。この点では一致しているのである。

　こうした考え方に反対して，神奈川から「主題は作者の意図したものをのりこえて表現されているものであり，それは読者の心のなかにもとめなければならない」という意見がだされた。神奈川はこのときに佐多いね子の「この作品はよみおわった読者の心のなかに主題をもとめていて」という発言をよりどころにするのだが，読者に作品の主題がそのようによみとれるのは，作品がそのようにかいてあるからであって，読者をそのような主題のよみとりにおいこんでいくものを，作品それ自身のなかにもとめていかなければならない。

　つまり，作品それ自身がもっている主題と理想，それを表現する形式をあきらかにしなければ，おしえる教師は生徒をそこにちかづけていく手がかりがないということになる。神奈川の主張をそのまま承認すれば，主題や理想はよみ手のうけとり方でいろいろあるということになって，それはおしえることのできないものだといえる。よみ手が作品を正確によんだあとで，それにたいしてどのような評価的な態度，感想をもつかということは，作品内容の客観性とはべつの問題であって，それこそいろいろあるし，いろいろあっていいだろう。信頼できる評論をとおして人びとの大衆的な作品評価をおしえなければならないとしても，それをただちに生徒におしつけることはできない。

C　指導過程

　文学作品のよみ方指導を段階的に組織するか，あるいは一読総合法という「よみ」の形態でかたづけるべきかという問題は，14次教研からわたされた宿題であった。したがって，いくつかのレポート（大分，佐賀，福岡など）がこの宿題ととりくんでいる。この問題をめぐっては，まず，大分のふたりの正会員から問題提起があった。ひとりは

文学作品がその「よみ」の過程を規定するという根拠にたって，いわゆる教科研（教育科学研究会・国語部会）の三層法を採用し，指導過程を(1)形象の知覚，(2)形象の理解，(3)表現よみの三段階にわける。もうひとりは通読・精読・味読にわける伝統的な三読法と一読法（たどりよみ）とをくらべて，その優劣を論じる。そして，結論をつぎのようにまとめる。

> 一読法と三読法を比較し，結論的にいえることは，「教材によって三読法や一読法をとったらどうか」ということである。一読法だけがすべてに通用する方法ではない。だからといって，三読法だけが読解の授業過程ではない。教材によって選択されねばならない。何回もよむ必要のない文章もあれば，よみをかさねなければならない文章もある。わたしの実践から文学作品は三読がよいと思われた。

この大分の正会員の結論をわざわざ引用したのは，かなりおおくの人たちが，このようなかたちで，ふたつの対立する指導過程の理論を和解させようとしているからである。教科書のなかによくある，よみすてにしてよい文章をなぜ教材にしなければならないのだろうか。教材が指導過程をつくりだす。この問題での安易な妥協は検定教科書の無条件な承認につながる。この人の報告書には，「たどりよみ」の正当さを根拠づけるためか，きわめて通俗的な見解がのべてある。

> 最初のよみがもっとも印象がつよいことをしりたい。よみは時間的に展開していくものであり，最初のよみがいちばんつよく感じられる。二回目はやはり茶でいう二番せんじの感があることは事実である。……
> 一般の読書は一本勝負である。読書する自然のすがたはよみ一本であり，特殊なものをのぞいて，よみかえしたりはしない。よみにかぎらず，音楽にしても，きいてしまえばおわりである。映画などもみてしまえばおわっている。一般的なよみが一本勝負であることを考えるとき，国語授業のよみも検討されねばならないと思う。

よんでしまえばおしまいになる文学，みてしまえばおしまいになる映画，きいてしまえばおしまいになる音楽，これはいったいどんな芸術なのだろう。おしまいになるなら，教育のなかにもちこむのは，はじめから意味がない。退廃したブルジョア文化の擁

護者たちがばらまく，毒ガスのような考え方を国語教師は拒否しなければならない。

　児言研（児童言語研究会）の一読総合法にもとづく実践は福井から報告された。報告によれば，一読総合法には，(1)立ちどまり，(2)表象形成，(3)関係づけ，(4)話しかえ，(5)感想・意見・批判，(6)まとめのむっつの基本的な作業がある。作業の形態を整理することはだいじなことである。だが，そのまえに，なにを対象にしてこの種の作業をおこなうのか，このことをあきらかにしておく必要がある。対象が一定の作業の形態を要求するとすれば，まず指導内容をあきらかにしておいて，そのために採用する作業形態をしめす，というぐあいに整理してくれると，実践者にしんせつになるだろう。指導内容とそのためにとられる作業の形態とは，かならずしも一対一というかたちにだきあわせることはできないからである。それはべつとして，これらの作業をもちいて，最初から文章の部分をていねいによみすすめば，最後の部分がよみおわると，作品にえがいていることがらや感情，構造，主題や理想など，すべてが完全に子どもに理解されるのである。

　福井にたいして，全文の通読を前提にしない一読総合法では，文脈や場面のなかでのことばの表現性は，どのように指導するかという疑問が山形や東京・私教組からだされた。そして，生活現象の本質，したがって作品内容の主題の把握は，形象の情緒的なうけとめを前提にしながら，登場人物の性格，それがつくりだす人間関係，その人間関係の発展，一事件の展開などを分析することで達成するとすれば，この種の作業は一読総合法ではどのようにしておこなわれるか，このような疑問がだされた。福井はこの問いにこたえることができなかったが，論争の焦点はここにしぼられてくるだろう。つぎの教研では，一読総合法の主張者はこの疑問にこたえていただきたい。もちろん，主題の存在を否定すれば，問題はべつである。そのときはそのときで，作品内容に主題をみとめることのできない根拠，あるいは主題をおしえることの無意味さを実践で証明していただきたい。一読総合法に対立する教科研の指導過程の理論は，東京・私教組の考え方で代表させると，つぎのようになる。

(1) 導入の段階——えがかれている生活現象の時代的な背景を説明する。

(2) 形象を情緒的に知覚する段階。

　(a) 一次よみ——ことばが描写する形象をよみとる。

　(b) 二次よみ——ことばが表現する形象をよみとる。

(3) 形象を理解する段階——生活現象の本質をよみとり，作品のもつ理想をあきらか

にする。
(4) 総合よみの段階——主題・理想を理解したうえで，ふたたび生活現象の情緒的な知覚にもどって，それをふかめていく。
(5) 定着させる段階。

　東京・私教組の指導過程についての考え方も，けっして完全なものだといえないだろう。たとえば，導入の段階での作業内容は，時代背景についての説明ばかりではなく，作者や作品の主題・理想についての説明もここでおこなうことがあっていいだろう。また，定着の段階では，作品内容と現実の生活とのむすびつきをめぐって，教師は生徒とはなしあいながら，感想を問うというような作業があるべきだろう。この種の実践がつみかさねられていくと，指導過程の理論は，いちだんと精密なものになっていくだろう。そして，この図式が，具体的な授業のなかでは，条件にあわせながら修正をうけて実現していくとすれば，その修正と条件とをあきらかにする必要がある。

　文学作品のよみ方の指導の過程をめぐっては，教科研の考え方を採用する正会員がおおいことから（たとえば北海道，青森，岩手，宮城，福島，群馬，埼玉，東京，大阪，大分，佐賀，高知など），児言研と教科研との対立という印象をあたえるが，実際には「段階式」と「一読法」との対立としてうけとる方が正確である。教科研の理論は「段階式」を代表しているといえば，もっと正確になるかもしれない。なぜなら，愛知や香川や山梨なども指導過程を段階的にくみたてて，本質的には教科研の考え方とかわりないからである。一致する必然性があるともいえる。ここでは，愛知の考えている指導過程を紹介する。

(1) 第一次のよみ——作品の形象のよみとりの段階。作品をよむことにより，作品に描写されている生活現象を自分の経験や知識を基礎にしながら，頭のなかのイメージにうつしかえて，作品の全体あるいは部分から印象をうける，それをもとにして問題意識をつくりあげる。
(2) 第二次のよみ——ことがらのよみ，主題の理解の段階。第一次のよみによってえられた形象をよりたしかなものにするため，作品全体のくみたて，事件のすじ，登場人物などを分析する。そして，第一次のよみでつくりあげた問題意識をここで解決して，主題を把握する。
(3) 第三次のよみ——作品の批判・追求の段階。主題をもとに，全文をふかくあじわうためのよみをおこない，作品全体にたいする感想や意見を発表する。

今年は，主題・理想をとらえたあとでの「よみ」についても，若干問題がでている。たとえば，青森は「形象の知覚の段階ではどうしても形象化しえない部分があって，それは主題とふかくかかわっている文である」という。こういう部分を具体的な例でしめしてくれると，形象を分析したあとで，ふたたび「よみ」にもどらなければならない理由がはっきりしてくるだろう。まえに引用してある高知の考え方も，分析のあとにふたたび「よみ」にもどることの必要をといているわけであるが，このことを具体的な実践で証明すれば，指導過程が段階的でなければならないという主張の証拠になるだろう。

指導過程をめぐる意見が対立しているとき，「手順の次元で対立することは無意味であり，たしかな『よみ』を保証するという観点から考えるべきだ」というような意味の発言があった。たしかな「よみ」を保証するために，手順の次元で討論をしているのである。一般的にみて，今年の国語分科会は方法論を軽視する傾向がつよくでてきたが，教師は方法論をもたなければ，いかなる教育も実現しないことをしるべきである。教師が方法の問題をかるくあつかうわけにはいかないのは，それが「なに」をおしえるかということときりはなしては考えられないからである。教師の思想性は，かれが授業のなかで採用する方法のなかに具体的に存在しているのであって，宙にぶらさがっているわけではない。

D 教材論

教材の選択，検討は授業研究の出発点にある。そして，選択した教材のよさわるさは，授業の結果が判断してくれる。したがって，授業研究の蓄積は必然的に教材論をうみだしていくにちがいないのである。だが，すぐれた文学作品を教材に選択して，それを体系的に配列するしごとは，国民教育の一般的な目標，国民の文学教育にたいする要求，文学作品の本質的な特殊性，子どもの発達，文学の授業と他教科との関連，教師の組合への団結，教師と父母との提携など，いくつかの側面の考慮ぬきでは実際には解決できない。それゆえに，教材の選択と配列の原則をあきらかにする教材論は，これらの諸側面の研究の総合としてあらわれるだろう。このような事情が教育科学的な教材論の確立を困難にし，おくらせているのである。文学作品のよみ方指導の研究において，教材論はいちばんむずかしく，いちばん最後にまわされる領域である。青森が文学教材についての，まとまった報告をしたが，このようなむずかしさをさらけだしている。青森は文学教材の選択基準をつぎのように設定する。

(1) 作品が比較的に短編であること。
(2) 日本，外国の作品をとわず原作に忠実であること。
(3) 難解語句，新出漢字があまりおおくないこと。
(4) すぐれた表現，形象をもち，よみ手に内容をゆたかにイメージ化できる作品。
(5) 作品の主題，作者の理想が子どものただしくゆたかな物のみ方，感じ方，行動のし方に寄与するもの。

　青森の基準の設定のし方にはいろんな欠陥があるとしても，文学作品それ自身がもつ特質から出発して，それを実践にぶっつけながら教材としての資格をとうところは，教師の思想的な立場のたんなる披瀝におわっていた従来の教材論から一歩ぬけだしている。しかし，われわれのこんにちの研究水準において，教材選定の基準に一般化できるほど，教材とそれをつかっての実践の蓄積がなされているか，ふりかえってみる必要がある。そうだとすれば，千葉の報告書にみられる「よみきかせ教材リスト」，神奈川がつくった「文学読本」などの方がはるかに実践的だといえるのである。一般化をいそぐと，観念的になるのである。

　もちろん，実践での検証をとおして教材の一定の量が蓄積されたなら，教材選択の基準をあきらかにすることは必要である。それは教師の教材えらびの作業を，らくにしてくれるからである。しかし，このばあい，文学作品をして，教材たらしめる資格を諸側面に分離し，まずはじめにそれぞれの側面をあきらかにするという分析的な研究をおしすすめなければならないだろう。たとえば，(1) 文学の本質的な特殊性，(2) 子どもの発達，(3) 国民の文学教育への要求など，いろんな側面から文学作品の教材になりうる資格をとらえていくことができるが，これらの側面をひとまず分離し，それぞれをもっとも基本的なものからあきらかにしていく必要がある。

　たとえば，文学そのものの特質から教材論にアプローチするばあい，まず第一に考えなければならないのは，作品が現実の人びとの生活，それにたいする人びとの美的な態度をただしく反映しているかということである。この前提にたって，主題と理想，それを表現する形象の具体性，構造やすじ，さらに形象の民族性や大衆性や階級性，表現手段など，いろんな問題を教材論の観点から検討しなければならないだろう。

　他方では，子どもの発達，子どもの認識活動の特殊性が教材の選択を規定している。したがって，たとえば，低学年の子どもの読書傾向はどうであるか，何才ごろになる

と，子どもは自己認識にむかっていき，社会＝心理的な作品に興味をもちはじめるか，子どもの読書が大人なみになるのは何才ごろであるかなど，このような問題を教師はひごろの実践のなかで確認しておかなければならないのである。

教師は，また，国民の文学教育への要求，権力との力関係を教材の選択に反映させないわけにはいかないだろう。教師の独走は孤立をまねく。教材論はまだ未解決の問題をたくさんかかえている。

今年も教科書の文学教材にたいする批判が，とくに改作の問題をめぐって，鹿児島や高知や奈良や青森などからだされた。改作が子どものよみ，授業にあたえる影響を具体的にしめしていて，この種の資料の蓄積がわれわれの教材論の建設に積極的な意味をもってくることは，うたがいえない。この種の研究をつづけなければならない。

2　説明的文章のよみ方指導
A　教育課程のなかでのよみ方教育の位置

他教科からよみ方教育を区別する特殊性，その目標と内容，他教科との関連についての討議はここでおこなわれた。その理由はこうである。もし説明的文章がよみ方指導の教材からはずされるとすれば，よみ方指導は文学作品と評論だけをあつかうことになって，よみ方教育はむしろ文学教育とよぶべきである。そして，説明的文章は理科や社会科でもあつかわれているとすれば，国語科のよみ方指導がなぜ説明的文章をあつかう必要があるかという問題がおこる。文学作品のよみ方指導の必要は無条件的に承認できるが，説明的文章のばあいはそうはいかない。文部省式によみ方教育を技術指導に限定すれば，よみ方教育があらゆる種類の文章をあつかう理由がそれなりにあきらかになるのだが，われわれはその技術主義を拒否する。こうして，説明的文章のよみ方指導の問題は，よみ方教育の本質にかかわる，重要な問題になるのである。

この問題については東京・私教組から報告があった。この報告によれば，低学年の子どもには自然現象や社会現象の本質と法則の認識はまだ不可能であって，可能なのは自分たちをとりまく自然や社会の現象そのものである。いいかえるなら，低学年の子どもは理論的な認識にはまだわかく，それを準備するために，経験的な，事実的な知識をたくわえることがたいせつである。それに，子どもは日本語のたくわえもすくなく，よむ技術にも習熟していない。このような考え方は，民間教育運動のなかではかなりひろく承認されていて，低学年社会科，理科の廃止論の根拠になっている。そして，この考え

方を承認するとすれば，国語科における低学年のよみ方教育は，説明的文章や文学作品を教材にして，自然や社会や人間についての事実的な知識をたくさんあたえ，かつ日本語をもちいてする言語活動に習熟させていく総合的な性格の教科であるということになる。この種のよみ方教育の目標を東京・私教組はつぎのように規定する。

(1) 子どもに人間や社会についての，人間をとりまく自然についての知識をあたえる。
(2) 美の感情，美の理想像など，子どもの心のなかに精神の富をそだてる。
(3) 子どもの思考力の発達をうながす。
(4) 日本語，とくにその単語・慣用句を子どもに所有させる。
(5) 子どもの言語活動，はなす，きく，かく力の発達をうながす。
(6) 意識的な，正確な，すらすらとした，表現的なよみの習熟をうながす。

さらに，東京・私教組の意見によれば，このよみ方教育は4年生ごろまでに必要な，低学年のための教科であって，その後は理科，社会科（歴史と地理），文学科に発展的に解消していく。つまり，高学年のよみ方教育は，文学作品の「よみ」と研究，それに必要な評論，文学史，文学理論の学習をおこなう文学教育になるのである。東京・私教組の報告によって，われわれは国語科の構造の具体的な見とり図がえがけるようになった。

B 説明的文章

このようによみ方教育の目標を規定すると，説明的文章の概念は「科学説明文」におちついてくる。自然の現象，地理的な現象，歴史的な事実が子どものためにわかりやすくかいてあるものであるということになる。これに文学作品がくわわって，よみ方教育の内容はそれ自身の原理にしたがってくみたてられる。東京・私教組はよみ方教育の内容を「よみ方教材一覧表」にしめしている。その表から，教材をテーマとシーズンにしたがってくみたてていくよみ方教育の体系性がよみとれる。文部省が43年の学習指導要領改訂で低学年理科，社会科の廃止を実行し，そのかわりによみ方教育の時間をふやし，それを修身＝イデオロギー教育的な方向にもっていこうとするうごきがみえてきているとき，東京・私教組の提案はきわめて重要な意味をもっている。

ところで，東京・私教組は「よみ方教材一覧表」にしたがって，教師が説明的文章を

つくっていく方向をつよくうちだしている。ひとつの原則がうちだされると、その原則を実現するために、そうする必要がおこるのだが、宮城はすでに刊行されているもののなかから教材になりうる説明的文章をさがしだして、ただちに実践にうつしていく。愛媛がいうように、教材の体系性を追求するまえに、われわれは教材になりうる説明的文章をなんらかの方法でたくさん用意し、ただちに実践にうつしていかなければならない。そのなかで体系性を追求していけばよい。

C 指導過程

説明的文章の指導過程については、宮城、千葉、鳥取、広島、愛媛などがそれぞれ独自な見解をだしているが、これらのあいだには共通性がすくなく、一般化することは困難である。説明的文章の指導過程についての研究はひどく混乱していて、多少とも安定した説がないといえる。たとえば、鳥取の報告書にはつぎのようにかいてあって、解釈学的な方法が説明的文章のよみ方指導に機械的にあてはめられている。

(1) 説明文の指導の内容は、その文章の「意図」をよみとることを指導の要と考えたい。
(2) 指導過程を(一)予見の段階、(二)内容理解の段階、(三)「意図」をよみとる段階と考え、指導したい。

もし説明的文章が現実のなにかについての情報と知識とをあたえてくれるとすれば、なぜそれをよみとる方向に指導過程がくみこまれないのだろうか。教材を自主的にえらぶ宮城と愛媛は、たしかにこの方向に指導過程をくみたてようとしている。だが、対象（文章）の構造と対応して、指導過程が構造化されていない。たとえば、宮城は指導過程を(1)直観よみ、(2)事実よみ、(3)論理よみとにわけているが、対象のがわから「よみ」の過程が規定されて、事実よみと論理よみの段階が考えられるとしたら、直観よみの段階は不必要になる。

文学作品のよみ方指導の方法が成功的に研究されているのは、すでに教材になる文学作品があるからである。そして、その研究が文学作品の本質的な特徴と関係づけて、おこなわれているからである。とすれば、説明的文章のよみ方指導の方法の研究を成功させるためには、説明的文章とはなにか、よみ方教育の教材としての説明的文章はどのような性質のものでなければならないか、というような基本的な問題にまずとりくまなけ

ればならないだろう。ということは、子どもを一定の考え方にひきずりこむようにつくってある文部省式の説明文を、実践にてらして徹底的に批判することででもある。

説明的文章のよみ方指導の研究は、まだ指導過程の理論的な研究に手をつける段階にきていないともいえるのである。にもかかわらず、説明文の授業の骨ぐみをイメージにえがいておく必要があるだろう。そのために、いまのところは、愛媛をとって、こまかいことは規定せずに、おおまかに指導過程を整理しておけばいいだろう。

　　第一の段階。文章をよんで、そこにかいてある事実をとらえる（通読は必要ではなく、はじめから「総合よみ」をした方がいい）。
　　第二の段階。事実と事実とのあいだの論理的な*、時間＝空間的なつながりをあきらかにして、一般化をおこなったり、結論をひきだしたりする。
　　第三の段階。確認と定着のためにふたたびよむ。

ふつう、直観教授は「よみ」に先行するだろう。また、必要に応じて、導入の段階をもうけたり、最後に文字練習の段階をもうけたりすることが必要になるだろう。

(2) 日本語指導

日本語指導をめぐっては、つぎのようなテーマで討議がすすめられた。
(1) 発音、文字の指導をどうしているか？
(2) 文法の指導をどうしているか？

とりたてて体系的におこなう日本語指導の実践、それをめぐる理論的な研究も着実な進歩をみせている。われわれの従来の研究が体系的な日本語指導の必要を主張することにとどまっていたとすれば、それがさくねんの福岡教研からはこのための教科書をつくって教室にもちこみ、方法をあきらかにしながら、この体系的な日本語指導を全国の国語教師のあいだにひろげていく段階にうつってきた。この創造と普及の活動が福島教研ではさらに一歩前進したのである。

A　発音指導

今年の教研でこのことがいちばんはっきりあらわれたのは、発音指導の分野において

である。発音指導の必要は従来もスローガンにうたわれてきたが，その指導案と実践とは具体的にしめされることはなかった。ところが，今年は秋田が体系的な発音指導のプランとそれにもとづいてつくられた教科書を提出して，状態は飛躍的に発展した。秋田の報告書はいずれ若干の修正をうけて単行本なり雑誌論文として発表されることだろうし，その内容をくわしく説明するわけにもいかないので，ここでは体系的な発音指導の必要をあきらかにしておこう。われわれの教研でさえこれにたいする疑問がないわけではないからである。

(1) きれいな発音ではなすために，日本人が日本語の標準的な音声を意識的に習得するのは当然のことだが，特殊な職業人をのぞいては，日本人のほとんどがこの努力をおこなっていない。こういう状態は，発音指導を国語科のなかに位置づけない教育に責任がある。きれいな，標準的な発音を所有するために，日本人はすべて発音指導をうける必要がある。人まえではなすことがおおくなった現代の人間は，発音のし方にも美の規準をあてはめるにちがいないのである。もちろん，よみ方やはなし方の指導のなかでも経験的には発音の学習がなされるし，そのことはきわめて重要なことであるが，子どもはこれだけでは正確な発音を自分のものにすることはできない。きれいな，標準的な発音の実際的な所有をもっとも合理的な，能率的な，完全なかたちで子どもに保証するのは，音声現象の理論的な理解をとおして習熟にまでみちびいていく計画的な，体系的な発音指導なのである。

(2) 音声現象の体系的な，理論的な理解がきわめて実際的な意味をもってくるのは，文字とその表記法との学習においてである。文字は音声（音韻あるいは音節）にあたえられた記号である。したがって，文字とその表記法とを完全に所有するためには，音韻あるいは音節の全体系を理解しておくことが前提条件になる。

(3) 日本語の意識的な習得において，音声現象の体系的な，理論的な学習は基礎になる。なぜなら，言語においては，この物質のないところには，いかなる意味もありえないからである。内容と形式とがくいちがうことなく統一してあるとすれば，語彙現象にしても文法現象にしても，音声形式を無視したかたちではあつかい得ない。たとえば，日本語の動詞の活用をしらべるばあい，その文法的なかたちを，より正確に音声をうつしとっているローマ字でかいて，比較しながら分析してみるとよい。どこで文法的な意味が表現されているか，はっきりうかびあがってくるだろう。

(4) 国語史，あるいは古代語の学習にとって，音声学の知識はかかすことができない。

古代語から現代の民族語への発展は，まず音声変化のなかにきざみこまれていて，その音声変化は法則的である。この日本語の音声変化の法則は国語史の学習のなかであたえられるとしても，音声学の知識をもたなければ，それは理解できない。音声学の知識は発音指導の主要な内容である。

(5) 外国語の発音を習得するばあい，母国語の音声についての知識は基礎になる。母国語の音声と外国語の音声とを比較して，そのちがいを理論的に理解できなければ，外国語の発音は完全に所有できない。母国語の発音を犠牲にして，経験的には可能であるとしても。

(6) 国語科のなかに体系的な発音指導がなければ，いちばんつよく被害をこうむるのは，音声的になまりのつよい地方でそだった子どもたちである。日本ではじめての発音指導のための教科書を秋田がこしらえたのは，けっして偶然ではない。いわゆるズーズー弁の東北の子どもたちが標準語の音声を習得することの意味は，きわめておおきい。東北の子どもがズーズー弁を克服するのをたんに劣等感からの解放としてのみうけとり，それを態度のあり方の問題におきかえようとする考え方が，われわれの教研にもでてきたが，子どものズーズー弁から生ずる教育上の諸問題は態度のもち方という精神主義では解決しない。

たとえ，ズーズー弁にたいする態度に問題があるとしても，東北方言の音声現象を科学的に理解しないかぎり，東北の子どもたちは劣等感から解放されないし，東京の子どもたちは軽蔑感をすてきることはできないだろう。むしろ，たいせつなことは，標準的な音声の所有は標準語の所有に直接的につながっているということである。標準語を所有していないものは，民族文化の富を自分のものにすることはできない。このことが国語科のなかで標準語をおしえることの意味を決定するのであるが，発音指導はその標準語教育の一環である。文部省が体系的な発音指導を国語科のなかに位置づけないのは，標準語教育のサボタージュであり，そのサボタージュは都市と農村との差別を固定化するのをたすけている。

以上のような，いくつかの理由で，われわれは国語科の日本語指導のなかに発音指導をもちこみ，これに確固たる位置をあたえなければならないのであるが，そのための具体的な内容と方法とが秋田によって提出されたのである。

B 文字指導

1年生のかな文字指導については，宮城から報告があった。宮城の研究は福岡教研での東京・私教組の報告を再確認したものであって，検定教科書が採用する「語形法」をしりぞけ，「音声法」のたちばをとる。かな文字は音節にあてられた記号であって，その記号と音節との対応が意識されていなければ，かな文字は所有したことにはならない。したがって，教師はまず子どもに音節を意識させ，それをあらわす記号として文字をおしえなければならない。これが「音声法」である。

単語をかきあらわす，ひとつづきのかな文字をまるごと暗記させる「語形法」は，文字指導としては成立しえない。五十音図に関するかぎり，子どもは幼稚園なり家庭なりですでにおぼえているから，語形法的な文字指導があたかも成立するがごとき印象をあたえる。しかし，農村地帯の子どもはかならずしも文字をおぼえて，小学校にはいってくるわけではない。また，都会の子どもにしても，完全なかたちでかな文字をしって，入学するわけでもない。したがって，教師は自分なりの音声法をあみだして，かな文字指導をおこなっている。昨年の教研における東京・私教組の報告はそういう教師の実践を一般化して，かな文字指導の原則をあきらかにし，それに体系性をあたえたのである。宮城はこの原則と体系性とのただしさをみずからの実践で証明する。

ところが，宮城は，五十音図の一字一字をどのような順序でおしえていくかという問題で，東京・私教組とはことなる意見をだす。つまり，東京・私教組は文字の頻度を考慮にいれながら，調音に基礎をおいて，いちいちのかな文字の指導の順序をきめているのだが，宮城はこれを書写の難易度にしたがって，字形のかんたんなものから複雑なものへとすすめていくのである。したがって，宮城のばあいでは，音節相互の関係，体系性は無視されて，発音指導の側面が後退する。おそらく，どちらがただしいかという問題ではなく，かな文字習得の段階に応じて，いずれかの方法が採用されるのだろう。宮城の考える順序は幼稚園でのかな文字指導に採用すべきではないだろうか。

ところで，東京・私教組と同様に，群馬はこの問題を調音の位置とし方とにしたがって解決しているが，そうしたのは子どもに段と行とを認識させるためである。このばあい，子どもはすでにかな文字を所有していて，教師はそれを音節との関係のなかで体系づけてやっている。まず母音をおしえておいて，つぎにマ行にすすみ，ここで鼻音の特徴をおさえてからナ行にうつる。そして，ナ行からタ行にうつる。ナ行とタ行とは，鼻音化をとりのぞけば，おなじ調音の位置（歯うら）にあるし，調音のし方（破裂）もお

なじであるから。こんなふうにして，段と行とを認識させながら，文字指導をすすめていく。段と行は，長音，拗音，促音をおしえるときに必要な概念である。群馬の報告はきわめて独創的であって，今後の研究はわれわれのかな文字指導の方法を細部にわたってあきらかにしてくれるだろう。

さらに，群馬は漢字指導の問題にまで手をのばして，漢字を「つくり」の観点から体系的に指導することの必要を提案する。群馬の提案はすでに諸先輩によってくりかえしいわれてきたことである。こんにちでは，われわれは漢字指導についての諸先輩の見解を発展させながら，それを教科書に具体化し，教室にもちこむ力がある。

神奈川も，群馬とおなじように，漢字指導の体系性をもとめながら，さらに漢語指導の問題にすすんでいく。漢語指導は漢字指導と直接にかかわりをもっているが，他方では体系的な語彙指導の問題でもある。漢字をかさねて，あたらしい単語をつくるのは語彙論における語構成（単語つくり）の問題になるだろう。漢語の語構成を固有日本語の語構成からきりはなしては，それぞれの特殊性がうかびあがってこない。したがって，漢語指導を体系的な語彙教育のなかであつかう試みを期待したい。

C 文法指導

文法指導の討議において，今年の教研での特徴的なできごとは，教科書の自主的な編集を土台にして，文法指導の方法論の確立にすすんでいったことである。さしあたって文法指導のための教科書をもつということは，なによりもたいせつなことである。だが，教科書があっても，方法論がなければ，それは死んでしまう。こういう事情を反映して，東京・目黒と東京・私教組とは方法論の確立をめざす報告をおこなった。ふたつの報告書はおなじような指導過程の理論をだしている。その内容はだいたいつぎのようなものである。

(1) あたらしい文法教材を生徒がうけとめる段階

まず，すでに学習したことの復習が，ここでおこなわれる。これを基礎にして，あたらしい教材の子どもによる知覚，文法現象の検討，あたらしい文法的なカテゴリーの意識化がなされる。このばあいの授業は発見的な話しあいの形態がとられる。教師はあらかじめ用意した用例を提出する。教師はその用例の文法現象について生徒とはなしあう。その話しあいのなかで生徒は教師の指導のもとに文法現象の一般化をお

こなう。教師は具体的な事実から一般的な命題，結論へ生徒の思考を方向づけるのである。しかし，終局的には，教師が結論，一般的な命題の定式化をおこなう。ここではじめて教科書のページがひらかれて，一般的な命題が規定してあるところをよみ，つぎの段階にうつる。
(2) 習得した知識の定着のために練習する段階

この段階で必要なことは，いろんな型の練習問題を教科書のなかに用意しておいて，子ども自身に習得した知識を応用させて，その問題を解決させることである。
(3) はなし言葉，かき言葉のなかに学習した文法的な知識を適用する段階

この段階では，言語活動の実践のなかに習得した知識を応用する能力をきたえる。子どもははなし，かきの実際的な活動と文法上の知識とをむすびつけることになれるのである。また，教師は子どもがどの程度にあたらしく習得した文法上の知識を自分のものにしているかを点検する。

だが，このような指導過程の理論を文法指導にとりいれるばあい，文法現象を分析し，一般化し，体系づけていく文法理論が正確なものでなければ，授業は成立しない。実際的な言語活動に応用できない文法理論は，このような指導過程を採用することをゆるさない。こうして，従来の学校文法はわれわれの文法指導の視野から脱落してしまう。

そして，教材は厳密に体系的に配列されていなければならない。つまり，まえの時間で学習した知識は，いま学んでいることの，理解の前提条件にならなければならない，というふうに教材の体系性がつねに要求されるのである。そうでなければ，ひとつの文法現象をおしえるのに，復習・発見・定着・応用の段階をふむ必要はないのである。こうして，いちいちの文法現象を偶然の機会にあつかえばよいことになっている，機能主義的な文法指導は排除しなければならなくなる。あるひとつの文法現象が他のいくつかの文法現象と有機的にむすびついていて，体系をなしているとすれば，文法指導は必然的に体系性を要求するのであって，機能主義的な文法指導ははじめから成立しないのである。

東京・私教組はこの体系性を追求して，まず文の指導からはじまり，これを単語に分解し，品詞べつに単語の文法的な特徴をあきらかにしながら，その単語をもちいて文をくみたてていく，というふうに教材の構成の原則をたてる。つまり，構文論と形態論との有機的なむすびつきを教材の構成のなかに実現していくのである。この東京・私教組

の意見は，福岡教研からのこされた問題への回答でもある。福岡教研では埼玉が，岡山教研では神奈川が提出した文法教材の体系のくみ方は，構文論を中心にしていて，形態論がすっぽりぬけている。あるいは構文論に形態論が従属している。つまり，神奈川や埼玉の考え方では，文法指導が文型指導になっていて，単語の文法的な特徴についての指導がはぶかれているか，あるいは文型指導に完全に従属してしまっているのである。ところが，形態論（単語の変化のし方）にもそれ自身の体系があるとすれば，形態論指導の独自性をみとめないわけにはいかないのである。東京・私教組はこのことを動詞の活用を例にしてあきらかにしながら，文型指導という名の文法指導を批判する。したがって，13次の神奈川，14次の埼玉はこの東京・私教組の批判にこたえなければならない。文型指導にもいろいろあるだろうが，この論争は，43年に改訂される学習指導要領がどのような文法指導を採用するかということと関係して，重要である。

第16次全国教研の報告から

(1) 説明文のよみ方指導

A 国語科教育のなかでのよみ方指導の位置[*]

よみ方指導のなかで非文学教材,とくに自然科学的な教材を取り扱うことの必要が東京(高校)から提案されて,国語科教育の構造,それぞれの分野の目標と内容,それと他教科との関連をどのようにとらえるべきかという問題は,いっそう複雑になってきた。

というのは,15次教研では,説明文を教材にふくめこむ「よみ方指導」は低学年の段階に必要な科目であって,高学年になれば,それは体系的な文学教育に移行すべきであるという考え方が,東京・私教組によって提出されているからである。つまり,15次教研での東京・私教組の考え方によれば,自然科学的な文章などのよみ方指導は高学年の段階では不必要なのであるが,今年の教研での東京(高校)によれば,それが必要である。また,14次教研では,よみ方指導は文学作品とそれにかかわる評論をあつかえばよく,説明文のよみ方指導は,理科や社会科にまかすべきであるという意味の提案が,東京・荒川からなされている。今年の東京(高校)の提案は国語科の構造の問題にふれることを意識的にさけているが,そのことは現行の国語科のよみ方指導のあり方をそのまま承認していることを意味している。こうして,説明文のよみ方指導をめぐる,みとおりの考え方が日教組教研には提出されているといえるのである。実際,よみ方指導のなかに説明文をどう位置づけるかということは,よみ方指導の独自な目標と内容,それと他教科との関連の問題にぶつからないわけにはいかない。

東京(高校)は生徒に科学的な社会観・自然観をそだてなければならないとして,説明文のよみ方指導の必要をとく。この点では,おそらく,文部省的な考え方と対立しないのだろうが,おしえなければならないとする社会観・自然観が反対物なのである。そして「どんなにすぐれた教材があっても,ひとつだけぽつんと教えられるのでは,効果がうすい」といい,「自然科学系教材の配列についての,ひとつの試み」をさしだす。そのまえに,つぎのような弁証法的な自然観を紹介しているが,東京(高校)はそうい

う自然弁証法を子どものものにしたいのであると，みてよい。

> 今世紀にはいって，あたらしい統一的な自然観が確立されるにいたった。それまでは，自然は究極において，永劫不変のアトムからつくられており，またニュートンの力学法則が大は天体から，小さなアトムにいたる一切の運動を支配する終局の理論だとされていた。しかし，今日の自然観はつぎのようにのべている。「自然界には，小は素粒子・原子・分子から，大は太陽系・星雲にいたるまでさまざまの質的にことなる階層が存在し，それぞれの階層にはそこに固有の法則が支配している。そして，これらの階層は素粒子から星雲にいたるまで，無生物から生物にいたるまで，また人間から社会にいたるまで，すべてたえざる生成と消滅のなかにあり，たがいに関連し，かつ依存しあって，ひとつの連結した自然をつくる」と。
> 19世紀までのように，世界をひとつひとつ他からきりはなしてとらえる形而上学的自然観をのりこえて，今日の科学は以上のような弁証法的自然観を確立している。

このような自然観が現代の自然科学の総決算であるとすれば，教育は生徒にこれをおしえないわけにはいかない。それはうたがうことのできない事実であるからである。だが，国語科よみ方指導がこの仕事をひきうけるのかということになれば，問題は別である。第一に，国語科よみ方指導にそれだけの能力があるかという疑問が生じる。

もしも，自然弁証法の，このような基本的な命題を子どもに理解させようとすれば，そこにかかわる概念と法則との体系をまえもって子どものものにしておく必要があるだろう。たとえば，「質的にことなる階層」というとき，物質の「質」という概念はまえもってあきらかにしておかなければならない。「階層には固有の法則が支配している」というとき，「法則」とはなにかという問題をまえもって解決しておかなければならない。他方では，この自然弁証法の，もっとも抽象的な命題を理解するためには，天文学から原子物理学にいたるまでの，自然科学のあらゆる領域にわたる具体的な知識が，子どものがわに用意されていなければならない。そうでなければ，命題は具体性をもたない空虚な言葉になってしまう。物質が相互に関係しながら，統一した世界をかたちづくっているというばあい，気象現象と地質との関係・生物と環境との関係・天体間の相互作用など，具体的な知識があって，はじめて理解できるのである。

もしそうであるなら，この種の命題を国語科よみ方指導がおしえることができるかという疑問が生じてくるだろう。たぶん，この自然弁証法の命題は，自然科学教育におけ

る「一般化の作業」としてのみ成立しうる教材であるだろう。自然観（自然弁証法）は自然科学の諸領域の研究成果の一般化であると同時に，その個別的な諸領域にたいして方法論としてはたらいている。とすれば，自然観をおしえることを自然科学教育からぬきとることはできない。作用とか原因とか条件とかいう概念・物質の質とか構造とか体系とかいう概念・法則とか発展とか変化とかいう概念は，自然現象のおくふかくにひそんでいる本質をとらえるために必要なものであって，自然科学教育は，一般化の作業のなかで，たえずこれらの概念の内容をあきらかにしていかなければならないだろう。

　東京（高校）が考えている，自然弁証法を子どものものにする教育は，よみ方指導の内容にはならず，自然科学教育の責任においておこなうべきものであろう。おなじことが社会観（史的唯物論）の教育についてもいえる。歴史学があきらかにした事実を土台にしないでは，科学的な社会観の教育は成立しない。また，考古学的な知識は歴史や地質の教科とむすびつく。民俗学的な知識は一方では地理教育の教材になるし，他方では歴史教育の教材にもなる。しかし，「現代国語」が採用している説明文をこのように整理しながら，国語科よみ方指導のわくのそとにおいだすとしても，哲学や心理学や形式論理学のような科学の領域にかかわる説明文がなおかつのこることだろう。こういうばあいは，あらためて現在の高校教育の教育課程を全体として再検討する必要にせまられる。世界を「それ自身の固有の法則に支配されて，相互に作用しあう階層」であるとみなす考え方は，教育もまたそれ自身の固有の法則に支配される教科の体系としてとらえることを要求するだろう。

(2) よみ方指導の内容とその体系性

　15次教研での東京・私教組は，説明文のよみ方指導において，教材編成の原理を「テーマとシーズン」にもとめていて，子どもをとりまく現実からよみ方指導を出発させている。したがって，東京・私教組はよみ方指導の基本的な目標を「子どもに人間や社会についての，人間をとりまく自然についての知識をあたえる」ことであるとみている。これにたいして，今年の香川は，説明文のよみ方指導では，認識の形式論理的な構造をおしえることがたいせつだとして，教材編成の原理を文章の形式論理的な構造にもとめていく。では，論理をよみとるということは具体的にどういうことであるかといえば，「文から文への移行と，その発展としての段落から段落への移行をよみとるという

ことになる」。

　このような香川の考え方は「言葉のきまりの指導」における文章論的な教育とまったくおなじものであるが，香川のばあいは，検定教科書の説明文のあやまりを批判的によむことのできる能力を子どものものにしたいという要求から出発している。文部省のばあいは，論理をおしえるという名目をたてておいて，子どもの目を現実からそらし，「うそ」をおしえようとしている。意図するところはまったく反対なのであるが，おなじ文章をおなじ方法でよみとらせていく。だが，論理を追求することで，文章に書いてあることの真偽が判明するなら，文部省の意図はまったくナンセンスにおわるだろう。論理は思考の形式的な側面であるから，そこを追求しても，思考のただしさ，思考が現実を正確にとらえているかということは，まだわからない。教科書会社は文部省の意図を実現するために，ふさわしい説明文をつくっているのだが，その説明文から子どもの認識の発達・認識の段階をひきだしたり，よみ方指導の構想をたてたりすることはできない。

　このことは形式論理学上の知識とその実際的な応用への習熟が教育で不必要ということを意味してはいない。だが，そのためには特殊な教科の設置が必要であって，概念のあいだの関係・命題の構造と種類・命題の間の関係，帰納と演繹など，形式論理学上の知識が教科書に用意されていなければならない。おそらく高校の段階でのことだろう。論理の指導はよみ方指導のひとつの側面をなしているだろうが，説明文のよみ方指導が論理教育を代行することはできない。

　説明文のよみ方指導にかんする問題は，教育学者や理科教師や社会科教師の参加のもとで解決しなければならないことがたくさんあるだろう。国語科が他教科と直接につながっていく，そのむすび目のところに説明文のよみ方指導が位置するともいえる。

(3) 日本語指導

　今年の教研も[*]，日本語指導についての報告がたいへん少ない。完成したかたちでのよみ方指導とつづり方指導とが，体系的な日本語指導を土台にして，はじめてなりたつという自覚が，おおくの国語教師にかけているからなのだろうか。意識的なよみ方指導に徹すれば，体系的な日本語指導への要求がわいてくるはずである。それにしても，とりたてておこなう体系的な日本語指導の実践は，着実に全国の教室にひろがりつつある。

このことは，山口の報告書などからよみとることができる。また，漢字指導についての群馬の報告は，日教組教研の理論的な水準のたかさをものがたっている。

A　発音指導

秋田は15次教研に提出した発音指導の教科書にしたがって実践をすすめ，その記録を報告にしている。秋田の研究は発音指導の方法論の確立にすすんでいるのだが，今年の報告ではそれが成功したとはいえない。つづく研究に期待したい。

B　かな文字指導

新潟の報告は，単語をあらわす，ひとつながりのかな文字をまるごとに暗記させる「語形法」が子どものかな文字習得の過程に反している事実をあげ，子どもが「イヌ」の「イ」は「い」というぐあいにおぼえていく事実に照らして，1音1字の原則にもとづく伝統的なかな文字指導にかえることをすすめる。そして，この土台のうえに，1音節を2字，あるいは3字でかきあらわす拗音・長音・拗長音などを「きまり」として計画的に，系統的に指導しなければならないという。このようなかな文字指導の方法は，14次教研では群馬と東京・私教組から，15次教研では宮城から「音声法」と名づけられて提案されたものである。新潟は音声法によるかな文字指導の結果をつぎのようにまとめている。

(1) 語形法では，教科書を指導したために，文字をおぼえて入学してきた子どもと，そうでない子どもとの差がかえってひろがるという現象がおこったが，音声法では着実なすすみ方をし，よみちがいがない。

(2) 語形法では，かき言葉の習得が非常におくれるが，音声法ではたどたどしい，ひろい読みの子どもでも，文章はよくかく。

新潟は以上の結論を数字と作文とで証明し，文部省がとる語形法に破産宣告をあたえる。

C　漢字指導

群馬は体系的な漢字指導のための教科書案を提出したが，これは15次教研に提出したものをいちだんと詳しくしたもので，ただちに教室にもちこめるまでに仕上げてある。4年生のはじめに使用するようにできている。この教科書案はそのままで教科書と

して子どもにあたえることができる。この教科書案の特色は，第一には，漢字の総体を「漢字の構造のなかにやきつけられている意味と音声との体系」として扱っている点にある。第二には，漢語の語構成，おくりがななどの問題を，日本語の体系的な語彙指導，文法指導とむすびつけている点にある。このことで，漢字指導が体系的な日本語指導の一領域として成立することがあきらかになってきた。

　国語科のなかで漢字指導がきわめておおきな位置をしめていることは，だれも否定できない事実である。戦前の文部省はこの事実のうえにのっかかって，実質的に国語教育を漢字指導にすりかえてしまうほど，漢字指導の地位をたかめた。国語の時間はよみ方のことであり，よみ方は漢字学習であるといった状態が作りだされていた。漢字以外はおしえない国語教育なのである。ところが，今日の文部省は再びこのような国語教育の状態をつくりだそうとしている。43年の学習指導要領が漢字指導の強化を考えていることは，すでに知られている。漢字以外はおしえない国語教育は，反動化した文部省にとって，愚民政策のきわめて有効な手段なのである。

　こうした漢字指導の否定的な性格をとりのぞくことのできるのは，漢字の体系をまさに科学として教育のなかで扱ってみせることである。日本語指導の一領域としての体系的な漢字指導は，よみ方指導のなかでおこなう，いちいちの漢字の経験的な学習をはるかに負担のすくないものにするだろう。考えることなしに，いろいろの漢字をまる暗記させていく，従来の漢字指導の方法が愚民政策に奉仕していたのである。このような意味で，群馬の仕事はきわめて重要である。

　しかし，このことですべてがかたづくわけではない。今日の文部省による漢字指導の強化は，漢字制限の撤廃につながるものであるかもしれない。教育のなかで実質的に制限をきりくずして，当用漢字表を無効にしてしまう腹でいるのかもしれない。愚民政策としての漢字指導が成立するためには，その背景に漢字使用の野放しの状態がなければならない。

D　書写指導

　今年は福井から書写指導の問題が提出された。福井の主張は，書写指導の問題が国語の分科会でとりあげられないので，書写の分科会を日教組教研にもうけよとのことであった。この点については，書写指導を実践する人の側にも，多少の反省の必要がある。福井の報告書がのべているように，書写指導には国語科的な要素と芸能的な要素とがあ

るのであるから，国語科的な要素，つまり国語教師が国語科のわくのなかでぜひとも指導しなければならない書写上の問題点を，正会員が教研に提出するなら，国語の分科会はこれをとりあげないわけにはいかないのである。たとえば，小学校1年のかな文字指導は書写指導をぬきにしては考えられないとすれば，国語教師はかな文字指導との関連のなかでどのように書写の指導をしなければならないか，実践上の問題を提出するなら，国語の分科会はそれを無視することはできない。ここから出発して，国語科教育が書写指導をどの範囲までとりいれるべきかを，みんなで討議しなければならないだろう。

E 文法指導

文法指導については，小学校のための「文法指導の要項と系統」が東京から提出されたのみである。この「要項と系統」の特徴は原型文（原型文であることの条件としては，単文，平叙文・現在形・必須成分のみで成り立っていること）を設定しておいて，その他の文をすべて変型文として扱う点にある。そうしておいて，変型のし方を修飾変型・様相変型・時変型・強調変型・話法変型・敬体変型に分類する。ところが，この文の変型をつくりだすのは，おおくの場合，文の構成部分になる単語の文法的なかたち（単語の変化形）である。たとえば，命令文をつくるのは，主として述語＝動詞の命令形であるし，過去形の文をつくるのは，述語＝動詞の過去形である。とすれば，動詞の活用をおしえておかなければ，変型文をみわけることも，つくることもできないということになる。ところが，動詞の活用は，高学年でおこなう語彙指導のなかで扱われる。命令文や否定文の指導は，文法指導として中学年でおこなわれる。このような系統のなさは，単語の変化のし方を語彙論にもっていき，構文論が形態論（単語の変化のし方を扱う文法学の領域）を基礎にしないでできあがっているということからおこってくる。[*]

この「文法指導の要項と系統」にかかげてある変型文に関する限り，単語の変化のし方，その文法的なはたらきをおしえることで，ほとんどすべてが解決してしまうだろう。いや，むしろ，単語の，とくに動詞の変化のし方をおしえることで，はるかに豊富な変型文のタイプを子どものものにすることができる。形態論を無視したり，構文論に従属させたりすると，文法指導は体系性を失ない，ドリル式のものになるおそれがある。

動詞のvoice（能動，受身，使役，可能）を様相変型にいれたり，aspect（継続，完了）

を時変型にいれたりする初歩的な誤りは，動詞の活用を形態論で整理しないことから生じている。東京のばあい，どこの国の文法指導でもよりどころにしている，ごく常識的な伝統的な文法理論からでなおすことが必要である。日本の文法指導はそこから出発しても，おそくはない。

第17次全国教研の報告から

(1) 日本語指導

　今年は日本語指導をめぐる研究を2日目におこなったが，例年のように読み方指導の研究のあとにまわすと，討議のための時間がじゅうぶんにとれないという理由による。だが，時間をじゅうぶんに用意したからといって，内容のある討議ができるわけではない。今年も日本語指導にかんする報告書がすくないが，国語教師の実践をそのまま反映しているとみてよいだろう。日本語の理論的な学習によって獲得する知識は，日本語をつかってする言語活動（よみ・かき）に応用されるときに，意味があるなら，言語活動の指導が日本語の指導を要求するにちがいないのであるが，われわれの言語活動の指導がそうではないとすれば，それのあり方，あるいはレベルに問題があるのだろう。とりたてておこなう体系的な日本語指導の欠如が，よみ・かきの指導の完成をさまたげているという認識がうまれてこない，そのような実践がある。一般的な状況をこうとらえていいだろう。

　にもかかわらず，献身的な国語教師によって，われわれの日本語指導の研究と実践とは着実に前進しつつある。そして，その前進をよろこびではなく，反論でこたえるのは，やはり，こういうふうに一般的な状況をとらえることのただしさを証明しているのだろうか。その反論は，体系的な日本語指導が実生活とのむすびつきをうしなっているということなのだが，科学的な認識が理論的な抽象を通過して，いちど実生活からとおざかるという，認識の運動の基本にさかのぼらなければ，この種の反論は理論的には解決がつかないだろう。生活はつねに具体である。理論的な思考においては，その具体は抽象的な諸規定の総体であるから，抽象的な諸規定を理論的に学習することなしには，生活はとらえようがない。生活経験主義は具体から具体へとすすんでいき，中間項をなす理論的な学習を無用のものとしてきりすててしまう。したがって，具体はつねにこんとんとした表象のなかにあたえられるのみである。日教組教研は，国語科における生活経験主義とのたたかいのなかで，体系的な日本語指導の必要を確認してきたはずである。それが中味のないスローガンに転化したなら，言語活動の指導の実践のなかに，と

りたてておこなう体系的な日本語指導の必要をさがしもとめていかなければならないだろう。

A　発音指導

秋田から提出された報告は，15次の福島教研からの継続研究である。福島教研では発音指導の教科書案が報告の内容であったが，16次教研では方法論の確立をめざすものであった。それが今度の報告ではほぼ完成にちかづいてきている。したがって，国語科のなかに発音指導を実現するための，第一の条件はすでにととのえられたわけである。これで教育闘争をくむ教師のがわに問題がのこる。今年も体系的な発音指導が方言の使用をおさえつけるのではないかという疑問がだされたが，秋田の研究では標準語音声の指導は，同時に方言音声の指導にもなっているのである。方言音声と標準語音声との比較をとおして，日本語の音声現象の科学的な認識が，方言にたいする劣等感と優越感とをとりのぞくという観点に，秋田はたっている。方言をわるいことばとして，その使用をおさえつける文部省の標準語指導とのたたかいのなかから，秋田の研究はうまれてきたのである。劣等感を子どもにうえつけるのは文部省の標準語指導なのだが，標準語指導そのものを単純に否定しては，親の要求についていけないことを秋田は承知している。

B　文字指導

山形から報告されたかな文字指導の方法は，音声（音節）の確認とかな文字の所有とをむすびつける音声法の立場にたっている。この音声法による実践の報告は，すでに14次教研以来，いくつかの県からなされているが，今度の山形の報告では，音声法による指導が，検定教科書をつかってするかな文字指導とくらべて，すぐれていることを証明する，いくつかの，あたらしい事実が提出された。1音1字をたんねんに学習していくのは，子どもにとって退屈であるという生活経験主義者の主張とは反対に，事実は，子どもの学習意欲は1音1字を順序だてて指導していくなかでつちかわれていくのである。

さらに，福井からは低学年におけるかな文字の書写指導についての報告があった。福井の研究は，書写指導をかな文字指導とむすびつけて，国語科のなかに位置づけている点に，積極的な意味がある。山形の報告では書写は文字指導の側面としてとらえられて

いる。しかし，毛筆による書写指導になると，福井の報告では，文字指導からはなれて，書道指導になる。書写指導を文字指導からきりはなさないことが，教育のなかでの位置を確保する道であるだろう。それはべつとして，書道の指導が国語科，あるいは教育課程のなかに，なぜ存在しなければならないか，なぜ不必要であるか，いずれの立場をとるにせよ，日教組教研はこの問題と積極的にとりくまないわけにはいかないだろう。実用性をうしなった芸術というものは，たんなる装飾になりさがってしまうのだが，書道というのはそういう芸術なのだろうか。書道には実用性がないのだから，文部省が書道を教育のなかにもちこむのは，精神をきたえるためなのである。

C 漢字・漢語の指導

三重から高校生徒の漢語のよみ・かき能力の実態が報告された。調査の結果からいくつかの貴重な結論をひきだしている。つまり，かな文字指導が音声指導とむすびつくのにたいして，漢字指導は漢語指導とむすびつかなければならないこと。漢字が表意文字であれば，その指導が語彙的な意味の指導になるだろう。たとえば，「登山」を「登」と「山」とにわけて，その音訓をおしえるなら，「登山」という漢語の語彙的な意味はひとりでにわかる。しかし，帝国主義の「帝国」を「帝」と「国」とにわけても，インペリアリズムという意味はでてこない。漢語指導は漢字指導のなかに解消できないのである。三重の報告はこの点が強調されていた。しかし，この事実から漢字指導の独自性はうしなわれない。木と林と森との関係を漢字の体系としておしえる必要がある。漢字のつくりをおしえなければ，子どもは自分で漢和辞典さえひけないのである。さらに，三重の報告によっては，高校生徒の漢語のよみ・かきのあやまりには一定の傾向のあることがあきらかにされた。おそらく，あやまりも法則的なのだろうが，それは漢字指導と漢語指導との両方に責任がまたがっている。漢字・漢語の指導の問題は小学から高校にいたるまでの全過程を念頭において，処理していく配慮が必要であるだろう。

D 文法指導

東京から昨年度と同一の内容の報告があった。『日本の教育』の16集に講師のがわの疑問をかいておいたが，もっとくわしい第2次，第3次の変型が用意されているとのことであった。それをつぎの教研に発表することを，国語教師は期待しているだろう。東京によって修体文素の指導という実践が紹介されたが，興味ぶかい。「まるい月」を

「月がまるい」に,「死んだ青虫」を「青虫が死んでいる」にいいかえる指導であるが,「さかなをやく匂い」とか「くるみをわる音」とかいう例は,どんな文にいいかえたらいいのだろうか？素朴な疑問なのだから,つぎの教研ではこたえてほしい。日教組教研は承認できるものは,財産としてつみかさねていかなければならないのだから。

なお,大阪の報告では,検定教科書の文法教材にたいする,かなりまとまった批判がなされている。つづく研究で文法指導の体系を積極的に提出することを期待する。現在のように,いろんなグループが試案を提出しているとき,大阪の試案が「組合版の指導要領」としてうけいれられる心配はないだろう。われわれの文法指導の研究は,みんながいろんな教科書試案を教研に提出する段階なのである。

(2) 説明文の読み方指導

香川が昨年度の研究をいくらか発展させて,説明文の読み方指導では論理をおしえるという基本的な考え方は変更せずに,報告している。教研では,説明文の読み方指導の必要を否定する人はすくないだろうが,香川のようにこれを論理指導に解消する人もすくないだろう。このことは,文章を現実の反映であるとみて,読むことを現実認識のひとつの形態だとみなす人たちのがわからの反論をよぶことになった。

香川の規定にしたがえば,論理というものはことがらとことがらとの関係であるから,論理は現実の諸関係の反映にほかならない。したがって,香川のいう論理は,現実認識のひとつの側面である。このように考えるなら,問題はないのだが,説明文の読み方指導を論理指導とみなすことによって,文章と現実とのむすびつきがたちきられて,説明文の読み方指導をことばの世界にとじこめ,子どもをスコラ的な思弁においこんでしまう。香川への反論のたいせつさはこの点にあるのだろう。このことにかんしては,群馬の報告書がのべている。

群馬（高）の報告は,香川ほど問題を単純化しない。説明文の読み方指導において,論理指導の必要も基礎領域のひとつとしてみとめながら,そのうえに文体指導のたいせつさを主張する。文体をよみとることは,作者の思想性をとらえるための重要な作業になるにちがいないが,文体のゆたかさは,むしろ文学のことばのなかにあるのだから,文学作品の読み方指導とむすびつけて,研究をすすめるほうがはるかに有効である。群馬（高）の報告は,自分の研究テーマを教育の全過程のなかでとらえ,そのなかに自分

の主張を位置づけようとしている。文体の側面を読み方指導の全過程のなかに一領域として位置づけようとする。このために，側面を全体とみまちがえることからおこる独善におちいっていない。

第18次全国教研の報告から

(1) 日本語指導

　とりたてておこなう体系的な日本語指導が，よみ方指導のなかで，どのようにいかされてくるかということについての宮城の報告から，日本語指導をめぐる討議ははじまった。こういうふうにしたことの意味は，正会員に理解できなかったようである。もともと，文法指導や語彙指導などを言語活動の指導のそとで体系的におこなうのは，子どもの言語活動に意識性をあたえて，その能力をたかめるためのものであるから，体系的な日本語指導が子どものよみ・かきの学習とその能力になんの影響もあたえないとするなら，それはむだなことだといえる。このことは，体系的な日本語指導を必要とする根拠が，よみ方指導やつづり方指導のなかにあるということを意味している。したがって，すぐれたよみ方指導・つづり方指導の実践は，体系的な日本語指導の必然をさししめすものであるし，もし体系的な日本語指導がまちがいなくおこなわれているとすれば，その成果がよみ方やつづり方の指導のなかで利用されていなければならない。宮城の報告は，子どもの形象のよみとりのきめこまかさが文法上の，語彙論上の知識の所有にささえられていることをあきらかにした。もし，ある国語教師のよみ方指導・つづり方指導がひじょうにひくいレベルにあるなら，その国語教師は体系的な日本語指導の必要さえ感じることができないだろう。

　また，日本語の体系的な指導がどのような言語理論をよりどころにしなければならないかということが，今後われわれの教研でも問題になるだろうが，どの言語理論がただしいかということは，よみ方・つづり方の指導のなかであきらかにされなければならない。よみ方・つづり方に有効にはたらかない言語理論は，その背景にある言語観がどういうものであれ，国語教師は採用するわけにはいかないだろう。国語教師が従来の学校文法にあいそうをつかしたのも，そういうことだった。

A　発音指導

　秋田は，その報告で，発音指導を小学1年のかな文字指導とともに出発させなければ

ならないとする。音声法というかな文字指導の方法では，実在の音節にかな文字をあてはめていくのであるから，発音指導をぬきにしては，かな文字指導はなりたたないわけなのだが，標準的な音声で発音している地帯では，このことが意識されないで，すまされていく。ところが，東北のような，音声的に方言のつよい地方では，意識的な発音指導をぬきにしては，かな文字指導そのものが成立しなくなる。子どもの所有する東北方言の音韻体系は，標準語の音韻体系とはことなっている。そして，かな文字の体系は標準語の音韻体系をうつしているのだから，東北の子どもたちにとって，標準語の音韻体系をあたらしく所有することなしには，かな文字の体系の所有は不完全なものになるからである。

ところで，すでに子どもの所有する音韻体系は東北方言であるから，その東北方言の音声的な特殊性を考慮せずには，標準語の音声の指導はうまくすすまない。このことは，「息」のイと「駅」のエとが，東北では，おなじように発音するという事実をひとつあげるだけでよい。東北の子どものために，イとエとがことなる母音であるということが知覚できるように，発音できるように，教材をくみたてる必要がある。こうして，東北でのかな文字指導の教科書は，方言の音声上の特殊性を考慮にいれて，つくらなければならなくなる。秋田の報告の結論はこういうことだった。そして，秋田は，こうすることが地域の父母の教育への要求に教師がこたえていくことであるし，教育実践をとおして父母とのむすびつきを実現していくのだという。二十坪のうちとそとという機械的な問題のたて方がここでは克服されている。

B 文法指導

地域の父母とのむすびつき，職場におけるたたかいとして，文法指導を実現していった例として，青森の報告があった。青森のばあいでも，方言の特殊性から東北版，あるいは青森版の文法指導の教科書が必要だという。方言との関係のなかで標準語の体系的な指導を考えなければならないとする秋田の報告にしても，青森の報告にしても，日本語指導の実践がたいへん前進してきたことをおしえてくれる。今後は日教組教研にいろんな文法理論が提出されることだろうが，標準語と方言との文法を比較のなかにかかえこむことのできるものでなければ，教育実践の役にたたないのだから，こういうことがまた，あれやこれやの文法理論のただしさをもとめるための規準になる。従来の学校文法を採用するかぎり，方言と標準語との文法上のちがいを，子どものまえに明確なかた

ちでさししめすことはできない。

　岩手はその報告で文法指導の目的を 15 の項目にわけて説明するが，これをひとくちでいえば，子どもの言語活動の質をたかめることであるとする。この点で，「論理的な思考をたかめるために」とする東京などからの反論があったが，岩手のほうは表記法から表現＝文体論にいたるまで，論理的な思考から外国語の学習にいたるまで，文法指導の任務をはばひろく理解しているのであるから，柔軟だといえる。このことは実践がおしえてくれるだろう。よみ方・つづり方の指導，一般的に言語活動の指導のなかでの文法現象のとりあつかい方がふかまってくれば，外国語教育が日本語指導との関係をつよめてくれば，なんのために文法指導があるのかということが，具体的なすがたをとってあらわれてくるだろう。文法が論理的な思考を表現しているということだけでは，文法がせまくなるばかりではなく，よみ方やつづり方のなかでの文法現象のとりあつかい方がせまくなるだろう。

　岩手の報告の中心は，従来の学校文法への批判であった。とくにその批判は動詞論にむけられていて，いわゆる四段活用の無内容さをあきらかにしてくれた。岩手の提出した学校文法批判は，問題の深刻さにもかかわらず，討議の対象にはならなかった。それは問題提起のしかたにまずさがあったのかもしれないが，大多数の国語教師の実践がこれをうけとめるための力にかけているともいえる。東京のばあいなどでは，そこにはふれずに，あるいはそのままにしておいて，さきにすすんでいく立場をとっている。形態論を通過しなくても，構文論が成立するなら，それはいいだろうが，従来の学校文法が無きずのままにのこることはたしかだ。

　神奈川の報告では，チョムスキーの「生成文法」をとりいれることの必要が述べてある。あたらしい理論がつぎからつぎへとでてきて，国語教師の勉強することがやたらにふえて，こまるようだが，あれやこれやの理論のただしさが教育実践のなかにあることをわすれさえしなければ，それほどおどろく必要はない。

C　語彙指導

　高校 3 年の所有するボキャブラリーの調査について，長崎から報告があったが，それが語彙あるいは単語指導の問題にまでたちいっていないので，討議にはならなかった。語彙論上の知識を土台にして，たとえば，どの種の語彙を子どもはよりおおく所有しているかなど，この資料をたんねんに分析するなら，方法論上の有効な法則が発見できる

かもしれない。この種の，教師の調査がむだになるのは，調査方法が確立していないからである。

D　書写指導[*]

　書写指導についての発言は，まい年のように，千葉あるいは福井からあった。そして，今年は福井から。しかし，これにたいする正当な解答は，講師のがわからも正会員のがわからも，一度もおこなわれたことがない。「くさいものにはふた」ということで，あるいは仲間をきずつけたくないということで，にげていたのにちがいないのだが，あたらしい『学習指導要領』が毛筆習字を必修にくわえた今日，そうすることではすまされなくなった。毛筆が必修になることがわかっていたのに，この問題にふれないでいたのは，あきらかに怠慢である。

　こんどの，あたらしい『学習指導要領』では，書写指導のねらいは，文字をただしく，うつくしくかくこととして，かなりあっさりとおさえている。だが，文字をただしく，うつくしくかくことが書写指導の目的であるなら，毛筆習字を復活させる必要はない。毛筆でかくようなことは，今日の生活のなかではもはや存在しないからである。存在しないばかりではなく，現代の書体のうつくしさは，毛筆がきのなかにはないからである。毛筆のうつくしさは過去のものであって，その過去のうつくしさは，現代人には異様なものにさえみえてくるからである。もし毛筆の書体が現代人の感覚にうつくしいものであれば，看板や商品名など，すべて毛筆の書体でかかれてよいはずだが，毛筆がきの書体をとっているのは，すもうとか落語のばんづけ，そばやとかすしやの看板にかぎられている。実際われわれの書体にたいする美の感覚は毛筆からとおのいてしまって，あたらしいものにうつってしまっている。このことは，毛筆から硬筆への移行によるばかりではなく，印刷技術の発達によってよびおこされた。それはまた，機械製品の機能美に照応している。自動車の横っぱらに書きこんである書体をみるがよい。もし，毛筆習字の復活を文部省の役人がいうように，生活技術の観点からみるとすれば，現代ばなれしていて，文部省はコンピューター時代の資本の要求にはこたえてはおらず，まったくおかしなことになる。

　では，毛筆習字を復活させる文部省の意図は，どこにあるのだろうか。この問題を解決するためには，一定の書体が一定の文章内容と無関係にはありえないということを考えてみる必要がある。あたらしい現代の思想が，毛筆でかかれて，そこに書体と思想と

のあいだに，くいちがいがおこらないだろうか？　そこにはいくつかの要因がはたらいているだろうが，古代や中世の思想ときりはなしては，毛筆書体はありえないだろう。とすれば，毛筆習字のほんとうのねらいは，前近代的な思想を，字のかき方をまなぶというかたちで，子どもたちにのみこませることである。このことは，『中学校指導要領』では，「書写された文字にたいする理解と関心をもつこと」「書写された文字を鑑賞すること」と述べて，ほんねをちらつかせている。これが高校の芸術科書道につながるわけだ。

　実際，「誠」という字をなん回かくりかえしかかされ，にらめっこをしいられるなら，「誠」というものが状況とは関係なしに，人間の心のおくそこにあって，その人間の具体的な活動を規定するものとして，白紙の子どもの心にはありがたくみえてくるのも，当然のことだろう。毛筆習字を思想＝道徳教育としてみなければ，文部省がこれを復活する意図はわからなくなるのである。文部省はこれを高校の芸術科書道として完成させようとするが，書道が芸術であるはずがない。ここには，日常生活の美があるとしても，形象的な認識は成立しえないからである。一歩ゆずって，古代では芸術でありえたとしても，現代では芸術ではない。装飾にすぎない。

(2) 説明文のよみ方指導

　説明文のよみ方指導をめぐって，今年も香川の報告が論議の対象になった。香川は，16次と17次とで，15次での東京・私教連の報告を否定しながら，説明文のよみ方指導の任務と内容を論理指導にもとめた。16次でも17次でも，これに対する批判はあったのだが，今年の教研では，香川は，その批判を肯定的にうけとめて，現実と文章との関係を承認したうえで，論理のよみとりの必要性を強調したのであった。文章が現実とかかわっているということは，文章の世界の独自性を否定するものではないのだから，香川の報告は，説明文のよみ方指導における論理指導の側面をあつかっているとみれば，それなりの正当性をもっているわけである。

　ところで，もし香川が文章の本質的な特徴を現実の反映としてとらえるなら，説明文のよみ方指導の任務をこの観点からふたたび考えなおす必要がおこる。ということは，テーマと季節にしたがってよみ方指導の構造をとらえた15次での東京・私教連の提案を再評価しなければならなくなったわけである。そこでは，よみという技術を習得する

ことと現実の認識とが統一的におこなわれるように，よみ方指導がしくまれている。

　今年の教研では，香川にたいする批判を積極的におこなったのは，東京であったが，説明文のよみ方指導の実践が，香川と東京ではどうちがうかという点では，つっこんだ討議がなされなかった。東京は批判されるべき教材『ゆう便切手』をなぜ教材としてとりあげたのか，この教材が東京の考えるよみ方指導の体系のなかでどのような位置をしめているか，まだあいまいのままになっている。文章の本質的な特徴をとらえる点に，みんなが一致できたなら，よみ方指導の体系をどのようにくみたてるべきか，他教科，とくに理科や社会科などの関係をどのように考えるべきか，あたらしい問題にすすまなければならない。他方では，検定教科書によりかかることをやめて，自主教材の創造と発見とをつみかさねていかなければならない。説明文のよみ方指導の研究では，教研は，対立する意見を統一しながら，前進しつつある。よい見本になりそうだ。

第19次全国教研の報告から

(1) 日本語指導

　日本語指導をめぐって，ことしの全国教研を特徴づけるなら，報告書の数が多くなっているということである。しかも，それが理論的にも実践的にもある程度の質のたかさをもっている。日教組教研が文部省公認の機能主義に反対して，体系的な日本語指導をうちだしてから，すでに十年がすぎたが，ここに至ってやっとその理想が多くの教師の実践のなかに具体化し，定着しはじめたといえるのである。さらに，この実践をとおして，日本語指導についての教師の理論的な水準もいちだんとたかまってきている。たとえば，教材の科学性，その配列の体系化のような基礎的な概念は，かな文字指導や文法指導の具体的な授業の進行のなかでとらえなおされて，教育学概論からかりてきた，無内容なことばであることをやめている。大多数の国語教師がここをとおったとき，日本の国語科は新しくならざるを得ないだろう。民間教育運動の研究成果を集約して，ひろめていく日教組教研の役割は，国語分科会にしぼっても，大きいとみなさないわけにはいかない。

A　文字指導

　1年生の文字指導について，山梨と佐賀から報告があったが，いずれも指導要領にもとづく語形法に適確な批判をくわえながら，音声法のみが子どもにかな文字の習得を保証することを実践で明らかにしている。日本のかな文字は単語を書きあらわすものではなく，音節の記号であるなら，直接的に音節とむすびつけて，かな文字指導がおこなわれるのは，ごくあたりまえのことである。音節とむすびつけないかぎり，かな文字指導ははじめから成立しない。ところが，語形法では，かな文字は直接的に単語とむすびつけて指導される。いちいちのかな文字を音節にむすびつけるのは，子どもの自主的な作業になるわけで，完全な語形法ではかな文字指導はゼロになる。

　かな文字指導をめぐる山梨や佐賀の考え方はこうであるが，このことから，かな文字指導が単語と無関係であってよいということにならない。音節は単語の音声構造の部分

であるから，単語からとりださなければならず，そのかぎりでもかな文字指導は単語指導とむすびつく。習得した文字をよみ・かきの実際に使用するとすれば，単語にもどらなければならない。山梨や佐賀の実践では，このことが十分に配慮されているのである。この教師たちは，言語活動（よみ・かき）の指導のなかでついでにかな文字を教えることの不可能を知っていて，子どもの言語活動の発達をうながすことを考慮しながら，かな文字指導の授業をしくんでいるのである。

　この教師たちは，音節の構造，音節間の相互関係に照応しながら，かな文字とその使用のしかた（表記法）の指導を体系的にすすめて，そうすることの必然をはっきりと理解している。たとえば，長音の表記を教える場合，母音の同一性にしたがって段をなしている五十音図の認識が前提になっているということ。以上のことは，神奈川が報告書に要領よくまとめている。

　ここで討論の対象になったのは，かな文字指導が国語科のしょっぱなにあるという山梨の発言であった。国語科が国語の意識的な習得を子どもに保証するとすれば，ここから出発する以外に手がないだろう。子どもの言語活動の発達を保証するのは，教育全体のしごとである。言語活動が思考過程と直接にむすびついていて，その指導が子どもの現実的な思考過程とむすびついていないとすれば，技術主義にながれていく。いわゆる「はなしことば」の指導がそうであった。子どもの言語活動を土台にして文字指導がはじまるとしても，しょっぱなのしごととして，言語活動の指導を国語科がしょいこむことはできないだろう。現行の教科書はそうできていて，入学当初の一か月のあいだ，子どもはなにものも学習しない。

　ことしも，やはり，思想ときりはなしたかたちで文字指導をおこなうことが技術主義*につながるという意味の非難があった。思想とではなく，音声とむすびついているかな文字を，まさにそのように教えることが，なぜ技術主義になるのか？　では，どういう方法で教えたらよいのか，山梨などの実践にどんな欠陥があり，それをどのようにあらためたらいいのか，ということになると，なんら説明がない。われわれの教研には，指導主事的な発言，不親切で無責任な発言は不必要である。

　ひとりの脱落者もださないで，すべての子どもがみじかい期間のうちに文字所有者になれるように努力する教師に，われわれは国民の教師としての名誉をあたえて，最大の敬意をはらわなければならないのだが，山梨の報告書には，音声法をとれば，「教材づくりに手まがかかる」と反省している。地域（とくに方言）や子どもひとりひとりの発

達を考慮して，授業を創造的にしくむとすれば，教師の苦労はなんばいにもふえていくだろう。だが，その教師の苦労は，教師であることのよろこびに転化する。それを日教組教研はどう保証するのか？

B 文法指導

文法指導については，岩手と神奈川とから報告があった。岩手は，昨年の報告と同様に，文法指導の目標を子どもの言語活動の質のたかまりのなかにみて，この観点からいわゆる学校文法の実用性のなさを非難する。そして，その実用性のなさを学校文法の理論的な欠陥にむすびつける。神奈川はこれを受けて，学校文法の基本的な欠陥は単語の認定のしかたのあやまりにあるという。このことはとくに動詞の活用にかかわることである。たとえば，学校文法は「かかない」，「かいた」のような動詞のかたちを「かか」と「ない」，「かい」と「た」とにぶつぎりにするのだが，そうしてとりだした動詞の活用形「かか」や「かい」は，文のなかでははたらいていないので，いわゆる四段活用表のなかに五十音図にあわせてならべるしか，体系づける方法がない。ところが，実際には，「かいた」は現実の文のなかで構文論的な役割をにないながら，時間の観点からみれば，「かく」に対立している。ムードの観点からみれば，「かけ」や「かこう」と対立していて，ムード・テンスの体系のなかにある。したがって，「かかない」，「かいた」というかたちを単語，あるいは単語の活用形とみることによって，はじめて動詞を文のなかで生きてはたらくものとしておさえることができる。岩手と神奈川の報告はだいたいこういうことであった。

もし，現実の言語活動の単位が文であって，文法がその構造にかかわっているとすれば，学校文法の，いわゆる文節のとりだしは，文節の内部構造（文節の単語への分解）をとらえるまえに進行していなければならない。なぜなら，文節は文の直接的な構成単位であるから。そして，その文節の文法的な意味がまず体系のなかに整理されていなければならない。ところが，学校文法は文の直接的な構成部分としての文節をほったらかしておいて，文節の単語への分解に熱中するのである。したがって，「単語」という用語をどこに適用しようと，このこととは関係なしに，学校文法，その基礎をつとめる橋本文法，時枝文法の欠陥をみとめないわけにはいかないだろう。

岩手や神奈川とは反対に，山口は学校文法に疑問をもたず，文法指導においては，詞と辞との関連をたいせつにしながら，文節をいかしていくという。この発言にたいし

て，福島の渡辺講師から反論があった。つまり，詞と辞との関連というかたちで動詞を追求していくと，文法指導はいわゆる動詞と助動詞との接続のしかたという形式的な作業に追いこまれていって，たとえば「かく」という動詞のかたちの文法的な意味の指導はみのがされていくと，渡辺講師は反論するのである。「かく」の文法的な意味は，「かいた」，「かかない」，「かきます」，「かかれる」などと対比させなければ，明らかにならないのだから，渡辺講師の助言はもっともだといえる。

　ところで，山口が文節をたいせつにするというのは，文節が主語や述語，修飾語になるという構文論上のはたらきをあつかうという意味である。それはよいとして，動詞が助動詞をともなってできていて，述語になることのできる文節の数は，かぞえきれないほどたくさんあって，それらは有機的な体系をなしながら，その体系のなかで一定の文法的な意味をもっている。この文節の体系，いちいちの文節の文法的な意味は，構文論でも助動詞論でもとらえられないとすれば，文節論をたてなければならない。この文節論が岩手や神奈川などのいう形態論になるのである。山口がもしこの点に注目して，文節論の指導を精密にしていくとすれば，両者の対立はしだいにとけていくだろう。

　東京からは，たとえば「かいた」は「かい」と「た」とにわけられるし，それぞれを形態素とよぶという意味の発言があった。しかし，岩手にしても神奈川にしても，「かいた」が「かい」と「た」とに分解できないとはいっていないのであって，動詞の活用形のつくり方の問題としては，当然そうしなければならない。そして，東京が形態素という概念を借用したブルームフィールドの言語学にしたがっても，「かいた」は単語である。学校文法の文節は，神奈川や岩手ばかりでなく，ブルームフィールドにおいても単語なのである。したがって，学校文法の文節，——神奈川や岩手やブルームフィールドの単語が文を組み立てる基本的な単位であるという事実を，われわれがみとめるか，みとめないか，ということに問題がある。この点では，学校文法は文節を単語にくだくし，ブルームフィールドは単語を形態素にくだいて，そうしてとりだした単語（形態素）を基本的な単位としてあつかう。ブルームフィールドの言語学，つまり形式主義に徹するアメリカの記述主義的な言語学を日本語に適用するとすれば，学校文法がこまぎれにしてとりだした単語を，形態素という名のもとに固定してしまう。用語の問題ではない。

　さらに，東京はチョムスキーの生成文法を日本語に適用して，文法指導の新しい教材を組み立てようとするが，教室にもちこむほどの，きめのこまやかさはない。また，チ

ョムスキーをもってくる必然性も明らかではない。

　文法指導をめぐる第二の論争点は，その意義をどうみるかということであった。岩手は，昨年の報告と同様に，この点でははばひろくとらえて，言語活動の質の向上ということでくくっている。神奈川もそう考えて，文法指導の結果が子どもの言語指導にどう影響してくるかということの具体例をあげるが，データの信頼性は少ない。また，昨年の宮城の報告のように，文学作品のよみ方とむすびつけていない。そうすれば，文法指導の意義を思考の発達とのみむすびつけることのせまさが，ただちに明らかになるだろう。

　昨年から，文法指導の意義を思考活動，あるいは論理の方へもとめていく考え方が一部からだされて，意見が対立しているのだが，文法の知識が表記から表現のよみとりに至るまではばひろく効果をあらわすことは，いままでの実践報告で明らかになっている。また，文法の学習が子どもの論理的な思考能力の発達をうながすことも，うたがいない。そして，岩手や神奈川にしても，言語活動が思考過程と直接にむすびついていることを承認しているのだから，「言語活動の質をたかめるために」というはばのあるまとめ方は適確だといえる。

　これからさき，われわれの教研では，ことなる文法学説が提出されて，論争をよぶことだろう。これはさけられないが，その解決を言語観のちがいにもっていってはならない。どこまでも実践をとおして，ある文法理論が子どもの言語活動の発達とどうかかわるかという観点から，相互批判をすすめていかなければならない。こうすることは，あれやこれやの学説のただしさを判定する規準が，実践のなかにあるということを承認することでもあるし，われわれがここで言語学ではなく，教育学をめぐって話しあっているのだということをはっきりさせることでもある。

　なお，福島からは「あわせ文の指導」，宮城からは「主語と述語との指導」が報告書になって提出されていたが，検討されなかった。

C　語彙指導

　群馬が表記の指導とからませて，単語つくりの指導を報告した。低学年の語彙指導の典型的な場合といえるだろう。群馬は「じ」と「ぢ」，「ず」と「づ」とのつかいわけの指導をめぐって，清音と濁音との対立，連濁，単語，単語つくりなどの，ひとつながりの言語現象を教材のなかに体系づける。このような指導体系の必然を理解すれば，日本

語指導をとりたてることの必要性がはっきりしてくるだろう。

(2) 説明文のよみ方指導

　二日めの後半におこなわれた，説明文のよみ方指導めぐっては，香川と東京との対立というかたちで討論が進行した。香川はことがらとことがらとのあいだにある論理的な関係のよみとりのなかに，説明文のよみ方指導の任務をみいだすのだが，これにたいして，東京はかき手の判断（認識のしかた）の吟味に子どもをつれていかなければならないとする。東京は報告書でつぎのように書いている。

　　　ところで，文が対象の性質をただしく表示するのは，かき手の判断がただしいときにかぎるのだから，われわれの目はまずかき手の判断の吟味にこそむけられなければならないのである。

　ひとつの判断がただしいか，ただしくないかということを検証するためには，その判断が現実に照応しているか，明らかにする必要がある。もしそうであれば，よみ方指導はまえもって現実についてのただしい知識を子どものなかに用意しておかなければならない。これはどうして保証するのか，このことを示さなければ，東京の意見は「批判よみ」のむしかえしにすぎないということになる。東京の考えによれば，かき手の判断がただしければ，文章は対象の性質をただしく表示できるのであるから，説明文のよみ方指導も，教師の責任において，対象の性質をただしくうつしだしている文章を用意して，子どもの現実認識をふかめなければならない。そうすることによって，子どもはおとなになって，うそだらけの文章をよまされても，ごまかされないようになるだろう。

　しかし，他方では，東京は判断を主体的なものプラス客体的なものであるとして，判断がかき手の主体性から宿命的に逃れられないものであるとみている。ここをもうひとおしすれば，いかなる場合であれ，判断には主観性がまざって，現実を正確に反映する能力がないということになる。判断は主体の行為なのだから，はじめから主体的なものであるが，その主体的なものは客体（対象）をうつしだすことによって，その内容が客体的なものになる。そう考えなければ，なぜ判断は対象の性質をただしく表示できるのか，説明ができない。この点では，香川は判断が事実をつたえることを率直にみとめて質問したが，東京からははっきりした答えがなかった。

この香川は説明文のよみ方指導を形式論理の理解にもっていくが，東京はこの香川の考え方を指導要領的なよみ方指導であるという。香川の報告書はこんなふうに書いている。

　　　小・中学校において，説明的文章のよみ方指導は，その内容の理解をとおして現実の情報を得ることと同時に，文章中の＜ことがら＞と現実の＜事実＞との対応を吟味することと，論理のよみとり，とくに形式論理の理解を当面のところ指導の力点とせざるを得ない。

　この香川のことばをどうよみとるかということはべつとして，授業の記録をみると，「段落指導をすすめながら，文意を要約する」というかたちに授業が組み立てられている。このあとに「事実の吟味」という作業がつづくのであるが，教材，つまり科学的な思考の方法について書いてある文章がどこまで事実をつたえているか，子どもの頭で吟味などできるはずがない。したがって，この作業はおざなりのもので，子どもはそこに書いてあることを，たとえうそっぱちであっても，まことらしく書いてあれば，真理として受けとっていく。それは子どもがわるいのではなく，教師がわるいのである。香川のよみ方指導が文部省的だといわれるだけの根源は十分ある。
　「よみ」という活動は，文章の論理的な構造を理解するためにあるのではない。引用した文章でもいわれているように，現実についての情報を受けとるために，よみという活動がおこなわれるのであって，よみのなかで部分のあいだの論理的な関係をおさえるのも，そのためである。香川の授業もそうなっている。
　ところで，教師が，たとい形式論理であれ，子どもに論理を理解させて，論理的な思考能力をそだてることに，だれしも反対はしないだろう。では，そのために，教師は最初になにをしたらよいのだろうか？　思考の科学としての論理学は思考過程の一般化であるから，これを学習するために，認識活動の豊富な経験が論理学の学習のまえにたくわえられていなければならない。思考の法則と形式とにかかわる論理学の学習は，思考活動のゆたかな経験なしには成立し得ないのである。とすれば，貧弱な思考の経験しかもたない，小・中学校の子どもに論理学を教えることは，ほとんど不可能だといっていいのである。内容に無関心な，たんなる図式としての形式論理を教えることが成立するとしても，ただひたすら論理的な形式をまもることのみが真理であると考えなければ，こういう教育は無価値である。

他方では，子どもは論理学を学ばなくても，論理的にただしく思考することができるし，実際にはそうなっているという事情も，香川は考えてみる必要がある。論理学があつかう思考の法則と形式は，現実に存在する物の法則的なむすびつきの反映にほかならないのであるから，思考は人間をとりまく現実を正確に反映することによってまさに論理的にならざるを得ないのである。つまり，子どもは自然の論理を思考に反映することによって，論理的に思考するようになるのである。たとえば，理科教師が子どもに「金属はすべて電導体である」，「銅は金属である」という知識をあたえておいて，「銅は電導体である」という事実の確認へみちびいたとしよう。この場合，理科教師は物自体における一般と特殊と個別とのリアルなむすびつきを子どもの思考のなかに再生産させるのであるが，その思考は推理という形式をとる。このことから，論理学の法則と形式の学習は，その本質において，対象を認識する活動からきりはなしては成立し得ないといえるだろう。対象の論理が思考のなかに再生産されたものが，思考の論理なのである。とすれば，論理の教科書は人間の社会的活動そのものである。すくなくとも，おさない子どもの教育において，この原則をふみはずすことはできないだろう。小・中学校の子どもの論理的な思考能力をそだてるのは，論理学の教科書ではなく，理科や算数や社会科での，自然や社会にむけられた認識活動である。論理学をしらない子どもは論理にたいしてことさら潔癖であるが，それは事実にたいして忠実なのである。

　香川にしても東京にしても，そしてこの分科会全体が，説明文のよみ方指導の基本的な任務を子どもたちのゆたかな現実認識のなかにみている。とすれば，子どもをとりまく自然や社会や人間についての，どのような知識をよみ方指導は用意すべきか，問題をたてなければならない。そのなかで，子どもは論理的な思考能力を身につけていくにちがいないのである。

　以上のことから，ただちに論理学の学習の意義を否定すると，まちがいになる。思考の法則と形式についての知識をもたないで，考えるのは，計算機を使わないで多桁の数をかぞえるのに似ている。形式論理学でさえ，既知のものから未知のものへと移行して，新しい事実を発見するための認識方法を教えてくれる。であれば，教育は，おそらく高校の段階にもなれば，論理学という教科を設定しなければならないだろう。もしも，検定教科書の説明文をよみながら，論理の指導をおこなうとすれば，論理学の使命は命題と命題とのあいだのつながりの検証ということにしぼられて，認識活動における論理の積極的な役割は消えていく。

第20次全国教研の報告から

(1) 日本語指導

A 文法指導

　文法指導についての長崎の報告があったあと，千葉が「体系的な文法指導などする必要があるだろうか」という疑問をだした。ここ数年のあいだ，全国教研では正面から体系的な文法指導そのものを否定しようとする発言はなかった。たぶん，そういう発言をなにかがおさえていたのだろう。文学教師なら文法指導に否定的であるのがふつうである。この千葉の疑問に対して，群馬が反論の余地をのこさないみごとさでこたえた。この群馬の回答を，いくらか補足して，ここに記録しておこう。おそらく，それは18次の岩手の報告書にあった箇条がきとおなじものになるだろう。これから日教組教研の場で体系的な文法指導を否定しようとする人は，つぎの，いちいちの項目に反論をくわえるようにしていただきたい。

(1) 正書法の習得のために文法の知識が必要である。
　　a　句読点のうち方とかかわって，たとえば，文のおわりにマルをうつとすれば，それは文の認識なくしては不可能である。
　　b　助詞は，を，への表記とかかわって，単語（とくに名詞）それにくっつく助詞の認識なしには，現行の表記法にしたがうことはできない。
　　c　「じ」と「ぢ」，「ず」と「づ」とのつかいわけにかかわって，複合語の形成，そのときにおこる連濁の現象をしらなければ，これらの文字のつかいわけは不可能である。
　　d　動詞，形容詞などを漢字でかくばあい，これらの単語の活用についての知識がなければ，どの部分をおくりがなでかくか，わからない。
(2) 文法は単語という材料をもちいて文をくみたてる法則であるから，これをしらなければ，文の意味が理解できないといえる。しかし，日常の言語活動は，文法をしらずとも，成立している。このことから，文法をしらなくても，よめるし，かけるとい

う考え方が国語教師をとらえて，体系的な文法指導の欠如を正当化しているわけだが，それには一定の限界がある。日常生活的なことばを経験的に学習しているあいだは，文法なぞしらなくても，はなすこともかくこともできるのだが，抽象的な表現やふるくさいいいまわしがみちている文章語の世界にひとたびはいりこむと，文法を意識しなければ，文を理解することができなくなる。たとえば，啄木の詩に「……白砂にわれなきぬれて，かにとたわむる」という文句があるが，この「白砂に」は「たわむれる」という動詞とくみあわさって，動作の行なわれる場所をなしている。ところが，この二格の名詞は「なきぬれる」という動詞ともくみあわさっていて，心理的な状態をひきおこす対象をしめしているのである。つまり，「運命になく，政治におびえる，未来にあこがれる，女にほれる，生活に満足する，友情に感謝する」のような連語とおなじ性質のむすびつきを実現している。とすれば，「白砂に」はこの文のなかでは二重のはたらきをもっているということになり，文がえがいていること，つまり描写の理解はそれなりのひろがりをもってくるだろう。

よみのひろがりは，どこまで文法が意識できるかということと平行しているようだが，このことは，表現性のゆたかな文をよむときには，ぬきさしならぬ事実になる。教研でもよく論議の対象になる例だが，「その名まえのように，がんじょうなたちであったが，昭和七年の春，八三歳でなくなった」という文では，助詞「が」の文法的な意味が意識にのぼらなければ，それがさしだす表現性ははじめから問題にならない。ここでは，「がんじょうなたちであって」ともいえるし，「がんじょうなたちであったので」ともいえる。だが，「がんじょうなたちであったが」が選択された。このこととむすびつく表現性は，「が」の文法的な意味をとおしてさしだされているのである。

(3) 文法をしらなければ正確な描写の文はかけない。たとえば，「五作は番頭に，あるときは総左衛門のそばににじりよって，必死に声をかけましたが，うるさげにふりはらわれるばかり」という文があったが，「あるときには総左衛門のそばににじりよって，番頭に必死に声をかけましたが……」とも，意味ありげによめるし，こういうあいまいな文は，文法を意識しておれば，かけないだろう。文法を表現手段にして，表現性のゆたかな文をつくることなどは，文法をしらずしては，まったく不可能といって，過言ではない。

(4) 外国語の学習にとっても，母国語の文法を学習しておくことが必要である。外国

語の意識的な学習は，かならずすでに所有している母国語との対比のなかで進行するとすれば，母国語の文法学習の意義は明らかである。たとえば，英語の進行形とか完了形とかの文法的な意味は，日本語の動詞の「かいている，かいてしまう，かいてある，かいておく」などの語形の意味をしっていて，カテゴリーに一般化できれば，容易に理解できるだろう。

(5) 文法の学習は論理的にただしい思考を保証する。論理が部分的にしろ文法的な意味をとおして実現しているとすれば，文法の学習は論理の学習になる。したがって，文法の学習が子どもの論理的な思考をそだてることはありうることだろう。

B 語彙指導

群馬が提出した語彙指導の教科書案は，字びきのひき方をおしえるというかたちでまとめてあって，体系的な語彙指導のおしまいの一部分をなしている。群馬が体系的な言語指導をめざして，この部分をまずえらんだのは，字びきのひき方をまなぶということが，きわめて実際的意義をもっていて，しかも言語についての体系的な知識を前提にしなければ，なりたたないからである。つまり，字びきのひき方をおしえることの必要はみとめるが，体系的な言語指導は拒否するという，指導要領の矛盾をつくことが，体系的な言語指導を国語科のなかにねづかせる早道であると，群馬は考えるのである。群馬は教育闘争のあり方を具体的にしめしてくれるのだが，語彙指導論としても日教組教研では新しい。

C 漢字指導

漢字指導を体系化しようとする試みがされたのも，ことしの教研の特徴的なできごとである。島根からは中学校で『にっぽんご7・漢字』をつかって行なった授業の報告があった。また，岩手は小学校での体系的な漢字指導の必要をとく。その漢字指導は，文法指導や語彙指導などと関係づけて，日本語指導のなかに位置づけようとする。そして，その漢字指導の内容をプログラムとして学年別に配列してみせるのである。この種のプログラムは，6年間をとおして一貫した漢字指導が成立するばあいには，有効性をあらわすだろうが，そうでないばあいは，実践にうつされることのない，たんなるプランにおわってしまう。群馬の原則にしたがって体系的な漢字指導の教材をつくることがたいせつであって，学年にこだわる必要はいまのところない。

D　かな文字指導

　音声法にしたがうかな文字指導の実践を埼玉が報告した。この報告は日教組教研のレベルではごく平凡なものであるが，愛知からだされた反論が興味をひいた。愛知は連濁現象（たとえば「あまがえる」）をつかって「か」と「が」とを同時におしえるほうがいいという。もし「が」が連濁現象のなかにのみ存在するなら，「か」と「が」とは音韻論的にくべつする必要はない。つまり，「あまがえる」の「が」が「か」とはちがう音韻であるということは，ここからはでてこないし，したがって認識しにくいということである。

(2) 説明文のよみ方指導

　東京と香川との論争点を明らかにするということで，とくべつの時間が用意された。両者とも指導要領を批判的にみて，自分たちのよみ方指導論をたてるのだが，そこにくいちがいがある。

　東京の意見にしたがえば，指導要領ではよみ方指導が作者ののべたことをそのままうけとらせていく技能の指導になっている。そして，香川はそのよみ方指導論を忠実にまもっていると，東京はいうのである。

　香川の意見によれば，指導要領のよみ方指導は，創造的・主体的という名のもとに，文章をおおざっぱによませようとする。ここから，ていねいなよみ方が要求されるわけだが，それが論理のよみ，論理の指導へとつながるのである。そして，香川は，文章が客観的な事実の反映であるとはしない東京に批判的である。

　ところで，東京はもっぱら指導要領の技術主義への批判をつづけてきたというが，積極的に自分たちのよみ方指導論を展開しているわけではない。今年は宮崎の報告書がこの点ではくわしい。つまり，東京は教科書教材が事実を正確につたえていないという指摘から批判よみへとすすんでいくのである。教科書の文章が事実をつたえていないということと，説明文のすべてがそうであるかということとは，まったくべつの次元の問題であるが，東京は批判よみを正統的なよみ方指導とみる。そうすれば，ことなる次元の問題をひとつに統一しなければならなくなる。東京はこのことでの香川の批判にまだこたえていない。

　もし教科書教材がうそでうずまっているなら，事実をたしかに伝達する，すぐれた説

明文をさがして，よみ方指導を実行することもできる。事実，北海道は自主教材をつかいながら，必要な知識を積極的にあたえていくという説明文のよみ方指導を実践しているのである。

分科会の課題・国語教育（第15次全国教研）

研究と討論のすすめ方

　日教組教研は組合員みんなの教育研究と，それをめぐる討論の場であって，そこにはいろいろことなる意見のもちぬしがあつまってくるのだから，研究と討論のし方におのずから約束がある。この約束は第2回(63年)の夏期教科研究集会のときに確認された「ゆたかなる実践にもとづいて国語科教育の内容と方法とを具体的にあきらかにしよう」というスローガンに表現されている。

　理論というものは，その本質において，実践の一般化である。したがって，ゆたかな教育実践のみがわれわれの教育理論をゆたかにすることができる。とすれば，われわれの教育理論をつくりだす教研での研究と討論は，つねに全国の国語教師のゆたかな実践を土台にして，その一般化をめざさなければならない。そして，そういう研究と討論のし方が，教研という研究組織のなかで，ことなる意見を感情的な対立にもっていかないで，しだいにひとつに統一していく，ただひとつの保証なのである。なぜなら，われわれの教研における意見の対立は，われわれの理論の一面性にねざしており，その一面性は教育実践によってのみただされるからである。

国語科教育の領域

　13次と14次との全国教研では，正会員の提出した報告書をつぎのように分類して，これにしたがって研究と討論をすすめている。

　　(一) 日本語をもちいてする言語活動の指導
　　　(1) よみ方指導
　　　　　a　文学作品のばあい
　　　　　b　説明文のばあい
　　　(2) つづり方指導
　　　(3) はなし方指導
　　(二) 日本語の指導
　　　(1) 文字と表記の指導

(2) 語彙指導

(3) 文法指導

　この分類は，多方面にわたる全国の国語教師の実践の今日的な水準を反映しており，われわれの国語科教育の領域とその構造的な関係をしめしている。だが，教育実践の発展はこの分類方法をかえていくだろうし，それ自身けっして「領域と構造の理論」ではない。にもかかわらず，国語科教育の領域とその構造的な関係をあきらかにするばあい，この分類から出発すべきである。それはまさに今日の国語教師の実践と研究とを領域べつに整理したものであるから。そうすることは，この種の研究が観念的な構想からのがれる道である。

文学作品のよみ方指導

　文学作品のよみ方指導でまずはじめに直面する困難は，教材の選定である。検定の教科書にはいい作品がのっていないので，国語教師が自分でそれをさがさなければならない。したがって，教研としては，このましい文学教材をひとつひとつ確認していく作業をおこなう必要がある。このましい文学作品のリストがあれば，教師の教材さがしの苦労をやわらげるし，文学作品のよみ方指導に体系性をもたすことができる。教研では，たとえば指導過程の理論を展開するばあいでも，教科書教材ではなく，自主的にえらんだ文学作品での実践を具体例にもちいて，ある作品が教材になりうるか，みんなで確認していく，こういう努力のつみかさねのうえに，われわれの教材論はそだっていくのだろう。

　ひとつの文学作品をめぐって，「なにを」指導＝学習するのかという問題は，まだ完全に解決されていない。13次の岡山教研では，文学作品の内容は「ことがら」と「主題」，「感情＝評価」と「理想」（あるいは「基本的な思想」）からなりたっていると，みとめあったのだが，これらの内容上のカテゴリーははっきりした概念規定をうけているわけではない。文学作品のよみ方指導にとって，これらのカテゴリーをたてる必然性があるか，再確認をしながら，概念規定をする必要がある。あるいは，これらのカテゴリーのすべて，そのうちのあるものを否定するのもいいだろう。いずれにしても，実践をとおしていただきたい。

　13次，14次の全国教研では，これらの内容上のカテゴリーを表現している形式，つまり表現手段としてのことば，作品の内部構造は，指導内容としてはっきりした確認を

うけていない。文学作品の内容の指導は，これらの形式的な側面の指導（語句指導と段落指導）をとおさなければ，不可能である。したがって，内容との関係において，形式をどうあつかったか，15次教研ではあたらしく問題にする必要がある。

　14次の全国教研では，指導過程をめぐって，はげしい対立があった。まえに説明してあるように，文学作品のよみ方指導では，「なにを」指導するかという観点から，いくつかの側面をとりだすことができる。すると実際の授業では，これらの側面をどのように配置して指導すべきかという問題がおこる。こうして，段階的に指導するという考え方と段階をみとめないで「総合よみ」をもってよみ方指導のすべてであるとみなす考え方とが対立したわけである。この論争は，文学作品のよみ方指導が「なにを」おしえるのかという問題とからんでいて，討論のすえにわれわれの教研がいずれをえらぶかということは重大な意味をもっている。どのように指導過程をくみたてると，ひとつの作品を完全におしえきることができるか，実践にてらして討論をすすめなければならない。

説明文のよみ方指導

　文学作品のよみ方指導の研究とくらべると，説明文のよみ方指導の研究はたちおくれているし，またことなる形態をとっている。それは，まず，文学作品のばあいでは，おしえる作品がたくさんないとしても，さがせばあるのに，説明文のばあいでは，教材になりうる，すぐれた文章がほとんどないという事情とむすびついている。このことは，教師の意識的な実践をさまたげている。第二に文学作品のよみ方指導の必要は，教師に無条件に承認されているのだが，説明文のよみ方指導はかならずしもそうではない。つまり，その目的と内容とがまだはっきりしていないのである。実際問題として，科学的な説明文は社会科や理科でよませてあるとすれば，国語科のよみ方指導がそれをあつかうことに疑問がうまれる。よみ方指導で子どもにあたえる文章は，文学作品，評論，人生論に限定すべきであるという意見が，事実，教研にでている。他方では，理科教師や社会科教師のがわから，低学年の理科や社会科は廃止して，そこでおこなわれているものは国語科のよみ方指導でおこなえばよいという意見がでている。低学年の子どもには，自然界や人間社会の法則を科学としておしえることができないし，まだ日本語もふじゅうぶんにしか所有していないのだから，低学年の理科，社会科は必然的によみ方になるというのである。こういうふうにみるなら，説明文のよみ方指導の問題は，国語科

のわくをとびだして、低学年教育の問題として考えなければならなくなる。

　もし、低学年の子どもに、ものごとの法則的な関係と本質とを理解する理論的な認識ができないとすれば、その理論的な認識に先行する、事実の確認の経験的な認識をおこなわなければならないだろう。いいかえるなら、説明文のよみ方指導で、いかなる知識を子どもに保証しなければならないか、こういう基本的な問題がまだ解決されていないのであって、説明文のよみ方指導の研究はまずこのことをあきらかにする仕事からはじめなければならないのである。言語技術主義をのりこえるために、この仕事はたいせつである。もちろん、とぼしい文章をもちいて、方法論の研究をおこなうことをさまたげはしない。だが、このばあいでも、直観教材、直観教授とよみ方指導との結合をどのようにはかるか、というような問題が一義的な意味をもってくる。文部省式のいわゆる「論理的な思考力をそだてる」よみ方指導では、事物と文章との結合・直観教授の欠如が特徴的である。実際、よみ方指導が事物からはなれて、文章の世界だけにとじこもると、子どもは文章の内容が理解できず、ことばを暗記するにとどまる。

つづり方指導

　つづり方指導の方法論は民間がわでもっともよく研究されている分野であるが、従来の研究は、他の領域（日本語指導やよみ方指導）からきりはなされたかたちでおこなわれてきた。このことは、他の領域の実践と研究が比較的におくれていた事情と関係している。しかし、今日のわれわれの実践と研究の段階では、つづり方指導の研究は、日本語指導、よみ方指導との相互関係のなかにあるつづり方指導を研究の対象にしなければならない。それだけ国語教師の実践はゆたかになっている。たとえば、すぐれた文学作品をもちいてする、すぐれたよみ方指導が、子どものつづり方に影響しないとは、考えられない。文学作品のよみ方指導で獲得する形象的なことばの使い方、構造や主題などについての概念は、つづり方指導でも生きてくる。自分や自分をとりまく人びとの生活を観察する子どもの力、それを意味づけする能力は、よみ方指導でもつちかわれるし、つづり方指導でのそれと関係なしにはありえない。

　また、他方では、日本語指導の発展もつづり方指導に影響をあたえずにはいないだろう。このような事情は、日本のつづり方指導のあたらしい段階の到来を意味している。（日本語指導の問題については黄表紙資料を参照のこと）

分科会の課題・国語教育（第16次全国教研）

（1）学習指導要領の改訂がちかづくにつれて，とりのこされることをおそれる追従主義者の言動に，その改訂の方向が反映してくるだろう。国語科教育の実践と理論とにおける反権力闘争を成功的にすすめるために，改訂の方向を，あらゆる機会に情報をあつめて，具体的につかんでおく必要がある。日教組教研の国語分科会の任務は国民的な立場にたつ国語科教育をうちたてることであるが，一方ではイデオロギーをつめこむ偏向的な国語科教育，他方では技術主義的な国語科教育とたたかうことなしには，この任務をはたすことはできない。あたらしい学習指導要領では精神主義と技術主義とのだきあわせになるだろうという文部省の国語科教育の一般的な方向についての判断は，福島教研ですでに確認されているが，それとのたたかいとしてわれわれの研究活動を組織していかなければならない。

（2）日教組教研の国語分科会では，国語科教育の諸領域とその構造的な関係をつぎのようにとらえている。

 （一）日本語の指導
  (1) 文字と表記の指導
  (2) 発音指導
  (3) 語彙指導
  (4) 文法指導
 （二）日本語をもちいてする言語活動の指導
  (1) よみ方指導
   a 文学作品のばあい
   b 説明文のばあい
  (2) つづり方指導
  (3) はなし方指導

この構造論は，文部省の国語科教育とたたかう国語教師の実践と理論との，今日の水準における総括である。日教組教研には，まい年，この構造論に正面から反対する独自の見解がだされるが，それはほとんど討議の対象になっていない。この構造論をくつが

えすほどの実践上の事実が提出されていないからである。個々の領域での実践と研究とのつみかさねが，いずれはあたらしいかたちで国語科教育の構造をめぐる論争をよびおこすだろう。たとえば，文学科の設置の問題など。そのときまでこの問題にはふれない方が賢明である。

（3）文学作品のよみ方指導の論争の中心は，指導過程をどのようにくみたてるかという問題，つまり段階式をとるか，一読総合法をとるかという問題である。だが，この問題はなまのままで理論上のこととしてぶつけあっても，解決のつくものではない。作品内容である形象をどのように子どもにイメージ化させるか，作品の主題・理想をどのように理解させるかという実際的な作業の研究からきりはなしたかたちで討論をすすめても，非生産的な論争をくりかえすにおわるだろう。福島教研では「よみ」の指導において，描写と表現とを確実におさえるために，一次と二次との二度の「よみ」が必要であると，はなしあわれたが，一回の「よみ」でおわる一読総合法においては，描写をとおして表現されている形象がどのように指導されるか，この指導過程をとる人たちはこの種の疑問にこたえなければならない。また，一読総合法では，主題と理想とをどのように指導するかという疑問もだされているから，これにもこたえる必要がある。一読総合法の主張者がこれらの問題を実践的に解決つけるなら，おそらく日教組教研も，指導過程の理論をうけいれるだろう。指導過程の問題は，子どもに文学作品をよませることでなにをうけとらせるかということと直接にむすびついていて，技術上のこととしてかたずけるわけにはいかない。

（4）形象の世界と現実の世界とのかかわりをどのような仕方で指導するか，指導過程のどの段階でそれをおこなうかということは，まだ教研では問題にさえなっていない。経験ある教師は「生活におとす」という言葉でこの種の作業をおこなっているのだが，作品の主題・理想のとらえ方がしだいに明確になってきている今日，この種の実践を一般化し，指導過程のなかに位置づける必要がある。主題・理想の理解を媒介にしなければ，形象の世界から現実の世界への移行が不可能であることは，福島教研でもいわれている。いいかえるなら，形象の典型性を授業のなかで追求する必要があるのである。

（5）文学の授業でもふつう導入の段階が設定されているのだが，その実践も教研ではまだ一般化されていない。文学作品の性格，作品にえがかれていることの時代背景，主題・理想（あるいは作品が提起する問題），作品のはたした社会的な機能，現代的な意義，文学史のなかでの位置，作者の思想的な傾向や文学的な立場などについて，導入

の段階で教師が解説をあたえるのは，子どもの知覚と理解とをうまくすすめるために，「よみ」への関心をたかめるために，文学についての知識をひろげるために必要なことである。この種の実践と理論との発展は，よみ方指導から文学教育をくべつすることの必要をあきらかにしてくれるかもしれない。

（6）文学作品を教材化するにあたって，なにを基準にすべきかという問題は，あいかわらず混迷をつづけている。その原因は，やはり，実践を一般化する方向に研究がなされていないことにある。たとえば，反戦思想を子どものものにすることは現代の教師の重大な責任であるが，文学の授業ではこの責任をどのような作品をもちいて遂行しているか，事実を整理することから作業をはじめるなら，文学の授業ができることの限界をはっきりさせながら，教材論を具体的なものにすることができるだろう。たとえば，今西祐行の『ひとつの花』，壼井栄の『あたたかい右の手』など，戦争という状況からきりはなしたかたちでは指導できない作品があって，この種のよみ方指導では，戦争が人間の生活にあたえる否定的な影響を子どもにしらせることができる。そのほか，人間の基本的な資質をテーマにする作品，資本主義がつくりだす差別と貧困，その差別と貧困がつくりだす人間関係のゆがみをえがいている作品など，今日ではおおくの教師によってすでに教材化されているものがたくさんあるから，その作品をカテゴリーに分類してみることから教材論の研究をはじめることができる。また，すぐれた文学作品とはどういうものであるか，授業をとおして判断できるだけの実践の蓄積がある。これを整理することから教材論がうまれてくるだろう。

（7）説明文のよみ方指導では，文章の形式的な側面の指導に重点をおく文部省の技術主義を徹底的に批判しながら，説明文の「よみ」をとおして，子どもにどのような自然や地理や歴史や人間についての知識を保証しなければならないか，このことの問題の検討から出発する必要がある。そして，それにふさわしい文章をえらぶか，創作するかして，その文章をもちいてするよみ方指導の実践をまるごと報告書にまとめることがたいせつである。この蓄積がなくしては，説明文のよみ方指導の方法を確立することは不可能だろう。

（8）低学年における社会科，理科の廃止の問題とからんで，低学年のよみ方指導のあり方の問題は，日教組教研としては，はっきりした態度をしめす時期にきている。

（9）ここ二，三年のあいだ，つづり方指導について教研で問題になったことは，その普及活動の停滞であった。その停滞にはいくつかの原因があるだろうが，そのひと

つに，国語科の他領域，他教科との関連のなかで，つづり方指導の存在の必然性，その位置づけが実践的に追求されていないという事情がある。よみ方指導が必然的につづり方指導に展開していかないとすれば，そのよみ方指導は不完全なものにちがいない。また，理科教育の指導過程のなかに，観察の結果を記録するというつづり方の指導がはいりこむのは当然のことであるとすれば，つづり方指導の位置づけをどのように考えるべきだろうか。このことを明確にすることによって，つづり方指導のあり方，その内容をはるかにゆたかにするかもしれない。

（10）文部省側がうちだしてくる，いわゆるコンポジション理論とのたたかいは執拗につづけなければならないが，と同時にこのコンポジション理論が教育のなかで成立する実践的な根拠，矛盾をあきらかにする必要がある。この矛盾の解決がわれわれのつづり方指導をさらに完成させていくにちがいないからである。

（11）日本語指導をめぐる研究は，13次，14次，15次とすすむにつれて，それの必要性を強調する一般的な論議から，具体的な，実践的な問題の討議にうつってきている。したがって，教材をどのようにくみたてて，どのように指導したかという実践を提出することが必要になってきている。もちろん，よみ方やつづり方の指導のなかで，体系的な日本語指導の必然を実証する作業をつづけていかなければならないし，よみ方やつづり方のなかでの子どもの日本語のつかい方のあやまりを整理することで，日本語指導の力点のうちどころをあきらかにする研究も必要である。

（12）かな文字指導を語形法でおこなうことのまちがいはすでにあきらかにされているし，音声指導との関係のなかでおこなう，あたらしい指導方法は，ひとまず確立したとみてよい。だが，体系的な漢字指導はまだ問題提起の段階にとどまっていて，その確立のための作業をいそがなければならない。

（13）現在のように，教育界が体系的な文法指導をつよく要求しているとき，文部省側も機能主義をすてて，体系的な文法指導の時間を特設することは，考えられないことでもない。このばあい，文部省側が採用する文法学説は，意味を無視する形式主義的なものになるか，形式を無視する論理主義的なものになるか，どちらかにかたむくだろう。われわれとしては，どのような文法学説を教育にとりいれるべきか，実践をとおす厳密な検討が必要になる。

日本語指導

かな文字指導

　小学校にはいったばかりの１年生の先生が、さいしょにおしえること、これは文字である。この時期の子どもにとって「勉強する」ということは、文字をしって、それで「よみ・かき」ができるようになるという意味である。むかしの人が学力のことを「よみ・かき・そろばん」といったのは、けっしてヒユからではない。それがすべての学習の最初の段階であるし、その後の、科学や芸術や技術の学習において基礎になっているからである。

　ところが、その「よみ・かき」の学習は、文字の習得が前堤にあって成立する。文字をもたない子どもに「よみ・かき」をおしえることはできない。したがって、１年生のしょっぱなにおしえることは、「よみ・かき」ではなく、文字であるといわなければならない。もちろん、文字指導を「よみ・かき」の指導から機械的にきりはなすことには反対であるが、それぞれの領域の独自性はみとめなければならない。文字の習得は「よみ・かき」に奉仕するためのものであるが、「よみ・かき」は文字の習得のためにあるのではない。

　だが、現行の学習指導要領の原理に忠実につくられている検定教科書では、しょっぱなから「よみ方指導」がなされていて、文字指導はそのよみ方指導のなかで機能主義的に、つまり新出文字がでてきたところでおこなわれる。したがって、文字指導はついでにおこなわれるようになっていて、文字指導それ自身がもっている独自性と体系性とは完全に抹殺されている。この教科書をつかえば、清音をおしえるまえに濁音をおしえたり、短音をおしえるまえに長音をおしえたりする、むちゃなことが平気でおこなわれる。たとえば、Ｄ社の１年生の教科書では、「お」や「おう」をおしえないうちに、「おおきいな」という文がでてきて、子どもたちは理くつぬきでこれを暗記しなければならない。つまり、現行の検定教科書では、発音（音節）の体系にあわせて、それを表記する文字の体系にあわせて、文字指導がおこなわれるようにはできていない。

　ちょっと考えれば、わかることだが、文字指導にはそれ自身の秩序がある。清音をおしえるまえに、濁音をおしえるわけにはいかないし、直音をおしえるまえに拗音をおし

えることはできない。長音をおしえるためには，まえもって「段」の概念を子どものものにしておく必要がある。また，清音をおしえる最初の段階では，子どもに発音しやすい音節，頻度数のおおきい音節，字形の単純な文字など，いくつかのモメントを考慮にいれて，どの文字からさきにおしえるかという順序が問題になる。教師がこのことを考えないで，生活主義のたちばにたって，生活に必要だと勝手にきめこんだ言語活動を指導し，そこで文字をついでにおしえると，文字指導の秩序はこわされてしまう。子どもにとっては，文字学習は思考をはたらかさない，まる暗記になって，子どもの文字の習得過程は苦痛をともなうばかりではなく，不当にながびく。

　さらに，わるいことには，文部省が正統的なものとしてみとめている文字指導の方法は，いわゆる「語形法」であつて，この方法による指導では，子どもは，ひとつの単語，ひとつの文をあらわす，ひとつながりの文字を，まるごとおぼえこまなければならない。D社の教科書では，さいしょに「みんなにこにこ」という言葉がおしえられるが，これをかきあらわす文字を「み・ん・な・に・こ・に・こ」というふうに，音節とそれをかきあらわす文字にわけて，きちんとおしえることはゆるされないのである。しょっぱなからこれを言葉としてよませる。1音1字の表音文字は，表意文字として，つまり漢字なみにあつかわれるわけである。象形的な「山」や「川」という漢字をおぼえるよりも，かな文字の習得の方がはるかにむずかしい。音節があって，文字はそれに対応しているということをおしえない語形法をとれば，子どもがかな文字を習得することは，まず不可能なのである。

　語形法というのは，つまりは「はやよみ」の練習なのであるが，この語形法でおしえても，けっこう子どもがついてくるという事実がある。入学まえに，すでに子どものほとんどが清音の46字を所有しているばあいは，語形法でも指導は成立する。したがって，語形法でやっても，うまくいく，というのは，教師の錯覚にすぎない。御用学者は入学まえの子どもに文字をおしえるなと，さかんにといてまわっているが，親や幼稚園がこれにひっかかって，子どもに文字をおしえなかったら，その子どもは学校の語形法では文字が習得できず，精薄にあつかわれるような悲劇がおこるだろう。どんなに文部省が家庭で文字をおしえるなと，親たちにいっても，親たちがおしえることをやめないのは，学校がきちんとおしえてくれないのではないか，ということを敏感に感じ，おそれているからである。これは大衆のチエであるが，もちろん子どもの文字学習は学校（あるいは幼稚園）が責任をおうべきである。

農村地帯では，ぎゃくに文字を所有して入学する子どもがすくないので，教師は語形法を事実として拒否し，伝統的な方法で文字指導をおこなっている。1年生の教師はまず，文字を体系的におしえることをしなければならないのだが，そのまえに，どの程度に子どもたちが文字をすでに所有しているか，調査しておく必要がある。指導の具体的な方策は，それがなければ，たたない。

　長音や拗音や拗長音，促音などになると，語形法はもちろんのこと，親たちもうまくおしえることはできず，子どもはこれらの表記法をすばやく習得できない。5，6年生になっても，これらの表記が完全にできない子どもは，かなりいる。このことは，子どもの「よみ・かき能力」の完成が不当にながびいていることを意味している。

　さらに，この事実はつぎのことを意味している。子どもが入学前に家庭や幼稚園で文字をおぼえてきているとしても，教師は最初から文字指導をはじめなければならないということ。なぜなら，短音の直音をおしえることで，1音1字の原則，「段」と「行」との概念を子どもに意識させることが必要であるからである。この土台のうえで，直音と拗音とのちがい，短音と長音とのちがい，促音のない音節と促音のある音節とのちがいを子どもに意識させて，1音2字，1音3字の表記上のきまりを子どものものにすることができるのである。家庭ではなく，専門の国語教師が文字指導にあたらなければならないのは，まず第一には，こうしたしろうとの無駄をはぶくためである。

表記指導と文法指導とのからみあい

　教師がいちばん手をやくのは，助詞「ワ」，「オ」，「エ」の表記であるが，現行の検定教科書では，このための指導上の配慮がなんらなされていない。それで，教師は「なになにワ」の「ワ」は「は」とかくのだというような指導しかしない。だから，6年になっても，「ぼくワ」の「ワ」は「は」とかけても，「ここにワ」の「ワ」は「わ」とかく子どもがいる。

　ところが，子どもが助詞の「ワ」を「は」とかくのだという表記上のきまりをおぼえるためには，すくなくとも，助詞というものの存在をしっておかなければならない。この助詞を意識するためには，単語（とくに名詞）を意識していなければならない。さらに，この単語を意識するためには，文が単語からくみたてられていることを，まえもってしっていなければならない。そのためには，文を意識することが前提にある。こうして，文，単語，助詞などの一系列の概念は，助詞の表記法を習得するために必要な前提

条件になる。これだけのことをおしえておかないで、子どもが助詞の「ワ」を「は」とかけないとしても、子どもの頭がわるいのではなく、教師がわるいのである。いや、教師がわるいのではなく、教科書、それをつくらせた文部省がわるいのである。

　もうひとつ、子どもが表記でくるしむのは、「じ」と「ぢ」,「ず」と「づ」とのつかいわけである。これは、複合語における連濁の現象をおしえなければ、解決のつかないことであるが、そのためには、まえもって、ふたつの単語がくみあわされると、ひとつの単語ができるということ、清音と濁音との対立があることなどをおしえておくことが前提にある。表記法を所有するために文法の学習が必要であることは、この事実からあきらかになるのであるが、この種の文法指導がそれ自身の体系をそなえていなければならないことも、この事実からはっきりしてくる。

文法指導

　文をしらなければ、マルがうてないのであって、表記の指導は文法の指導ときり離せないのであるが、文法の指導は表記の指導のためにあるわけではない。たとえば、4年生の文学教材におおくの教科書が「ゆうづる」をとっているが、この作品のはじめに「山も野原も畑も田んぼも、みんなまっ白な雪におおわれています」という文があるが、子どもが「うけ身」という動詞の文法的な現象をしらなければ、この「おおわれる」という動詞の語彙的な意味を字びきでしらべることさえできない。ところが、教師がこの文法現象をこの作品のよみ方指導のなかでおしえたとしても、いいかげんなことしかいえないのである。なぜなら、「うけ身」をおしえる作業は、主語、述語、対象語という文の構成部分についての概念が土台にあって、成立するからである。文法現象は有機的にむすびついている体系であるから、よみ方指導が適当に、でたところで、どろなわ式におしえようとしても、むりなのである。文部省は「ことばのきまり」をつくって、これを「よみ・かき」の指導のなかであつかえというが、はじめからむりなことなのである。文法指導はそのための教科書と時間とをつくって、体系的におしえなければならない。

　こういうふうにいえば、かならず、従来の、戦前にさかえた、あののろわしい学校文法をおしえるのか、という疑問が教師のあいだからでてくる。たしかに、みきりをつけた学校文法の指導を強化することには、われわれは反対しなければならない。周知のごとく、従来の学校文法は、戦後になって、「よみ・かき」に役だたないというレッテル

をはられたが，それにもかかわらず，現在でも中学校の教科書のなかにコマギレになっていきつづけている。役にたたないなら，役にたつものをあたらしくこしらえて，それで子どもに文法上の知識をあたえるのが本すじなのであるが，文部省はこれをやらないで，役にたたないものを教科書に温存しつづけた。ひきょうである。このことはいわゆる「品詞論」についていえることである。

役にたたない文法として，国語教師ばかりではなく，一般の人たちからも軽蔑の目でみられるのは，品詞論が実際に文のなかではたらいている文節をきりくだいて，単語をとりだし，単語（自立語）と単語（付属語）とのつなぎ方だけを問題にしているからである。もし，文節というものが自立語と付属語とからなりたっていて，それが文のなかで一定の役わりをはたしているとすれば，その文節の「つくり方」だけではなく，その文法的な意味（文のなかでの機能）をあきらかにすればよいのだが，従来の学校文法の品詞論はこれをしない。つまり，文のなかで生きてはたらく単位をまったく無視して，できているのが，いわゆる品詞論なのである。こんな文法論で文法指導をされると，子どもはめいわくする。

ところが，いわゆる文節をひとつとりあげても，たいへんな文法的な事実にぶつかる。たとえば，「はなさない」は「はなす」との関係においては否定形であり，「はなさなかった」との関係においては現在・未来形であり，「はなしません」との関係においては普通体であり，「はなすな」との関係においては断定形であって，これらの事実をあつめることによって動詞の活用がみごとな体系をつくっていることがはっきりするだろう。学校文法はこういう事実をみないでおいて，「はなさない」を「はなさ」と「ない」とにぶつぎりにして，「はなさ」に未然形という名まえをつける。さらに，「はなした」を「はなし」と「た」とにきりくだいて，「はなし」に連用形という名まえをつける。こうしておいて，終止形「はなす」と対立させるのである。もともと，「はなさ」と「はなし」と「はなす」とは，ひとつの活用表のなかで文法的な意味において対立するはずがないのである。「はなす」は，文のなかではたらくときには，肯定形，断定形，現在・未来形，普通体，動作態（「はなしている」との関係において），能動相（うけ身との関係において）などとして，いくつかの文法的な意味の複合なのであるが，「はなさ」は文法的にはそれ自身でなんの意味ももたない。「はなさ」が「はなす」と活用表のなかにならんで存在する理由は，どこにもないのである。

こんなふうにして，文節からとりだした単語（動詞）をカキクケコと50音図にあわ

せて，活用表をつくってみても，まったく無意味である。「はなそう」を「はなそ」と「う」とにちょんぎって，「う」を意志の助動詞と名づけるところなどは，まったくこっけいである。現代かなづかいでは，「う」は長音をしめす表記上の記号にすぎない。学校文法の品詞論が役にたたないし，おもしろくないのは，単語あるいは文節の文法的な意味をまったく無視しているからである。動詞についていえば，活用表が無内容の形式の羅列にすぎないからである。したがって，43年の学習指導要領が，この品詞論の指導のために，文法指導の時間を特設するとすれば，ぼくたちは文部省を非難しないわけにいかないだろう。

では，学校文法は，構文論では，言語活動に役にたつようにできているだろうか。周知のように，学校文法の構文論では，文の構造は主語と述語，連用と連体との修飾語からなりたつものとみられている。そのほか独立語というのもあるが，このような文の構造のとらえ方では，日本語の複雑な構文論的な現象はとらえようがない。第一に，「けさはパンをたべる」という文において，「パンを」と「けさは」とは「たべる」を修飾する文の成分であるといっても，関係の内容はどこにもしめされていない。「パンを」は述語との関係において動作の成立に必要な対象をしめしているし，「けさは」は動作のおこなわれる時間をしめしている。このような関係がある以上，その関係の内容がしめされなければならないのだが，学校文法の構文論はこれをやらない。

第二に，対象をしめす修飾語にしても，時間をしめす修飾語にしても，いくつかの表現形式があって，その表現形式はそれぞれ独立な機能をもちながら，相互に関係し，ひとつの体系をなしている。たとえば，空間をしめす修飾語，「運動場で」，「運動場に」，「運動場を」，「運動場まで」，「運動場から」などをくらべてみるとよい。したがって，構文論は，空間をしめす修飾語，時間をしめす修飾語，条件をしめす修飾語，原因をしめす修飾語などを分類して，それらにはどのような表現形式があるかをあきらかにしながら，体系づける必要がある。文の陳述の中心である述語についていえば，たいへんなかずの表現形式（つまり，述語のつくり方，たとえば「はなすことがある」，「はなす必要がある」，「はなすことがたいせつである」，「はなすにちがいない」，「はなすはずだ」，「はなすつもりだ」など）があるのだが，たとえ文節論（動詞や助動詞の活用表）が完成してあるとしても，それだけではおおいつくせるものではないのであるから，構文論の領域でこれらを体系づけておかなければならない。そうしなければ，構文論は役にたたないしろものになるのである。

助詞の「は」と「が」とのつかいわけ，「を」と「に」とのつかいわけなど，実際，日常の言語活動に必要な文法上の知職を，学校文法はなんら保証してくれないだろう。これでは，子どもたちが文章をよめないし，かけないのも当然なのである。それはすべて文部省のサボタージュの結果なのである。

文章論

　こういうたいせつな仕事はほったらかしにしておいて，二，三の国語学者の思いつきの「文章論」なるものを，文部省は文法学の領域にとりいれて，これを文法指導（言葉のきまりの指導）にくりいれる。だから，まじめな国語教師も段落指導を日本語指導のひとつであると思いこんでしまう。たとえば，文学作品の段落指導を日本語の指導とみなすことによって，段落指導が文学作品の研究という作業からきりはなされてしまう。文学作品の場合において，段落にわけるということは，起承転結の場面にわけて，それらをふたたび内的な，必然的な発展の法則にしたがって構成することを意味するのだが，日本語指導としての段落指導はたんに場面にわけるにとどまり，無意味なものになってしまう。実際には，段落指導は主題を発見するためにあるのであって，作品内容，つまり形象を分折・総合する作業なのである。このことをわすれると，段落指導はまったく形式的なものになる。

　ある作品を英語から日本語にうつしかえても，段落はかわらない。したがって，段落は言語の現象でも文法の現象でもない。文部省はなぜこのようなばかげたことをするのかといえば，段落指導そのものを骨ぬきにするためである。よみ方指導を作品内容からきりはなして，形式（型）の指導だけに限定するためである。ずるがしこいたくらみである。

われわれの日本語指導

　さて，このようにみていくなら，文部省のわるさがたいへん気になる。実際わるいのである。そして，ではわれわれは国語教育のなかでの日本語指導ではなにをなすべきかということが，あらたに問題になる。戦後の何年間は，この問題がたてられると，われわれは悲観的にならざるをえなかったのだが，いまは状態がちがってきている。条件さえあれば，ただちに実践にうつすことのできるように，民間教育運動は，ここ何年かのあいだ，日本語指導のための教科書，文法論（教授法）を蓄積している。参考書として，

あとで紹介してあるから，*いちいちの内容についてはここではのべないが，すべてが創造性のない官僚にはつくれないものであって，民間教育運動の勝利をつげるものである。そして，これからの数年間も民間教育運動は，日本語指導の領域において，創造的な活動をつづけていくだろう。このことだけは確信をもっていうことができる。語彙指導，発音指導については，ここでふれていないが，この領域では文部省は手のだしようがないだろう。日本語指導のひろがりにおいても，われわれは文部省をはるかにのりこえていて，ついてくることをゆるさない。うつ手は行政処分だけである。教科の実践と研究とが，今日ほど教師に組合への団結をつよく要求していることは，いまだかつてなかった。こういう状況のなかで，文部省も日本語指導についてまったく無関心ではおられなくなっている。43年の学習指導要領では，文型指導という名まえの文法指導がとりいれられるだろうことは推測できるが，定説らしいものもないので，さぞかしたいへんなことだと思う。

（日教組講師）

国語教育の方法

　方法だけで授業がなりたつとはいえないが，方法をもたない教師は，結果として，授業でなにもしなかったということになるだろう。このことは，教育が発展すればするほど，教材が完備すればするほど，教師の専門性がつよくなればなるほど，確信的にいえる。したがって，方法を所有しなければならないとする教師の要求は必然的なものである。この要求にこたえて，戦後の民間教育運動は国語教育の方法論の領域でも研究成果をたくわえてきている。方法論については，ここではたいせつな問題にかぎってふれておくことにしよう。

　授業の形態　おかみの研究会で授業を論じるとき，しばしば，まじめな国語教師は，指導主事などから「君の授業は子どもの主体性をだいじにしていない」という非難をうける。まじめな教師であれば，やたらに討論形式をもちいて，子どもたちの勝手気ままな発言をゆるさないからである。実際，戦後の民主的な教育は，おしつけからの解放感もてつだって，子どもの学習意欲へ積極性，自主性をだいじにすることを，根拠のない勝手な判断で子どもの発言を活発にすることだとみなす傾向がでてきた。民間がわでは，「主体よみ」といわれるのがそれであり，このよみ方指導の原則にしたがえば，教師が範読することでさえ罪悪とみなされている。ここでは教師の指導性は無にひとしいのであるから，子どもをおしゃべりのへりくつ屋にそだてても，だいじなことはおしえてくれないという結果がでてきた。この傾向を文部省の御役人たちがあおったのである。

　文部省の役人たちは授業をみては，しんけんにおしえる教師を子どもの主体性をだいじにしないと非難する。このとき，その非難の根拠を，討論形式の授業がとられていないということにもとめる。一問一答式の授業がよくないというのである。だが，子どもは教師のたすけをかりなければ，意識的に文章がよめないとすれば，思考の方向がつかめないとすれば，一問一答式（はなしあい）はきわめて重要な授業形態であるといわなければならない。子どもの思考過程に秩序をあたえるのは教師の任務であるとすれば，一問一答式は授業形態の基本ですらある。それはべつとして，ざっと考えても，ありう

る授業の形態にはつぎのようなものがある。
1. 一問一答式（教師と生徒とのはなしあい）
2. 講義式
3. 討論式
4. 自習式

そして，これらの形態のうち，どれがよいのかというような一般的な評価はあたえることができないだろう。教師は教授内容と子どもの理解能力とをあわせて，これらのうちのいずれかをたくみにつかいこなさなければならないのである。たとえば，子どもの理解能力にあまる現象をあつかうとき，教師のていねいな講義でこれを子どもに理解させることができる。はんたいに，子ども自身の能力で解決できる課題なら，自習式でもよい。また，子どものゆたかな経験を動員しながら，課題の解決をしなければならないときには，討論式がいちばんよいだろう。だが，その討論が脱線したときには，ただちに教師はひきとって，一問一答式にきりかえなければならない。

人類が何千年のあいだにたくわえてきた文化を，きわめてみじかい時間に自分のものにしなければならない子どもは，教師が授業の形態にもっぱら討論式をとるなら，社会人として必要な知識や技術を学校でまなびとることもなく，卒業していかなければならない。子どもの主体性をだいじにするという名目の授業は，子どもの主体性を貧弱なものにしてしまう。教授内容の意味づけがなされていなければ，子どもはにげていくとしても，教師が講義式でおしえるから子どもの積極的な思考活動が停止するとは，まだいえない。もし，そういうことがいえるとすれば，大学生の頭はつねに思考停止の状態にあるといわなければならない。

討論式の授業のみが子どもの主体性をだいじにするという考え方は，おしえることの拒否を意味している。児童中心主義の思想におかされた戦後の教育がそうであった。しかし，これからは別の意味でおしつける授業が講義式，一問一答式の形態をとって流行するだろう。だからといって，講義式や一問一答式の授業形態に責任があるわけではない。いずれにしても，授業の形態と授業の過程とが方法論のことなる側面をなしていて，これらを混同させてはいけない。

よみ方の授業過程　国語教師がよみ方の授業をくみたてるとき，まずはじめに，どのような段階をとおって，ひとつの作品の言葉とそれによって表現されている内容とを子

どもによみとらせていくか，ということが問題になる。たとえば，文学作品のばあい，(1) 導入の段階があって，そのつぎに (2) 言葉をてがかりに形象をイメージにうつしかえていく作業があるだろう。感情にいろどられる形象のイメージ化がおわれば，そのあとには (3) 人物の性格や事件の展開をあきらかにしながら，作品の主題をつかみとる作業がつづく。主題がはっきりすれば，ふたたび「よみ」にかえって，(4) 作品を鑑賞するという作業がおこなわれる。主題がディテールを全体に組織しているとすれば，ディテールの意味は最後のよみで一そうはっきりしてくるだろう。はんたいに，この段階での「よみ」は，まえの段階でひきだした主題の正当さを確認することでもあるだろう。そして，最後に (5) 終末の段階があって，そこで作品の意義（社会的な機能，人びとにあたえる影響）をはなしあったり，作品と現実とのかかわりをはなしあったり，作品にたいして生徒が感想をのべたりする。ふつう，文学作品のよみ方指導は，このような段階をとおってすすめられるだろう。いわゆる石山脩平の通読・精読・味読の方式は若干の具体化と修正とをうけて，今日でも多くの教師にうけつがれているのである。民間教育運動は，この点でも，過去の遺産の正統な相続者である。

　ところで，最近，文部省の役人は，時枝誠記の発見になる「たどりよみ」という授業過程の理論をとりいれて，これを国語教師のあいだに普及させようとつとめている。これは，文学作品でも説明文でも，一回よめばいいという考え方であり，授業過程を段階にくぎることに反対する。文章は線であるから，その線をたどって，ながれるようによんでいけば，それでいいというのである。この授業の過程の理論を採用する文部省には悪質な意図がかくしてある。

　「たどりよみ」の主張者は，文学作品を一回よめば，言葉，人物の行動や心理，人物の性格，性格によってつくりだされる事件，その事件の展開，人物や事件とそれをとりまく状況とのかかわりなど，すべてが理解できるというのであるが，それはうそであって，一回のよみが保証する理解には，おのずから限界がある。たとえば，『ゆうづる』のはじめの場面をよんでも，「つう」が「よひょう」にたすけられたつるの化身であることは，よみとることができない。それは 19 の場面にかいてあることなのである。そうだとすれば，「つう」がなぜ「よひょう」にはたおりの場をのぞくなとかたく約束したのか，その理由，したがってまたそのときの「つう」の心の状態は，一回だけのよみではわかるものではない。文学作品のよみ方指導では，質の異なる二回のよみが必要である根拠はここにある。文学の言葉は，人物や自然や事件を直接に描写するばかりでは

なく，それらを間接的に表現している。たとえば，はなし方や動作が心理を表現する。この表現をよみとるためには文脈や場面の理解が前提として必要である。表現のよみとりは，場面と文脈を媒介にして成立するといえる。とすれば，一回きりの「たどりよみ」は，形象のイメージ化を「言葉が直接に描写するもの」に限定するきわめてあらっぽいよみ方指導のあり方だといえる。明治時代の訓詁註釈の復活である。

まして，一回きりの「たどりよみ」のなかで，場面（段落）にわける作業などはできるはずがない。この作業は，完全なイメージ化があって，はじめて成立するものである。ひとつの場面が作品全体のなかでどのような位置にあるかということは，作品のよみが完了したあとではっきりしてくるのである。したがって，「たどりよみ」は，形象を分析して主題をつかみとる作業を禁止するために，文部省側の御用学者が考えだしたものである。ざっとよましておいて，作者の意図，実は徳目を子どもにおしつけるために考えだした授業過程の理論であるといえる。

ところで，戦後は，説明文のよみ方指導は，思考能力をたかめるという名目で，形式論理の指導に重点がおかれるようになった。文章をそれがあらわす現実からきりはなして，もっぱら「だが」，「しかし」，「けれども」の指導がなされた。したがって，授業過程は現実ときりはなされて，ただ論理の過程として進行する。だが，文部省がわの，こうしたまちがいをただすところまで民間がわの研究はすすんでいない。そして，民間がわの研究には，授業過程論よりもさきに解決しなければならない問題が，説明文のよみ方指導にかんしては，山ほどある。その問題については，まえにかかげられている『読み方教育』[*]のなかの，とくに「(三) 読み方教育の学校教育における意味が忘れられている」の部分を参照していただきたい。

日本語の授業過程　民間がわの研究は，日本語指導の教科書の作成のうえにたって，その授業過程の理論をも定式化することに成功している。文法の授業過程の定式は『日本の教育』の第15集にかいてあるので，ここでは説明しない。この定式は文字や発音や語いの授業過程にもそのままあてはめることができるだろう。たとえば，つぎのように文字の授業過程を定式化することができる。

(1)あたらしい文字を生徒にあたえる段階

　　すでに学習した文字の復習がここでなされる。これを基礎にして，あたらしい文字の知覚，意識化，習得がなされる。

(2)習得した文字を定着するための練習の段階

(3)単語や文のなかに学習した文字をつかう実践の段階

　　　ここで文字指導を子どもの言語活動の能力の発達とむすびつけなければならない。

　文字指導にしても，文法指導にしても，いちいちの文字，文法現象の学習をつみあげたあとで，一般化，体系づけの授業をしくむ必要がおこってくるだろう。たとえば，清音を 50 音図にまとめあげて――，行と段とに整理するための授業，動詞の活用を全体系にまとめあげる授業など。

　文学作品[*]のよみ方指導においても，いくつかの作品のよみ方が終了すれば，一般化の授業が必要になるだろう。形象の典型性の問題は，ここでとりあげられなければならない。文学作品の内容を生活現実とむすびつける作業は，歴史主義の観点から教材の体系化がなされなければ，成立しないともいえるだろう。

付記　作文教育の方法については，まえにかかげられている『作文教育』[*]のなかの，とくに後半を参照していただけばよいので，ここではとくに項目を立てて述べなかった。

第1分科会・国語教育（第19次全国教研報告）

　一日め,「国語分科会の任務」というテーマで討議がはじまった。いくつかの県から,文部省がわによる「主体よみ」の普及の状況が報告された。この「主体よみ」では,ことばの指導はおろそかにしておいて,感想から感想へと指導の中心がうつっていく。かいならされた子どもたちはあたかも主体的であるがごとく,教師のすきそうな修身的な感想を発表する。文部省の影響からのがれることのできないでいる国語教師は,こういうかたちでよみ方指導を修身教育にすりかえるのだが,こういう状況報告をうけて,山形からは,われわれは国語科のなかで,真実をどのようにして子どものものにしていくか,このことをあきらかにすることが,教研のだいじな課題である,という意味の発言があった。

　二日めの前半は,日本語指導の問題をめぐって討論がすすんだ。この問題はまい年とりあげられてきたのだが,これをめぐる,討論らしい討論が成立したのは,おそらく,ことしがはじめてのことであろう。発音指導や文字指導などについて,すぐれた研究報告がたまたまひとつの県から提出されても,ほかの県の正会員はこれに無関心であるため,討議は成立しないのである。いつもはケチをつけるだけにおわっている。ことしもいくらかそういうかたむきもあったが,しかし,神奈川,山梨,佐賀,岩手,宮城,福島,群馬,山口などから報告書が提出され,それが理論的にも実践的にもある程度のたかさをもっていて,これらをめぐる討論がかっぱつだった。

　かな文字指導については,山梨と佐賀から報告があったが,いずれも指導要領にもとづく語形法に適確な批判をくわえながら,音声法が子どもにかな文字習得を保証することを実践であきらかにしている。この教師たちは,発音と文字と表記との構造に照応させながら,文字指導を体系的にすすめることの必要をはっきり認識しているのである。よみ方指導などのなかで,ついでに文字と表記とをおしえることの不可能さをしっている。しかも,子どものことばの発達と有機的な関係のなかでかな文字指導をすすめている。国民がよみ・かき能力を所有していないところでは,言論の自由はナンセンスであるが,そのよみ・かきの学習の出発点に,文字の習得がある。

　岩手は文法指導の意義を,子どもたちが質のたかい,意識的な言語活動をおこなうこ

とにみいだしている。この観点からいわゆる学校文法が子どもの言語活動にむすびついていかないという欠点を指摘しながら，教科研の文法理論をとりいれる。この岩手，そして神奈川が学校文法を批判するのは，それが単語をいわゆる詞と辞とにぶつぎりにして，その詞と辞とをくみあわせることのなかに，文法をみいだしているからである。ところが，岩手や神奈川はいわゆる詞と辞との統一物を文のなかでいきてはたらく単位だとし，これをもって単語と名づける。そうしなければならない根拠として，岩手も神奈川も，そうすることによって動詞の活用を体系としておさえることができるという。たとえば，「かく」は時間としてみれば「かいた」に対立していること，ていねいさからみれば「かきます」に対立していることなどは，それぞれが単語でありながら，「かく」の文法形式であるからである。

　しかし，山口などは今日でも教科書にとられているこの学校文法をすてきれないで，その指導を体系化しようとする。さらに，東京はアメリカの記述主義的な言語学のたすけをかりて，学校文法がそうする単語のこまぎれを形態素の名のもとに一般化しようとする。日本製のふるくさいものがアメリカ製のあたらしいものと，形式主義ということでは一致できるわけだ。

　この東京は，構文論では，チョムスキーの生成文法にのっとって，日本語のあたらしい文法論をひろうするが，それは実践にもっていくのにはあまりにもあらい。山梨は教科研の理論を実践にうつして，「知識が正確に現実を反映しているばあいには，その知識はかならず実生活にむすびついていくという自信をふかめた」という。論語よみの論語しらずということもあるが，文法理論のただしさは第一の条件である。いずれにしても，教科の研究が教師を思想的にがん固にしていくのをみてとることができる。とりたてておこなう文法指導がすべての国語教師の関心になれば，どの学説を採用するかという問題は真剣になってくるのだが，その結論は実践からひっぱりだすべきで，言語観からひっぱりだしてはならない。

　二日めの後半におこなわれた，説明的な文章のよみ方指導をめぐっては，香川は事実と事実との論理的な関係を内容とするが，東京はかき手の判断の吟味に子どもをつれていかなければならないとする。東京にとっては判断の内容のただしさが問題であって，香川にとっては判断のあいだの論理的な関係のただしさが問題であるとすれば，両者はおなじレベルのうえにある。けれども，文章が現実の反映であり，説明文のよみ方指導をとおして，子どもたちにゆたかな現実認識をそだてている点では，東京も香川も一致

できているのである。正会員のほとんどがそう考えているようだし，ここを出発点にしてよみ方指導の内容をとらえるなら，東京や香川とはことなる，べつの考え方がでてきそうなのだが。福岡によれば，現実認識をそだてるといっても，いろんな認識のし方があるのだから，これをはっきりさせなければ，説明文のよみ方指導の内容は，他教科との関連において，はっきりしてこない。当然のことである。

　三日めは，作文指導と文学教育との小分科会にわかれて討議がおこなわれた。ぼくは文学教育の方へ出席したので，ここでは，文学教育の小分科会のことだけかきとどめておく。

　文学教育の目的をめぐって，鹿児島，京都，大阪，宮崎から報告があった。そして，「現実と自己との対決をとおして，人間のいきる情熱をつちかう」とか，「現実の状況にたちむかう姿勢をつくりあげる」とかいうような規定がなされたが，いずれも作品のよみをとおして，子どもに自己変革をさせることが文学の授業の教育的な使命であるとする。けれども，子どもの自我の形成がどのように進行するのか？　それが確立する時期はいつか？　子どもはすでに変革すべき自己の所有者であるか？　文学教育とは文学作品を手段とする自己変革の過程であるとみてよいのか？　こういう教育学的な問題にはいっさいふれられなかった。

　文学教育の分科会での討論が主題の客観性の問題に集中したのは，作品のなかの主題がよみ手の意識との関係なしに，客観的に存在することを，大阪が否定するからである。そして，大阪の考えによれば，主題は作品とよみ手とのかかわりのなかにある。作品とよみ手とのかかわりのなかに主題があるとすれば，子どもの作品へのかかわり方はさまざまであって，主題は十人十色ということになるわけだが，これでは授業はなりたたなくなる。こういう反対意見がたくさんでた。

　もし，作品にえがかれている生活現象が個別的であるとすれば，それが現実の生活とむすびつくのは，個別的な生活現象をつらぬいている一般的なものを媒介にしなければならないわけで，作品に意義があるとすれば，それが一般的なものをとおして現実の生活にかかわっているということを意味しているのだろう。そういう一般的なものの理解は，文学の授業に不必要なのだろうか？　もし，文学作品のよみをとおして，子どもの感じ方，評価をくみかえていくことに文学教育の任務があるとすれば，人間とその生活を形象的に組織することの必要はなくなる。結局，文学作品のよみ方指導で，教師は子どもになにをもとめるかという最初の問題にかえっていくわけだ。それが，また，指導

の手順の問題へ展開していく。しかし、この問題にふれる時間はなかった。

　最後の**四日め**には、はなしことばの指導と書写指導のことが討論された。はなしことばのたいせつさがいろんな側面からあきらかにされたが、それが教科の体系のどこに位置するかということでは、あいかわらずなんの解決もみられない。あたらしい指導要領がはなしことばの指導を無視しているということから、33年指導要領のたちばをとるわけにはいかないだろう。

　ことしは、毛筆習字の復活をめぐって、意見の対立がするどいかたちででてきた。福井は書道を芸術としておしえることを主張するが、その根拠として、書道は実用性がないこと、民族の伝統文化であるということなどをあげる。島根は、おちついた態度を子どもに育てるのに毛筆習字はたいへん有効だという。岐阜、三重などがこの種の復活論にたいして反対するわけだが、説得できるほど根拠がしっかりしているわけではない。

教科書はどう変わるか・国語
―― 修身教育の中心舞台として・精神主義と技術主義の抱き合わせ ――

　学力テストの結果，子どもの読み・書き能力がひどくひくいことがわかったので，これからの国語科は読み方とつづり方との指導に力をそそぐことにするそうである。子どもの読み・書き能力のひくさを期待して，すくなくともその高さを期待しないで，戦後の生活経験主義的な国語教育をつくりだした，当の文部省がそういうのだから，信用はできない。指導要領が改訂になれば，まちがいなしに，よみ方指導は修身教育の舞台になるだろう。よみ方指導の強化は子どもの読みの能力をたかめるためではない。そこで，修身をほどこしたいのである。

　喪失した人間性を復活させるという「期待される人間像」の考え方にたって，文学作品が大量に読み方読本にとりいれられるだろう。その文学作品は，いずれも，徳目がひきだしやすいように改作される。現在の教科書にのせてある文学作品も，ほとんどすべて，作家がおこりだすほどの改作がほどこしてあるから，あながち邪推だとはいえない。

　つづり方指導の強化は，生活つづり方運動への抵抗である。支配者にとってみれば，子どもがゆがみのない目で欺瞞にみちた現実をみつめることほど，おそろしいことはない。子どもの目が現実にむかっていくのをさまたげるために，文部省のつづり方は，文章の形式的な側面に指導の重点がおかれるだろう。文章をかくこと，これは技術なのである。感想文の書き方，手紙の書き方，記録の書き方……，そこには型だけがある。

　精神主義と技術主義とのだきあわせ，明治以来いつの時代でも日本の国語教育はそうであった。

　教育漢字の数を千字以上にふやすそうである。子どもは読み方のなかで漢字の学習においかけまわされるだろう。漢字をおしえることがわるいのではない。子どもの既習の漢字を体系づけてやろうとしない教授上の態度に反動性がある。文章をよみながら，いちいちの漢字をおぼえていっても，けっして漢和辞典はひけない。漢字の体系を知識としておしえておけば，子どもによるその後の習得ははるかに苦労のすくないものになる。文部省はそうしないでおいて，子どもを漢字地獄においやるのである。よりたかい

水準ですべての人が読み・書きできるようになるということは，民主主義の前進である。それをくいとめるためには，合理的な指導方法のいっさいを拒否しなければならない。

33[*]年の指導要領は，日本語の文法や語彙の現象を読み・書きのなかでついでにおしえるように指示している。現象の一般化と体系化を要求する日本語の指導が，読み・書きの指導のついでにできるはずがない。たとえば，主語は，たまたまでくわした，ひとつの文ではおしえることはできない。主語をおしえる作業は述語をおしえる作業からきりはなすことはできない。こうした，ごくあたりまえのことが現行の指導要領では無視されている。

日本語指導の欠如が子どもの読み・書き能力のひくさをつくっていることは，現場から批判しつくされ，文部省もこれをみとめざるをえない状況においこまれている。そこで，文部省はあたかも現場に譲歩するがごとくみせて，すでに破産宣告をうけた学校文法を体系的な日本語指導にひろいあげるだろう。だが，現場が要求しているのは，あの，のろわしいカキクケ文法ではない。それだけではあたらしさもないので，文型指導という名の文法指導をとりいれるだろう。ここでは，ありふれた文があたえられ，その習熟へ訓練する。この種の文法指導からは，型にはまった文がかけても，子どもの日本語への感覚はにぶる一方である。日本語の文のゆたかさは，とうてい子どものものにならない。

言語観と指導要領

1

　明治図書の『国語教育』が，63年の1月号で，「言語観によって授業がかわるか」という題の特集をしている。そのとき，つまらないことが問題になるものだと，感心していたが，そのぼくがこの雑誌の編集者から指導要領の言語観について書くように申しこまれて，ひきうけたのは，問題のたて方のつまらなさを書いてみたかったからである。

　旗じるしにかかげた言語観が進歩性のお守りになったり，変節をもっともらしくみせる煙幕になったりするとき，それを神聖なものとみる信仰から，ぼくたちはまず自分を解放する必要がある。と同時に，それそうとうの位置を言語観にあたえるべきであろう。

　実際，国語の授業をふくめて，社会的な実践のあり方が国語教師になんらかの言語観をもたせるとしても，言語観が授業をかえるなど，ナンセンスにすぎない。あの雑誌で鴻巣良雄君が，言語観が授業をかえると，まじめな顔でいっているが，からかわれているような気がしたのは，ぼくだけではあるまい。時枝誠記の言語過程説にかれをはしらせたのは，かれの社会的な実践（国語の授業をもふくめて）のあり方なのである。

　なるほど，ある学説を暗記するほど読みふけることができるが，そうして獲得した言語観はかれの言語観ではなく，かれの授業になんの影響もあたえない。なによりも言語観がたいせつと，おお声でいいふらす，学者か商売人かわからない人がいるが，その人は買手のつかない，やすものの言語観をおしうりしてあるいているのである。自分の一生をかけた言語研究がそこにつまっている言語観を，それほどやすやすと人まえにさらけだすわけにいかないのが，ふつうの学者の感覚である。まちがって，そのやすものの言語観をかいとって，教室のなかにもちこみ，一時的に授業をかきみだすことはありうるだろう。だが，それはつかの間のできごとである。

　指導要領についても，おなじことがいえる。指導要領の背後に，これをささえている言語観があると，いまかりにそうしておこう。ところで，その言語観がさきにあって，それにてらしあわせて指導要領がくみたてられたのだろうか？

この答えははっきりしている。もし，指導要領がある言語観にみちびかれているとすれば，原則的に対立する，新旧の指導要領が交替するにあたって，古い言語観と新しい言語観とのあいだに，しかるべき論争があっていいはずである。論争の決着として，新しい言語観が古いものにとってかわったはずである。しかし，そういう学問的な論争はなされないで，いま，指導要領の交替が進行しつつある。論争がありうるとすれば，これからである。そうだとすれば，指導要領を規定するものは，あれやこれやの言語観ではないということになる。輿水君が指導要領の交替にあわせて，自分の言語観を適当にかえていくところをみると，言語観なんか，国語科の指導要領にとっては，かっこうをつけるためのかざりでしかすぎない。

では，指導要領の原則を規定するものは，いったいなんだろうか？

この答えもはっきりしている。日本を支配しているものの，教育に対する利害である。これが国語科の指導要領をも自分の都合にあわせてかえていくのである。アメリカが口だししていない，こんどの改訂なぞは，ことさらそう考えるほかに，説明のしようがない。

こんどの，新しい国語科の指導要領は，「国民性の育成」をたてまえにする。『答申』も輿水君もそういっているのだから，まちがいない。そして，その輿水君は「国民性の育成」という目標の設定を「政治的・経済的情勢に応じて」と説明するのである。これは『現代教育科学』の68年1月号にかいてあることだが，その号で野地潤家氏が改訂に反対して，つぎのように書いてある。[*]

> 「国民性の育成」出現を促進，決定づける最近の政治的・経済的・社会的情勢の変化とはなにか。それらが教育課程の編成ないし改善の一大要因であることにはまちがいがないが，それをどういう「変化」として見るかには，慎重でなければなるまい。
>
> 国語科の目標は，本来，「要領」改訂のたびに，変動つねなきありさまでは困るのであって，じっくりと腰をすえて実践していくべき道標として，不易の気概を持すべきである。しかし，国語科そのものは，わが国の近代国語教育の展開に徴してもあきらかであるように，ことのはじめから十全ではないから，時間をかけてその充実をはかる謙虚さと周到さとをもつことがたいせつである。国語教育の成熟と発達は，気みじかな目標改変にあるのではなく，ねばりづよい実践の積みかさねによらなくてはならない。
>
> 戦後の国語教育がめざした，自主的な成熟と深化とがもとめてやまぬものとして，「国民性

の育成」がみちびきだされたとは,にわかには考えられない。やはり,指摘されているように,外的要因として,あるいは外面からのくさびとして,うちこまれたという感じも否めない。かくあるべきものとしてではなく,かくあらしめるために,目標に提出されるということ——それは国語教育の真の存立の問題ともかかわってくるであろう。

　野地氏はここで「だれが……」ということにはふれていない。わかりきったことなのだから,そうする必要はない。日本の民主的な政党・進歩的な団体はこんどの改訂にことごとく反対している。野地氏のような穏健な学者にさえ反対される,非常識な改訂を,自民党と文部省があえてやらなければならないとすれば,輿水君のいう「政治的・経済的な情勢」とは,独占資本の体制の危機を意味している以外ではない。いままでのやり方では,独占資本は自民党をとおして政治的な権力をにぎりつづけることはできなくなった。国民経済の安定をたもちつづけることができなくなった。この危機的な情勢の教育への反映が『期待される人間像』なのである。教育の世界では,この危機に対応して,プラグマチズムは実存主義に席をゆずらなければならなくなったのである。

　「国民性の育成」ということが『期待される人間像』のなかにすでに論理として提起されているのだから,新しい指導要領を批判するためには,そこにさかのぼらなければならないのだが,ぼくはいまはそれをしない。ぼくはここで指導要領を批判する必要はないのだし,国語科のそれも『期待される人間像』の具体化になるだろうことには,うたがいをはさむ人はいないからである。

　そうであるなら,指導要領の本質を規定しはしない,その言語観を追求することは,たいして意味がないばかりか,問題のたて方次第では,指導要領の階級的な性格を国語教師の目からおおいかくすのに役だつ。新しい指導要領にとってみれば,言語観はただいま準備中というのが,実際にはただしいだろう。戦前のコトダマ説は心理学などで新しく衣がえをする必要がある。

　国語教育の内的な論理にしたがって国語科の指導要領がくみたてられるなら,言語観がすでに用意されていると,みることもできるが,独占資本の論理にしたがってくみたてられる指導要領にとっては,それはあとからくっつけられる屁理屈にすぎない。これからさきで,指導要領をもっともらしくみせかける言語観がでてくるだろうが,それだけはぜったいに信用できない。

2

　ここで，言語観とはなにかという問題にうつろう。すべての言語観がそういうものであるとは，ぼくも考えてはいない。まず第一に，言語観というものは，言語の本質をめぐる理解であり，言語をつかったり，教えたりするときの，言語に対する態度であるだろう。したがって，言語観は特定の個人の言語研究，言語指導などの実践と密着していて，そこからきりはなされたかたちでは存在しない。ぼくはぼくの言語観をしるためにぼくの論文を読まなければならないのである。国語教師のばあいでは，意図された言語指導の実践のなかに，その主体的な側面として存在している。

　国語教師がどのような方法で言語を教えてみせるかということは，まさしくかれの言語観をなしているのである。それゆえに，国語教師の言語観は，その人の言語指導をめんみつに観察することによってのみ，あきらかにすることができる。

　たしかに，ある国語教師は自分の言語観をことばにまとめて，みんなのまえに披露することができるだろうが，そのことばがどの程度にその人の言語観をいいあてているかということは，まだわからない。だから，このことばはその国語教師の言語観をしるための参考意見にはなるとしても，やはり実践の分析が必要である。それに，自分はこれこれの言語観のうえにたって授業をおこなっているというような発言は，多くのばあい，故意でないとしても，うそがある。あなたはどのような言語観をもっているかというような質問は，なまけもののすることである。狼のまえではだかになる必要はない。

　ところで，ひとたびことばにまとめあげられると，言語観は観念になって，相対的な意味で実践からはなれてくる。そうなれば，言語観というものは，言語の本質規定を抽象的な命題にまとめあげたものであるといえるだろう。それは言語生活の一般化でもあるし，言語研究の帰結でもある。国語教師にとってみれば，かれの言語観は言語指導からひきだされる，言語についての一般的な見解なのである。

　もし，言語観がそういうものであれば，言語学者にとって，それはその後の言語研究のための方法論としてはたらくだろうし，国語教師にとっては言語指導の方法を建設するための基礎理論になるだろう。この意味で，言語観は国語の授業をみちびく原理でもありうる。実践の一般化としてうまれてきた言語観は，反対に実践にはたらきかけて，これよりよいものにしあげていくだろう。意識的に授業をくみたてる国語教師にとっては，そういう第二の言語観が必要になる。

第二の言語観は、なおかつ、個人の意識のなかに存在しつづけているのだが、第三の言語観は個人の意識をとびだして、社会的な存在へ移行する。実際、個人の言語観をたくさんあつめて、一般化すれば、言語観は特定の個人からはなれてしまって、社会的な意識に転化する。こういう作業は哲学者や言語学者がやってくれるわけだが、できあがった言語観は社会の共有財産になって、世代から世代へとうけつがれ、次第に完成していく。ぼくたちが書物からまなびとる、なになに説といわれる言語観がそういうものである。レッテルにつかわれる言語観がそういうものである。

　ところで、社会的な意識としての言語観は、どこに存在しているのだろうか？

　個人の頭脳のそとに意識は存在しえないとすれば、第三の言語観も個人をとびだすことはできない。事実、そうである。社会的な意識としての言語観は、現象的には、第二の言語観として存在しているのである。いいかえるなら、ぼく個人の言語観はぼく個人の言語実践の帰結であるばかりか、人びとの言語実践の帰結でもあり、だれの言語観をとりあげても、個人的な経験にのみよりかかっているものはない。継承をとおして人びとの言語観になっている。正確にいえば、第二の言語観は、社会的なものと個人的なものとの統一なのである。

　このことは、抽象という作業をとおして、社会的な意識としての言語観をとりだすことをさまたげはしない。科学として継承される、社会的な意識としての言語観にまなぶことをしない人たちの言語観は、幼稚であるばかりか、独善的になる。

　しかし、学習した言語観は、まだ学習者のものではない。それが第一の言語観に、つまり実践のなかにはいりこまなければ、自分のものになったとはいえない。したがって、ある人の言語観がどのような学説によっているかということをたずねるばあい、やはり、その人の言語実践が問題になってくるのである。国語教師にとって、日本語指導という実践をぬきにして、言語観の学習など考えられないのである。いろいろある言語観のなかからの選択は、日本語指導という実践が決定する。一読総合法をまもりつづける人たちが、その理論的な根拠を言語過程説にもとめていくのは、この人たちの実践のあり方から説明する以外に、あきらかにする方法はない。

　言語観が言語指導のような実践からみちびきだされて、それを理論化し、方向づける

とすれば，さまざまな実践のあり方が言語観の性格を規定するといえるだろう。そして，言語指導のような実践は，支配階級の利害にむすびついているから，それにこたえる指導要領も階級的な性格をおびてきて，これを理論化し，正当化する言語観は偏向的になるだろう。こんどの指導要領のばあいでも，このことを証明する，おもしろい例がすでにでている。輿水君は例の『現代教育科学』でつぎのようにいっている。[*]

> 日本人の心性というものは，日本語によってその根本規格が作られている。日本語の語いや，また日本語における文字の使い方には日本人の思考がある。
> 文法についても，日本語に，たとえば，「象は鼻がながい」とか，「わたしは頭がいたい」とかいうような，主語が二度使われているような現象があることについて，アメリカのベンジャミン・ホーフという民族言語学者は，主語を二重に限定し得るから，一つの特色であるといっている。
> こういうことが，また，日本人の思考法を規定している。「象の鼻が」でも「わたしの頭が」でもない。二度にいえるから，それだけあいまいのままで言いだせる。こうした文構造が日本人の思考法に影響を持つことは，否定できない。

この輿水君の発言が『答申』のなかの「国語の能力を養うことがわが国の国民性の育成をはかることになる」という文句に呼応するものであることは，説明するまでもない。ほんとうにそうだと思っていないのに，そういわなければならない，かれのくるしい立場はわからないことはない。あたらしい指導要領にしたがって，国語科を日本精神の鍛錬の場にしようとすれば，日本語は日本人の精神のあり方を規定するという，言語と精神とを直線的にむすびつける言語観が必要になる。忠君愛国の精神を子どもにふきこみたいばかりに，こういう言語観を発明するのである。

日本語の文のなかには，主語のふたつあるものがあるというのは，アメリカ人の発見らしいが，「象は鼻がながい」という文の構造は，そんなふうに日本人の思考法を規定するのだろうか？　日本人は，ヨーロッパ人とくらべて，二倍だけ主語をだいじにして，論理的にものを考える民族であるともいえる。どうにでもいえる，学問的には証明できない屁理屈にすぎない。

「……は……が……」の構造の文を外国語に翻訳してみるといい。まったくおなじ思考がまったくことなる文法のなかに実現しているだろう。それは思考の問題ではなく，

文法の問題なのである。日本語の文の歴史がそういう構造をつくりあげたのである。日本人の思考を基本的な点で規定するものは，日本人をとりまく日本の現実であって，それと関係をとりむすぶ日本人の社会的な実践である。日本語はそれにこたえて，自己の内的な発展の法則にしたがいながら，発達していくのである。まさか，興水君の思考のあいまいさを日本語の文法構造から説明するものはおるまい。興水君の発言なぞ，いまはひかえ目であるが，さきでなにをいいだすか，想像すると，みぶるいがする。いずれ問題点がにつまってくるだろうから，そのとき，あらためて，ぼくは思考と言語との関係についてぼくなりの考え方をのべてみたいと思う。

だが，コトダマ説がすでに存在しているのだから，それがあたらしい指導要領の実践をうみだしたかのごとく思えてくる。世間のことにうとく，きれいごとですませたい学者は，そう説明したがる。実際，社会的な過程からきりはなされている，大学のなかの学者は，具体的な言語生活からではなく，あれやこれやの言語観から自分の研究を出発させている。こうして，ひとたび社会的な存在としての言語観が形成されるや，それがなにか偉大な魔力をもっているかのような幻想がうまれてくる。

すでにのべてあるように，文部省は指導要領をかきかえるにあたって，ふるい言語観をすてて，あたらしい言語観を採用しなければならない。そのために，さまざまな言語観を大学にストックしておいて，そのときそのときの都合にあわせて，どれかを動員するのである。ふるい言語観はやぶりすてないで，ふたたび日の目をみる日まで，その大学にしまっておく。支配者にとってみれば，言語観は指導要領のしもべにすぎない。

さて，このように考えていくなら，言語の本質規定としての言語観には，支配階級につかえるまがいもののあることがわかるだろう。しかも，そのまがいものは大学のなかで学問らしい粉飾がほどこされて，権威をともないながら，国語教師[*]のまえにあらわれてくるだろう。そして，他方には科学的な言語観があるとすれば，国語教師はいずれをとるかということに苦心しなければならなくなる。そこで，選択の基準が問題になるのだが，あれやこれやの言語観のただしさをはかる物さしは，国語教師にとっては，言語指導という実践以外ではないのである。言語学者にもおなじことがいえるのだが，国語教育がある言語観から出発するなら，その言語観のとりこになるだけのことである。

教師の社会的な実践である授業は，教師の思想をゆたかにはなさかせていく基盤である。授業の貧弱さは，教師の思想の貧弱さを示すものであるなら，国語教師がどのようにして自分の言語観を確立していかなければならないか，その道はおのずからあきらか

である。

第3部　組織論・運動論

新潟国語教育研究会／1月13・14日　新発田市

　1月の13日と14日に，新潟の新発田市で，同市の「教育研究協議会」と「猿橋小学校」と「教科研・新潟国語教育部会」との共催によって，国語教育研究会がひらかれました。そのときの研究内容の報告については，研究会の運営者におまかせするとして，ぼくとしては，その共催の研究会をきっかけにして，教科研・国語教育部会が新潟にあたらしくできたことをおつたえし，みなさんとともによろこびたいとおもいます。

　この新潟・国語教育部会が，組織がえをした教科研[*]のあたらしい運動方針にしたがって，じみな研究集団としてうまれたことに，ぼくは意義をみいだしています。部会にはきびしい運命がまちうけていることでしょうが，ゆきぐにの人たちのねばりっこさで，これをのりきってくれるものと信じています。十年一日の，しつこい努力を期待しています。

　当分のあいだは，新潟・国語教育部会は兄貴分にあたる教科研・国語教育部会とのよこの連絡がたいせつですので，教科研・国語教育部会としても，しごとがふえたわけで，はりがでてくるでしょう。

　地方に国語教育部会がいくつかできたばあいは，東京をふくめて地方の国語教育部会をむすびつける組織が必要になるでしょう。もしそういう事態がおこったら，まい年なつにひらかれる全国研究集会の国語教育部会は，地方にある国語教育部会の全国大会になって，あたらしい内容がもりこまれるわけです。国語教育の新潟部会にしても，東京の部会にしても，そういう日のくることを期待していることとおもいます。

　なお，木村隆利，斉藤文子[*]，若月又次郎さんたちが新潟・国語教育部会の組織上のしごとをひきうけているようですので，はげましの手紙，といあわせの手紙はどうぞそちらへ。

（教科研・国語教育部会，教科研委員・奥田靖雄）

国語教育（教科研第1回全国大会分科会の討議要点）

　教科研の第1回全国大会における国語教育分科会を発足させるにあたって，教科研という組織のなかでの国語教育研究のあり方について，あきらかにしておかなければならないことが二，三あります。

　まず確認しておかなければならないことはこの分科会は，連絡協議会時代におこなわれた全国研究集会の国語教育分科会のつづきであり，その発展であるということです。教科研の組織がえがおこなわれ，第1回という看板がかけてあるので，この分科会もあたらしいものだといえるのですが，研究活動の内容の面からみるなら，過去の成果を清算する必要はないのですから，協議会時代の成果をうけついで，発展していくべきです。

　だが，組織上からみるなら，やはりこの分科会は，あたらしいものです。連絡協議会の時代では，ちっとばかり名のとおっている国語教育の理論家が，名ざしをうけて分科会に参加したのですが，この分科会は，教科研の運動にくわわっている，あるいはこれからくわわろうとする国語教師ならびに国語教育研究者の，全国的な規模におけるあつまりになっています。

　教科研のなかには，日常的な研究グループとして国語教育部会がありますが，その部会が実質的に分科会を運営しています。したがって，全国大会の国語教育分科会は，教科研・国語教育部会の全国大会だといえます。国語教育部会に所属している教科研会員の全国的なあつまりだといえます。

　つづいて，教科研の国語教育部会についてふれておきます。現在のところ，組織的な部会活動を確実にすすめているのは，東京と新潟です。東京の国語教育部会は59年の9月に，新潟の国語教育部会は今年の1月にうまれました。そのほか，鈴鹿教科研のなかに国語教育部会があって，4，5年まえに集団研究のすぐれた成果をだしたのですが，いまはどういう活動をしているのか，さっぱりわかりません。こんなふうで，部会活動はきわめて貧弱だといわざるをえません。

　教科の研究のたちおくれが民間教育運動のなかに若干のこんらんをまねいている情況のなかで，教科研はサークル連合体から個人加入制に組織がえを実行したのですが，そのことには，普及に重点をおく組織から創造に重点をおく組織に教科研をきりかえると

いう，ふかい意味があったわけです。教育学の創造とくに教科の理論の創造は，たくさんの教師のたくさんの実践を一般化し，法則にたかめていくという作業をぬきにしては，考えられません。この作業は，当然，組織的で計画的なものです。したがって，きょねんの教科研の組織がえは，日常的な集団研究の組織をつくることを会員に要求しているわけで，国語教育においては新潟がまず名のりをあげたのです。

新潟国語教育部会は，単語指導の方法を共同研究のテーマにして，ことしの1月，3月，6月，7月と研究会をかさね，この分科会にその成果を，報告するだんどりになっています。集団的な研究は，メンバーの国語教師がおのおの単語指導の経験をおなじ形式のカードに記録して，研究会にもちより，そのカードにもとづいて一般化していくという方法をとっているのですが，まだ日もあさいので，たいした成果は期待できないでしょうが，これから根気よくつづけるなら，新潟の部会によって単語の指導方法の体系がうちたてられることは，うたがいありません。

この新潟の部会活動には東京の国語教育部会から理論上の助言者が参加していますが，その旅費は教科研中央にあつまった会費でまかなわれています。地方ではアトラクチブな研究集会はもつことができても，地みちな日常的な部会活動ができないのは，ひとつは理論上の助言者をよぶための金がないという理由にもよるのですが，そのことは教科研の組織がえによって原則的には解決ずみなのです。

もし新潟や東京以外の地方でも国語教育部会がつくられて，国語教育のいろんな側面が集団的に研究されるなら，国語教育の体系的な理論のうちたてられる日が，ぐっとはやまるでしょう。

新潟部会と東京部会とは兄弟の組織であって，このような兄弟の組織がそのほかの地方にできるなら，地方にある部会をよこにむすびつける組織が必要になります。つまり，教科研の国語教育部会を代表する委員会が必要になります。この委員会のしごとは，(イ) 地方部会のあいだの連絡をはかること，(ロ) 部会活動の拡大をはかること，(ハ) 全国大会の国語教育分科会を運営することなどです。さらに，国語教育部会の利益を代表して，教科研中央の常任委員会に常任委員を一人おくりこむべきでしょう。こんどの分科会では，このような組織上の問題をぜひとも討議していただきたいとおもいます。

以上がわたしからの提案であって，つぎに分科会の研究内容について若干ふれておきます。56年の全国研究集会では，わたしたちは，国語教育の内容をテーゼにまとめました（『教育』76号）。このテーゼは部分的な修正さえくわえれば，今日でもりっぱに

通用します。その後,国語教育分科会はよみ方指導の内容と方法の研究に全力をむけています。59年には,きわめておおざっぱであるが,それが概括できるようになっています(『教育』109号)。60年の分科会では,単語指導の諸側面が宮島達夫によってあきらかにされ(『教育』123号),奥田靖雄によって文章の内容をどう理解すべきかという問題が提出されました。『教育』の141号にのっている奥田の論文は,そのときの報告をかきあらためたものです。61年の分科会では,鈴木重幸から文のおしえ方について,野村篤司から文学作品の内容の構造について,それぞれ報告があり,未解決の問題がすこしずつあきらかになっています。そしてこんどの分科会では,つぎの題で報告がなされます。

低学年における文字指導の方法　野沢しげる
科学・説明文の構造　野村篤司
単語指導の方法　新潟国語教育部会

こんなふうに国語教育部会の研究活動はゆっくりしていますが,とにかく前進しているのです。みなさんの積極的な参加を期待しています。

教科研運動をすすめるにあたって考えたいこと

　子どもの心理的な発達とかみあわせて，科学的な知識の体系をおしえなければならないという教師ならびに教育学者の考えは，わかい世代に民主的なモラルをそだてようという意欲とともに，戦後の民間教育運動をおしすすめてきた底力である。この民間教育運動は，現在，われわれにただちに解決しなければならない，いくつかの問題を提起している。

　まず第一に，教科の内容を科学でうめるということの教育学的な意味をあきらかにすること。数教協の人たちがなげかけた「教育の現代化」は，われわれの運動の内容を教材論的な観点からしめしたものであって，教科の内容を科学でうめるということの意味を，教育全体のなかで，子どもの全面的な発達と関係づけて，あきらかにしたものではない。たとえば，科学的な知識をあたえることは，子どもの世界観，政治＝道徳的な見解の成立とどんなふうに関係しているか，というような問題は，いますぐにでもあきらかにしておく必要のあることである。

　運動がわれわれにあたえた第二の問題は，いわゆる「教育の現代化」をわが国の教育史のなかに位置づけることである。科学が今という時点で獲得した成果を教科の内容にもちこむ仕事は，世界のどこの国でもおこなわれているのだが，そのことはそれぞれの国のもつ社会的，歴史的な条件によってことなる意味をもっている。今日のわが国では，経験主義の破壊的な作用から子どもをまもるたたかいとして，この仕事が民間からおこってきたのだが，それはやはり明治の初期からの国民的な課題であったと考える方がただしい。教科の内容を科学でうめるということは，近代教育の確立の一環であるが，その実現は天皇制政府によってほったらかしをくった。したがって，この仕事は戦後の民主化の時期に政府によって爆発的にすすめられる性質のものであったが，そうはならず，十年あまりもたって，民間教育運動としてすすめられている。いわゆる「教育の現代化」は，教育史的にみれば，わが国の教育を近代的なものにする仕事ではないだろうか。このことをわれわれはあきらかにすべきである。

　第三に，教科の内容を科学でうめるという仕事は，現行の民主主義的な政治＝法律制度との関係のなかで，どういう意味があるか，あきらかにする必要がある。いわゆる

「教育の現代化」は現行の憲法と教育基本法によって保証された教育を実現していく仕事の一環である。われわれは「教育の民主化」というばあい，制度と運営の観点からは問題にするが，教科の内容の観点からはあまり問題にしない。たとえば，子どもが科学的な知識で身をかためるということは，現代の諸現象を自分の力で分析し，自分の力で評価する力をつけるということになるのだが，それは自由で解放された人間をつくるという教育基本法の精神にかなったものである。

国語教育分科会ですること

　去年の全国大会からくれまでのあいだに，茨城・埼玉・福島・宮城・岩手・青森に国語部会があたらしくうまれて，それぞれ学習と研究を共同ですすめている。ことしにはいって，山形・秋田・群馬に国語部会の組織ができた。東京と新潟をふくめて，教科研国語部会は 11 の県に存在している。これらの組織とその共同研究を土台にして，ことしの第 2 回教科研全国大会における国語分科会の研究活動はすすめられる。

　予定とされている研究報告のテーマを紹介しておく。宮城の教科研国語部会，岩沼グループから「**よみ方の指導＝学習過程**」についての報告がある。岩沼グループのこのテーマについての共同研究は，昨年からはじまっていて，その成果は，『教育』3 月号にのっている宮崎典男氏の論文[*]にみのっている。その後，岩沼グループは，文学作品の「主題・理想」の分析のしかたと指導のしかたをあきらかにするために，しつこく共同研究を進めてきている。その結果が報告される予定である。

　新潟国語部会の下越班の方は，去年とおなじテーマ「**よみ方における単語指導**」についての報告がある。[*]大雪という不利な条件にもかかわらず，こつこつつづけてきた研究活動が，去年の報告をいっそうくわしく，たしかなものにしているもので，期待できる。

　つづいて，福島国語部会の方は，「**よみ方における文の指導**」という題で報告することになっている。[*]この種の研究は，あまり開拓されていない領域なので，むしろ研究方法の確認というかたちをとるだろう。

　さらに，これらの基礎的な研究とならんで，日立と岩手とから『坂道』の授業記録が提出される予定である。岩手・宮城・秋田・山形・茨城などでは，よみ方の授業研究に努力を集中している。ぼくたちが確認した，あるいは仮説として設定した方法論(メトデイカ)を実践にうつして，授業過程と結果とを一定の方法で記録すること，それ自身ぼくたちの研究活動の重要な一環であるのだが，茨城・日立によってモデルがだされるだろう。

　これらの報告は，よみ方指導の問題と関係しているが，文法教育については，新潟国語部会の中越班から「**小学校における文法指導の実践**」が報告される予定である。東京の文法グループからは，教科書つくりの進行状態がかんたんに報告される。

　それらの報告にくわえて，東京からは，「**国語教育の内容と方法**」についての報告が

ある。これは，56年テーゼを今日の研究水準にたかめて，かきなおしたものであって，ぼくたちのこれからの研究活動の方針となるだろう。

つづいて，部会の組織上の問題についても，いくらか時間をさかなければならない。

現在部会の存在は，わりと北にかたよっているが，南と西とはどうするか。部会を設置することの意志がしめされないかぎり，この問題は実際的な解決はみられないのだから，南と西の人たちの参加をおねがいする。

なお国語分科会に参加する人は，次の文献を必ずよんできてもらうことをお願いしておきます。

『読み方教育の理論』（国土社）

『本誌』[*]本年3月号（特集・読み方教育の授業過程）奥田・無着・国分・宮崎・野村の各論文

国語教育研究のあたらしい段階

　教科研・国語部会の活動は，実質的には，第1回全国研究集会の国語分科会で「56年テーゼ」をこしらえたときからはじまっている。それから7年の月日がたったが，そのあいだ毎年おこなわれた夏の集会に会員が56年テーゼを具体化する研究報告をなし，それをめぐって討論をすすめながら，国語教育についてのわれわれの基本的な見解をかためてきた。きょ年までの報告はことしの1月に『読み方教育の理論』（国土社）として一冊にまとめてある。ここまでを教科研・国語部会の活動の第一期とみていいだろう。この時期を特徴づけるなら，暗中模索のなかから，国語科教育の領域，それぞれの領域の任務と内容と方法などを原則的な問題にかぎって理解することができたといえるだろう。そして，この時期の活動はおもに国語学者によってすすめられ，国語教師はややもするとおいてきぼりをくわされていた。だが，その後の発展の土台をきずいたという意味で，この時期の意義をただしく評価しなければならない。

　しかし，われわれはこの成果には満足せず，研究活動のあたらしい段階にすすんだ。国語部会は，きょ年の教科研・第1回全国大会へ提出された研究活動計画の線にそって集団的な研究を組織し，実践を理論化しながら，その理論にしたがって実践の質をたかめるという方向で活動をはじめた。ことしの夏におこなわれた教科研・第2回全国大会に，1年間の集団研究とそれにもとづく教育実践が報告書になって提出された。——報告書は本誌の12月号にのる。——1年間というみじかい期間になしとげたしごとは理想からはるかにとおいものだが，研究活動の中心が国語学者から国語教師の手にうつって，教師でも教育学的にすぐれた研究成果をうみだせるという可能性をはっきりしめした。集団主義の原則にもとづく国語部会の活動は，教育研究運動における教師の積極性と創意とをたかめ，大衆運動としての性格をおびてきた。教育学界の現状では，民間教育運動が教師のなかからすぐれたメトディストをそだてあげなければならないのである。われわれは第二の国分一太郎をそだてあげなければならないのだが，そのシステムをつくりあげた。

　もちろん，われわれは現在でも専門家の役わりを否定しはしない。実践にもとづく教師の研究活動がすすめばすすむほど，専門家の研究にたいする要求がたかまるだろう。

われわれ国語部会では，教師の研究活動がふかまるとともに，専門家の研究の意義がはっきりしてきて，あたらしく専門家を教科研運動のなかにひきいれることに成功している。

　このように運動の面から国語部会の活動のあたらしい段階を特徴づけることができるのだが，研究の内容の側面からもみるなら，どうだろうか。この点については，ここではあえてふれない。ことしの３月号にのっている宮崎，無着，奥田，国分の論文，前号から連載された篠崎の論文，それに本号にのっている諸論文をあわせてよんでいただきたい。

信頼と不信頼

　ぼくがこの雑誌の2号で熊谷孝君ならびに荒川有史君を批判したら，さっそく熊谷君から明治図書の『国語教育』の10月号に回答があった。その内容をひとくちでいえば，ぼくの批判は教師大衆のあいだに分裂をまねくというのである。

　　ところが，その「たいせつな公器」を使って，他の民間教育研究団体を御用団体・反動団体よばわりし，世の多くの教師大衆の疑惑と不信感をその団体に対してつくりだし，教師大衆相互の反目と対立と分裂をそこにみちびく。

　こういうふうに熊谷君はいう。ぼくは熊谷君や荒川君の文学教育論に疑惑と不信感をもっているから，かいたのである。ぼくの考え方，感じ方がただしければ，教師大衆はうけいれるし，まちがっておれば，ぼくの方が信用をなくすだけのことである。もし分裂さわぎがおこったなら，事実でしめしていただきたい。そんなことがおこるはずがない。したがって，熊谷君の反論は，ぼくが熊谷君や荒川君を公開の席上で批判してはいけないといっているにすぎない。民間教育運動での分裂というのは，組織をわって，教師大衆の団結にひびをいれることである。とすれば，熊谷君や荒川君こそりっぱな分裂主義者ではないか。文学教育の会（文教連の前身）からぬけだして，文教研というちっぽけなグループをつくったのは，まだぼくたちの記憶にあたらしい。文学教師のみんなといっしょにあるくことができず，分裂していった人を批判して，どうして分裂がおこるのだ。もし熊谷君がほんとうに教師の団結と統一とがたいせつだと考えるなら，文教研を解体して，文学教師の大衆的な組織である文教連にかえるべきである。もし文教連が熊谷君をむかえることに反対なら，かれはおおくの文学教師から信用がないということになる。いずれにしても，熊谷君には分裂ということばで他人を非難する資格はない。

　ぼくが熊谷君から「分裂的な傾向へのいましめ」をききたくない第二の理由はこうである。熊谷君は他の民間教育団体への連帯感と信頼感をもちあわしているそうだが，それがウソだからである。もし熊谷君が教科研・国語部会を友好団体として信頼しているなら，教科研・国語部会の権威をきずつける，まさにそのための発言をくりかえすはず

がないからである。熊谷君は『児言研国語』の２号にこういっている。*

> 三読法ならぬ一読法，総合よみの方では，作品との最初の出あいということをだいじに考えていますね。この発想が文学教育にとってもだいじなのでして，これがないと，文学教育が文学教育にならないのです。ところが，この点の考慮が三読法にはかけている。まず通読して字句をわからせ，精読の段階で段落にわけて，要旨や大意をつかませ，さて味読にうつって主題を理解させる，というふうなやり方では，文学はどこかへ姿をけしさってしまう。

君たちのいう三読法を教科研・国語部会が，まさに教科研・国語部会が主張していることは熊谷君もよくしっているはずだ。とすれば，三読法への，ひやかし半分の非難がどういう意味をもってくるか，熊谷君にもよくわかるはずである。いったい，だれがどこでこういう三読法を主張しているか。ぼくは教科研の考え方を批判するなといっているのではない。連帯感と信頼感があるなら，ぼくたちのかいたものをよくよんで，正面からまじめにやりなさい。『国語教育』の９月号にはこんなふうにかいている。*

> たとえばの話だが，「文学教育の原理探求の段階は，もうとうに終わった。いまはその指導の体系的な手だて，手つづきをどう考えるか，という教授過程論の季節である」というに近い考え方が，こんにちの文学教育論の中心的な流れのひとつである。（そのような考え方とどうつながるか，あるいは，つながらないかということは別として）奥田靖雄氏たちによる一連の綿緻で精緻な教授過程論の提示が，多くの現場のそういう考え方，そういう気運の支えとなっていることは確かなようである。

この発言は，教科研・国語部会は指導技術の研究だけをやっている技術主義者のあつまりである，といった印象を教師大衆のあいだにばらまくためなのか。いったい，だれがどこで文学教育の原理の探求はおわったといっているのか。民間の教育研究運動に属する諸団体の友好的な関係は，研究のうえの不足をおぎないあうというかたちで成立するのであって，そこに信頼感と連帯感がうまれる。

荒川君は『国語教育』の69号で「機械的な適用は危険」という題で『読み方教育の理論』*を紹介し，これに文教研の意見を対置している。それはそれでよい。問題は悪意

にみちた題のつけ方である。とにかく，人を非難するまえに，自己凝視でもやることだ。まだあるが，こんなつまらないことはやめて，熊谷君の文学教育論の原理を紹介しよう*。

> 作者が媒介者として読者のあいだにわりこんでいって，ことばにならない読者の胸のなかのウッセキした怒りや訴えやねがい，あるいはよろこび，といったものをさぐりあてて，それにことばをあたえ，読者相互の話しあい，伝えあいの場をそこに用意するときに，かれははじめて文学の作家たりうるのです。

つまり，熊谷君によれば，読者の自己（感情）を表現したものが文学なのである。

> 感情ということを別のことばでいえば，《態度》とか《構え》ということです。……態度や構え，つまり感情があらゆる事物の認知，認識のベースにあるわけです。……そういう態度や構え，感情をまっとうなものに，みずみずしく，ゆたかなものにつちかう仕事をするのが文学教育にほかなりません。

作品の主体的な側面をふくらましながら，文学教育を修身教育にすりかえる解釈学の否定的な伝統を，熊谷君はみごとにうけついでいて，この点でも時枝誠記君にそっくりである。

> 文学における作家と読者とのむすびつきということは，作品にもられた素材の取りあつかいをとおして，にじみでてくる作者の人生批判の態度に耳をかたむけることである。（『国語学原論』の続篇）

熊谷君がみんなの信頼をとりもどしたいなら，文学教育を可能にするレアリズムの立場をまもりとおすことである。

低学年教育のこと

　物はすべて他との相互関係のなかにある。この相互関係のなかで，物は自分の諸特性をさらけだすのだが，これをふつう現象とよんでいる。他方では，物は他とはことなる，それ自身の構成要素とその構造的なむすびつきをもっていて，それが物の本質をなしている。本質が物の内面だとすれば，現象は物の外面であって，両者の関係は本質が現象するということでおさえることができる。物を静的な次元でとらえるとすれば，現象と本質との関係はこんなふうになる。

　このことを認識のアスペクトにもってくると，外面的な現象をみたり，きいたり，ふれたりして，経験的にとらえることができるが，本質の理解は経験的にあたえられたものを分析・綜合して，はじめて到達できるということになる。いいかえるなら，抽象の世界で物の部分（あるいは側面）をとり出して，それらがどのように相互にむすびついているかということをあきらかにしなければ，物の本質を認識したことにはならないのである。したがって，現象の認識が経験的だとすれば，本質の認識は理論的だということになる。

　本質のあらわれである物の現象を経験的にとらえることをぬきにして，理論的な認識は成立しえないのであるから，当然のこと，経験的な認識は理論的な認識に先行しなければならない。このことは発達の段階としてもあてはまるだろう。経験的な認識の段階は，いく才までかはわからないが，子どもを特徴づけるものであるだろう。

　いま，われわれのあいだでは，科学を体系的におしえるということの重要さがさかんに強調されている。科学というものが法則と概念のなかに物の本質をつかみとることであれば，科学の教育は子どもを理論的な認識の段階につれていくことである。そして，低学年の子どもたちの発達がまだ理論的な認識にほどとおいとすれば，経験的な認識の段階での諸作業が準備されてしかるべきである。

　　　　　　　　　　　　　　　　　　　　　　　　　　　（教育科学研究会常任委員）

廃刊にあたって

　この100号を最後に，編集を東北のなかまにおねがいすることになった。責任編集者が加藤光三であって，編集グループが東北の教師でなりたっているとすれば，雑誌の方向がかわってくるだろう。雑誌は，いままでどおり機関誌としてはたらきながら，教師に，授業にいちだんとちかづいていくにちがいない。そんなことにあわせて，雑誌の名まえもあらためられる。この雑誌は廃刊ということになるのだが，あたらしい雑誌が国語教師のつくる，国語教師のためのものであれば，それもいいことだろう。

　廃刊ともなれば，100号までのバックナンバーのすべてをよみなおして，この雑誌にたくわえられてきた，いままでのしごとをしめくくることが必要になる。あたらしい雑誌の方向を確実なものにするためにも，あたらしい状況のなかにのこされた業績を意味づけるためにも。だが，このしごとは，のこされた業績がとてつもなく膨大なために，領域べつに手わけするとしても，かんたんにはかたづかないであろう。プランはあたらしい編集グループにおまかせしたい。

　この雑誌は，その時代を代表する，たくさんの作家，文芸学者，言語学者，教育学者，哲学者たちの同志的な参加のもとに成立していた。それぞれの領域の研究史のなかに歴史的な記念としてのこりつづけるだろうと思われる，すぐれた論文がそれぞれの号にさりげなくちりばめられている。おかげさまで，この雑誌は国際的にも国内的にもたかい評価をうけている。おそらく，おなじような雑誌はもう二度とつくることはできないだろう。編集にあたっておおきな役割をはたしたのは，国分一太郎と篠崎五六である。この雑誌のためにかいていただいた方々にどんなし方で感謝のきもちを表現したらいいのか，編集にたずさわったひとりとして，いまぼくはこまっている。思いだすままにお名まえをあげれば，阿部知二，勝田守一，菅原克己，田宮虎彦，中野重治，花岡大学など，いまはなき人もいる。今西裕行，佐多稲子，柴田義松，竹内良知，田宮輝夫，橋浦兵一，日高六郎，水上勉など，お元気でいらっしゃる方もたくさんいる。

　なかでも，小田切秀雄には，おからだのむりをおしながら，とてつもなくやすい原稿料で毎号にたくさんかいていただいた。のろわしい戦争の時代にいためつけられながらも，抵抗しつづけた左翼の人たちの同志的な友情を，この雑誌への小田切秀雄の執筆に，

ぼくはいま想像しているのである。感謝の意をこめながら，先生のご健康をおいのりする。ふりかえってみれば，この雑誌は政治的なたちば，思想上のちがいをのりこえて，あたらしい国語教育の実現にいろんな人たちが手をむすぶことでなりたっていた。運動のあり方についてたくさんおしえられる。

　教科研・国語部会は，いろいろといわれながらも，文学教育のための教材をたくさんほりおこしている。そして，その作品を教室にもちこんで，指導方法を実践記録のなかに探求している。板垣昭一，勝尾金弥，加藤光三，川野理夫，芳賀雅子などの名まえがいまはもうなつかしくおもいだされる。さらに，二，三の作品については，その作者が授業記録をよんで，作家のたちばからの感想をのべている。なかでも，佐多稲子と田宮虎彦のものはわすれられない。この人たちは，主題をとらえることのたいせつさを教師におしえてくれるのであるが，印象的なのは，授業という鏡に自分の作品をうつしながら，教師にまなぶという謙虚さである。この雑誌は文学と教育との，作家と教師とのつながり方の理想をみごとに実現してみせる。

　若月又次郎からはじまる，全国の教師たちの単語指導の実践記録を指導法に一般化する，言語学者の宮島達夫のしごとも，この雑誌をかざっている。宮島のしごとは，その後，『単語指導ノート』にまとめられている。日本における方法論的な研究の歴史的な記念である。明星学園の『にっぽんご』の 4 の上にあたえた鈴木重幸の解説も，この雑誌に連載されて，日本語指導にあたる教師たちに文法論の知識をたくさんおしえている。鈴木のこの解説は，その後，『日本語文法・形態論』にまとめられた。体系的な記述ということではずばぬけていて，いまなお実用文法の頂点をなしている。門真隆は言語学者の文法研究をよみ方指導のうえにみごとに生かしてみせるのである。こんなしごとを組織したのも，この雑誌である。個別科学と教育学との，学者と教師とのつながり方の見本をさしだしている。

　後半になれば，現代の言語学の頂点にたっている，いくつかの論文を，大槻邦敏，村上三寿のような現場の教師がかいている。そういえば，読み方指導についてのソビエトの文献を翻訳したのは，柴田義松のアダモヴィッチをのぞけば，東北の女教師のグループであった。雑誌はわかい研究者をたくさんそだててきた。

　いろいろまだ，かきたいこと，かかなくてはならぬことがやまほどあるが，あたらしい編集グループにこの雑誌を手わたすにあたって，いまはすこしだけかいて，みんなで考えるための，ひとつの視点をさしだすにとどめる。これで 25 年の物語もおわった。

創刊のことばは国分一太郎である。そこには教育学としての国語教育論の建設への期待がこめられている。あたらしい雑誌がかれの期待をうけつぎながら，あらたな前進をなしとげることをねがって，ぼくの廃刊のことばをおえる。そして，また，あたらしい物語がはじまる。

90年12月16日

奥　田　靖　雄

わが歴史

　編集を東京国語部会にうつすにあたって，編集委員会は，この雑誌をワープロ版からオフセット版にもどすことにきめた。3の1号から3の10号までの『教育国語』の編集作業は，ほとんどすべてを加藤光三にまかせっきりで，たいへんな苦労をおかけした。むぎ書房の手から『教育国語』をきりはなすために，さけることのできない非常手段であった。『教育国語』はわれわれの機関誌であれば，お金から編集作業にいたるまで，自分たちの手でおこなうのは，当然のことである。その当然さを加藤光三の犠牲のうえに成立させた。

　1の1号から1の100号までの，つまり第一期の『教育国語』の発行は，編集作業から金銭的な負担にいたるまで，運動という名目のもとに，むぎ書房というちっぽけな出版社にまかせたままであった。最初のうちは，かたちだけは東京国語部会で編集会議をもっていたが，後半は，その会議もおこなわれずに，当時はむぎ書房の社員であった篠崎五六にまかせっきりになっていた。名のない雑誌に老大家の名前がずらっとならんでいるのは，篠崎のおかげである。佐多稲子の，ひくいところから日本の教師にかたりかける，やさしいはげまし，など，むかしの『教育国語』には，わすれられない言葉がたくさんちりばめられている。それとはべつに，熟練した教師たちの手になる，国語科指導法にかかわる，かずかずの名論文が掲載されている。くりかえし読まなければならない日本の教育の財産である。しかし，その篠崎五六もむぎ書房からしりぞいて，企画の仕事はだれの手からもほったらかしにあう。

　やむをえず東北の国語部会のメンバーに企画（テーマと執筆者の選択）をおねがいすることになるわけだが。それと同時に2の1号の発行がはじまる。加藤光三を中心とする編集委員会ができあがって，年四回の会議が仙台でおこなわれた。しかし，むぎ書房への財政上のおんぶは，なおつづいていく。

　もうこれ以上むぎ書房へのあまえがゆるされなくなって，ワープロ版の3の1の発行へきりかえることになった。このとき，はじめて『教育国語』は国語部会のものになる。

　しかし，ひと手もお金ももたないで，むりやりにそうしたところで，うまくゆくはずがない。加藤光三ひとりに編集作業をまかせることによって，『教育国語』は社会的に

承認された，権威のある，一級の雑誌から，形式的にも内容的にも，ちいさなサークル仲間のワープロ版の雑誌へ転落していく。このことは，加藤光三の責任でないが，自滅の道であることにはまちがいない。読者層もかぎられている，いわばガリ版刷りのような，ひんじゃくな雑誌に，一級の研究者が一級の論文を発表するはずがない。しだいしだいにサークル仲間の井戸端会議的な作文がならぶようになる。このような状態がつづけば，『教育国語』は廃刊においこまれることはまちがいないだろう。こんなことを考えながら，第四期の『教育国語』の発行にふみきることにした。ワープロ版からオフセット版へのきりかえ，つまりもとの形式への復帰は，このような時期にかかわっている。その意味を会員諸兄はじゅうぶんに考えていただきたい。

　『教育国語』が日本の良心的な国語教師をひとつにまとめていく力であるとすれば，われわれの教育運動を組織する機関誌であるとすれば，会員諸兄はこの雑誌の廃刊をゆるすことはできないだろう。そうであれば，たたかう国語教師たちの実践をたかいレベルへとひきずりあげていく，ちからづよい論文で，この，あたらしい雑誌はうめつくされていかなければならない。すべてが会員諸兄の意志にかかわっている。

補　注

「民族解放と日本語 ── 漢語の問題をめぐって ──」
＊ p.28.25 行目

　スターリンの『マルクス主義と言語学の諸問題』あるいは，その中心をなす論文「言語学におけるマルクス主義について」には，1950 年以降，ガリ版ずりの冊子，雑誌論文，単行本などのかたちでいくつもの翻訳があったようで，現在確認できるものもかなりのかずにのぼる。しかし，著者が翻訳者や発行所をしるしていないので，どの翻訳をさしているか不明で，そのために"23 頁"という指定が論文のどの箇所をさすかをげんみつには特定できない。現在確認できるかぎり，これらの翻訳のうち，『マルクス主義と言語学の諸問題』というタイトルまで完全に一致するものには，"23 頁"という指定のし方があてはまるものはないようである。（なお，著者があげているのがロシア語の刊行物である可能性もないとはいえないが，その文献を特定することはできていない。）

　タイトルがおなじでないものの，『言語学におけるマルクス主義』（日本共産党宣伝教育部，1950 年 9 月）と『言語学におけるマルクス主義について』（民主主義科学者協会・大阪支部，1950 年）は，どちらも"23 頁"という指定のし方に条件があうので，このふたつのどちらかが著者のあげているものである可能性があるのではないかとおもわれる。

　かりに，このふたつの翻訳にあてはめてみると，どちらの翻訳でも"23 頁"は，国民文庫『弁証法的唯物論と史的唯物論』（大月書店）では，p.163.15 行目からにあたる箇所である。

　（この補注の末尾部分に関しては，工藤浩氏から貴重なご教示をいただき，より適切な文献をあげることができた。しるしてあつく感謝する。）

＊ p.29.3 行目

　「シタにならんでいる単語は」は，原文がたてがきのため。ここでは，「くだもの，けだもの」から右の単語をさしている。

＊ p.29.18 行目

　「漢語では字がコトバになっています。」は，「漢語では字がコトバを になっています。」

の誤植の可能性もあるが，誤植とまでは断定できないので，原文のままとした。
* p.35.18 行目
　石母田正「言葉の問題についての感想──木下順二氏に──」。
* p.45.11 行目
　「明治の二十年のオワリ」とは，「二十年」のあとに「代」がぬけているようにおもわれる。
* p.45.27 行目
　時枝誠記「朝鮮に於ける国語政策」。

「東北のコトバ」
* p.52.28 行目
　底本では「よみたいさげた（よみたい），からよむんだ。」となっているが，これを誤植と判断し，「よみたいさげた（よみたいから），よむんだ。」に訂正した。

「ヨミ・カキを教えること──国語教育での階級性の問題──」
* p.57.15 行目
　「経験をつみかさねばならない。」は，なんらかの脱字があるようにもおもわれるが，原文のままとした。
* p.66.30 行目
　「ウエの漢語」，「シタの民族のコトバ」は，原文がたてがきのため。ここでは，「ウエ」は左の単語，「シタ」は右の単語をさしている。

「民族解放と日本のコトバ」
* p.76.26 行目
　石母田正「言葉の問題についての感想──木下順二氏に──」。

「国語教育におけるローマ字」
* p.86.7 行目
　「とらなければならない」は，「やらなければならない」の誤植の可能性もあるが，誤植とまでは断定できないので，原文のままとした。

「すぐれた日本語のにない手に」
＊p.90.2 行目
　初出には「(一) 国語教育の基本目標」という表題はない。『読み方教育の理論』再録時につけられたものである。以下，p.91 の「(二) 国語教育の内容」についてもおなじである。

「標準語について」
＊p.99.12 行目
　初出には「(1) 国語教育における標準語」という表題はない。『読み方教育の理論』再録時につけられたものである。以下，p.107 の「(2) いわゆる「共通語」について」，p.112 の「(3) 標準語のなりたち」についてもおなじである。
＊p.100.9 行目
　「秋田という人はどんな人か，しらないが」とあるが，この論文が再録されている『読み方教育の理論』に，「なお，本文に，どういう人か知らないと筆者が書いている秋田喜三郎氏は，戦前奈良女高師付属小学校訓導をしていた読み方教育の研究家である。」(p.7) という，国分一太郎の解説がある。
＊p.100.28 行目
　初出では「身につけさせていく。」になっている。
＊p.101.2 行目
　「Ⅰ 国語教育の新しい建設」の「四　国語教育の方法原理」。
＊p.102.24 行目
　白井嘉顕「私はこうして標準語教育をしている」。
＊p.107.2 行目
　「第五回東北教科研大会」『教育』64 号（1956 年 10 月）。
＊p.107.23 行目
　倉沢栄吉「現実に即した考察」。
＊p.108.5 行目
　「三　国語・国字問題（国語政策）」。なお，初出および再録も『現代教科教育講座』第 3 巻となっているが，第 2 巻がただしい。

＊p.111.8 行目

参照：福本喜之助訳『言語史原理』(1993年，講談社学術文庫) 第23章「共通語（標準語)」。

＊p.112.11 行目

森繁久弥（俳優：1913～2009)。

＊p.115.16 行目

三重大学学芸学部教育研究所『研究紀要』13集 (1955年) 所収のN. I. コンラド, 彭楚南中国語訳, 荒井瑞雄日本語訳「中国及び日本の民族言語を論ず」をさす。原論文のタイトルは, 日本語訳者のまえがきにはしめされていないが, 原論文の掲載誌・巻数はしめされている。Н. И. Конрад "О национальном языке в Китае и Японии в свете трудов И. В. Сталина по языкознанию" УЗИВАН. Т. IV. 1952（参照：В. М. アルパートフ著, 下瀬川慧子・山下万里子・堤正典訳『ロシア・ソビエトにおける日本語研究』東海大学出版会, p.172)。

＊p.115.20 行目

河竹黙阿弥（歌舞伎・狂言作者：1816～1893)。

＊p.116.8 行目

二葉亭四迷「文談五則」。初出および再録も「岩波の全集第9巻から」となっているが, 第5巻がただしい。

＊p.116.23 行目

ゴーリキー「文学の第一の要素は言語である」（『文風運動の原則的諸問題 ――日本語をまもるために――』1955年, 駿台社) からの引用。ここに引用されている文章は, 奥田によってかきなおされたもので, 駿台社版の原文 (p.61～p.62) は, これといくらかことなっている。

＊p.117.24 行目

再録の『読み方教育の理論』では「ということだけである。」となっているが, これを誤植と判断し, 初出誌を参照して,「というだけのことである。」に訂正した。

「国語科の研究はどこまで深められたか」

＊p.121.26 行目

「思想（思考) あやまり」は,「思想（思考) のあやまり」の誤植の可能性もあるが,

誤植とまでは断定できないので，原文のままとした。
＊p.122.12 行目
　今井誉次郎「教研集会の成果を教科研・研究集会にいかにうけつぐか」（『教育』72号）。
＊p.123.16 行目
　古川原「日本の現実に即した外国語教育」（『教育』82 号，1957 年 12 月臨時増刊）。

「文法指導の方法論」
＊p.126.15 行目
　底本および講義プリントも「方法上」となっているが，これを誤植と判断し，「文法上」に訂正した。
＊p.130.10 行目
　底本および講義プリントも「文法学習」となっているが，これを誤植と判断し，「文法指導」に訂正した。
＊p.132.10 行目
　底本および講義プリントも「文法的なかたち」になっているが，講義プリントに「かたち」を「知識」に訂正したかきこみがあるため，これを誤植と判断し，「文法的な知識」に訂正した。
＊p.133.12 行目
　底本では「……にかよった用例を生徒がえらんだ，この作業の形態は，……」となっているが，講義プリントを参照し，「……にかよった用例を生徒がえらんだり，つくったりする作業がみちびきいれられる。この作業の形態は，……」に訂正した。

「小学校 1 年における文字指導」
＊p.147.20 行目
　（　　）内の記述は再録時に加筆されたものである。
＊p.148.23 行目
　初出では「……体系的な言語学上の知識は，かくために必要なのであるから。」となっていて，「よむためというよりも，むしろ」は再録時に加筆されたものである。

「小学校低学年用日本語指導教科書『にっぽんご』について」
* p.149.10 行目
　「3年用の『にっぽんご』は教科研・岡山国語部会，4年用の『にっぽんご』は教科研・新潟国語部会がひきうける。」となっているが，じっさいには，明星学園・国語部『にっぽんご3　もじ　ぶんぽう』(1965年，むぎ書房)，明星学園・国語部『にっぽんご4の上　文法』(1968年，むぎ書房) として刊行された。

「『漢字・にっぽんご7』の発行にあたって」
* p.153.6 行目
　根本今朝男「漢字指導についての試論」『教育国語』7号（1966年12月）。
　宮下久夫「漢字指導の教科書案」『教育国語』8号（1967年3月）。
　金井伍一「小学校低学年の漢字指導について」『教育国語』11号（1967年12月）。
* p.154.9 行目
　石井勲（幼児への早期漢字教育を提唱した教育者：1919〜2004）。
* p.156.19 行目
　明星学園・国語部『にっぽんご4の上　文法』(1968年，むぎ書房)，教科研・秋田国語部会『にっぽんご5　発音とローマ字』(1966年，むぎ書房)のこと。
* p.156.22 行目
　明星学園・国語部『にっぽんご2　もじ　はつおん　ぶんぽう』(1964年，むぎ書房)のこと。『にっぽんご2』は，1970年におおはばな改定がおこなわれ，その後，教科研・国語部会『二年生のにっぽんご』(1990年，むぎ書房)として，教科研・国語部会『一年生のにっぽんご（上）（下）』(1987年，むぎ書房)につづく，あたらしいシリーズの教科書として刊行された。
　明星学園・国語部『にっぽんご3　もじ　ぶんぽう』(1965年，むぎ書房)のこと。『にっぽんご3』は，おおはばな改定がおこなわれ，『にっぽんご3の上』(1973年，むぎ書房)として刊行された。

「『小学生のための日本語』第1章への解説（草稿）」
* p.164.18 行目
　このあと，「(3) さそいかける文」の解説が本来は，はいるのだろうが，この論文で

補注　343

はかかれていない。この論文の末尾にある「編集者注」を参照のこと。
＊p.167.27 行目
　「編集者注」は『教育国語』の掲載時につけられたものである。
＊p.167.27 行目
　「p.114」は『教育国語』掲載時のページ数である。本著作集では，p.164.18 行目以降をさしている。

「『続・山びこ学校』への解説」
＊p.176.25 行目
　底本では「部面」となっているが，これを誤植と判断し，「場面」に訂正した。

「この巻をよんで」
＊p.179.23 行目
　『教育』428 号（1983 年 8 月号）。藤岡の論文の正式名は，「転換期の教育学をもとめて――＜絶望から希望へ＞を合言葉に――」。

「第 12 次全国教研の報告から」
＊p.185.2 行目
　「(1) よみ方指導」とあるが，奥田が分担執筆したのはこの項目だけなので，(2) 以降はない。
＊p.185.15 行目
　「正会員」とは，日教組の全国教研に実践報告を提出した参加者のこと。
＊p.188.27 行目
　初出では「戦争あと」になっている。

「第 13 次全国教研の報告から」
＊p.202.13 行目
　「(ウシンスキーから)」は，再録時に加筆されたものである。ウシンスキーの論文名は，「『子どもの世界』第一版への序文」『ウシンスキー教育学全集Ⅲ　子どもの世界』（西郷竹彦訳：1965 年，明治図書）。なお，ウシンスキー『母語教育論』（柴田義松訳：

2010年，学文社）にも「『子どもの世界』第一版への序文」が掲載されている。
＊p.203.25行目
　「日高教」とは，日本高等学校教職員組合をさす。
＊p.204.22行目
　初出では「うつしだして」になっている。
＊p.206.1行目
　初出では「言語指導」になっている。

「第14次全国教研の報告から」
＊p.219.9行目
　再録の『国語科の基礎』では「教材編成」となっているが，これを誤植と判断し，初出誌を参照して，「教科編成」に訂正した。
＊p.220.14行目
　初出および再録も「段階」となっているが，これを誤植と判断し，「段落」に訂正した。
＊p.221.17行目
　初出では「言語指導」になっている。

「第15次全国教研の報告から」
＊p.241.9行目
　初出および再録も「理論的」となっているが，これを誤植と判断し，「論理的」に訂正した。

「第16次全国教研の報告から」
＊p.248.3行目
　表題はＡとなっているが，Ｂ以降の表題のついた部分はない。内容的には，p.250の「(2) よみ方指導の内容とその体系性」がＢにあたるのではないかとおもわれる。
＊p.251.24行目
　初出および再録も「今年の教師も」になっているが，これを誤植と判断し，「今年の教研も」に訂正した。

「第18次全国教研の報告から」
＊p.254.22行目
　初出では「基礎にしているということからおこってくる。」になっている。

「第18次全国教研の報告から」
＊p.264.3行目
　「D　書写指導」は「付・書写指導」として「三．綴り方（作文）教育」（国分一太郎執筆）のあとにおかれていたが，単行本再録時に「(1) 日本語指導」のなかにうつされた。

「第19次全国教研の報告から」
＊p.268.22行目
　再録の『国語科の基礎』では「技術」となっているが，これを誤植と判断し，初出誌を参照して，「技術主義」に訂正した。

「日本語指導」
＊p.295.1行目
　おなじ雑誌に掲載されている，遠藤豊吉による参考文献の紹介をさす。遠藤は，国語科教育の全体像，読み方教育，綴方教育，言語教育，文学教育など，領域ごとに参考とすべき文献を紹介している。

「国語教育の方法」
＊p.299.20行目
　おなじ雑誌に掲載されている，国分一太郎の論文「読み方教育」をさす。
＊p.300.9行目
　底本では改行されていない。
＊p.300.13行目
　おなじ雑誌に掲載されている，田宮輝夫の論文「作文教育」をさす。

「第1分科会・国語教育（第19次全国教研報告）
＊p.303.29行目

「組織」は,「理解」の誤植の可能性があるが,誤植とまでは断定できないので,原文のままとした。

「教科書はどう変わるか・国語 ── 修身教育の中心舞台として・精神主義と技術主義の抱き合わせ ──」
* p.306.4 行目
　昭和33年（1958年）。

「言語観と指導要領」
* p.308.19 行目
　野地潤家「その根底にある「国民」の究明を」。
* p.312.5 行目
　輿水実「提案2　国民性の育成と国語教育」『現代教育科学』1968年1月号。
* p.313.22 行目
　底本では「国語教授」になっているが,これを誤植と判断し,「国語教師」に訂正した。

「新潟国語教育研究会」
* p.317.7 行目
　「組織がえをした教科研」とは,1961年8月の教育科学研究会第6回全国研究集会で,これまでのサークル単位で加入する協議体組織から個人加入の単一組織へ,組織がえがおこなわれたことをさしている。
* p.317.20 行目
　底本では「斉藤京子」となっているが,これを誤植と判断し,「斉藤文子」に訂正した。

「国語教育（教科研第1回全国大会分科会の討議要点）」
* p.320.3 行目
　奥田靖雄・宮崎典男「よみ方教育の内容と方法」『教育』109号（1959年12月増刊),奥田靖雄・国分一太郎編『読み方教育の理論』（1963年,国土社。1974年よりむぎ書房)

に再録。初出は宮崎典男との共著として発表，単行本再録時に奥田の単著となる。
＊p.320.4 行目
　宮島達夫「語い教育の諸問題」『教育』123 号（1960 年 12 月増刊），奥田靖雄・国分一太郎編『読み方教育の理論』（1963 年，国土社。1974 年よりむぎ書房）に再録。
＊p.320.5 行目
　奥田靖雄「よみ方教育論における主観主義」『教育』141 号（1962 年 4 月），奥田靖雄・国分一太郎編『読み方教育の理論』（1963 年，国土社。1974 年よりむぎ書房）に再録。
＊p.320.7 行目
　野村篤司・鈴木重幸「文の理解と文章のくみたて」『教育』137 号（1961 年 12 月増刊），奥田靖雄・国分一太郎編『読み方教育の理論』（1963 年，国土社。1974 年よりむぎ書房）に再録。
＊p.320.12 行目
　「単語指導の方法」は，新潟国語教育部会の若月又次郎によって執筆され，『教育』151 号（1962 年 12 月）に掲載された。その後，奥田靖雄・国分一太郎編『読み方教育の理論』（1963 年，国土社。1974 年よりむぎ書房）に再録。

「国語教育分科会ですること」
＊p.323.10 行目
　宮崎典男「読み方指導における授業過程」『教育』154 号（1963 年 3 月）。奥田靖雄・国分一太郎編『国語教育の理論』（1964 年，むぎ書房）に再録。
＊p.323.14 行目
　若月又次郎「よみ方における単語指導」『教育』165 号（1963 年 12 月）。「読み方における単語指導」として，奥田靖雄・国分一太郎編『国語教育の理論』（1964 年，むぎ書房）に再録。
＊p.323.17 行目
　下山敏勝「よみ方における文の指導」『教育』165 号（1963 年 12 月）。
＊p.324.10 行目
　雑誌『教育』154 号をさす。同号には，奥田靖雄「文学作品の内容について」，宮崎典男「読み方指導における授業過程」，無着成恭「文学の授業はどう行なえばよいか」，

国分一太郎「読み方教育・ひとつの大事なこと」,野村篤司「私たちの歩みをふりかえってみて」が掲載されている。

「国語教育研究のあたらしい段階」
＊ p.326.7 行目
　宮崎, 無着, 奥田, 国分の論文は, p.324 の補注を参照のこと。篠崎の論文とは, 篠崎五六「文学の授業・その一つの角度」『教育』162 号, 163 号 (1963 年 10 月, 11 月)。本号 (『教育』163 号) にのっている諸論文とは, 上村幸雄「音声教育の問題点」, 野沢茂「文字教育の段階的な進め方・その指導案」, 宮島達夫「語い教育・いくつかの要点」, 鈴木重幸「文法教育の今日の段階」。上村, 宮島, 鈴木の論文は, 奥田靖雄・国分一太郎編『国語教育の理論』(1964 年, むぎ書房) に再録。

「信頼と不信頼」
＊ p.327.2 行目
　この雑誌とは,『教育国語』をさす。
＊ p.327.3 行目
　熊谷孝「国語教育時評 7　すこし論理がなさすぎる」。
＊ p.327.15 行目
　「文教連」とは,「日本文学教育連盟」をさす。
＊ p.327.15 行目
　「文教研」とは,「文学教育研究者集団」をさす。
＊ p.328.1 行目
　熊谷孝「総合よみの確立のために ── 文学教育の立場から ──」『児言研国語』2 号 (1964 年 10 月, 児童言語研究会)。
＊ p.328.12 行目
　熊谷孝「国語教育時評 6　文学教育論の新しい動向」。
＊ p.328.25 行目
　奥田靖雄・国分一太郎編『読み方教育の理論』(1963 年, 国土社。1974 年よりむぎ書房)。
＊ p.329.3 行目

以下の二つの引用は，熊谷孝「総合よみの確立のために—— 文学教育の立場から ——」からのものである。

「低学年教育のこと」
＊ p.330.8 行目
　「外面的な現象を」は，「外面的な現象は」の誤植の可能性もあるが，誤植とまでは断定できないので，原文のままとした。

掲載論文初出一覧

第 1 部

「国語愛と国語教育」
　　『日本文学』1953 年 6 月号（日本文学協会）。

「文法の指導」
　　『教育』25 号（1953 年 11 月，国土社）。

「民族解放と日本語 —— 漢語の問題をめぐって ——」
　　武藤辰男編『美しい国語・正しい国字』（1954 年，河出新書）。

「東北のコトバ」
　　『知性』1954 年 8 月号，9 月号，11 月号（河出書房）。

「ヨミ・カキを教えること —— 国語教育での階級性の問題 ——」
　　『理論』1954 年 8 月号（理論社）。

「民族解放と日本のコトバ」
　　季刊『理論』別冊Ⅳ『国語問題の現代的展開』（1954 年，理論社）。筆者名は藤村三郎。

「国語教育におけるローマ字」
　　『ローマ字世界』503 号（1957 年 4 月，日本ローマ字会）。

「すぐれた日本語のにない手に」
　　『教育』76 号（1957 年 8 月臨時増刊号，国土社）。奥田靖雄・国分一太郎編『読み方教育の理論』（1963 年，国土社，1974 年よりむぎ書房）に再録。

「標準語について」

　　『教育』77号（1957年8月，国土社）。奥田靖雄・国分一太郎編『読み方教育の理論』（1963年，国土社，1974年よりむぎ書房）に再録。

「国語科の研究はどこまで深められたか」

　　『教育』85号（1958年3月，国土社）。

「文法指導の方法論」

　　奥田靖雄は，1965年11月3日，明星学園で，「文法指導の方法論」という題の講義をおこなっている。その後，この奥田の講義プリントは，『教育国語』5号，6号（1966年6月，9月，むぎ書房）に掲載された，須田清「文法指導の方法・試論」のなかで，ゴチック体ですべて引用されている。須田の論文は，奥田の講義に呼応するかたちで具体的な指導事例を紹介している。

「小学校1年における文字指導について」

　　『作文と教育』1964年3月号（百合出版）。奥田靖雄・国分一太郎編『国語教育の理論』（1964年，むぎ書房）に再録。

「小学校低学年用日本語指導教科書『にっぽんご』について」

　　『教育』170号（1964年5月，国土社）。

「『にっぽんご5』の刊行にあたって」

　　『教育国語』5号（1966年6月，むぎ書房）。

「『漢字・にっぽんご7』の発行にあたって」

　　『教育国語』17号（1969年6月，むぎ書房）。

「『小学生のための日本語』第1章への解説（草稿）」

　　『教育国語』4-4号（2002年4月，むぎ書房）。この解説（草稿）は，2000年11月11，12，14，15日の4日間にひらかれた教科書『日本語』の編集委員会で，著者が

口述したものを教科書『日本語』の編集委員会が文字化したものである。その後，著者の発病，入院という状況のなかで，作業は中断され，口述筆記された文章の，著者による確認，推敲はおこなわれていない。

なお，『小学生のための日本語』は，『あたらしいにっぽんご』として2014年にむぎ書房から発行された。

「『続・山びこ学校』への解説」

無着成恭編『続・山びこ学校』（1970年，むぎ書房）。

「この巻を読んで」

『国分一太郎文集1　新しくすること　豊かにすること』（1984年，新評論）。

第2部
「第12次全国教研の報告から」

この論文は，日本教職員組合の教育研究全国集会（全国教研）の国語教育分科会の報告としてかかれたもので，『日本の教育』第12集（1963年，日本教職員組合）に所収（原題「第1分科会　国語教育」，国分一太郎，大久保忠利との分担執筆）。奥田の執筆箇所は，「第12次全国教研の報告から」という題で，奥田靖雄『国語科の基礎』（1970年，むぎ書房）に再録。

「第13次全国教研の報告から」

『日本の教育』第13集（1964年，日本教職員組合）に所収（原題「第1分科会　国語教育」，国分一太郎との分担執筆）。奥田靖雄『国語科の基礎』（1970年，むぎ書房）に再録。

「第14次全国教研の報告から」

『日本の教育』第14集（1965年，日本教職員組合）に所収（原題「第1分科会　国語教育」，国分一太郎との分担執筆）。奥田靖雄『国語科の基礎』（1970年，むぎ書房）に再録。

「第 15 次全国教研の報告から」

　　『日本の教育』第 15 集（1966 年，日本教職員組合）に所収（原題「第 1 分科会　国語教育」，国分一太郎との分担執筆）。奥田靖雄『国語科の基礎』（1970 年，むぎ書房）に再録。

「第 16 次全国教研の報告から」

　　『日本の教育』第 16 集（1967 年，日本教職員組合）に所収（原題「第一分科会　国語教育」，国分一太郎，小野牧夫との分担執筆）。奥田靖雄『国語科の基礎』（1970 年，むぎ書房）に再録。

「第 17 次全国教研の報告から」

　　『日本の教育』第 17 集（1968 年，一ツ橋書房）に所収（原題「第 1 分科会　国語教育」，遠藤豊吉，小野牧夫との分担執筆）。奥田靖雄『国語科の基礎』（1970 年，むぎ書房）に再録。

「第 18 次全国教研の報告から」

　　『日本の教育』第 18 集（1969 年，一ツ橋書房）に所収（原題「第 1 分科会　国語教育」，小野牧夫，国分一太郎との分担執筆）。奥田靖雄『国語科の基礎』（1970 年，むぎ書房）に再録。

「第 19 次全国教研の報告から」

　　『日本の教育』第 19 集（1970 年，労働旬報社）に所収（原題「第 1 分科会　国語教育」，小野牧夫，国分一太郎との分担執筆）。奥田靖雄『国語科の基礎』（1970 年，むぎ書房）の 1972 年 8 月発行の 2 刷から「増補 1」として再録。

「第 20 次全国教研の報告から」

　　『日本の教育』第 20 集（1971 年，日本教職員組合）に所収（原題「第 5 分科会　国語教育」小野牧夫，国分一太郎との分担執筆）。奥田靖雄『国語科の基礎』（1970 年，むぎ書房）の 1972 年 8 月発行の 2 刷から「増補 2」として再録。

「分科会の課題・国語教育（第 15 次全国教研）」
　　『教育評論』1965 年 7 月臨時増刊号（日本教職員組合）。

「分科会の課題・国語教育（第 16 次全国教研）」
　　『教育評論』1966 年 7 月臨時増刊号（日本教職員組合）。

「日本語指導」
　　『教育評論』1967 年 1 月号（日本教職員組合）の「特集 3・教育課程改訂の方向と自主研究の成果＝その 1　国語科」に掲載。

「国語教育の方法」
　　『教育評論』1967 年 1 月号（日本教職員組合）の「特集 3・教育課程改訂の方向と自主研究の成果＝その 1　国語科」に掲載。

「第 1 分科会・国語教育（第 19 次全国教研報告）」
　　『日教組教育新聞』1970 年 2 月 24 日（第 992 号）。

「教科書はどう変わるか・国語 ── 修身教育の中心舞台として・精神主義と技術主義の抱き合わせ ──」
　　『日本読書新聞』1967 年 7 月 31 日（第 1418 号）。

「言語観と指導要領」
　　『国語の教育』1968 年 7 月号（国土社）。

第 3 部
「新潟国語教育研究会／1 月 13・14 日　新発田市」
　　『教育』140 号（1962 年 3 月，国土社）。

「国語教育（教科研第 1 回全国大会分科会の討議要点）」
　　『教育』146 号（1962 年 8 月，国土社）。

「教科研運動をすすめるにあたって考えたいこと」
　『教育』149号（1962年11月，国土社）の巻頭「主張」欄。

「国語教育分科会ですること」
　『教育』160号（1963年8月，国土社）の特集「教科研究における問題点（そのⅠ）
　　── 教科研第二回全国大会の討議のために ──」に掲載。

「国語教育研究のあたらしい段階」
　『教育』163号（1963年11月，国土社）の巻頭「主張」欄。

「信頼と不信頼」
　『教育国語』3号（1965年11月，むぎ書房）。

「低学年教育のこと」
　『教育』253号（1970年9月，国土社）の巻頭「主張」欄。

「廃刊にあたって」
　『教育国語』100号（1991年1月，むぎ書房）。

「わが歴史」
　『教育国語』4-1号（2001年1月，むぎ書房）。

あとがき

『奥田靖雄著作集5　国語教育編』は、第1巻『文学教育編』（2011年），第2巻〜4巻『言語学編』（2015年）につづくもので，本巻の刊行をもってひとくぎりつけられたことになる。ふりかえってみると、第1回刊行準備会がひらかれたのが，2004年3月26日のことで，すでに13年ちかい月日がたっている。本著作集の完結をこころまちにしてこられた方々に，ご心配をおかけしたことをおわびもうしあげたい。とりわけ，監修委員の鈴木重幸，宮島達夫の両先生が，ともに2015年になくなられて，著作集の完結を生前にみていただけなかったことは、残念でならない。

本巻『国語教育編』におさめられた論文は，かならずしもせまい意味での国語教育に限定されてはいない。巻名は『国語教育編』となっているが，国語教育を中心として，国語・国字問題，標準語論など，ひろい範囲のさまざまなテーマの論文が収録されている。本巻は，既刊の『文学教育編』，『言語学編』と内容的に密接に関連するものもおおく，国語教育関係者にとどまらず，はばひろい読者層を想定している。

『奥田靖雄著作集』は本巻の刊行をもってひとくぎりつけられたが，『正しい日本文の書き方』（1953年，春秋社），未公刊の論文などもおおく，編集委員会としては，ひきつづき『補遺編』（仮称）の刊行にむけて、準備をすすめていきたいとかんがえている。なお、本巻に収録できなかった年譜，著作目録は、『補遺編』に収録する予定である。

『国語教育編』の原稿のデジタル化，校正では，言語学研究会の笠松郁子，喜屋武政勝，西村政則，渡辺健太の諸氏にご協力いただいた。とくに，むぎ書房社長の片貝茂之氏には，原稿作成から刊行までのすべての局面において，ことばではいいあらわせないほどのご苦労をおかけすることになった。これらの方々をはじめ，ご支援いただいたすべての方々に感謝のきもちをあらわしたい。

2017年2月1日

編集委員を代表して
高　瀬　匡　雄

おわびと訂正

『奥田靖雄著作集4　言語学編(3)』所収の「言語学と国語教育」，p.189.15行目の幸田文『流れる』の例文にあやまりがありましたので，以下のように訂正いたします。

　（誤）やがて**ダイヤモンドの指輪が**ゆすりをむかえるしたくにとりかかる。

　（正）やがて**ダイヤモンド**の指揮でゆすりをむかえるしたくにとりかかる。

底本とした『国語科の基礎』(p.41)，初出の『作文と教育』(1963年7月号，p.99)では，「ダイヤモンドの指揮が」となっていましたが，編集委員会は「指揮」を「指輪」の誤植ではないかと判断し，まちがった訂正をしてしまいました。また，幸田文の原文では，「ダイヤモンドの指揮が」ではなく，「ダイヤモンドの指揮で」となっていて，初出と底本の引用そのものにまちがいがあることがわかりました。いずれも原典にあたることをおこたったためのものであり，編集委員会としてふかくおわびもうしあげます。

この件にかんして，西村政則さんから貴重なご指摘をいただきました。ふかく感謝いたします。

事項索引

ア

あい手　158, 160〜164
秋田の国語教師　152
アスペクト　176
アワセ単語　28, 40　→ヒトエ単語

イ

イイキリ文の動詞のカタチ　17
いいつけるカタチ　17
意見　158, 159
意志　158
一次よみ　210〜212, 227, 228, 234　→二次よみ
一読総合法／一読法　213, 215〜217, 220, 232〜235, 285, 311　→三読法
一問一答式　296, 297
イデー　181
イデー（文学作品の）　231, 232　→理想　→思想
イデオロギー教育　90, 120, 121
意図性　166
いましめ　164
意味あい　162〜164
イミとオトとのナカタガイ　28　→考えとことばとのなかたがい　→考えとコトバとのユキチガイ
依頼文　164
イントネーション　160

ウ

受身／うけ身　176, 291

エ

江戸のことば　113〜115
演繹　127, 129, 130

オ

岡山国語部会　149
オギナイ・コトバ　26　→対象語
おしつけ　163
オシハカリ（推量）　52
おしはかるカタチ　17
おねがい　164
おねがいする文　162
音韻　141, 242
音声　151
音声教育　86, 87
音声法　136, 150, 222, 244, 252, 257, 262, 267, 268, 278, 301　→語形法
音節　136〜142, 144〜147, 149, 206, 222, 242, 257, 262, 267, 268
音節文字　138, 141

カ

外国語の学習　276
改作　194, 202, 218, 238
解放と民主化　71, 74, 77, 81, 82, 84, 85
科学説明文／科学的な説明文　219, 239,

索引　359

282　→説明的文章　→説明文
科学と芸術の基礎　180, 181
かき　14
かきことば／カキ・コトバ／書きコトバ
　14, 21, 69〜77, 82〜85, 132, 133　→漢
　語まじりの書きコトバ　→中世の書きコト
　バ　→日本の書きコトバ　→民族の書き
　コトバ
学習指導要領／指導要領　7, 8, 12, 15, 54
　56, 58〜60, 108〜110, 118, 119, 124, 135
　〜137, 153, 154, 253, 264, 284, 288, 305
　〜309, 312, 313
確信　159
　——の度あい　159, 172　→たしかさ
確認　158, 159
カザリ・コトバ　26
カタチ論　24, 25　→形態論
学校文法　68, 123, 176, 269, 270, 291,
　292, 302
　——の構文論　175, 293　→構文論
　——の品詞論　293　→品詞論
学校文法批判　124
かな文字　135〜137, 141, 149, 206, 222,
　244, 252, 257, 262, 267, 268, 289
かな文字指導　149, 206, 222, 244, 245,
　252, 254, 257, 261, 262, 267, 268, 278,
　287, 288, 301　→文字指導
カナ文字論　44
可能性としての出来事　159
考え　7, 9, 77, 80

　——とことば　8　→ことばと考え
　——とことばとのなかたがい／考えと
　コトバとのナカタガイ　8, 80　→イミ
　とオトとのナカタガイ
　——とコトバとのユキチガイ　20　→
　イミとオトとのナカタガイ
漢語　8, 11, 27〜31, 33〜35, 39, 40, 44〜
　48, 58, 66, 67, 72, 75, 77〜81, 83〜85,
　117, 258
　——による基本単語のくいころし　10
　——による日本語のクイコロシ　39
　——のあいまいさ　78, 82
　——のカナガキ　30
漢語おいだし／漢語オイダシ／漢語のオ
　イダシ　28, 30, 34, 73, 77, 79, 81, 82, 85
漢語指導　245, 258
漢語まじりの書きコトバ　72〜74, 76, 82
　→かきことば
漢語まじりの話しコトバ　76　→はなし
　ことば
勧告　162
関西共通話しことば　114　→共通話しこ
　とば
関西のコトバ　52
観察　131, 133, 159
漢字　27, 28, 30, 84, 153〜156, 253, 258
　——でつくられた単語　10
漢字・漢語　59, 72〜74
漢字・漢語の教育　66
漢字教育　10

漢字指導　154〜156, 245, 252, 253, 258, 277
漢字制限　46, 47, 83, 253
漢字制限論　44
漢字づくりの法則　156
感情と評価／感情＝評価　195, 198, 281
感性的な経験　32, 33, 77, 78
関東のコトバ　52
漢文くずし　72
　　——の口語体／漢文クズシの口語体　46, 47, 83　→口語体
　　——の文語体／漢文クズシの文語体　44, 46, 47, 82, 83
願望　164
漢和辞典　155

キ

きき方教育　93　→はなし方・きき方教育　→はなし方教育
きき手にたいするはなし手の関係　172　→現実にたいする関係のし方
きき・はなし　13, 14　→はなし・きき
きき・はなし教育　13
希求文　158, 164　→まちのぞみ文
技術主義　7, 12, 54, 106, 268, 284, 305
期待　162〜164
期待される人間像　305, 309
帰納　127, 129, 130
機能主義　136〜140, 206
機能主義的な文法指導　246

規範的なコトバ　36, 39, 75
希望　158, 165
基本単語　10, 11, 28, 30, 31, 48
基本動詞　19
キモチ　17
疑問形容詞　160
疑問詞　160
疑問代名詞　161
疑問動詞　161
疑問副詞　161
疑問文　158〜161
　　レトリカルな——　161
教育漢字　153, 154, 305
教育基本法　322
教育の現代化　321
教育の民主化　322
教科研・国語部会　149, 152, 153, 155
教材選定の規準／基準　218, 226, 237
教材の選定　281
教材論　192〜194, 218, 226, 236〜238, 281, 286　→文学教材
教師の叙述（説明・講義）　130
共通語　36〜39, 42〜52, 69, 75, 91, 107〜113　→標準語　→民族の書きコトバ
共通語ツクリダシ／共通語のツクリダシ　36, 38, 39, 41, 42
共通話しことば　112〜115, 117　→関西共通話しことば
京のコトバ　51
強要　163

索引 361

許可 162, 164
許容 164
禁止 161

ク

訓 72, 78
軍隊コトバ 83

ケ

経験主義 15, 54, 56, 67, 118
経験的な認識 283, 330 → 理論的な認識
警告 164
形式論理 273
形象 210～212, 216, 226～228, 234, 285
　表現されている―― 212, 213, 227
　描写されている―― 227, 228
　――の結合と対応／結合と対応 211, 212, 227
　――の情緒的なよみとり 210, 226～228
　――の知覚 210, 214, 215, 233　→文章の知覚
　――のよみとり 210～212, 261
　――の理解 214, 215, 233
継続動詞 176
形態論 25, 246, 254, 255, 263 → カタチ論
系統主義 118, 119
形容詞 167
結果性 166
決心 165

限界性 166
言語 94
言語活動 13, 246, 256, 261, 263, 268
　――の発達 143, 147, 268
言語活動主義 138
言語過程説 307, 311
言語観 307, 308, 310～313
　国語教師の―― 310
　社会的な意識としての―― 311
言語技術 90, 91
言語指導 206, 207
現実にたいする関係のし方 172　→きき手にたいするはなし手の関係
現実にたいする態度 158
現実の世界の出来事 158, 159, 165
現象の認識 330　→ 本質の認識
言文一致 44～47, 70, 83, 84, 112, 115

コ

語彙 207
語彙指導 207, 208, 222, 245, 263, 271, 277
講義式 297
口語体 44, 46, 90, 112　→ 漢文くずしの口語体
構文論 175, 246, 254, 263　→学校文法の構文論　→ ナラビ論
国語愛 7～9, 12, 15, 16, 48, 65, 66
国語科 55, 59, 61, 63, 64, 67, 68, 90～92, 94～97, 119

国語科教育の諸領域／国語科教育の領域　280, 281, 284

国語科の領域　185

国語教育　10〜14, 16, 18, 54〜60

国語・国字運動／国字・国語運動　44, 46, 59, 82〜84, 87

国字運動　44, 45, 47, 98

国民解放の思想　9　→民族解放

国民教育　178, 179

国民ことばのつくりだし　9, 10　→民族のコトバのツクリダシ

国民的なコトバ　33, 36

国民のコトバ　31, 34, 37, 45, 66, 79, 81　→日本民族のコトバ　→民族のことば

語形法　135, 137, 138, 140, 206, 222, 244, 252, 267, 287, 289, 290, 301　→音声法

五十音図　140

56年テーゼ　319, 325

ことがら　191, 195〜198, 209, 211, 226, 281

ことがら（文の素材的な内容）と態度　172

コトダマ説　309, 313

ことば／コトバ　7〜9, 13, 73, 77, 80

ことばと考え　8　→考えとことば
　——とのなかたがい　8　→考えとことばとのなかたがい

サ

作品と現実とのかかわり　298　→実生活とのむすびつき

作品内容のくみたて（構造）　213

作品のくみたて　216, 217

作品の内部構造　230

サソイ　52

さそいかけ　162

さそいかける文　162

三読法　233, 328　→一読総合法

シ

シカタ・シツケ教育　56, 58, 59

時間・空間的なありか限定　167

時間的なながさ　166

自習式　297

思想　8, 9

思想（文学作品の）　191　→イデー　→理想

思想性　195, 197

思想・道徳教育　66〜68　→道徳教育

実生活とのむすびつき　203　→作品と現実とのかかわり

指導＝学習過程／指導＝学習の過程　188, 190〜193, 215

指導過程（よみの）　191, 232〜236　→説明的文章の指導過程　→よみ方の指導過程

児童言語研究会／児言研　124, 234, 235

品さだめ　167

ジビキ　28

字びき作業　208

終助詞　160

修身教育　305

重母音　139, 147

授業の形態　296, 297

授業の三段階　131

主語　22　→ ヌシ・コトバ

主語のない文　173

主題　195, 197, 199, 204, 205, 209, 213〜217, 229〜232, 234〜237, 281, 285, 298, 299, 303　→ 理想

主体よみ　187〜189, 200, 201, 203, 217, 296, 301

述語　22　→ ノベ・コトバ

術語　34, 79

瞬間動詞　166, 176

状況語　173〜175

状態　166

状態動詞　166　→ 動作動詞　→ 変化動詞

状態動詞・存在動詞　176

状態変化の動詞　176

承認　162

助言　163

助詞　159, 290

書写指導　253, 254, 257, 258, 264, 304

書道　258

新かなづかい／新カナヅカイ　46, 82, 83

ス

推理　159

スガタ　19

スガタ動詞　19

すぎさらない　17

すぎさる　17

すぐれた日本語のにない手　15, 91

すじ（事件の展開過程）　214

鈴鹿教科研　124

すすめ　161, 163, 164

セ

清音　147

生活経験主義　256

生活現象の本質　229, 230, 234　→ 人間の生活現象

生活主義　289

生活つづり方運動／生活つづり方の運動　90, 93, 305

正書法　143, 144, 275

正書法指導／正書法の指導　139, 143, 206

精神主義　284, 305

生成文法　263, 270, 302

説明的文章　219, 238〜240　→ 科学説明文　→ 説明文

　——の指導過程　220, 240　→ 指導過程

　——のよみ方指導　205, 210, 219, 220, 225, 238, 240, 241

説明文　250, 251, 282　→ 科学説明文　→ 説明的文章

　——のよみ方指導　205, 248, 250, 251,

265, 266, 272〜274, 278, 282, 283, 286, 299, 302, 303

ソ
総合よみ　198〜200, 210, 213, 235, 282
想像　159
促音　147
俗語　72, 75, 76

タ
対象語　173, 174　→オギナイ・コトバ
対象的な内容　165, 166　→文の対象的な内容
打音　147
濁音　138, 143, 147
たしかさ　159　→確信, 確信の度あい
タスケ動詞　19
たどりよみ　200, 233, 298, 299
短音　147
単語　222〜224, 270
　　——のカタチヅケカタ　25
　　——のかわりかた／単語のカワリカタ　15, 24
　　——のツクリカタのクイコロシ　40
　　——のナラビカタ　25
　　——のならべかた／単語のナラベカタ　15, 26
　　——の認定のしかた　269
　　——の文法的なかたち　254
単語指導　208, 224, 268, 319, 320, 332

単語と文法　54〜56, 58〜61, 63, 65〜67
単語つくり　11
単語論　15, 16
単純語　28　→ヒトエ単語
単純母音　139
段落指導　294

チ
知識　158
忠告　161〜164
中世の書きコトバ　72, 82　→かきことば
長音　138, 147, 148
直観教材　221, 283
直観教授　221, 241, 283
直音　142, 147
陳述副詞　159

ツ
つづり方教育／ツヅリカタ教育　21, 22, 93
つづり方指導　261, 283, 286, 287, 305
つまる音　139, 149, 150
ツモリ（意志）　52
つもり, さそうカタチ　17

テ
出来事　161, 165, 167
　必然としての——　159
　必要性としての——　159
　欲求としての——　159

――の現実性　159
天皇の国語教育　9, 10, 12, 15, 64, 100
天皇の国語政策　9, 15, 72, 84

ト

東京語　36〜39, 41, 46, 110
東京のことば／東京のコトバ　51, 113, 115
東京方言　37
動作　166
　――のし方　166
動作動詞　166, 176　→状態動詞　→変化動詞
動詞　165
　――の活用　269, 292
　――の文法＝意味的な分類　176
登場人物の性格　197, 209, 213, 214, 217
登場人物の人間関係　197
道徳教育　55, 64　→思想・道徳教育
導入の段階　234, 235, 285
東北のコトバ　49〜53
東北方言　151
当用漢字表　83, 84, 253
討論形式／討論式　296, 297
特徴づけ　167
とりたて　175

ナ

ナカドメ　19
なが母音　138

名古屋教科研　119〜121
ナマリ　50
ナラビ論　25, 26　→構文論
難解語句の説明　192

ニ

新潟国語教育部会／新潟国語部会　149, 317, 319, 320, 323
に格
　ありかの――　174
　くっくところの――　174
　ゆくさきの――　174
二次よみ　210〜213, 227, 228, 234　→一次よみ
日本語指導　206, 221, 241, 251, 253, 256, 261, 267, 275, 287, 294, 295, 299, 301, 306
日本人の話しコトバ　77　→話しコトバ
日本の書きコトバ　71, 75, 77, 82　→かきコトバ　→民族の書きコトバ
日本の話しコトバ　74, 75　→話しコトバ
日本民族のコトバ　73　→国民のコトバ　→民族のことば
人間の生活現象　195, 196, 210, 226, 230, 231　→生活現象の本質

ヌ

ヌシ・コトバ　22, 26　→主語

ネ

ねじれた音節　169

ノ

農学のコトバ　83
ノベ・コトバ　22, 26　→ 述語
のべたてるカタチ　17

ハ

歯うら音　147
はげまし　163
はたらきかける文　162, 164
撥音　147
発音指導　241〜243, 252, 257, 261, 262
ハナシ　21
はなしあい（授業形態としての）　129, 130, 133, 296, 297
　発見的な——　129, 133
　復習的な——　129, 130
はなし，かきの技能／はなす，かく技能　128, 129
はなし方・きき方教育　94, 95　→ きき方教育　→ よみ方・つづり方教育
はなし方教育　92, 93　→ きき方教育
はなし・きき／ハナシ・キキ　58, 94, 95　→ きき・はなし
はなしことば／話しコトバ　14, 75, 76, 82, 132　→ 漢語まじりの話しコトバ　→ 日本人の話しコトバ　→ 日本の話しコトバ
はなし手　160〜165

はねる音　169
破裂音　141, 147
はれつ・まさつ音　169
半濁音　147
判断　160, 161

ヒ

鼻音　142, 147
ヒトエ単語　28, 29　→ アワセ単語　→ 単純語
人やものの種類　167
人やものの動作，変化，状態　165, 167
人やものの特徴　167
批判よみ　189, 201, 203, 272, 278
表記指導　290
表現性のゆたかな文　276　→ 文の表現性
表現よみ　191, 198, 233
標準語　34〜39, 41〜44, 46〜48, 74〜77, 82, 90, 92〜96, 99, 100, 102〜109, 111〜113, 115〜117, 151, 152, 243, 262　→ 共通語　→ 民族の書きコトバ
標準語教育　92, 94, 100〜103, 106, 107, 109, 152, 243
　おしつけ——　92, 100〜103, 108
品詞論　292　→ 学校文法の品詞論

フ

福島国語部会　323
フリガナ　30
文　158, 165, 167, 172

索引　367

文学科　97, 194, 209, 239
文学教育　64, 96, 97, 194, 209, 239, 303
文学教育の会　327
文学教材　218　→ 教材論
文学作品のよみ方指導　⇒ よみ方指導
文教研　327, 328
文教連　327
文型　158
文章ことば／文章のことば　91〜95, 102, 105〜109, 111〜117
文章の形式論理的な構造／文章の論理的な構造　250, 273
文章の知覚　191　→ 形象の知覚
文節　269, 270, 292, 293
文のくみたて　173
文の指導（文学作品の）　200, 227
文の対象的な内容　159, 165, 167　→ 対象的な内容
　　――と現実との関係　158
文の表現性　200　→ 表現性のゆたかな文
文の部分　173
文法　15, 20, 23, 24, 84, 275, 276
文法教育　17〜21, 23, 68, 86, 87, 122, 124, 323
文法指導　126, 128, 139, 142, 144, 147, 175, 222, 224, 245〜247, 254, 255, 258, 259, 262, 263, 269〜271, 275, 287, 291, 300, 301
　　――の方法　126, 129, 130, 132
文法書　23, 24

文法上の法則やきまり，概念　126
文法論　15, 16

ヘ

平叙文　158, 160〜162
変化　166
変化動詞　166　→ 状態動詞　→ 動作動詞

ホ

方言　36, 39, 40, 42, 49〜51, 75, 93, 96, 100, 103〜105, 107, 109〜111, 113, 115, 142, 151, 257, 262
放任　162, 163
本質の認識　330　→ 現象の認識

マ

摩擦音　147
マチガイ文　21〜26
まちのぞみ文　164　→ 希求文

ミ

みじか母音　138
宮城の教科研国語部会　323
明星学園／明星　149, 155, 169, 170, 332
民間教育運動　178, 179, 182, 295, 321
民族解放／民族の解放　27, 34, 35, 48, 60, 70, 73, 76, 85　→ 国民解放の思想
民族語　28, 30, 31, 45, 46, 152　→ 民族のことば
民族の書きコトバ　69, 70, 74, 76, 83　→

書きことば　→ 共通語　→ 日本の書きコトバ　→ 標準語
民族のことば／民族のコトバ　27, 44, 51, 54, 55, 58, 64, 66, 67, 69～73, 75～77, 79, 81, 82, 84, 85, 90, 91, 94, 107, 112～117
　　→ 国民のコトバ　→ 日本民族のコトバ　→ 民族語
　　――のツクリダシ　81, 84　→ 国民ことばのつくりだし

メ

命令　162, 165
　絶対的な――　162, 164
めいれいする文／命令文　158, 161～163

モ

毛筆習字　264, 265, 304
文字　136～142, 144～146, 206, 207, 222, 288～290
　――の授業過程　299
文字指導　135～144, 146, 147, 150, 206, 222, 244, 245, 257, 267, 268, 288～290, 300
　→ かな文字指導
モーダルな意味　158, 159, 165, 167
モーダルな助詞　159
文部省　118, 154, 253, 265
文部省式のよみ方指導　188, 196
文部省的よみ方指導　205

ヨ

拗音　142, 147
用例つくり　133
欲望　164
予想　158, 159
欲求　158, 164
予定　158
よみ　14
よみ・かき／ヨミ・カキ　13, 14, 54, 58, 59, 65～67, 94, 95, 288
　――のチカラ　55, 59～61, 65, 67, 68
よみ・かき教育／ヨミ・カキの教育　14, 15, 58, 67, 95
よみ・かき・そろばん　181, 288
よみ方教育　92, 93, 96, 97, 124, 238, 239
　低学年の――　239
よみ方指導　185, 186, 195, 209, 219, 225, 248, 250, 305
　低学年における――　186
　文学作品の――　195～200, 203, 204, 209, 210, 214, 215, 225, 226, 232, 238, 281, 285, 298, 303
　――の内容と方法　187, 190
よみ方・つづり方教育　94　→ はなし方・きき方教育
よみ方読本　144, 193, 219
よみ方の指導過程　198　→ 指導過程
よみ方の授業過程　297

リ

理想　195, 197〜199, 205, 209, 213〜217, 229, 231, 232, 234〜237, 281, 285　→イデー　→思想　→主題

理論的な認識　238, 283, 330　→経験的な認識

ル

類推　131

レ

歴史主義　126, 175

連語論　175

連濁　138, 143, 148, 275, 291

ロ

ローマ字　86〜89

ローマ字運動　87〜89

ローマ字化　86〜89

ローマ字教育　86〜89

ローマ字論　44

論理的な思考能力　273, 274

ワ

和漢混合文　47

人名索引

ア行

秋田喜三郎　99〜101

安部公房　32〜34

荒川有史　327, 328

石黒修　107

石田宇三郎　55, 59〜65, 67

石母田正　35, 41, 42, 48, 76

石山脩平　198〜200, 298

今井誉次郎　113, 122, 124

今西祐行　286

上田万年　45, 46

上村幸雄　152

ウシンスキー　178, 202

遠藤熊吉　151

大久保忠利　59, 118

大田堯　180

大橋精夫　178

奥田靖雄　320, 324, 326

小田切秀雄　331

小場瀬卓三　41

カ行

加藤光三　331, 334, 335

金井伍一　135

仮名垣魯文　115

河竹黙阿弥　115

木下順二　34〜39, 41, 42, 99, 103〜106, 113

熊谷孝　327〜329
倉沢栄吉　107, 108
鴻巣良雄　307
国分一太郎　54〜56, 58, 59, 68, 118, 119,
　　122, 124, 178〜182, 324, 326, 331, 333
輿水実　118, 308, 309, 312, 313
ゴーリキー　116
コンラード　115

サ行

斉藤喜博　182
佐多稲子　232, 332, 334
志賀直哉　47
篠崎五六　326, 331, 334
柴田武　109〜112
島崎藤村　45, 71, 81, 83, 92, 106, 117
上甲幹一　108
白井嘉顕　102
鈴木重幸　320, 332
須田清　174
スターリン　28, 54

タ行

タカクラ・テル　27, 28
田宮虎彦　332
チョムスキー　263, 270, 302
辻木猪一郎　135
土田茂範　124
時枝誠記　33, 45, 200, 298, 307, 329

ナ行

永積安明　30〜32
中村通夫　109, 113〜115
夏目漱石　45, 117
根本今朝雄　153
野沢茂　135, 320
野地潤家　308
野村篤司　320, 324

ハ行

パオル／パウル　111
林大　109
平井昌夫　59
藤岡貞彦　179, 180
二葉亭四迷　31, 38, 45〜47, 81, 83, 92,
　　106, 115, 117
古川原　123
ブルームフィールド　270

マ行

松村明　113, 115
三上章　123
宮崎典男　323, 324, 326
宮下久夫　153
宮島達夫　123, 320, 332
武者小路実篤　47
無着成恭　99, 102, 103, 169〜177, 324,
　　326
望月誼三　101

ヤ行

矢川徳光　178
山田美妙斎　45
山田孝雄　123

ワ行

若月又次郎　317, 332

書名・論文名索引

岩波講座『教育』　54, 119
『浮雲』　115, 117
『江戸語東京語の研究』（松村明）　113
『おじいさんのえほん、おばあさんのえほん』　211
「機械的な適用は危険」（荒川有史）　328
「教育遺産をうけつぐために」（国分一太郎）　182
「言語教育の歴史」（輿水実）　118
『言語問題と民族問題』　35, 41, 76
「言語問題の本質」（タカクラ・テル）　27
『現代教科教育講座』　108, 118
講座『学校教育』　101, 119
「国語科」（国分一太郎）　54, 55, 119
『国語学原論』の続編（時枝誠記）　329
「国語教育と標準語」（秋田喜三郎）　99
「国語教育の基本的な方向」（石田宇三郎）　55
『国語の教室』（鈴鹿教科研）　124
『国語の系統学習』　118
『国語の授業』（土田茂範）　124
『国語のため』（上田万年）　45
「国民のための教育科学再論」（名古屋教科研）　119
「言葉の問題についての感想」（石母田正）　41
「小学1年の文字指導について」（金井伍一）　135
『白河および附近の農村における言語生活の実態』（国立国語研究所）　109
『単語教育』（宮島達夫）　123
「単語の概念を定着させる授業」（辻木猪一郎）　135
「中国と日本における民族語について」（コンラード）　115
『綴方風土記』　18, 51
「転換期の教育学をもとめて」（藤岡貞彦）　179
『東京語の性格』（中村通夫）　113, 114
『にっぽんご』　149, 152, 156, 157
『にっぽんご4の上』　170, 332
『にっぽんご5』　151, 169
『にっぽんご7・漢字』　277
『日本語文法・形態論』（鈴木重幸）　332
『日本の教育』（日本教職員組合）　122, 223, 258, 299
「日本人の読み書き能力調査」　74
『標準語の学習指導法』（上甲幹一）　108
「文学的遺産のうけつぎについて」（永積

安明）　31
「文学理論の確立のために」（安部公房）
　32
『文風運動の原則的諸問題』　116
『文法教育の実践』（児童言語研究会）
　124
「方言・共通語・教育」（木下順二・無着成
　恭）　99
『坊ちゃん』　117
「マルクス主義と言語学の諸問題」（スタ
　ーリン）　28, 54
「文字指導の段階的なすすめ方」（野沢茂）
　135
『もじのほん』　155
『山びこ学校』（無着成恭）　49, 65
「ゆうづる」　104, 204
『読み方教育の理論』（奥田靖雄・国分一太
　郎編）　324, 325, 328
「よみ方における単語指導」（若月又次郎）
　323
「よみ方における文の指導」（下山敏勝）
　323

したい　164
してください　164
してくれ　164
してほしい　164
するといい　164
そうだ　159
たぶん　159
だろう　159
にちがいない　159
ね　160
はずだ　159
ようだ　159
らしい　159

　　　　　　　　索引作成　高瀬匡雄
　　　　　　　　　　　　　湯本昭南

語形・単語索引

おそらく　159
かならず　159
かもしれない　159
きっと　159

監修委員：上村幸雄　鈴木重幸　鈴木康之　宮島達夫
編集委員：小野哲朗　狩俣繁久　佐藤里美　高瀬匡雄　湯本昭南

奥田靖雄著作集　5　国語教育編

定価　6,500円（税別）
2017年3月22日　　印刷
2017年3月22日　　発行
編　者　奥田靖雄著作集刊行委員会
発行者　片貝茂之
発行所　有限会社むぎ書房
〒158－0094
東京都世田谷区玉川1-3-19
　　　　アネックス小柳302
電話　03－6411－7577
FAX　03－6411－7578
URL：http://mugi.world.coocan.jp/
印刷　　船舶印刷株式会社
ISBN　978-4-8384-0114-7